现代物流系列教材

企 业 物 流

主 编 崔介何

中国物资出版社

图书在版编目（CIP）数据

企业物流/崔介何主编．—北京：中国物资出版社，2002.1（2007.3 重印）
ISBN 978-7-5047-1727-6

Ⅰ．企… Ⅱ．崔… Ⅲ．企业管理—物流—物资流通 Ⅳ．F273.4

中国版本图书馆 CIP 数据核字（2001）第 092168 号

责任编辑　沈兴龙
责任印制　何崇杭
责任校对　孙会香

中国物资出版社出版发行
网址：http：//www.clph.cn
社址：北京市西城区月坛北街 25 号
电话：（010）68589540　邮编：100834
全国各地新华书店经销
中国农业出版社印刷厂印刷

开本：720mm×980mm　1/16　印张：25.5　字数：417 千字
2002 年 1 月第 1 版　2007 年 3 月第 8 次印刷
书号：ISBN 978-7-5047-1727-6/F·0613
印数：31001—34000 册
定价：38.00 元
（图书出现印装质量问题，本社负责调换）

《现代物流系列教材》编审委员会

主 任 委 员：

丁俊发　中国物流与采购联合会常务副会长　研究员

副主任委员：

吴润涛　中国社会科学院研究员
　　　　中国物流与采购联合会物流专业委员会秘书长

牟惟仲　中国物资流通技术开发协会理事长　高级工程师
　　　　中国物流与采购联合会物流专业委员会副主任

委　　员：（按姓名拼音字母排列）

陈　宏　北京物资学院院长　教授
陈梅君　北京物资学院教授
戴定一　中国物流与采购联合会副秘书长
　　　　中国物资信息中心主任　高级工程师
胡俊明　中国物资流通学会前副秘书长　高级经济师
洪水坤　中国物资储运总公司总经理　高级经济师
何铁夫　中国集装箱总公司前总经理　高级经济师
李　川　深圳市物流与仓储协会会长
　　　　深圳市中海物流有限公司总经理
李舒东　中国物资出版社副总编辑　编审
秦明森　湖北物流技术研究所总工程师　高级工程师
沈小静　北京物资学院工商管理系主任　副教授
王栋石　新华书店总店副总经理
王槐林　华中科技大学管理学院副教授
吴　明　中国物资流通技术开发协会副理事长　高级工程师
吴清一　北京科技大学教授
谢德华　中国物资出版社社长　总编辑　副研究员
徐天亮　华中科技大学管理学院院长　教授

执 行 主 编：牟惟仲　谢德华

序

随着我国社会主义市场经济体系建设、世界经济一体化进程的加快和科学技术的飞速发展，物流产业作为国民经济中的一个新兴的产业部门，将成为我国本世纪重要产业和国民经济新的增长点。目前，从中央到地方以及许多市场意识敏锐的企业，已把物流作为提高市场竞争能力和提升企业核心竞争力的重要手段，把现代物流理念、先进的物流技术和现代经营模式引入国家、地方经济建设和企业经营与管理之中。但是，我国的物流教育仍十分滞后，造成了现代物流综合性人才、企业尤其是流通企业改造传统物流与加强物流管理、城市规划物流系统运筹、第三方物流企业的运作技术操作等现代物流人才严重匮乏，阻碍了经济的发展和经济效益的提高。据预测：我国的高级物流管理人才到2010年需求量为三万至四万人；物流技术操作和营销人才每年需要近三万人。不仅如此，根据我国加入WTO的承诺，物流和分销服务业将是最早完全开放的行业之一，国内市场将会在一个高层次、高起点上展开激烈的竞争，这势必会使本身就匮乏的人才竞争加剧。如果我们不从长计议，加快我国现代物流管理与技术人才的培养，终将成为我国现代物流产业发展的瓶颈，物流产业化和成为21世纪新的经济增长点就成了一句空话。

因此，加速启动现代物流产业的人才教育工程，实施多层次、多样化的物流教育，是21世纪物流产业大发展中保证物流产业形成合理的人才结构，提高我国物流管理水平和经济效益的决定性因素。各级政府、企业必须在以下四个方面给予足够重视：一是要加强普通高等院校、高等职业技术院校的高层次学历教育，培养高级物流经营管理人才；二是要重视继续教育，开展多层次的物流人才培养与教育；三是要大力发展物流职业技术教育，培养一大批第一线物流技术的操作实用型人才；四是推行从业人员职业或岗位资格管理制度，造就一大批具有物流专业知识和技能特长的一流物流师队伍。

2001年4月，中国物流与采购联合会确定了近两三年内重点抓好的十项工作，其中之一就是“编辑出版物流知识基础读本，加强物流学科建设。通过多种途径，大力培养物流专业人才，推动物流知识的普及与提高。”2001年6月，联合会专门成立了现代物流系列教材编审委员会，精心组织长期从事物流管理、教学与研究的一线专家、学者、教授和企业家，编写出体现最新物流管理与技术，符合教学培养规律，具有一定权威性的系列现代物流教材。第一批教材共计11本，既可做为普通高等院校、高等职业技术院校的物流专业和相关课程的选用教材，亦可作为各层次教育和企业培训教材，也适合广大物流企业从业人员作为学习参考用书。

本套教材在编写过程中，得到了许多院校和研究机构的专家、学者、教授以及物流企业领导的大力支持，在此一并致谢。由于编写时间仓促，加上编者水平所限，书中有不足之处在所难免，恳望广大读者提出宝贵意见，以日臻完善。

中国物流与采购联合会

《现代物流系列教材》编审委员会

2001年12月

编写说明

企业物流是企业生产与经营的组成部分，也是社会大物流的基础。中国经济要融入世界经济，中国企业要参与国内、外两个市场的竞争，需要增强现代物流意识，积极采用先进的组织和管理技术，这已成为广大企业的共识。从世界物流运作的实际过程观察，随着生产技术水平的提高和内部管理手段的加强，企业在可控的生产过程内降低成本的空间越来越小，而在生产之外的采购、运输、仓储、包装、配送等环节上却大有潜力，这就是被人们称为继降低劳动力成本和物资消耗之后的“第三利润源”。

我国国家标准（GB/T18354 – 2001）中对企业物流定义为“企业内部的物品实体流动”。美国后勤管理协会认为企业物流“是研究对原材料、半成品、产成品、服务以及相关信息从供应始点到消费终点的流动与存储进行有效计划、实施和控制，以满足客户需要的科学”。企业物流包含的活动范围十分广泛，主要内容有：工业包装、物料搬运、采购与供应、分销与配送、仓储与库存、物料需求与预测、售后服务与废品回收等。《企业物流》是综合性、应用性、系统性很强的科学，它是以在企业生产和管理范围内物品流动过程的技术与经济管理的发展变化规律为研究对象的。企业物流的根本任务就是企业在物流活动中适时、适地地采用先进的物流技术与其生产和经营活动达到最优的结合，通过有效的物流管理使企业达到最高的经济效益。

《企业物流》是由北京物资学院多年从事物流教学和科研工作的教授、专家、教师编写而成的。在编写过程中参阅了国内外许多同行的学术研究成果，并得到了中国物流与采购联合会和中国物资出版社的大力支持，在此一并表示衷心的感谢。

本书由崔介何教授进行总体策划、设计并最终定稿。其中第一章、第十七章由崔介何编写，第二章由张晓燕编写，第三章、第四章、第五章、第六章由唐长虹编写，第七章、第八章、第九章、第十三章由刘俐编写，第十章、第十一章、第十二章由孙秋菊编写，第十四章由朱杰编写，第十五章由张旭凤编写，第十六章由洪婉静编写。

《企业物流》适用于普通高等院校和高等职业技术院校物流专业和相

关专业的教学，也可供生产企业和流通企业人员继续教育及从事物流工作的人员阅读。由于专门研究企业物流这一领域的专著、教材很少，几乎是空白，为此我们尽管做了很大的努力，但是错误和缺点在所难免，恳请物流同行和广大读者批评指正。

编　者

2001 年 11 月

目　录

第一章　企业物流概述

物流的概念与观念随着生产力的发展、社会经济的进步及科学技术的提高发生了深刻的变化。企业物流是企业生产力经营活动的重要组成部分，是创造“第三利润”的源泉。企业物流与其他形式的物流相比具有其自身的特征，全面认识企业物流的内涵对发挥企业物流的优势、提高企业的市场竞争能力具有重要意义。

第一节　现代物流观念

一、物流观念的启蒙

物流是指物品从供应地向接收地的实物流动的过程。物流的实践活动是与人类的生产、生活活动始终联系在一起的。但是，将物流活动真正上升到理论高度加以研究和分析，是直到 20 世纪 30 年代才得以实现的。1929 年著名营销专家弗莱得·E·克拉克（Fred E Clark）在他所著的《市场营销的原则》一书中，将市场营销定义为商品所有权转移所发生的各种活动，包含物流在内的各种活动，从而将物流纳入到日常经营行为的研究范畴之中。因此涉及包括物资运输、储存等业务的 Physical Supply（实物供应）这一名词在一些有关市场营销的教材书中反复出现。应当说明，这一时期对物流的认识虽然开始得到人们的重视，但是在地位上，它被作为流通的附属机能。1935 年，美国销售学会最早对物流进行了定义：“物流（Physical Distribution）是包含于销售之中的物质资料和服务从生产地点到消费地点流通过程中，伴随的种种经济活动。”

上述历史被物流界普遍认为是物流早期的启蒙阶段。那时人们从有利于商品销售的愿望出发，探讨如何进行“物资的配给”和怎样加强对“物质分布过程”的合理化管理，其核心部分正如日本学者羽田升史所说：“物流被看成是市场的延伸。”

二、从美国的军事后勤到物流服务观念

在第二次世界大战期间，美国根据军事上的需要，在军火和军需品的战时供应中，开创了后勤管理（Logistics Managment）这一概念，并对军

火的运输、补给、屯住、调配等实物运动进行全面管理，此举对战争的胜利起到了保障作用。二战后，后勤学逐步形成了单独的学科体系，并不断发展为“后勤工程”（Logistics Engineering）、“后勤分配”（Logistics Of Distribution）等后勤管理诸领域。

美国的韦勃斯特在1963年把后勤定义为“军事装备物资、设施与人员的获取、供给和运输”。1970年，美国空军在一份技术报告中对后勤学下的定义是：后勤学即“计划和从事部队的输送、补给和维修的科学”。日本将引进的后勤学译为“兵站学”，并将其含义表述为“除了军需资料的订购、生产计划、采买、库存管理、配给、输送、通用外，还包括规格化、品质管理等军事作战行动所必需的资材管理”。后勤管理的理念和方法，后被引入到工业部门和商业部门，被人们称之为“工业后勤”和“商业后勤”。其定义中包括下列一些业务活动：原材料的流通、产品分配、运输、购买与库存控制、储存、用户服务等。美国学者鲍沃索克斯在1974年出版的《Logistics Management》一书中，将后勤管理定义为“以卖主为起点将原材料、零部件与制成品在各个企业间有策略地加以流转，最后达到用户，其间所需要的一切活动的管理过程”。他所著的另外两本书，即《Business Logistics Management》（1973）和《Business Logistics》（1973）被广泛译为《商业后勤》。人们注意到，这时后勤一词已经不仅仅是军事上的含义了，它已被等同或接近于物流（Physical Distribution）。1981年在美国出版的《后勤工程与管理》（Logistics Engineering and Management）一书是用于大学生和研究生课堂教学的教科书，书中引用了美国工程师学会（The Society Of Logistics Engineers——SOLE）对后勤学的定义，即“对于保障的目标、计划及其设计和实施的各项要求，以及资源的供应和保持等有关的管理、工程与技术业务的艺术与科学。”

20世纪50年代中叶，日本在经济恢复中，十分重视学习西方科学技术。1955年，日本生产本部向美国派出了“搬运专业考察团”（也称为流通技术考察团）。考察后，对美国的工厂运输情况，如搬运设备、搬运方法、库存物资的堆垛方式、与厂内运输有关的工厂总体布置以及搬运技术的概况等，在国内进行了详细的报道。此举对日本未来物流的发展起到了积极的推动作用。日本于20世纪60年代正式引进了“物流”这一概念，并将其解释为“物的流通”，“实物流通”的简称。

军事后勤为部队和战争服务，工业后勤为制造业的生产和经营服务，商业后勤为商业运行和顾客服务，总之，物流的核心观念是服务观念。美国物流管理协会1984年对物流重新定义为:“为了符合顾客的要求,将原材料、半成品、完成品以及相关的信息从发生地向消费地流动的过程,以及为保管能有效、低成本地进行而从事的计划实施和控制行为。”为此,物流也完成了从Physical Distribution向Logistics的转变。今天,无论是生产企业还是流通企业,都必须回答能够提供多少物流服务。服务平台与服务战略已成为企业物流发展的基本战略之一。

三、物流价值与利润观念

1962年美国著名经营学家彼得·德鲁克在《财富》杂志上发表了题为《经济的黑色大陆》一文,他将物流比作“一块未开垦的处女地,”强调应高度重视流通以及流通过程中的物流管理,物流的价值和利润的观念在实业界产生了巨大的震动。

1973年,席卷全球的石油危机以后,全世界范围内石油价格扶摇而上。石油消费量占20%~30%的运输业处于十分困难的境地,运输费和包装费分别上升了20%和30%。由此还导致了其他原材料价格的猛涨和人工费用支出的不断增加。西方靠廉价原材料、燃料、动力而获取高额利润的传统方式面临挑战。而在物流方面采用强有力的管理措施,大幅度地降低流通费用,在一定程度上弥补由于原材料、燃料、人工费用上涨而失去的利润。

1976年,道格拉斯·M·兰伯特(Douqlas M.Lambert)对在库评价的会计方法进行了卓有成效的研究,并撰写了《在库会计方法论的开发:再库维持费用研究》一文,指出在整个物流活动发生的费用中,在库费用是最大的一部分。道格拉斯对费用测定的研究,对物流费用的分析和经济价值的论述使人们进一步从价值和利润的观念上认识物流。对物流经济价值的分析探讨,日本比美国更加深入。由早稻田大学教授西泽修所写的《流通费用》一书,把改进物流系统称之为尚待挖掘的“第三利润源泉”(第一源泉是降低原材料消耗,第二源泉是降低劳务费用)。在第五届国际物流会议上,美国产业界人士明确指出:美国全部生产过程中只有5%的时间用于加工制造,95%的时间则用于搬运、储存等物流过程。日本的统计资料表明,物流费用约占产品成本的10%~12%。英国一家公司的资料显示:物料搬运费用占生产成本的45%。

根据发达国家的经验,随着市场竞争的加剧,在原材料、设备和劳动力成本压缩的空间趋于饱和后,对成本的控制将转为物流领域。在中国,1999年全社会物流费用支出约占GDP的20%,而美国1997年物流费用支出仅占 GDP 的 10.7%。这就意味着若以 10 万亿美元的 GDP 计算，如果达到美国的物流费用水平，中国物流每年存有 9000 亿元人民币的价值和利润空间。据估算全球每天物流费用约为 3.43 亿美元，这无疑给我们以巨大的启示。美国经营学家彼·特拉卡指出：物流是“降低成本的最后边界”。物流价值和利润的观念已经和正在被人们所接受，人们对物流价值和利润的认识不断加深。正如日本早稻田大学教授西泽修在《主要社会的物流战》一书中所阐述的：“现在的物流费用犹如冰山，大部分潜在海底，可见费用只是露在海面的小部分。”

四、物流系统化观念

（一）20 世纪 80 年代以美国为代表的物流复兴

20 世纪 80 年代后，美国在解决物流各种功能的综合化、应对不稳定的经济气候和物流投资报酬定量化三大难题的基础上，使物流实践经历了物流复兴时期。

1. 规章制度的变化

20 世纪 80 年代后，美国的交通运输进入了一个放松管理的时代。放松管制促进了美国运输体系的变革，对货主和运输业主来说，大大地降低了运输成本，提高了运输质量。这些法规和规章制度包括 1980 年的“汽车承运人规章制度改革和现代化法案”、“斯泰格司铁路法”和 1990 年以后的“协议费率法”、“机场和航空通道改善法”以及“卡车运输行业规章制度改革法案”等。规章制度的变化，使运输业更接近于自由市场体系，为物流的发展提供了更大的空间。

2. 微处理器的商业化

20 世纪 80 年代初期，微型电子计算机价格得以大幅度下降，微处理器的商业化使物流部门成为受益者。20 世纪 90 年代初，绝大多数的物流组织中都拥有了微型电子计算机。低成本的硬件伴以先进的软件，使物流部门能够按着用户的要求完成大多数商品交易及物流控制和支持企业决策信息的处理。20 世纪 80 年代中期以来，电子计算机利用主机驻留的数据管理系统、交互式地参与数据处理，利用计算机把从采购、制造到制成品配送的综合过程作为整个物流过程进行管理。这些使用关联数据库的相关领域从事物流资源计划的能力，刺激了以信息为动力的物流创新。

3. 信息革命

新的通信技术对物流的推动能力与计算机齐头并进。20 世纪 80 年代开始试验使用条形码技术以及电子数据交换（EDI，Electronic Data Interchange）技术，便利于商务间的数据传输。各种类型的电子扫描和传输技术提高了几乎所有有关物流表现的每一个方面信息的可得性。

到了20世纪90年代，传输图像、声音和文字信息的能力得到了广泛的普及和提高。快速、精确和全面的信息技术的结果引进了以时间为基本条件的物流，也为取得出色的物流表现的新战略提供了基础。这些可以从准时化战略（JIT，Just In Time）、快速反应战略（QR，Quick Response）、连续补充战略（CR，Contirwous Replenishment）以及自动化补充战略（AR，Auctanatic Replenishment）等方面得以证明。

4. 质量创新观念

物流复兴的一个重要驱动力之一，就是整个行业普遍采用的全面质量管理（TQM，Total Quality Managment）。厂商们开始认识到，在其他方面都有出色表现的产品，一旦交付延迟或损坏，都是不可接受的。“零缺陷”观念迅速被物流商和厂商们所接受，与质量有关的行为足以使最佳的物流思想从纯效率上转向，而变成一种战略资源。

5. 联盟与合作

20世纪80年代至90年代，发展物流联盟和合作关系的思想已成为物流实践的基础。在过去的几十年时间里，业务关系的特点是建立在权利基础上的对手间的谈判。而今，合作最基本的形式是发展有效的组织间的联合作业，形成多种形式的业务伙伴关系。这样，一方面促使企业从外部资源寻求物流服务以提高效率，降低成本；另一方面促使两个或两个以上的物流供应商与物流需求商组织联合起来。20世纪90年代后，企业后勤开始向专业化方向发展，出现了第三方物流，以至第四方物流等。许多物流联盟是以提供有效的作业系统、把买方与卖方联系起来为目的，围绕着特定的服务厂商的能力建立起来的。

（二）物流系统化观念

物流系统是指在特定的社会经济大环境里由所需位移的物资和包装设备、搬运装卸设备、运输工具、仓储设施、人员和通讯联系等若干相互制约的动态要素所构成的具有特定功能的有机整体。20世纪50至60年代，物流活动是建立在纯粹功能基础上的后勤工作，对物流系统化根本没有考虑。即使是早期把计算机应用到定量化技术上时，人们的注意力仍集中在改善特定的物流功能的表现上，诸如订货处理、预测、存货控制、运输等。物流是一个包含“整体观念”的系统，物流也是一种结构，是指从工厂对原材料的生产活动以及将生产出来的产品送达到顾客手中这一个过程的“结构”。各工厂、商店、流通企业中所进行的包装、运输、装卸、保管、流通加工、配送、信息处理等活动都是该结构中的组成要素。物流并不是指某个个体活动而言。物流虽是一种结构，但物流本身却是一个非独立性的领域。这意味着物流是受到多种因素制约的，自行其是的范围很小，因此，单靠物流本身的逻辑理论而形成的独立结构，其作用是有限的。

物流系统是一个复杂、庞大的系统。这个大系统中有众多的子系统，系统间又具有广泛的横向和纵向的联系。物流系统具有一般系统所共有的特点，即整体性、相关性、目的性、环境适应性，同时还具有规模庞大、结构复杂、目标众多等大系统所具有的特征。

1. 物流系统是一个“人——机系统”

物流系统由人和形成劳动手段的设备、工具所组成。它表现为物流劳动者运用运输设备、搬运装卸机械、货物、仓库、港口、车站等设施，作用于物资的一系列生产活动。在这一系列的物流活动中，人是系统中的主体。因此，在研究物流系统的各方面问题时，把人和物有机地结合起来，作为不可分割的整体，加以考察和分析，而且始终把如何发挥人的主观能动作用放在首位。

2. 物流系统是一个可分系统

作为物流系统，无论其规模多么庞大，都是由若干个相互联系的许多子系统组成的。这些子系统的多少，层次的阶数，是随着人们对物流的认识和研究的深入而不断扩充的。系统与子系统之间，子系统与子系统之间，存在着时间和空间、资源利用方面的联系；也存在总的目标、总的费用以及总的运行结果等方面的相互联系。

3. 物流系统是一个动态系统

物流活动是受到社会生产和社会需求的广泛制约的。这就是说，社会物资的生产状况，社会的物资需求变化，社会能源的波动，企业间的合作关系，都随时随地影响着物流；物流系统是一个具有满足社会需要、适应环境能力的动态系统。为适应经常变化的社会环境，为使物流系统良好地运行，人们必须对物流系统的各组成部分经常不断地修改、完善。在较大的社会变化情况下，甚至需要重新进行物流系统的设计。

4. 物流系统的复杂性

物流系统拥有大量的资源，资源的大量化和多样化，带来了物流的复杂化。从物资资源上看，品种成千上万，数量极大；从从事物流活动的人来看，需要数以百万计的庞大队伍；从资金占用看，占用着大量的流动资金；从物资供应经营网点上看，遍及城乡各地。这些人力、物力、财力、资源的组织和合理利用，是一个非常复杂的问题。

在物流活动的全过程中，始终贯穿着大量的物流信息。物流系统要通过这些信息把各个子系统有机地联系起来。如何把信息收集、处理好，并使之指导物流活动，这亦是非常复杂的。

物流系统的边界是广阔的。它起于生产企业的原材料供应，经生产制造转换为成品后，再经运输、储存等环节到达消费者手中。物流的范围横跨了生产、流通、消费三大领域。这一庞大的范围，给物流组织系统带来了很大的困难。而且随着科学技术的进步，生产的发展，物流技术的提高，物流系统的边界范围还将不断地向内深化，向外扩张。物流系统科学主要是指以系统方法论、系统理论和系统工程方法研究物流状态和规律的科学。

五、物流现代化观念

物流现代化观念是建立在经济发展和科学进步的现代化基础上的。

1. 全球化观念

随着全球化的发展，世界大市场概念在今天已成现实，经济全球化对企业的作业方式产生巨大影响。企业从世界市场获取原材料，在世界各地的工厂组织生产，然后将产品运送到世界各地的用户手中。这种在不同国家建立生产基地，并将这些全球化产品销往国际市场，必然导致物流的全球化。全球化物流是企业全球战略的支持与保证。

2. 物流一体化观念

物流是被看做使企业与顾客、供应商相联系的能力，这个能力的强弱直接影响着企业的发展。当来自顾客的订单、产品需求信息，通过销售活动、预测以及其他各种形式传遍整个企业，然后将这种信息提炼成具体的制造计划和采购计划，被启动的增值存货流最终将制成品的所有权转给顾客。从企业内部作业观察，将所有涉及到物流的功能和工作结合起来，形成内部物流一体化。虽然内部物流一体化是企业取得成功的必要条件，但它并不足以保证厂商实现其经营目标。在今天的竞争中，厂商必须将其物流活动扩大到顾客和供应商相结合方面，这种通过外部物流一体化的延伸被称作供应链管理。

3. 以顾客满意为第一观念

前文我们已经阐述了物流服务的理念，这也是物流的本质性特征。进入20世纪90年代以后，经济社会向国际化、信息化、多元化的方向发展，人们对生活的追求从原来温饱型、数量型开始转向小康型，重视生活质量，消费开始向个性化和多样化发展。这种消费行为的变化对企业的生产和经营产生了深远的影响。多品种、少批量生产方式（即精益生产方式）应运而生，因此而产生的看板管理、准时生产制、柔性化生产、拉动式生产管理、“零缺陷”服务等，都充分体现了以顾客满意为第一的观念。

4. 无库存观念

由于消费行为的多样化、个性化发展，生产企业多品种、少批量生产，使实际需求的预测变得十分困难。在这种情况下，库存越大，企业承担的风险也越大，为了降低风险，企业必须压缩库存，实现实时销售。我国海尔集团在产业结构调整中提出“先革仓库的命。”仓库以前被人们认为只具备储存的功能，而今从现代物流的角度出发，仓库不再是储存物品的“仓库”，而是一条流动的“河”。按订单采购生产必需的物品，这样就从根本上消除了呆滞物品，消除了库存。从社会物流角度出发，采用物流配送方式，JIT供应方式，第三方物流方式，都是无库存观念的具体运作方式。

5. 物流信息化观念

“无库存经营”能成为现实，首先因为20世纪80年代后期展开的信息技术革新，具体反映在POS系统（Piont Of Sales销售时点信息管理系统）和EOS系统（Electronic Ordering System电子补充发货系统）的导入。EDI（电子数据交换）技术是指不同企业之间为了提高经营活动效率，在标准化的基础上通过建立企业间的数据交换网来实现票据处理、数据加工等事务作业的自动化、省力化、及时化和正确化，同时通过有关的销售信息和库存信息的共享来实现经营过程的效率化。需要指出的是，企业在应用EDI时不仅要关注供应链参与各方之间传送信息的及时性和有效性，更重要的是如何利用这些信息来实现企业各自的经营目标和实现整个供应链的效率化。电子商务是在计算机技术、网络通讯技术的互助发展中逐步产生和不断完善的，是以Internet（国际互联网）为依托，并随之广泛应用而迅速发展起来的。电子商务是人类信息技术发展及传统商务活动发生巨大改变的一种方式。以Internet为基础的电子商务是通过使用数字、多媒体网络技术来促进公司间、公司与客户间商务交易活动，将信息网络、金融网络、物流网络结合起来，把事务活动和贸易活动中发生关系的各方面有机地联系起来。

6. 绿色物流观念

绿色物流是指在物流过程中抑制物流对环境造成危害的同时，实现对物流环境的净化，使物流资源得到最充分的利用。1987 年国际环境与开发委员会发表了名为《我们共有的未来》的研究报告。在这份报告中提出，当代资源的开发和利用必须有利于下一代环境的维护以及资源的持续利用。因此，为了实现长期、持续、稳定的发展，就必须采取各种措施来维护我们的自然环境。这种可持续发展战略同样适用于物流活动。环境共生型的物流管理就是要改变原来经济发展与物流、消费生活与物流的单向作用关系，在抑制物流对环境造成危害的同时，形成一种能促进经济发展和人类健康发展的物流系统，即向绿色物流、循环型物流转变。

第二节 企业物流

企业是为社会提供产品或某些服务的经济实体。一个工厂要购进原材料，经过若干工序的加工，形成产品后再销售出去；一个运输公司要按客户的要求将货物输送到指定地点。在企业经营范围内由生产或服务活动所形成的企业内部的物品实物运动就是企业物流。

一、企业是最早接受物流观念的领域

从第二次世界大战的军事后勤到 20 世纪 50 年代的工业后勤，企业最早接受了物流的观念。现代市场营销观念的形成，彻底改变了企业经营管理行为，使企业意识到顾客满意是实现企业利润的唯一手段，因而顾客服务成为经营管理的核心要素。随着这种经营哲学的发展，物流活动被认为起到了为顾客服务的作用。此后，在相当长的一段时间里，企业物流与企业物流合理化成为物流研究的中心。1983 年 12 月，在联邦德国多特蒙得召开的第四届国际会议，其中心主题是以面向企业物流为主的“对自动化产业挑战的回答”。国外经济发达国家在企业物流的设计与组织管理上已达到了相当的水平。

在中国最早接受“物流”概念的有两个领域，一个是机械工业系统，一个是物资流通部门。在改革开放初期，为了适应新形势的需要，机械行业主管部门一方面组织设计院的有关人员到西欧、北美发达国家考察、学习物流；另一方面请国际上有名的专家来国内讲学，这两种方式对我国企业物流的发展都取得了良好的效果。机械行业的“物流”术语主要（但不是全部）是从英文的“Material Handling”翻译过来的，其主流是设计院

内的“总图与运输”专业。在工厂规划与改造项目中，在决定各个相关设施（建筑物、车间等）的位置时，需要进行统计，计算相互间的“搬运量”，并由此决定他们之间的“密切度”，决定他们之间的总图位置。非主流派是设计院内的“工艺”专业，从分析生产过程中的物料运动及其增值过程着手，并以此选定生产方式和决定相关设施、设备布局。

在我国近20年的企业物流实践中，许多大中型企业从生产流程、物料搬运、库存控制、定置管理、物流系统化等方面都取得了十分可喜的成果。尤其是近几年，当物流在我国掀起高潮之际，出现了一批像青岛海尔、上海华联、广东宝供等建立在电子化、网络化、共同化、自动化基础上的企业，他们代表着当今我国企业物流的最高水平。但就我国企业物流的总体水平而言，还存在很多问题，集中表现在：

1. 物流还未得到足够的重视

根据我们对国内众多生产企业、流通企业的调查研究结果表明，物流还远没有得到企业领导和业务部门的重视。很多企业还没有建立起物流的观念，有的企业则把物流看做是一种可有可无的辅助活动，还没有将物流看成为优化生产过程，强化市场经营的关键。

2. 物流管理水平落后

物流管理是企业管理的重要组成部分。但是就目前大多数企业而言，从管理机构设置上，还没有专门的物流管理组织；从经济核算和财务管理上也没有专项的物流成本核算和物流财务分析。由此，带来了一系列诸如原材料、半成品等存储、等待、搬运等环节滞留时间长、占用空间大、重复物流作业多、物流路线长、物流效率低、资金占用多、经济效果差等不良结果。

3. 缺乏现代物流技术的有力支撑

现代物流运作方式与企业生产方式、生产规模和销售方式等密切相关。现代经济社会生产方式的规模化、全球化、专业化的发展，在客观上要求规模化、系统化、网络化的现代物流技术强有力的支持。从硬技术上观察，我国企业的仓库设施、物流设备等大多还较落后，企业的设备更新、改造等仍是重点。从软件技术上观察，设备和物流能力的合理应用，充分发挥现有的能力和效率也大多未能实现。近些年来，我国在先进物流设备的引进、研制、生产等方面取得长足的发展，但是企业基于各方面的原因，如观念陈旧、体制束缚、资金不足等，都制约了企业物流技术的进步。

4. 物流专业人才短缺

截止到1999年,我国企业单位数已达792.99万个,工业总产值达到126 111亿元。全国国有及规模以上非国有工业企业达162 033个,工业总产值达72 707.04亿元。企业急需各种层次的物流专业人才。近些年来,我国部分高等院校、中等专业学校虽然培养了一批物流专业人才,但是与广大企业对物流人才的需求相比可谓杯水车薪。因此,加强物流专业人才的培养,提高物流现有人员的水平是解决当前物流人才短缺的主要途径。

二、企业物流的内涵

企业物流是指在企业生产经营过程中，物品从原材料供应，经过生产加工，到产成品和销售，以及伴随生产消费过程中所产生的废弃物的回收及再利用的完整循环活动。从系统论角度分析，企业物流是一个承受外界环境干扰作用的具有输入——转换——输出功能的自适应体系。其内涵表现如下：

（一）企业物流系统的输入

输入是指企业生产活动所需生产资料的输入供应，即供应物流，它是企业物流过程的起始阶段。供应物流是保证企业生产经营活动正常进行的前提条件。现代企业生产具有规模大、品种多、技术复杂等特点，再加上专业化、协作化、共同化的发展，生产社会化程度提高，企业间的生产技术活动愈加密切。企业的生产活动要素的投入，首先是生产资料的投入。因此，能否适时、适量、齐备、成套地完成供应活动是保证企业顺利进行生产经营活动的基础。供应物流具体包括一切生产资料的采购、采购运输、库存管理、用料管理和供应输送等。

1. 采购

采购是供应物流与社会物流的衔接点，是根据工厂、企业生产计划所要求的供应计划制定采购计划并进行原材料外购的作业。在完成将采购的物资输送到企业内的物流活动的同时，它还要承担市场资源、供应厂家、市场变化、供求信息的采集和反馈任务。

2. 供应

供应是供应物流与生产物流的衔接点。它是根据材料供应计划、物资消耗定额、生产作业计划进行生产作业的活动组织。供应方式一般有两种基本形式：一是传统的领料制，即用料单位根据生产计划到供应部门（或供应仓库）领取生产资料；二是供应部门根据生产作业信息和作业安排，按生产中材料需要的物料数量、时间、次序、生产进度进行配送供应的方式。

3. 库存管理

库存管理是供应物流的核心部分。库存管理的功能主要有两个方面：一方面，它要依据企业生产计划的要求和库存的控制情况，制定物资采购计划、库存数量和结构的控制，并指导供应物流的合理运行；另一方面，库存管理又是供应物流的转折点，它要完成生产资料的接货、验收、保管、保养等具体功能。

（二）企业物流系统的转换

企业物流系统的转换是指企业生产物流，也称厂区物流、车间物流等，它是企业物流的核心部分。生产物流包括：各专业工厂或车间的半成品或成品流转的微观物流；各专业厂或车间之间以及它们与总厂之间的半成品、成品流转。工厂物流的外沿部分，指厂外运输衔接部分，它包括：原材料、部件、半成品的流转和存放；产成品的包装、存放、发运和回收。生产物流系统的边界条件起于原材料、配件、设备的投入，经过制造过程转换为成品，止于从成品库再运到中转部门或直接配送给用户或出口。生产物流并不是一个孤立的系统，而是一个与周围环境紧密相关，并且不时地从外界环境中吸进“营养”，并向社会输送产品和劳务的开放系统。

1. 影响生产物流的主要因素

不同的生产过程有着不同的生产物流构成，生产物流的构成取决于下列因素：

（1）生产的类型。不同的生产类型，它的产品品种、结构的复杂程度、工艺要求以及原材料的准备特点都影响着生产物流的构成以及相互间的比例关系。

（2）生产规模。生产规模是指单位时间内产品的产量，通常以年产量来表示。生产规模越大，生产过程的构成越齐备，生产物流量越大；反之生产规模越小，生产构成越简单，则生产物流量也越小。

（3）企业的专业化和协作水平。社会专业化和协作水平提高，企业内部生产过程就越趋简单化，物流流程缩短。某些基本工艺阶段的半成品，如毛坯、零件、配件等，就可由厂外其他专业工厂提供。

2. 组织生产物流的基本要求

生产物流是与企业生产紧密联系在一起的。只有合理组织生产物流过程，才有可能使生产过程处于最佳的状态。如果物流活动组织水平低，达不到生产要求，即使生产条件、设备条件再好，也不可能顺利完成生产过程，更谈不上取得较高的经济效益。

（1）物流过程的连续性。企业生产是一道一道工序相连接往下进行的。因此，要求物料顺畅地、最快、最省地走完各个工序，直至产品形成。每一道工序的不正常停滞都会造成不同程度的物流阻塞，从而影响整个生产的进行。

（2）物流过程的平行性。一个企业通常生产多种产品，每种产品又需要多种原材料和零部件。在组织生产时，将各种原材料、零部件分配到各个车间的各个工序上进行生产。因此，要求各个生产支流平行流动，如果一个支流发生问题，整个物流都会受影响。

（3）物流过程的节奏性。物流过程的节奏性是指产品在生产的各个阶段，从投料到最后完成入库，都能保证按计划有节奏、均衡地进行，要求在相同的时间间隔内生产数量大致相同，均衡地完成生产任务。

（4）物流过程的比例性。组成产品的物流量是不同的，存在一定的比例关系，因此形成了物流过程的比例性。

（5）物流过程的适应性。当企业产品改型换代或品种结构发生变化时，生产物流应有较强的应变能力。也就是说生产物流过程应具备在较短的时间内可以由一种产品迅速转移为另一种产品的适应能力。

企业物流从原材料采购开始，必须经过生产过程的转换活动，才能形成具有一定使用价值的产成品，运至用户。物料经历着从一个生产单位流入另一个生产单位，按照一定工艺的流程要求，组成企业内部生产物流，始终体现着物流实体的转换过程。

（三）企业物流系统的输出

销售物流是企业物流的输出系统，承担完成企业产品的输出任务，并形成对生产经营活动的反馈因子。销售物流是企业物流的终点，同时又是宏观物流的始点。宏观物流接受它所传递的企业产品、信息以及辐射的经济能量，进行社会经济范围的信息、交易、实物流通活动，把一个个相对独立的企业系统联系起来，形成社会再生产系统。如果不能很好地组成企业的销售物流，企业生产的产品滞销或脱销，系统的功能则无法实现，经济能量辐射被破坏，产品的劳动价值将无法得以补偿和实现，产品也不能最终成为现实有用的产品。

销售物流是服务于客户的企业物流，其运行的优劣不仅直接影响到客户的生产经营活动，也会给自己造成经济损失。销售物流主要考虑的要素有：

1. 时间要素

时间要素通常指订货周期时间，即从客户确定对某种产品有需求与被满足之间的间隔。时间要素主要受以下几个变量的影响：

（1）订单传送。指从客户发出订单到卖方收到订单的时间间隔。

（2）订单处理。指处理客户订单并准备装运的时间。

（3）订货准备。订货准备涉及挑选订货并进行必要的包装，以备装运。从简单的人工系统到高度的自动化系统，不同的物料搬运系统对于订货准备有不同的影响，准备时间会有较大差别。

（4）订货装运。订货装运时间是从订货装上运输工具直到买方在目的地收到订货的时间间隔。很简单，它与装运规模、运输方式、运输距离等密切相关。

2. 可靠性要素

可靠性是指根据客户订单的要求，按照预订的提前期，安全地将订货送达客户指定的地方。

提前期的可靠性对于客户的库存水平和缺货损失有直接影响，可靠的提前期可以减少客户面临的不确定性。如果能向客户保证预订的提前期，加上少许偏差，那么卖方就能使它的产品与竞争者的产品明显区别开来。卖方提供可靠的提前期能使客户的库存、缺货、订单处理和生产计划的总成本最小化。

可靠性还包括安全交货和正确供货，安全交货是销售物流的最终目的，即产品安全无误，不出现破损与丢失的现象。正确供货即指客户收到的物品必须与订单相符。否则的话不但会给客户造成巨大的不利影响，也会使销售部门失去市场。

3. 方便性要素

方便性是指销售物流方法必须灵活。客户在产品包装、运输方式、运输路线、交货时间等的要求各不相同。为了更好地满足客户要求，就必须确认客户的不同要求，为不同客户设计适宜的服务方法。提高和降低服务水平的决策不能平等地建立在所有客户基础上或包括所有服务要素。不同客户服务需求的差异性，提供了降低客户服务成本和提高服务水平的巨大潜力。

综上所述，企业物流是由生产经营活动中的供应物流、生产物流、销售物流三部分及生产过程中所产生的废弃物物流所组成。这是从企业物流内部的视角来观察物流活动。若从宏观角度来看，若干个企业物流的产成品的输出，相互交织成社会物流，而社会物流也正是企业物流活动的条件和环境，这种企业物流和社会物流之间不间断地循环，形成了完整的物流过程。

三、企业物流的特征

企业物流与社会物流、区域物流、国际物流有着很大的差别。由于企业物流是发生在企业内部，把这种微观物流与宏观物流进行对比，可以看出有以下特性：

（一）企业生产物流的连续性

企业的生产物流活动不但充实、完善了企业生产过程中的作业活动，而且把整个生产企业的所有孤立的作业点、作业区域有机地联系在一起，构成了一个连续不断的企业内部生产物流。企业内部生产物流是由静态和动态相结合的结点连接在一起的网络结构。静态的“点”，表示物料处在空间位置不变的状态，如相关装卸、搬运、运输等企业的厂区配置、运输条件、生产布局等，而生产物流动态运动的方向、流量、流速等正是使企业生产处于有节奏、有次序地连续不断地运行的基础。

（二）物料流转是企业生产物流的关键特征

物料流转的手段是物料搬运。在企业生产中，物料流转贯穿于生产、加工制造过程的始终。无论是在厂区、库区、车间与车间之间、工序与工序之间、机台之间，都存在着大量、频繁的原材料、零部件、半成品和成品的流转运动。生产过程物流的目标应该是以提供畅通无阻的物料流转，保证生产过程顺利、高效率地进行。为此，必须对物流的流转进行分析研究，以明确对物料搬运的要求。通过物料流转分析可以确知需要搬运物料的种类、数量、频繁连续性、机动性等方面的要求，以及搬运作业的起、讫地点、空间限制、次序等。对于大多数企业，他们的生产供货次序是：下一道工序生产过程需要的零部件由前一道工序供给，需要什么、需要多少、何时需要等都由下一道工序所决定。这种供货方式改变了过去前一道工序的产品全部流入后道工序而形成后道工序半成品和配件大量积压的情况。采用“看板管理”运用于工厂内和工厂与工厂之间，使这种“何时、何物、多少”的信息流恰当地统一管理生产物流。这样，后道工序要多少，前道工序供多少，使生产物流合理化而减少不必要的搬运，尽可能地消灭相向、迂回搬运，使搬运作业与生产、供应、分发等形成流水作业。这对合理选择与运用搬运设备，充分利用物流空间、提高物流效率、减少物流费用是极其重要的。

（三）企业物流成本的二律背反性

企业物流成本的二律背反关系实质上是研究企业物流的经营管理问题，即将管理目标定位于降低物流成本的投入并取得较大的经营效益。在物流成本管理中，作为管理对象的是物流活动本身，物流成本是作为一种管理手段而存在的。一方面成本能真实地反映物流活动的实态，另一方面成本可以成为评价所有活动的共同尺度。

那么，什么是企业物流成本的“二律背反性”呢？“二律背反”主要是指企业物流功能间或物流与服务水平之间的二重矛盾，即追求一方、必须舍弃另一方的一种状态，是两者之间的对立状态。这在构成企业物流的诸种活动中是客观存在的。例如，追求保管的合理性，必然牺牲运输的合理性；追求包装费用的节省，会影响其在运输、保管过程中的保护功能和方便功能，而造成经济损失。这样一方成本降低，另一方成本增大，即生成了成本“二律背反”状态。

企业物流管理肩负着“降低企业物流成本”和“提高服务水平”两大任务，这是一对相互矛盾的对立关系。整个物流合理化，需要用总成本评价，这反映出企业物流成本管理的二律背反特征及企业物流对整体概念的重要性。

第三节　企业物流的内容

一、企业物流的分类

企业按其业务性质不同可分为两类，即生产企业物流和流通企业物流。

（一）生产企业物流

生产企业物流是以购进生产所需要的原材料、设备为始点，经过劳动加工，形成新的产品，然后供应给社会需要部门为止的全过程。要经过原材料及设备采购供应阶段、生产阶段、销售阶段，这三个阶段便产生了生产企业纵向上的三段物流形式。

1. 原材料及设备采购供应阶段的物流

这是企业为组织生产所需要的各种物资供应而进行的物流活动。它包括组织物料生产者送达本企业的企业外部物流和本企业仓库将物资送达生产线的企业内部物流。如生产企业从物资供销部门进货，则外部物流表现为物资供销企业到本企业仓库间这个过程的物流。其表现形式，如图1－1所示。

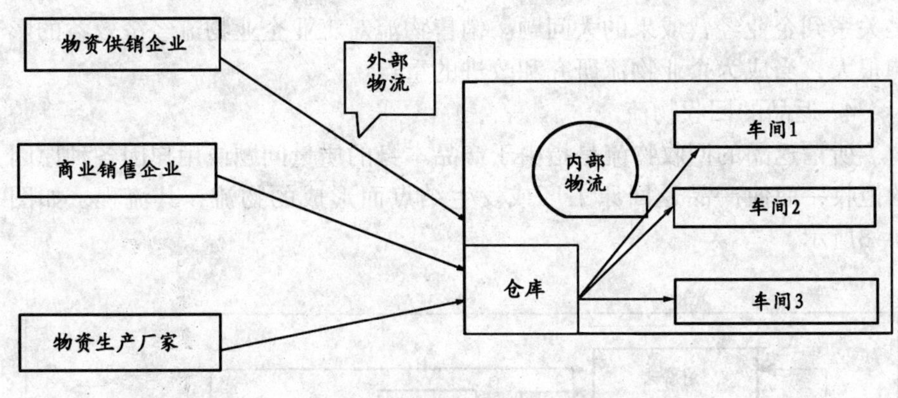

图1－1　工业企业采购、供应阶段的物流

2. 生产阶段的物流

生产阶段的物流是指企业按生产流程的要求，组织和安排物资在各生产环节之间进行的内部物流。图 1－2 为机械加工企业生产阶段物流情况。

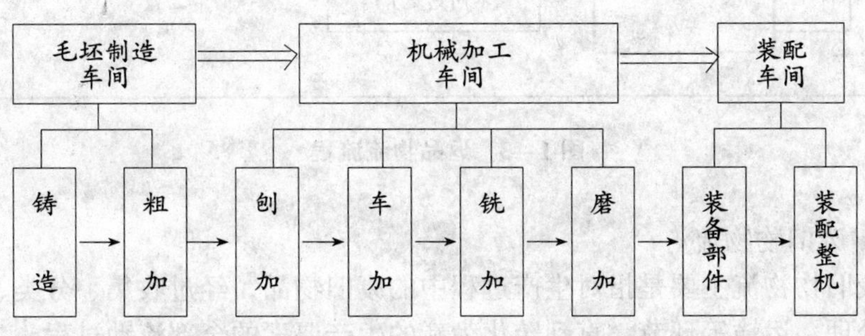

图1－2　生产阶段物流示意图

生产阶段的物流主要包括物流的速度，即物资停顿的时间尽可能的短，周转尽可能地加快；物流的质量，即物资损耗少，搬运效率高；物流的运量，即物资的运距短，无效劳动少等方面的内容。

3. 销售阶段的物流

销售阶段的物流是企业为实现产品销售，组织产品送达用户或市场供应点的外部物流。对于双方互需产品的工厂企业，一方的销售物流便是另一方的外部供应物流。商品生产的目的在于销售，能否顺利实现销售物流是关系到企业经营成果的大问题。销售物流对工业企业物流经济效益的影响很大，当成为企业物流研究和改进的重点。

4. 返品的回收物流

所谓返品的回收物流是指由于产品本身的质量问题或用户因各种原因的拒收，而使产品返回原工厂或发生结点而形成的物流，其流程，如图1－3所示。

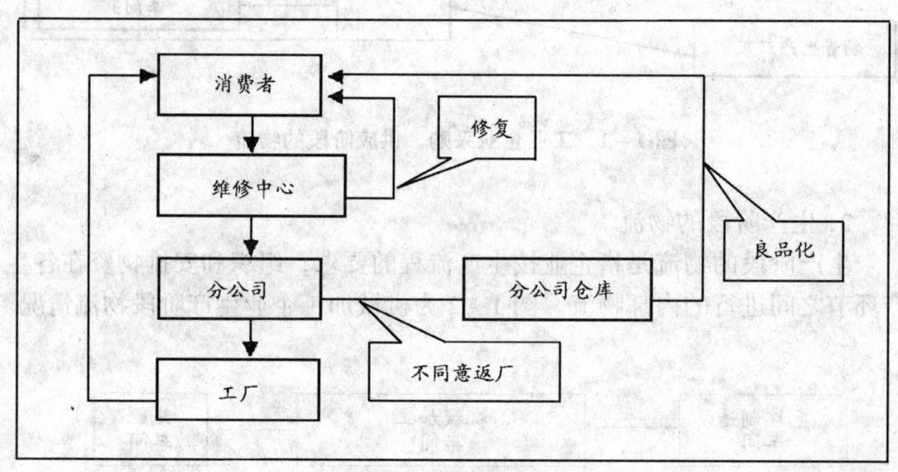

图1－3 返品物流流程

5. 废旧物物流

废旧物物流主要是指对生产过程中的废旧物品，经过收集、分类、加工、处理、运输等环节，直到转化为新的生产要素的全部流动过程。

严格地说废旧物物流可分为废品回收物流和废弃物物流两个部分。废品回收物流是指对生产中所产生的废旧物品经过回收、加工等可转化为新的生产要素的流动过程；而废弃物物流则是指不能回收利用的废弃物，只能通过销毁、填埋等方式予以处理的流通过程。

（二）流通企业物流

流通企业物流是指以从事商品流通的企业和专门从事实物流通的企业

的物流。

1. 批发企业的物流

批发企业的物流是指以批发据点为核心，由批发经营活动所派生的物流活动。这一物流活动对于批发的投入是组织大量物流活动的运行，产出是组织总量相同物流对象的运出。在批发据点中的转换是包装形态及包装批量的转换。

2. 零售企业的物流

零售企业物流是以零售商店据点为核心，以实现零售销售为主体的物流活动。零售企业的类型有：一般多品种零售企业、连锁型零售企业、直销企业等。一般零售企业销售物流，大件商品多采用送货和售后服务，大部分小件商品则是用户自己完成。连锁型零售企业物流的特点是集中进行供货的物流，且大多数企业由本企业的共同配送中心完成。直销企业物流重点集中于销售物流，因直销企业经营品种较少，故企业内部的物流较简单。

3. 仓储企业物流

仓储企业是以储存业务为盈利手段的企业。仓储企业的物流是以接运、入库、保管保养、发运或运输为流动过程的物流活动，其中储存保管是其主要的物流功能。

4. 配送中心的物流

配送中心是集储存、流通加工、分货、拣选、运输等为一体的综合性物流过程。配送中心是在市场经济条件下，以加速商品流通和创造规模效益为核心，以商品代理和配送为主要功能，集商流、物流、信息流于一体的现代综合流通部门。

5.“第三方物流”企业的物流

“第三方物流”通常也称之为契约物流或物流联盟，是从生产到销售的整个物流过程中进行服务的“第三方”，它本身不拥有商品，而是通过签定合作协定或结成合作联盟，在特定的时间段内按照特定的价格向客户提供个性化的物流代理服务。具体的物流内容包括商品运输、储存、配送以及附加的增值服务等。它是以现代信息技术为基础，实现信息和实物的快速、准确地协调传递，提高仓库管理、装卸运输、采购订货以及配送发运的自动化水平。

二、企业物流的功能

(一) 包装活动

包装包括产品的出厂包装，生产过程中制品、半成品的包装以及在物流过程中换装、分装、再包装等活动。包装大体可分为商品包装与工业包装。工业包装纯属物流的范围。它是为了便于物资的运输、保管，提高装卸效率、装载率而进行的。商业包装是把商品分装成方便顾客购买和易于消费的商品单位，其目的是向消费者显示出商品的内容，这属于销售学研究的内容。包装与物流的其他职能有着密切的关系，对于推动物流合理化有着重要作用。

(二) 装卸活动

装卸活动包括物资在运输、保管、包装、流通加工等物流活动中进行衔接的各种机械或人工装卸活动。在全部物流活动中只有装卸活动伴随物流活动的始终。运输和保管活动的两端作业是离不开装卸的，其内容包括物品的装上卸下、移送、拣选、分类等。对装卸活动的管理包括选择适当的装卸方式，合理配置和使用装卸机具，减少装卸事故和损失等内容。

(三) 运输活动

运输活动是将物品进行空间的移动。物流部门依靠运输克服生产地与需要地之间的空间距离，创造商品的空间效用。运输是物流的核心，以至在许多场合，把它作为整个物流的代名词。运输活动包括供应和销售中用车、船、飞机等方式的输送，生产中管道、传送带等方式的输送。对运输活动的管理要求选择技术经济效果最好的输送方式及联运方式，合理地确定输送路线，以实现运输的安全、迅速、准时、价廉的要求。

(四) 储存活动

储存活动也称为保管活动，是为了克服生产和消费在时间上的距离而形成的。物品通过保管产生了商品的时间效用。保管活动是借助各种仓库，完成物品的堆码、保管、保养、维护等工作，以使物品的使用价值下降到最小的程度。保管的管理要求合理确定仓库的库存量，建立各种物资的保管制度，确定保管流程，改进保管设施和保管技术等。保管活动也是物流的核心，与运输活动具有同等重要的地位。

(五) 配送活动

配送是按用户的订货要求，在物流据点进行分货、配货工作，并将配好的货物送交收货人的物流活动。配送活动由配送中心为始点，而配送中心本身具备储存的功能。分货和配货工作是为满足用户要求而进行的，因而必要的情况下要对货物进行流通加工。配送的最终实现离不开运输，这也是人们把面向城市内和区域范围内的运输称之为“配送”的原因。

（六）物流情报活动

在物流活动中大量信息的产生、传送、处理活动为合理地组织物流活动提供了可能性。物流情报对上述各种物流活动的相互联系起着协调作用。物流情报包括上述各种活动的有关计划、预测、动态信息以及相关联的费用情况、生产信息、市场信息等。对物流情报的管理，要求建立情报系统和情报渠道，正确选定情报科目和情报收集、汇总、统计、使用方法，以保证指导物流活动的可靠性和及时性。现代情报采用电子计算机处理手段，为达到物流的系统化、合理化、高效率化提供了技术条件。

三、企业物流的作业目标

在设计和运行企业物流时，必须实现企业的作业目标。

（一）快速反应

快速反应是关系到一个企业能否及时满足顾客的服务需求的能力。信息技术的提高为企业创造了在最短的时间内完成物流作业并尽快交付的条件。快速响应的能力把作业的重点从预测转移到以装运和装运方式对顾客的要求作出反应上来。例如使用电话、传真、电子商务订货以减少订单处理的时间；使用求货求车系统，快速制定配车计划从而及时完成配送作业等。

（二）最小变异

变异是指破坏物流系统表现的任何想象不到的事件。它可以产生于任何一个领域的物流作业，如顾客收到订货的期望时间被延迟、制造中发生意想不到的损坏以及货物到达顾客所在地时发现受损或者把货物交付到不正确的地点等，所有这一切都使物流作业时间遭到破坏。物流系统的所有作业领域都可能遭到潜在的变异，减少变异的可能性直接关系到企业的内部物流作业和外部物流作业的顺利完成。在充分发挥信息作用的前提下，采取积极的物流控制手段可以把这些风险减少到最低限度，可以提高物流的生产率。因此，整个物流的基本目标是要使变异减少到最低限度。

（三）最低库存

最低库存的目标涉及到企业资金负担和物资周转速度问题。在企业物流系统中，由于存货所占用的资金是企业物流作业最大的经济负担。在保证供应的前提下提高周转率，意味着库存占用的资金得到了有效的利用。因此，保持最低库存的目标是把库存减少到和顾客服务目标相一致的最低水平，以实现最低的物流总成本。“零库存”是企业物流的理想目标，伴随着“零库存”目标的接近与实现，物流作业的其他缺陷也会显露出来。所以企业物流设计必须把资金占用和库存周转速度当成重点来控制和管理。

（四）物流质量

企业物流目标是要寻求持续、不断地提高物流质量。全面质量管理要求企业物流无论是对产品质量，还是对物流服务质量，都要求做得更好。如果一个产品变得有缺陷，或者对各种服务承诺没有履行，那么物流费用就会增加，因为物流费用一旦支出，便无法收回，甚至还要重新支出。物流本身必须执行所需要的质量标准，包括流转质量和业务质量标准。如对物流数量、质量、时间、地点的正确性评价。随着物流全球化、信息技术化、物流自动化水平的提高，物流管理所面临的是“零缺陷”的高要求，这种企业物流在质量上的挑战强化了物流的作业目标。

（五）整合运输与配送

运输费用是物流成本中最重要的组成部分。据日本通产省对六大类物流成本的调查结果显示，其中运输成本占40%左右。多品种、少批量的生产方式（精益生产方式）要求高速度、小批量的运输，这样因运输距离长、运输数量不足必然导致运输成本的提高。要想降低运输成本，就必须对运输进行重新组合，这就需要有创新的规划，把小批量的装运集合成集中的、具有较大批量的运输。大型的物流配送中心多采用规模大、专业性强、品种多的配送方式。而对于大多数小企业而言，多采用分工合作形式的共同配送方式。配送的中心工作是运输，不断整合配送方式对于运输的合理性有重大影响。

（六）产品生命周期的不同物流目标

产品生命周期由引入、成长、饱和成熟和完全衰退四个阶段组成，面对产品不同的生命同期，物流应作出怎样的对策？

在新产品引入阶段，要有高度的产品可得性和物流的灵活性。在制定新产品的物流支持计划时，必须要考虑到顾客随时可以获得产品的及时性和企业迅速而准确的供货能力。在此关键期间，如果存货短缺或配送不稳定，就可能抵消营销战略所取得的成果。因此，此阶段物流费用是较高的。新产品介入阶段，物流是在充分提供物流服务与回避过多支持和费用负担之间的平衡。

在产品生命周期的成长阶段，产品取得了一定程度的市场认可，销售量巨增，物流活动的重点从不惜代价提供所需服务转变为平衡的服务和成本绩效。处于成长周期的企业具有最大的机会去设计物流作业并获取物流利润。此阶段销售利润渠道是按不断增长的销量来出售产品，只要顾客愿意照价付款，几乎任何水准的物流服务都可能实现。

饱和成熟阶段具有激烈竞争的特点，物流活动会变得具有高度的选择性，而竞争对手之间会调整自己的基本服务承诺，以提供独特的服务，取得顾客的青睐。为了能在产品周期的承受阶段调整多重销售渠道，许多企业采用建立配送仓库网络的方法，以满足来自不同渠道的各种服务需求。在这种多渠道的物流条件下，递送任何一个地点的产品流量都比较小，并需要为特殊顾客提供特殊服务，可见，成熟阶段的竞争状况增加了物流活动的复杂性和作业要求的灵活性。

当一种产品进入完全衰退阶段时，企业所面临的抉择是在低价出售产品或继续有限配送等可选择方案之间进行平衡。于是企业一方面将物流活动定位于继续相应的递送活动，另一方面要最大限度地降低物流风险。两者中，后者相对显得更重要。

综上所述，产品的生命周期为基本的物流战略提出了不同的目标，在不同的阶段，需要根据市场竞争状况进行适当的调整。一般说来，新产品的引入需要高水准的物流活动和灵活性，以适应物流量的迅速变化；在生命周期的成长阶段和饱和成熟阶段，重点会转移到服务与成本的合理化上；而在完全衰退阶段，企业则需要对物流活动进行定位，使风险处于最低限度。

四、企业物流合理化

美国著名物流学者唐纳德·J·鲍尔索克斯在他的著名专著《物流管理》中指出："物流的总体目标是要在尽可能最低的总成本条件下实现即定的顾客服务水平。"企业物流的合理化也正是围绕着企业的总目标，贯穿于企业的生产和活动的全过程，通过各种措施降低物流费用。

物流合理化的措施主要有：

（一）企业生产设施的合理布局

企业生产系统和服务系统的各类设施的空间布置规划和设计是物流合理化的前提。企业内生产设施的相对位置是确定企业物流（尤其是生产物流）路线的基础，而且一旦确定形成，那么物流路线很难修正。因此，在设计、规划生产物流时应考虑以下因素：

1. 集团级物流分析，确定集团内各个公司的相关位置。

2. 公司级物流分析，确定公司内各个工厂的相关位置。

3. 工厂级物流分析，确定工厂内各个部门，包括供应仓库、生产车间、辅助车间和其他相关部门的相关位置。

4. 车间级物流分析，确定车间内各个生产区域或生产线的相关位置。

5. 生产线或生产区域级的物流分析，确定生产线或生产区域内相关设备的位置。

6. 从生产流程和生产特点出发确定装卸搬运机械的选型、设置位置、台数等。

生产设施的合理布局对企业物流应遵循“连续”（不中断、停留）、“直接”（不迂回、倒流）、迅速（时间短）的原则，追求物流的“时间、空间”的最优化。

（二）提高和推广先进的物流技术

物流技术是指流通技术或输送技术。它和生产技术不同，生产技术是为社会生产各种产品，为社会提供有形物资的技术；而物流技术是对有形物资进行输送、储存等为社会提供无形服务的技术。提高和推广先进的物流技术包括以围绕物流服务的物流硬技术和物流软技术。物流硬技术在物流发展初期是起主导作用的技术，它是指组织实物运动所涉及的各种机械设备、运输工具、仓库建筑、站场设施以及服务于物流的电子计算机、通讯网络设备等。物流软技术是指为组成高效率的物流系统而使用的应用技术，具体地说，是指各种物流设备、设施、人才等最合理地调配和使用。物流软技术具有能够不改变物流硬技术即装备的情况下，充分地发挥现有设备能力，获得较高经济效益的特性。

改革开放以来，我国企业的物流技术发生了巨大的变化，有些企业已具备了自动化仓库技术，机器人包装、激光导引搬运、巷通堆垛机装卸等国际水平的物流硬技术；也有的企业将系统工程技术、价值工程技术、计算机仿真技术等先进的物流软技术运用于物流实践，取得了可喜的成就。先进的物流技术代表着物流的先进生产力，提高和推广先进的物流技术对提高物流劳动生产率、降低物流成本、增强企业市场竞争力具有重要的基础作用。但是，一个企业如何使自己的物流技术得以升级，要从企业发展、企业现状以及各方面条件加以综合分析。应当看到，有些先进的物流技术及其优点的体现与使用条件有着密切的联系，有些企业由于生产技术水平、管理水平、资源状况以及其他方面的限制，先进的物流技术不一定完全体现出它的先进性来。当然，随着我国生产建设的蓬勃发展，生产力水平的不断提高，先进的物流技术一定会越来越多地进入到我国的企业当中来。

（三）提高物流效率

在物流活动中提高物流效率的手段除了采用先进的物流设备和物流技术外，还可以运用许多方法和手段。如提高物资装卸搬运的灵活性，可以在衔接物流其他环节作业时，使装卸搬运作业更方便、更容易且时间短、效率高。在平时的物流作业中存在着大量的无效作业现象，如物资在流通过程中常常要经过多次的装卸作业，其中有些是没有物流效果的装卸作业；在运输过程中存在的物流迂回、重复等大量的不合理的运输等；由于在物流客体中存在大量的杂质，如原油中含有水分、煤炭中含有矸石或包装过大、过重等，造成的无效作业等。无效作业的减少和排除会减少物流生产的浪费，提高物流作业的有效性。集装化即单元化、组合化是指将一定数量的散装或零星成件物资组合在一起，这样在装卸、保管、运输等物流环节中可作为一个整件进行技术上和业务上的包装处理方式。集装化的具体包装形式有集装箱、托盘、集装袋等。采用集装化可以加快物资装卸、运输活动，可以加大物流的单位运量，同时可以使物流作业环节更加连续、紧凑，被人们认为是提高物流效率的最有力的手段之一。

（四）加强和深化物流管理

企业物流管理是指在企业中，根据物质资料实体流动的规律，应用管理的基本原理和科学方法，对物流进行计划、组织、指挥、协调、控制和监督，使各项物流活动实现最佳的协调与配合，以降低物流成本，提高物流效率和经济效益。管理和生产是企业的两个车轮，管理是提高企业物流水平，提高企业经济效益的主要措施。物流管理的本质要求是求实效，即以最少的消耗，实现最优的服务，达到最佳的经济效益。物流管理体现在“管”上，是指要使物流活动受到一定的约束和限制；体现在“理”上，则指要使物流活动符合物资实体运动规律。因此，物流管理要通过一定的组织体系、手段和方法，使物流活动与客观规律的要求相适应，从而求得实效。

物流管理的方法很多，最常用、带普遍性的方法有经济方法、行政方法、法律方法和教育方法。

经济方法是运用经济杠杆调节、引导物流活动，这是由物流活动主体的经济组织的性质所决定的；

行政方法是指依靠领导机构的权威，运用行政命令、指示等手段，采取令行禁止的手段执行管理职能的一种方法。它是物流管理的必要方法，尤其是在紧急情况下，可迅速排除阻力，使物流畅通无阻；

法律方法是运用经济立法和经济司法的手段，执行物流管理职能的一种方法。它可以保护企业的合法权益，禁止违法行为，维护物流活动的秩序；

教育方法是指运用系统学习和普及宣传的手段，执行物流管理职能的一种方法。教育方法最主要的作用是可以提高物流专业人员和物流专业相关人员的素质，从根本上提高物流效率。

积极而有效的物流管理是降低物流成本、提高物流经济效益的关键。搞好物流管理可以协调好物流活动各个部门、各个环节以及劳动者之间的关系；搞好物流管理可以实现合理的运输，减少装卸搬运、储存费用，提高物流的安全可靠性。搞好物流管理是改善和提高物流质量的手段之一。物流质量对顾客来说，体现在物流活动的及时性、经济性、满意性，而对于企业来说是按量、按时、按质地为社会提供方便、廉价、优质的产品和服务。

（五）健全物流信息系统

为了有效地对物流系统进行管理和控制，必须建立完善的信息系统。信息系统水平是物流现代化的标志。物流信息几乎覆盖企业的全部生产过程，合理控制生产计划、控制生产物流节奏、压缩库存、降低成本、合理调度运输和搬运设备，使企业内物流顺畅等，这些都依赖于及时、准确的物流信息。在企业外部，原材料供应市场和产品销售市场的信息，也是组织工厂物流活动的依据。因此，必须从基本数据的搜集、整理、加工做起，建立完善的物流信息系统。以利于物流管理层进行分析，使企业领导者的决策具有科学的依据。

第二章　企业物流管理

企业物流管理通过对企业物流功能的最佳组合，在保证一定服务水平的前提下，实现物流成本的最低化，这是企业不断追求的目标。分析物流管理的内容、组织结构、形式，研究探讨企业物流面临的新的挑战，对制定企业物流发展战略具有重要意义。

第一节　企业物流管理概述

一、企业物流管理的含义

(一) 企业物流管理的产生

管理科学从宏观、中观和微观三个不同层次进行划分，可划分为理论管理学、基础管理学和应用管理学。企业管理、物流管理都是属于微观层次的应用管理学。

20世纪初在泰罗的“科学管理”学说的指导下，企业产生了三大最基本的职能管理，即市场管理、运营管理和财务管理，物流管理并没有被列其中。企业物流习惯上被分成三段：采购物流、制造物流和销售物流，所以相应的管理业务被归入企业的采购部门、制造部门和市场营销部门，企业还没有一个独立的物流业务部门。这样，各部门各施其职，采购经理关心的是供应商的选择，采购谈判，希望获得尽可能低的采购价格。但低价格往往又以大批量采购为代价，价格上得到的好处很快被高额的库存费用抵消了；销售经理考虑更多的是如何扩大销售量，为保证供货，很少考虑产品的供货方式。成品仓库地点的选择、仓库的数量、库存量的控制、运输方式的选择等不是销售经理的事，无疑，销售费用的水平也难遂人意了；制造经理最感兴趣的就是生产过程的连续性，因此他也依靠大的在制品库存来支持。可见在整个生产制造过程中，到处存在大量的库存和费用，大量的流动资金被当时未被重视的“物流黑洞”吞噬了。

直到20世纪40年代系统论产生，人们才开始用系统的观点来解决不适当的库存问题。20世纪60年代物料管理被认为是对企业的原材料采购、运输、原材料和在制品的库存管理；而配送管理是对企业的输出物流的管理，包括需求预测、产品库存、运输、库存管理和用户服务。20世纪80年代，企业的输入、输出以及市场和制造功能被集成起来，企业物流管理才真正地受到重视。

（二）企业物流管理的含义和地位

企业物流管理作为企业管理的一个分支，是对企业内部的物流活动（诸如物资的采购、运输、配送、储备等）进行计划、组织、指挥、协调、控制和监督的活动。通过使物流功能达到最佳组合，在保证物流服务水平的前提下，实现物流成本的最低化，这是现代企业物流管理的根本任务所在。

企业管理中，企业的基本竞争战略有成本领先战略、差异化战略和目标聚集战略。近年来，企业对物流管理日益重视，逐渐把企业的物流管理当作一个战略新视角，制定各种物流战略，以期增强企业的竞争能力。

管理大师麦克尔·波特在《竞争优势》一书中指出，企业竞争的成功只能通过成本优势或价值优势来实现。当前既能提供成本优势，又能提供价值优势的管理领域是极少的，而物流管理则是这些并不多的管理领域中的一个。一个企业若拥有高效、合理的物流管理，既能降低经营成本，又能为顾客提供优质的服务，即既能使企业获得成本优势，又能使企业获得价值优势。因此，企业物流管理已成为现代企业管理战略中的一个新的着眼点。

把企业物流管理上升到战略的地位，经历了一个过程。从纯粹为了降低企业内部的物流成本，到为提高企业收益而加强内部物流管理，通过向顾客提供满意的物流服务来带动销售收入的增长，发展到现在从长远和战略的观点去思考物流在企业经营中的定位，甚至超越本企业从供应链的角度管理企业的物流。

二、企业物流管理的内容

我们从不同的角度，如物流活动要素、系统要素以及物流活动具体职能等，分别介绍企业物流管理的内容。

（一）物流活动诸要素的管理内容包括

1. 运输管理。主要内容包括：运输方式及服务方式的选择；运输路线的选择；车辆调度与组织等。

2. 储存管理。主要内容包括：原料、半成品和成品的储存策略；储存统计、库存控制、养护等。

3. 装卸搬运管理。主要内容包括：装卸搬运系统的设计、设备规划与配置和作业组织等。

4. 包装管理。主要内容包括：包装容器和包装材料的选择与设计；包装技术和方法的改进；包装系列化、标准化、自动化等。

5. 流通加工管理。主要内容包括：加工场所的选定；加工机械的配置；加工技术与方法的研究和改进；加工作业流程的制定与优化。

6. 配送管理。主要内容包括：配送中心选址及优化布局；配送机械的合理配置与调度；配送作业流程的制定与优化。

7. 物流信息管理。主要指对反映物流活动内容的信息，物流要求的信息，物流作用的信息和物流特点的信息所进行的搜集、加工、处理、存储和传输等。信息管理在物流管理中的作用越来越重要。

8. 客户服务管理。主要指对于物流活动相关服务的组织和监督，例如调查和分析顾客对物流活动的反映，决定顾客所需要的服务水平、服务项目等。

（二）对物流系统诸要素的管理

从物流系统的角度看，物流管理的内容有：

1. 人的管理。人是物流系统和物流活动中最活跃的因素。对人的管理包括：物流从业人员的选拔和录用；物流专业人才的培训与提高；物流教育和物流人才培养规划与措施的制定等。

2. 物的管理。“物”指的是物流活动的客体即物质资料实体。物的管理贯穿于物流活动的始终。它涉及物流活动诸要素，即物的运输、储存、包装、流通加工等。

3. 财的管理。主要指物流管理中有关降低物流成本，提高经济效益等方面的内容，它是物流管理的出发点，也是物流管理的归宿。主要内容有：物流成本的计算与控制；物流经济效益指标体系的建立；资金的筹措与运用；提高经济效益的方法等。

4. 设备管理。指对物流设备管理有关的各项内容。主要有：各种物流设备的选型与优化配置；各种设备的合理使用和更新改造；各种设备的研制、开发与引进等。

5. 方法管理。主要内容有：各种物流技术的研究、推广普及；物流科学研究工作的组织与开展；新技术的推广普及；现代管理方法的应用等。

6. 信息管理。信息是物流系统的神经中枢，只有做到有效地处理并及时传输物流信息，才能对系统内部的人、财、物、设备和方法等五个要素进行有效的管理。

(三)物流活动中具体职能管理

物流活动从职能上划分,主要包括物流计划管理、物流质量管理、物流技术管理、物流经济管理等。

1. 物流计划管理:是指对物质生产、分配、交换、流通整个过程的计划管理,也就是在物流大系统计划管理的约束下,对物流过程中的每个环节都要进行科学的计划管理,具体体现在物流系统内各种计划的编制、执行、修正及监督的全过程。物流计划管理是物流管理工作的首要职能。

2. 物流质量管理:包括物流服务质量、物流工作质量、物流工程质量等的管理。物流质量的提高意味着物流管理水平的提高,意味着企业竞争能力的提高。因此,物流质量管理是物流管理工作的中心问题。

3. 物流技术管理:包括物流硬技术和物流软技术的管理。对物流硬技术进行管理,即是对物流基础设施和物流设备的管理。如物流设施的规划、建设、维修、运用;物流设备的购置、安装、使用、维修和更新;提高设备的利用效率,日常工具管理工作等。对物流软技术进行管理,主要是物流各种专业技术的开发、推广和引进,物流作业流程的制定,技术情报和技术文件的管理,物流技术人员的培训等。物流技术管理是物流管理工作的依托。

4. 物流经济管理:包括物流费用的计算和控制,物流劳务价格的确定和管理,物流活动的经济核算、分析等。成本费用的管理是物流经济管理的核心。

三、企业物流管理的总原则(物流合理化)

企业物流管理的具体原则很多,但最根本的指导原则是保证企业物流合理化的实现。所谓物流合理化,就是对物流设备配置和物流活动组织进行调整改进,实现物流系统整体优化的过程。它具体表现在兼顾成本与服务上,物流成本是物流系统为提高物流服务所投入的活劳动和物化劳动的体现,物流服务是物流系统投入后的产出。合理化是投入和产出比的合理化,即以尽可能低的物流成本,获得可以接受的物流服务,或以可以接受的物流成本达到尽可能高的服务水平。企业物流通常包括供应物流、生产物流和销售物流,因此企业物流合理化主要是针对这三个方面。

物流活动中各种成本之间经常存在着此消彼长的关系,物流合理化的一个基本的思想就是“均衡”的思想,从物流总成本的角度权衡得失。不求极限,但求均衡,均衡造就合理。例如,对物流费用的分析,均衡的观点是从总物流费用入手,即使某一物流环节要求高成本的支出,但如果其他环节能够降低成本或获得利益，就认为是均衡的，即是合理可取的。在物流管理实践中，切记物流合理化的原则和均衡的思想，有利于我们防止“只见树木，不见森林”，做到不仅注意局部的优化，更注重整体的均衡。这样的物流管理对于企业最大经济效益的取得才是最有成效的。

四、企业物流管理面临的新挑战

随着世界经济一体化、全球化局面的出现，中国加入WTO后，我们的企业面临前所未有的竞争压力。当前的市场特征是新产品开发速度日益加快，产品生命周期不断缩短，产品必须满足客户个性化需求，市场竞争愈演愈烈。在这种形势下，最低的成本、最高的效率、最好的产品和服务构成了影响现代企业生存和发展的三个最主要方面。企业必须意识到在激烈的市场竞争中仅仅依靠价格、质量、产品和服务已无法赢得竞争优势，因为这些东西是竞争对手很快就可以学到的。只有在企业管理方面多下工夫，通过引入先进的管理模式与理念，向管理变革要效益，才有望在全球化的市场竞争中脱颖而出。

近年来，很多先进的信息技术的出现，极大地推动了物流行业的进步。我们不能再以传统的观念来认识信息时代的物流，物流也不再是物流功能的简单组合运作，它现在已是一个网的概念。加强连通物流结点的效率，加强系统的管理效率已成为整个物流产业面临的关键问题。企业的物流同样也经受着挑战，现代企业的生产方式由大批量生产转向精细的准时化生产。这时的物流，要求企业能以最快的速度把产品送到用户手中，以提高企业快速响应市场的能力，要求企业的物流运作能与制造系统协调，提高敏捷性和适应性。企业物流管理不再只是解决传统的保证生产连续并按比例进行的问题，更要解决一些有助于企业提高竞争力的问题，如低成本准时的物资采购供应；实现快速准时交货，创造用户价值；准确输送物流信息、协调供需矛盾、提高企业敏捷性等等。

第二节 企业物流管理组织

随着企业物流管理活动的发展，企业也越来越重视物流管理组织的构建。企业物流管理组织指的是一个以物流管理中枢部门为核心、分工协作地履行物流管理各项职能的组织体系。近几十年来，随着企业的发展，物流组织的形式不断革新。其发展基本经历了以下过程：从20世纪50年代以后出现的简单功能集合的物流管理组织开始，到物流功能独立的组织形式，再到一体化物流组织形式，直到当今与借助信息技术支持的企业流程再造相适应的以过程为导向的水平组织形式。

一、企业物流管理组织的结构形态

企业物流管理组织的设立在实际操作中，一般可归为三种组织结构形态：直线型组织、参谋型组织和运用型组织。

（一）直线型组织

这是一种按基本职能组织物流管理部门的组织形式，是一种正式的组织结构。当物流活动对一个企业的经营较为重要时，企业一般会采取这种模式。如图 2－1 所示。在这种组织结构中，物流管理的各个要素不再作为其他的职能部门如财务、市场、制造部门的从属职能而存在，而处于了并列的地位。物流经理对所有的物流活动负责，对企业物流总成本的控制负责。在解决企业的经济冲突时，物流经理可以和其他各部门经理平等磋商，共同为企业的总体目标服务。

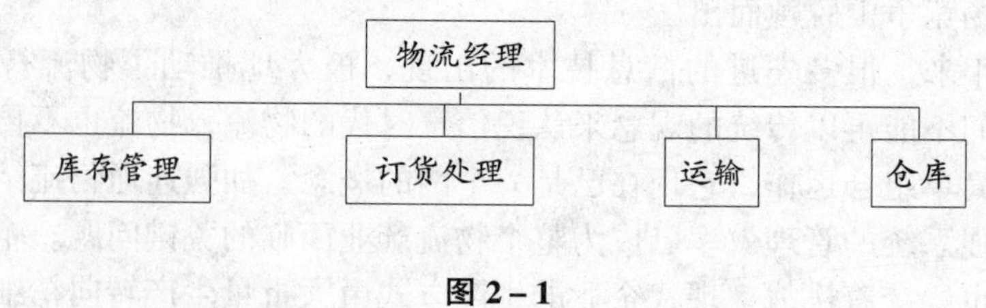

图 2－1

（二）参谋型组织

这也是一种按照职能不同设定的组织，但由于物流活动往往贯穿于企业组织的各种职能之中，它只把有关物流活动的参谋组织单独抽出来，基本的物流活动还在原来的部门中进行，物流管理者起一个“参谋”的作用，负责物流与其他几个职能部门的协调合作。其典型的组织形式，如图 2－2 所示。

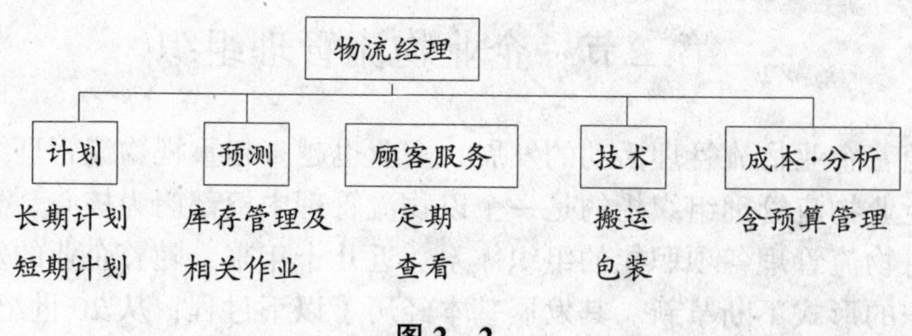

图 2－2

在传统型企业中，把分散的各种基本职能活动中和物流有关的方面集中起来，形成“参谋”，为物流经理服务是比较容易的。因此，这种组织形式常常被那些刚开始实施综合物流管理的企业所采用。参谋型组织主要是从计划、预测、顾客服务、技术、成本分析五个方面对物流经理进行有效决策提供参谋和建议。

参谋型组织的好处在于能够在较短的时期内，使企业经营顺利地采用新的物流管理手段。

(三) 运用型组织

物流组织的主要目标是对不同的物流活动实施控制，使它们之间保持协调一致。因此，要达成目标可以设立专门正式的物流组织，也可以利用原有的组织。通过各种手段，靠合作的方式来达成负责物流活动的人员之间的协调，或是外聘专家，对本企业的物流活动进行规划调整，推进企业物流合理化。

运用型组织属于一种非正式物流组织，因此它的运作常常需要建立一些激励机制，或是成立一个协调委员会来促进合作。

二、企业物流管理组织设计

(一) 企业物流管理组织设计应考虑的有关因素

1. 企业所属类型因素

不同类型的企业，物流管理的侧重点不同，物流管理组织的结构设计也相应各有特点。如原材料生产型的企业，它们是其他企业原材料的供应者，其产品种类虽一般较少，但通常却是大批量装卸和运输。因此，一般要成立正式的物流管理部门与之适应；销售型的企业，没有生产活动，经营集中在销售和物流活动上。它们一般从分布广泛的供应商采购商品并通常相对集中在较小的领域内零售商品，主要的物流活动有采购运输、库存控制、仓储、订货处理及销售运输等。对这类企业，物流组织极为重要，而且组织结构主要以销售运输为重点。

2. 企业的战略因素

企业组织是帮助企业管理者实现管理目标的手段。因为目标产生于组织的总战略，因此组织的设计应该与企业的战略紧密配合，特别是组织结构应当服从企业战略。如果一个企业的战略发生了重大调整，毫无疑问，组织的结构就需要作相应的变动以适应和支持新的战略。

3. 企业的规模因素

企业规模的大小对企业的组织结构有明显的影响作用。例如，大型企业的组织应倾向于比小型企业的组织具有更高程度的专业化和横向、纵向的分化、规章条例也更多。而小型企业的组织结构就显得简单，通常只需两三个纵向层次，形成“扁平”的模式，员工管理相对灵活些。对于规模大的企业，目前流行一种新形式的组织设计，把组织设计的侧重点放到顾客需要或工作过程方面，用跨职能的项目小组取代僵硬的部门设置，在提高效率方面发挥了作用。

4. 企业的技术因素

以追求利润为目标的企业（特别是生产制造企业），都需要采取一定的技术，将投入转换为产出。进行组织设计时不可忽视技术对组织结构提出的要求。经研究表明，制造业企业的组织并不存在一种最好的方式。单件生产和连续性生产，采用有机式结构最为有效；而大量生产企业若与机械式结构相匹配，则是最为有效的。研究还表明，越是常规的技术，结构就越应该标准化，即采用机械式的组织结构，越是非常规的技术，结构就越应该是有机式的。

5. 企业环境的因素

企业环境也是组织结构设计的一个主要影响力量。从本质上说，较稳定的企业环境，采用机械式组织更为有效；而动态的、不确定的环境，则采用有机式组织更佳。由于现今企业面临的竞争压力增大，企业环境也不似从前稳定，故企业物流组织应该能够对环境的变化做出有益于企业运行的反应，设计要充分体现出“柔性”。

总之，企业物流管理组织设计一定要从企业的实际出发，综合考虑企业的规模，产权制度，生产经营特点，企业组织形态及实际管理水平等多种因素，以建立最适宜的组织。物流管理组织的调整，要适应企业经营方式变革和企业内部管理向集约化转换的需要。

（二）企业物流管理组织设计的原则

要保证一个管理组织正常有效地运行，组织设计必须科学合理。管理组织设计的一般原则有：系统效益原则、优化原则、标准化原则、服务原则，这也是企业物流管理组织设计的指导原则。

我们还必须根据企业物流工作的特点，考虑企业物流组织特有的一些原则，包括任务目标原则，分工协作原则，集权和分权相结合的原则，稳定性和适应性相结合的原则，责权利相结合的原则，精干有效的原则等等。

(三) 企业物流管理组织的职能范围设计

物流管理机构的组织活动，要明确物流管理的职能范围。关于职能范围，虽然各个企业各不相同，但基本包括物流业务与系统协调两大部分。

物流业务主要在于物流活动计划和计划的调整实施，执行结果的评价等。具体内容如下：

1. 编制各种物流计划；

2. 预测物流量；

3. 分析、设计和改进物流系统；

4. 调整与其他部门之间的利害关系；

5. 研究顾客服务水平；

6. 编制物流预算方案；

7. 进行物流成本分析；

8. 控制和调整实际物流活动；

9. 在企业内进行物流思想的宣传教育；选择物流人才，并对其进行培养和管理。

根据以上业务内容，可以看出物流管理部门的主要作用在于：评价物流系统现状、发现问题、研究改进办法，对能够改变物流现状的物流系统本身进行设计和改造，并制定新的物流计划，确定出控制标准，以保证合理物流活动的继续。

物流管理部门还额外承担进行系统协调的“非正式职能”。这主要因为物流管理与企业其他的管理职能紧密相关，且具有交叉性。物流活动把企业的供应商、本企业的采购活动、制造过程、销售活动以及用户联接在一起，物流活动的范围贯穿企业运行的整条链。从整体上把握企业的目标，从而承担起协调的职能。

三、企业物流组织的新取向

随着经济环境的变化，企业越来越关注使组织达到目标的过程更加简便化。在企业物流组织建设中也出现了新的发展取向：

(一) 结构压缩

管理者用减少规模、扁平、网络、集中、修正范围、延迟、重组和非层次性等理念，对组织进行重新构建。现代企业强调编制的限制和资产的有效控制，高层经理是作为跨功能或跨工种的队伍中的一个成员来完成任务，是以解决问题为目的的计划者或战略远见的提供者。物流部门的经理也是一样，在进行物流管理时要特别注意有关集权与分权，直线与矩阵结构的传统关系。

（二）设立企业物流总部

20世纪90年代，企业组织的一个重要变化是改变原来单纯以事业部为中心的组织体系，实行某些职能管理活动的统一化和集中性管理，打破事业部的界限。现代物流不仅在横向上集中了各事业部的物流管理，还在纵向上统括了购买、生产、销售等伴随企业经营行为而发生的物流活动。所以在企业组织机构中，出现了这种全企业层次的物流组织，被人们称之为物流总部。

需要指出的是，物流总部的设立并不一定是将物流现场作业全部集中到总公司来，一般物流现场作业仍然由各事业部独自开展，物流总部统一决策的是从流通总体来看的物流战略的设立和管理。例如，在信息系统构筑方面，EDI交易已成为企业间交易的主要手段，因此，信息系统已成为企业全体的课题。在这种状况下，全企业的信息系统与物流系统如何建立，这在战略上是必须加以研究的。如果这项活动由各事业部独自进行，有可能因为缺乏整体性和部门间的有机联系而丧失效率，进而失去用户的信赖。所以，物流总部的职能是建立基本的物流体系、决定物流发展战略，并在与现场作业相吻合的条件下不断完善物流管理系统并推动其发展。

（三）成立单独的物流分公司

从最新企业组织的发展变化看，有不少先进企业不仅成立了企业物流总部，甚至将物流作业也从事业部中独立出来，成立单独的物流分公司。物流分公司的建立主要有两种方法：一是企业将属于本企业的物流中心从各事业部中独立出来，全面承担企业物流的所有活动；二是企业与运输业者的物流公司共同成立物流分公司。

与企业内的物流管理组织相比较，物流分公司具有几个方面的优点：首先是可以使物流费用明确化。通常情况下，企业物流成本的计算是较为困难的，并且需要得到其他职能部门的合作。物流独立化后，物流成本的核算变得简单明确，有利于物流成本的控制。其次，有利于促进物流水平的改善。在企业内部管理中，各个部门之间容易发生利益冲突，物流常常会遭受来自生产和销售部门的限制，而作为独立的分公司，物流的合理化就容易通过市场交易的手段予以解决。再次，还有利于扩大物流活动的领域。很显然，独立出来的分公司，其工作对象的领域跟内部物流部门相比要广泛得多，便于与其他企业进行物流合作，对物流进行“经营”。

（四）任务小组结构

企业物流的组织结构多是基于功能而形成的。在功能结构下，物流活动的归类集合与直线领导的权力和责任相关，很难取得能满足独特客户要求的跨功能的灵活性。而任务小组的出现，就是被设计用来达成某种特定的明确规定的复杂任务。物流组织中运用任务小组，是企业在保持有效的功能结构的同时，获得一种基于任务的灵活性，使组织更好地分享企业有限的资产和技术资源。

第三节 企业物流战略

一、企业战略与企业物流战略

企业战略是企业为实现长期经营目标，适应经营环境变化而制定的一种具有指导性的经营规划。战略的选择与实施是企业的根本利益所在，战略的需要高于一切。根据经营环境的状况确定正确的战略在企业决策管理中有着特别重要的地位。

根据决策内容的特点，企业战略可划分为三个层次：公司级战略、部门级战略和职能级战略。物流战略属于职能级战略，和企业的营销战略、制造战略、财务战略和人力资源战略等同属一个层次，支持企业的整体战略实现。

企业物流战略与企业战略呈现出相辅相成的关系。首先，企业战略统观企业经营的全局，为企业的经营发展确定目标，指明方向。而物流战略则是企业为开展好物流活动而制定的更为具体，操作性更强的行动指南，它作为企业战略的组成部分，必须服从企业战略的要求，与之协调一致。从企业物流运作的角度考虑如何在企业物流战略的制定、实施过程中，都应以是否有利于实现企业战略的总目标为标准衡量其优劣，并依据企业战略的变化来对物流战略进行调整。其次，有效地实现企业战略需要企业物流战略等职能级战略的支持和保证，企业战略需要由具体的职能战略来具体落实。没有物流战略和其他相关职能战略的协调和配合实施，企业的战略目标不可能顺利实现。

二、企业物流战略的环境因素分析和定位

（一）企业物流环境的分析

制定一个战略物流计划的首要因素是了解影响该战略绩效的内在及外在的因素。对战略计划的一项重要投入是评价、控制环境变化，其目的就

在于保证该战略能使物流运作减少受企业外部环境的限制，保持一定的灵活性，企业外在力量的考察通常包括：

1. 同业竞争者的物流水平

“知己知彼，百战不殆”，了解同行的物流水平，分析出自己的优势，是企业制定战略时必须要重视的问题。

2. 技术评价

现代的物流技术设施为物流作业带来了革命性的影响，条形码、数据库、卫星定位、电脑眼、机械化仓库等，都为物流及时、准确、高效地实施提供了技术上的支持。但不是所有的技术都适合一个特定的企业，所以企业应结合实际，如企业规模和企业所在具体环境的差异，选择对自身物流实用性最强的技术，切不可盲目引进，造成不必要的浪费。

3. 材料—能耗评价

21 世纪将会越来越注重能源短缺和环保问题。能源短缺会引起产品价格上升，环保会使原材料和能源的使用受到限制。管理人员在制定物流战略时，要不断地评价企业所需要的资源以及潜在的可选择物，并根据经济环境的变化调整战略。

4. 物流渠道结构

这里所说的渠道是指实现物流功能的途径，不同的物流战略，要求选择不同的实现物流功能的途径。企业与外部合作，采取配送还是直接购销商品，企业应该把哪些有关联的企业纳入本企业的物流渠道中，自己计划在其中扮演什么角色，这一切都要进行评价，根据物流绩效进行选择。

总之，企业是在环境的约束下生存的，战略及战略计划的制定不能不考虑环境的影响因素。

（二）企业物流战略定位

经过环境因素分析，企业需要根据经营战略来进一步确定物流战略，即要进行战略定位。物流战略定位即是设定企业物流管理达到的期望水平，以物流成本和物流运作水平为主要衡量对象。应达到什么水平，这个水平是否可行，都要通过科学的方法进行研究定位。

企业物流战略是为企业的总体战略服务的，企业的物流总体战略一般又可以分为三类：过程战略、市场战略和信息战略。

1. 过程战略的目标是达到从原材料到成品全过程物料转移的效率最大化；

2. 市场战略重视客户服务质量，因此会把与客户服务直接相关的销售和物流活动设立专门机构来统一管理；

3. 追求信息战略的企业，一般销售网络和分销组织较广泛，因此物流的投入主要在于通过信息管理，协调各个分支网络的物流活动。

根据以上这些不同的战略定位，企业就可以对物流成本和物流运作水平作出相应的定位，从而制定物流战略。

三、企业物流战略的目标和内容及基本战略框架

（一）企业物流战略的基本目标

与企业物流管理的目标是一致的，在保证物流服务水平的前提下，实现物流成本的最低化。具体而言，可通过以下各个目标的实现来达到。

1. 维持企业长期物流供应的稳定性，低成本，高效率；

2. 作为产品的个性谋求良好的竞争优势；

3. 对环境的变化为企业整体战略提供预警和功能范围内的应变力；

4. 以企业整体战略为目标追求与生产销售系统良好的协调性。

（二）企业物流战略计划

战略计划是实现战略意图的行动性文件，由一系列的具体措施和步骤组成。

在制定战略计划前，首先要得到企业其他职能部门的支持，搜集各种必要的信息和资料。如需要：

1. 市场部门提供有关产品的价格，销售数量，顾客的类型和区域，对顾客的售后服务政策等方面的信息；

2. 制造部门提供有关产品的制造信息。主要包括产品的原料供应商，产品的生产规模、品种和生产地点等；

3. 财会部门提供关于成本的预测信息和不同物流方案的成本评价，对物流设施的规划作投资预算等；

总而言之，物流部门在制定自己的战略前，有必要充分了解各个职能部门的战略意图，同时也要向其他职能部门提供物流状态的信息，以便各个职能部门之间相互协调支持。

（三）企业物流管理战略框架

根据企业物流战略的内容和目标，专家提出了企业物流管理战略的框架，把企业物流战略划分为四个层次：

1. 全局性的战略

物流管理的最终目标是满足用户需求，因此，用户服务应该成为物流管理的最终目标，即全局性的战略目标。通过良好的用户服务，可以提高

企业的信誉，获得第一手市场信息和用户需求信息，增加企业和用户的亲和力并留住顾客，使企业获得更大的利润。

要实现用户服务的战略目标，必须建立用户服务的评价指标体系，如平均响应时间、订货满足率、平均缺货时间、供应率等。虽然目前对于用户服务的指标还没有一个统一的规范，对用户服务的定义也不同，但企业可以根据自己的实际情况建立提高用户满意度的管理体系，通过实施用户满意工程，全面提高用户服务水平。

2. 结构性的战略

物流管理战略的第二层次是结构性的战略，包括渠道设计和网络分析。渠道设计是供应链设计的一个重要内容，包括重构物流系统、优化物流渠道等。通过优化渠道，提高物流系统的敏捷性和响应性，使供应链获得最低的物流成本。

网络分析是物流管理中另一项很重要的战略工作，它为物流系统的优化设计提供参考依据。网络分析的内容主要包括：

(1) 库存状况的分析。通过对物流系统不同环节的库存状态分析，找出降低库存成本的改进目标。

(2) 用户服务的调查分析。通过调查和分析，发现用户需求和获得市场信息反馈，找出服务水平与服务成本的关系。

(3) 运输方式和交货状况的分析。通过分析，使运输渠道更加合理化。

(4) 物流信息及信息系统的传递状态分析。通过分析，提高物流信息传递过程的速度，增加信息反馈，提高信息的透明度。

(5) 合作伙伴业绩的评估和考核。

用于网络分析的方法有标杆法、调查分析法、多目标综合评价法等。

3. 功能性的战略

物流管理第三层次的战略为功能性的战略，包括物料管理、仓库管理、运输管理等三个方面。

(1) 运输工具的使用与调度；

(2) 采购与供应、库存控制的方法与策略；

(3) 仓库的作业管理等。

物料管理与运输管理是物流管理的主要内容，必须不断地改进管理方法，使物流管理向零库存这个极限目标努力。降低库存成本和运输费用，优化运输路线，保证准时交货，实现物流过程的适时、适量、适地的高效运作。

4. 基础性的战略

第四层次的战略是基础性的战略，主要作用是为保证物流系统的正常运行提供基础性的保障。

(1) 组织系统管理；

(2) 信息系统管理；

(3) 政策与策略；

(4) 基础设施管理。

信息系统是物流系统中传递物流信息的桥梁，库存管理信息系统、配送分销系统、用户信息系统、EDI/Internet 数据交换与传输系统、电子资金交易系统（EFT)、零售点 POS，对提高物流系统的运行效率起着关键作用，因此必须从战略的高度去规划与管理，才能保证物流系统高效运行。

四、企业物流一体化战略的选择——物流重组

物流过程被看成一个整体系统，企业一体化物流因其贯穿生产和流通的全过程，所以可以实现企业的整个生产和流通结构的协调与完善，从而提高企业的盈利能力和控制能力。因此，一体化物流成了企业物流的一个目标，而企业进行物流重组是企业实现该目标的重要战略步骤之一。目前，越来越多的企业把物流重组当成一个重要的战略来实施。

那么，企业进行物流重组应考虑哪些问题？物流重组应遵循什么程序呢？

（一）企业物流重组的目标是为了增强企业物流活动的一体化来提高物流的效率

一体化的基础是系统化，企业物流重组是建立在系统分析的条件上的。系统分析用来检查特定的功能如何被整合起来形成一个整体，而且这个整体要比部分功能的总和更大。所以，在进行物流重组时，应该用系统的观点看待各个物流功能，把注意力集中到各个功能要素的相互作用和协调上。个体的功能不一定要是最佳的设计，重点是个体的价值在相互作用中能为提高整个系统工作绩效做出最必要的贡献。同时还要识别企业潜在可改进的要素和范围。重组目标的识别是全部重组步骤的最初，也是最为基本的方面。

（二）企业物流重组的关键是确定基准

基准是综合绩效衡量的一个重要方面。对照企业重视的一些关键指标

如成本、生产率、客户服务等设定基准，帮助管理者监督、控制和校正物流运作，衡量重组的实施和程序的有效性。

（三）企业物流重组要发展以活动为基础的度量体系

重组的一个重要方面是建立合理的度量体系去衡量现行的实践和评价选择的重组方案的优劣。例如，度量体系中对成本的度量因其是最为精确的手段而最受瞩目，但大多数的会计实践都不能正确反映出执行某项特定活动的真正成本。近年来出现的按不同客户计算成本和以活动为基础计算成本（ABC）的财会管理的手法，被分配的成本费用直接与特定的活动挂钩，特定的收入和特定的成本相匹配，从而使得度量更为真实而有意义。

（四）企业物流重组致力于物流质量的持续改善

实施全面质量管理是全行业都重视的课题。物流作为一种服务要体现出它的价值，就必须接受质量的挑战，履行物流本身所需的质量标准。

根据以上对企业物流重组有关的四个因素的理解，我们可以归纳出指导一个企业进行重组的基本程序，如图 2－3 所示。

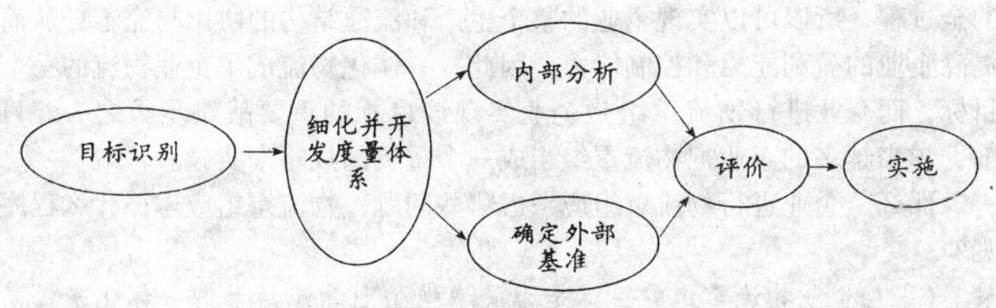

图 2－3 标准重组程序

总之，越来越细化的企业物流工作意味着越来越多的改进机会。按照竞争环境的要求和企业的目标对企业物流进行战略重组是领先一步的关键步骤。

第四节 企业物流费用管理

费用管理是企业经营的一个永恒的话题。各个企业都希望在提供良好的产品和顾客服务的同时，企业的物流费用尽可能节省。物流“冰山说”认为：现行的财务会计制度和会计核算方法都不可能掌握物流费用的实际情况，因而人们对物流费用的了解是一片空白，甚至有很大的虚假性，“支付的物流费用只是冰山的一角”，人们没有看到“物流总费用”构成的冰山全貌，所以人们并不重视对它的管理。

企业物流是一个系统，物流系统的各个环节都有自己的合理化途径和最佳经济效益，能将企业物流经济效益量化，直观地体现物流的经济效益的莫过于物流费用这个指标了。通过企业物流费用的计算和管理，我们可以知道并有意识地控制物流费用占企业生产总成本的份额；可以通过管理物流费用，促进企业物流作业的改进并达到合理化；可以通过管理物流费用，以最恰当的费用换取所期望的产品或服务在质量方面的竞争优势，配合企业尽可能获取最大利润。

一、企业物流费用的构成

物流费用传统上指产品空间位移过程中所耗费的各种资源的货币表现，是物品在实物运动过程中，如包装、装卸搬运、运输、储存、流通加工、物流信息等各个环节所支出的人力、财力、物力的总和。主要由以下七个部分构成：

1. 研究设计、重构和优化物流过程的费用。

2. 物流过程中的物质消耗，如固定资产的磨损，包装材料、电力、燃料消耗等。

3. 物品在保管、运输等过程中的合理损耗。

4. 用于保证物流顺畅的资金成本，如支付银行贷款的利息等。

5. 在组织物流的过程中发生的其他费用，如有关物流活动进行的旅差费、办公费等。

6. 从事物流工作人员的工资、奖金及各种形式的补贴等。

7. 在生产过程中一切由物品空间运动（包括静止）引起的费用支出，如原材料、燃料、半成品、在制品、产成品等的运输、装卸搬运、储存等费用 。

为了更好的掌握物流费用，加强对企业物流费用的管理和控制，对物流费用按一定的标准进行分类是非常必要的。

企业物流费用一般有三种主要的分类方法。一是按费用支出形式分类，分为直接物流费用和间接物流费用。直接物流费用由企业直接支付，间接物流费用是企业把物流活动委托他人而支付给他人的物流费用。这两个大项又可以详细分为材料费、人工费、差旅费、维护费用等。这种分类方法与财务统计方法相一致，优点是便于检查物流费用在各项日常支出中的数额和所占的比例，最适合用于企业物流费用管理；二是按物流活动的基本构成分类，分为物流环节费用（包括运输费、包装费、装卸费、保管费、加工费等）；另外还可按物流的整个运作过程分类，包括企业物流活动的筹备费用、企业生产物流费用、销售物流费用和逆向物流费用等。

在企业物流活动的过程中，管理人员可以结合本企业的实际物流状况和企业注重的不同侧面，采取不同的分类方法，其共同目的在于控制物流费用。

二、企业物流费用的控制

物流费用控制是指运用成本会计的方法，预定费用限额，将实际物流费用与限额作比较，纠正不利的差异，提高经济效益。从总体来说，物流费用的控制由局部控制和综合控制组成。

（一）物流费用的局部控制

物流费用的局部控制是在企业的物流活动中，针对物流的一个或某些局部环节的支出所采取的策略和控制，以达到预期的物流成本目标。物流费用局部控制的基本内容可归纳如下：

1. 运输费用控制

货物运输费用是承运单位向客户提供运输劳务所耗费的费用。运输费用占物流费用比重较大，据日本通产省对六大类货物物流费用的调查结果表明，运输费用占物流总费用的40%左右，是影响物流费用的重要因素。运输费用控制的控制点主要在运输时间、运输准确的可靠性以及运输批量水平等方面，控制方式通常是加强运输的经济核算，防止运输过程的差错事故，做到安全运输等。

2. 装卸搬运费用的控制

装卸搬运费是物品在装卸搬运过程中所支出费用的总和。装卸搬运活动是衔接物流各环节活动正常进行的关键，渗透到物流的各个领域。控制点在于管理好储存物资，减少装卸搬运过程中商品的损耗率、装卸时间等。控制的方法有：对装卸搬运设备的合理选择，防止机械设备的无效作业，合理规划装卸方式和装卸作业过程。如减少装卸次数，缩短操作距离，提高被装卸物品纯度等。

3. 储存费用的控制

储存费用是指货物在储存过程中所需要的费用。控制点在于简化出入库手续，仓库的有效利用和缩短储存时间等。控制方式主要有强化仓储各种费用的核算和管理。

4. 包装费用的控制

包装起保护产品，方便储运，促进销售的作用。据统计，多数物品的包装费用约占全部流通费用的10%左右，有些商品特别是生活用品，包装费用高达50%，控制点是包装的标准化率和运输时包装材料的耗费。控制方式有：选择包装材料时要进行经济分析；运用价值分析法降低包装费用；采用包装的回收和旧包装的再利用等。努力实现包装尺寸的标准化，包装作业的机械化；有条件时组织散装物流。

5. 流通加工费用的控制

物品进入流通领域以后，按照用户的要求进行一定的加工活动，称为流通加工，由此而支付的费用为流通加工费用。不同的企业流通加工费用是有所不同的。首先应选择反映流通加工特征的经济指标，如流通加工的速度。观察、测算这些指标，对标准值与观察值的差异，必要时进行适当的控制。控制方式有：合理确定流通加工的方式，合理确定加工能力和改进流通加工的生产管理。

局部控制的不同控制方式的选择依赖于企业物流的运作模式。如果企业部门之间的联系不紧密，物流费用的控制效果就不会令人满意。只有按照物流系统化的思想规划和实施物流各环节的费用控制策略，方可避免企业仅满足于降低局部费用而忽视物流系统观给企业带来的实质性的成本效应。因此，企业管理必须协调各个部门，在符合经济原则和因地制宜原则的前提下努力实现企业物流过程的综合控制。

（二）物流费用的综合控制

包括事前、事中和事后对物流费用进行预测、计划、分析、反馈、决策等全过程的系统控制，以达到预期目标。综合控制有别于局部控制，具有系统性、综合性、战略性的特点，有较高的控制效率。综合控制的目标是局部控制的集成，促使企业物流费用趋向最小化。

企业物流费用综合控制的主体是企业的物流管理组织和结构，客体是企业经济活动中发生的整体物流费用。在企业的财务会计中，向企业外部支付的物流费用能够从账面上反映出来，而企业内消耗的物流费用一般是计入制造费用而难于单独反映，这一部分的物流费用比人们想象的要大得多。因此，物流费用的控制不仅仅针对向外支付的物流费用，还要控制企业内部的物流费用。具体而言，对物流费用的计算，除了通常以上提到的运输、包装等传统物流费用外，还包括流通过程中的基础设施建设、商品在库维持、企业物流信息系统的投资等一系列费用。对物流费用的管理不光从物流本身的效率来考虑，费用、质量、价格、销量之间存在联动关系，使费用控制无法单独着眼于费用本身。综合考虑到物流费用与它所提供的服务，及物流投入所给企业带来的相对竞争优势等因素来分析，即理解和确定企业物流费用控制目标要将费用控制放在一个更广阔的背景中来考察，考虑在真正意义上控制物流总费用。

（三）二者关系

在物流费用控制中，存在不可控因素的限制，使物流费用综合控制可能并不完全覆盖物流的整个过程。许多企业的各个环节的物流费用降低仍有潜力可挖，因而，物流费用的局部控制的研究具有重要现实的意义。同时，又由于存在物流费用控制的“二律背反”，如：储存与运输两个环节都追求费用最小化，为降低储存费用，可通过在储存环节减少仓库的数量，但由此却往往会引起运输环节费用的增长。这种“二律背反”的情况在物流系统的各环节都存在，所以如果不把所有相关的费用用“总费用”的观点来衡量损益，就可能得不出正确的评价。因此，要求企业物流管理者从系统全局的角度，用物流系统化的理论考虑各物流费用的综合控制，而不可仅满足于局部费用的降低，这是现代企业物流费用管理的要求。

三、企业物流费用管理的新思路

企业对物流费用的管理即降低物流费用，传统上主要是通过加快物流速度，减少物流周转环节，采用先进的物流技术以及加强经济核算等手段来实现的。这里从现代企业物流管理更新的视点，提出一些值得研究的新思路，以供参考。

（一）从流通全过程的视点来降低物流费用

对于一个企业来讲，控制物流费用不单单是本企业的事，即追求本企业物流的效率化，而应该考虑从产品制成到最终用户整个供应链过程物流成本效率化。如物流设施的投资或扩建与否要视整个流通渠道的发展和要求而定。原来有些厂商是直接面对批发商经营的，因此，很多物流中心是与批发商物流中心相吻合，从事大批量的商品输送。然而，随着零售业中便民店、折扣店的迅猛发展，客观上要求厂商必须适应这种新型的业态形式，展开直接面对零售店的物流活动。在这种情况下，原来的投资就有可能沉淀，同时又要求建立新型的符合现代流通发展要求的物流中心或自动化设施，这些投资尽管从本企业来看，增加了物流费用，但从整个流通过程来看，却大大提高了物流绩效。

在控制企业物流费用时，还有一个问题是值得注意的，即针对每个用户成本削减的幅度有多大。特别是当今零售业的价格竞争异常激烈，零售业纷纷要求发货方降低商品的价格，因此，作为发货方的厂商或批发商都在努力提高针对不同用户的物流活动绩效。如果厂商或批发商不能明确测定出个别成本削减幅度有多大，进而以价格下降的形式转化成对用户的利益，势必会影响最终用户对厂商和批发商的信赖。

（二）通过实现供应链管理，提高对顾客的物流服务来削减费用

供应链管理这种新型的物流管理体制使用户除了对价格提出较高的要求外，更要求企业能有效地缩短商品周转时间，真正做到迅速、准确、高效地进行物流管理。要实现上述目标，仅仅本企业具有效率是不够的，它需要企业协调与其他企业、顾客、运输业者之间的关系，实现整个供应链活动的效率化。也正因为如此，追求费用的效率化不仅仅是企业中物流部门或生产部门的事，同时也是经营部门以及采购部门的事，亦即将降低物流费用的目标贯彻到企业所有职能部门之中。

提高对顾客的物流服务是企业确保利益的最重要手段，从某种意义上来讲，提高顾客服务是降低物流费用的有效方法之一。但是，超过必要量的物流服务不仅不能带来物流费用的下降，反而有碍于物流效益的实现。例如，随着多频度、少量化经营的扩大，对配送的要求越来越高。在这种状况下，如果企业不充分考虑用户的产业特性和运送商品的特性，一味地开展商品的翌日配送或发货的小单位化，无疑将大大增加发货方的物流费用。所以，在正常情况下，为了既保证提高对顾客的物流服务，又防止出现过剩的物流服务，企业应当与顾客方充分协调、探讨有关配送、降低费用等问题。从而在保证提高物流服务的前提下，寻求降低物流费用的途径。

（三）借助于现代信息系统降低企业物流费用

企业内部的物流效率化在当今已不足以使企业在不断激化的竞争中取得成本上的竞争优势，为此，企业必须与其他相关企业之间形成一种效率化的交易关系。即借助现代信息系统，一方面使各种物流作业或业务处理能准确、迅速地进行；另一方面，能由此建立其物流经营战略系统，更进一步讲，就是通过将企业订购的意向、数量、价格等信息在网络上进行传输，从而使生产、流通全过程的企业或部门分享由此带来的利益。现代信息系统不是向其他的企业或部门转移费用，而是为彻底、真正实现物流费用的降低提供了捷径。

（四）通过参与共同配送降低物流费用

随着国民经济的迅速发展和人民生活水平的提高，消费者的需求日益向多样化、个性化方向发展。制造商为了满足大众的需求纷纷采用多样少量的生产方式，相应地高频度、小批量的配送方式也随之产生。共同配送是经长期的发展和探索优化出的一种追求合理化配送的配送形式，也是美国、日本等一些发达国家采用较广泛、影响面较大的一种先进的物流方式。它对提高物流运作效率、降低物流费用具有重要意义。企业间建立起共同配送关系，优势共享，可以得到以下几方面的好处：达到配送作业的经济规模，提高物流作业的效率，降低企业营运费用；不需投入大量资金、设备、土地、人力等，可以节省企业的资源；企业可以集中精力经营核心业务。共同配送有横向的共同配送，也有纵向的共同配送，有同产业的共同配送，也有异产业的共同配送。

（五）削减逆向物流费用

在这里把逆向物流成本单列出来，是因为它还未引起企业足够的重视。逆向物流成本的发生一方面是因为被动接受顾客的退货，另一方面是因为主动回收已流向顾客的产品。商品提供者承担退货引起的各种费用，而退货方免于责任，所以退货的情况很容易发生，从而引起一系列的物流费、退货商品损伤或滞销而产生的费用；对于退货成本的控制需根据用户的原因和企业自身的原因分别采取措施，用户方面比较难以控制，所以更重要的是企业内要明确划分发生退货的责任，建立起责任制度；而对于产品回收成本，应事先对产品的生命周期有战略上的把握，如把这部分不可避免的成本预先分摊到产品中。实践正在证明，逆向物流成本越来越成为企业物流成本中一个不可忽视的组成部分。

第三章　企业采购及其供应物流

现代企业面临一个需求多样化与个性化相结合的市场时代，于是生产过程对物料的柔性（多样化）、刚性（质量）需求就体现在物料采购与供应环节中。本章介绍企业物流中位于生产物流前端的采购及其供应物流，内容包括采购流程的变革、物流组织方式的扩展、供应商的选择以及对采购物流整个环节的质量认证等。

第一节　企业采购流程

作为制造企业而言，为销售而生产，为生产而采购是一个环环相扣的物料输入输出的动态过程，依顺序构成采购流程、生产流程、销售流程。从物流的角度看，最初的采购流程运行得成功与否将直接影响到企业生产、销售最终产品的定价情况和整个供应链的最终获利情况。换言之，企业采购流程的“龙头”作用不可轻视。

一、采购流程含义

企业采购流程通常是指有制造需求的厂家选择和购买生产所需的各种原材料、零部件等物料的全过程。在这个过程中，作为购买方，首先要寻找相应的供货商，调查其产品在数量、质量、价格、信誉等方面是否满足购买要求。其次，在选定了供应商后，要以定单方式传递详细的购买计划和需求信息给供应商并商定结款方式，以便供应商能够准确地按照客户的性能指标进行生产和供货。最后，要定期对采购物料的管理工作进行评价，寻求提高效率的采购流程创新模式。

上述采购流程可以用一个简单的图形来表示，如图 3－1 所示。

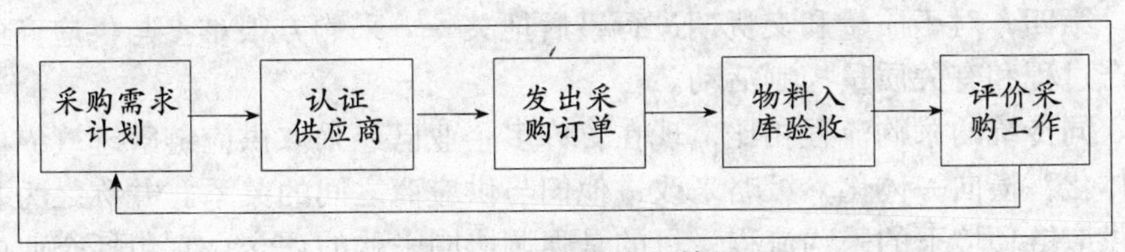

图 3－1　采购流程简图

一个完善的采购流程应满足所需物料在价格与质量、数量、区域之间的综合平衡。即：物料价格在供应商中的合理性，物料质量在制造所允许的极限范围内，物料数量能保证制造的连续性，物料的采购区域经济性等要求。

而当前对采购流程具有重大趋势性影响的因素主要表现在三个方面：第一，经济全球化的影响。随着全球经济一体化的发展趋势日益明显，跨国公司全球战略的逐步推行，全球采购已成为其重要的组成部分。第二，新经济的异军突起，电子采购方式（B2B、B2C）正成为众多企业延伸自己的采购营销业务的手段。第三，合作竞争的思想促使大量的采购行为向“纵向一体化”（例如企业与供货商、企业与经销商）延伸、扩展。这些因素构成了采购流程重组的动因。

二、采购流程的变革

基于流程重组的动因，传统的采购流程从其效率和有效性来看都有许多值得改进的地方。由于在大型制造业企业中，物料和服务的采购费用通常占产品成本的55%以上，所以，过去的采购流程中，作为采购方的企业对直接原材料、零部件的采购主要是集中于如何和供应商进行商业交易的活动上。特点是比较重视交易过程中的供应商的价格比较，通过供应商的多头竞争，从中选择价格最低的作为合作者。即：双方往往就质量和交货性能比较容易达成一致，而最费时的工作之一是价格谈判。整个采购流程的周期通常从几周到几个月，取决于采购控制系统、产品类型与价格、企业的响应、供应商的位置、电子通讯系统等等。

传统流程的特点表现在：第一，信息的私有化，不共享——采购、供应双方都尽量隐瞒自己的信息，不能有效地进行信息共享。第二，供需关系是临时的或短期的合作关系——这种合作关系造成了竞争多于合作，导致采购过程中的不确定性。第三，响应用户需求能力迟钝——由于供应和采购双方在信息的沟通方面缺乏及时的信息反馈，在市场需求发生变化的情况下，采购方不能改变供应方已有的订货合同，缺乏应付需求变化的能力。第四，对于质量和交货期进行事后把关——采购方很难参与供应商的生产过程和有关质量控制活动。

同传统的采购流程相比，现在，许多企业已经采取供应链管理（纵向一体化，横向一体化）策略来改进他们与供应商之间的关系。并称之为基于供应链环境下的采购流程，目的是强调协同采购的理念。它包括企业内部协同、外部协同、“为库存采购”转化到“为订单采购”、采购过程中的外部资源管理等内容（见注一、注二、注三、注四）。通过帮助供货商完善成本结构、完善供货质量、降低成本、提高效率而建立最佳供货商组合，逐步实现供应价值链的最优化，这一策略将有助于双方共享节约，缩短产品开发周期和提高效率，改进质量和交货性能，并为进一步扩大合作、提供增值服务创造了机会。

最近几年，随着计算机网络和信息技术的发展，通过 Internet 的 B2B 在线采购已经成为一个快速减少采购成本的解决办法。在线竞价通常能取得 5%～40%的总节约，典型的采购成本下降范围是 15%～20%。物料采购成本的显著减少，直接带来了企业产品成本的下降，提高了企业的市场竞争能力（见案例 1：惠普公司的采购流程变革）。

另外，随着准时制生产模式在企业生产系统的实施，企业业务流程的重组体系对采购流程也提出了相应的要求。基于准时采购战略的采购流程正成为企业提高市场响应的有力手段。

注一：企业内部协同

由于采购的内容包括：正确的物料、合适的数量、正确的交付（交付时间和交付地点）、合适的货源和合适的价格。而这些信息的获得需要来自于销售和市场部门、设计部门、生产部门、采购部门的信息。企业要进行高效的采购行为，就需要企业内部各部门的协同合作。此外，随着新产品急剧增加，需要采购的新零部件的数量也大大增加。为达到物料数据的一致性协同，各部门需要及时维护相关数据，如 BOM（Bill Of Materials，物料单）数据、供应商数据、采购价格数据等。该项基础工作将保证企业能够长期动态地保持业务流程的稳定性。

注二：企业外部协同

企业外部协同是指企业和供应商在共享库存、需求等方面信息的基础上，企业根据供应链的供应情况实时在线地调整自己的计划和执行交付的过程。同时，供应商根据企业实时的库存、计划等信息实时调整自己的计划，可以在不牺牲服务水平的基础上降低库存。

注三："为库存采购"转化到"为订单采购"

在传统的采购模式中，采购的目的是为了补充库存，即为库存采购。在供应链管理的环境下，采购活动是以订单驱动方式进行的，制造订单的需求是在用户需求订单的驱动下产生的。这种为订单采购的方式使得供应链系统得以准时响应用户的需求，同时降低了库存成本。

注四：采购过程中的外部资源管理

传统采购管理的不足之处，就是与供应商之间缺乏合作，缺乏柔性和对需求快速响应的能力。有效的外部资源管理就是制造商在采购活动中，建立一种新的、有不同层次的供应商网络，并通过逐步减少供应商的数量，致力于与供应商建立一种长期的、互惠互利的合作关系。一方面，通过提供信息反馈和教育培训，促进供应商质量改善和质量保证；另一方面，参与供应商的产品设计和产品质量控制过程，并协调供应商的计划。

案例1　惠普公司的采购流程变革

惠普公司在采购方面一贯是放权给下面的，50多个制造单位在采购上完全自主，因为他们最清楚自己需要什么，这种安排具有较强的灵活性，对于变化着的市场需求有较快的反应速度。但是对于总公司来说，这样可能损失采购时的数量折扣优惠。现在运用信息技术，惠普公司重建其采购流程，总公司与各制造单位使用一个共同的采购软件系统，各部门依然是订自己的货，但必须使用标准采购系统。总部据此掌握全公司的需求状况，并派出采购部与供应商谈判，签订总合同。在执行合同时，各单位根据数据库，向供应商发出各自订单。这一流程重建的结果是惊人的，公司的发货及时率提高150%，交货期缩短50%，潜在顾客丢失率降低75%，并且由于折扣，使所购产品的成本也大为降低。

三、采购流程的控制与管理

企业为制造而采购，而采购的目标是生产与经营。因为制造业产品的成本中主要是材料费用，如果采购成本控制不力而造成采购成本偏高的话，无论企业再如何控制企业内部的其他成本都无济于事，所以有必要对采购业务进行严格而深入的控制和管理。换言之，采购管理的核心内容就是控制采购流程，最小采购成本。一方面，企业通过采购控制，可以把原材料的成本维持到一个比较合理的较低水平；另一方面，也可以使企业的生产有一个持续的原材料供应和原材料质量的保障。

（一）要控制采购成本，关键是把握几个“控制点”

1. 采购计划是企业采购的基本依据，是控制盲目采购的重要措施，还是搞好现金流量预测的有力手段。所以要根据生产计划、物料需求计划、资金条件、采购手段等信息编制并且严格执行计划，做到无采购计划不采购。

2. 采购订单是与供应商签订的采购合同，供应商是否按合约“按时按质按价”供货对企业的生产有重大影响，所以要严格采购订单的管理，对于可能拖期的供应商应及时催货，以避免对生产造成影响。

3. 采购业务的确认和付款是企业采购中的日常业务。当供应商的物料到达企业以后，要检查相应的采购计划、订单，确认是否是本企业采购的物料。如果是，还要经过质检、验收，才能办理入库手续。当采购员持发票准备报销时，要根据入库单逐笔核对，如果物料尚未入库，不允许直接报销，应提交领导审批通过后，方可报销。

4. 对供应商的正确选择对于稳定物料来源、保证物料质量是十分重要的。

由于采购流程是一个动态连续的过程，所以对其的管理可以纳入企业计算机管理信息系统，以采购管理子系统方式实现包括采购计划，采购订单，收货、确认发票、付款业务，账表查询，期末转账等几部分的控制功能。在这个系统中，可以满足以下需求：

（1）编制和追踪采购计划的执行情况；

（2）编制和追踪采购订单的执行情况，并可以查询逾期未到的货物；

（3）填制入库单，质检审核，申请入库，并可以查询在验的物料；

（4）录入采购发票，根据入库单逐笔确认发票是否合法，登记应付账，并可以查询到在途的物料，对于采购费用，可以逐笔分摊到相应的物料入库成本上；

（5）录入付款单，并与发票逐笔核销，登记应付账；

（6）应付款明细账查询，并可以分析欠款的账龄；

（7）可以选择采购发票和付款单自动生成记账凭证，并传递到［账务处理子系统］中；

（8）采购分析：可以根据采购入库单、发票、订单等原始资料，任意定义各种需要的统计报表，进行采购分析。

（二）从运用战略成本核算角度控制采购流程

战略成本核算流程由四个步骤组成：估计供应商的产品或服务成本；估计竞争对手的产品或服务成本；设定本企业的标的成本并发现产品和流程需要改进的领域；确定作出这些流程和产品改变并持续改进对本企业的价值。使用这四步骤有助于回答下面的问题：本企业应该扩大生产能力吗？竞争对手的长处和弱点是什么？什么样的战略会让本企业在竞争中先发制人？这个流程会对本企业的底线收益和现金流产生什么影响？

1. 估计供应商的产品或服务成本

可以通过参观供应商的设施，观察并适当提问获得有用的数据，以估计供应商的成本。

首先，必须了解产品的用料，制造该产品的操作人员数量，以及所有直接用于生产过程的设备的总投资额。其次，组队参观供应商的设施。该团队应至少有三人，其中来自工程部、采购部和生产部等三个关键部门各一人。并且确定每人承担的角色以及参观重点。每个人分配一个成本动因，即物料、总投资和人工。比如，工程部人员可能对设备最为熟悉，通常要了解所用到的全部生产设备以及这些设备的供货商。采购人员的任务是深入了解用于制造的材料。而生产部人员则通常去“数人头”，来了解生产流程以及人员配置。

估计供应商成本并了解哪些地方最占成本之后，你就可以跟供应商一起降低比重最大的成本，从而降低本企业的材料成本，提高底线收益。但是如果试图与供应商建立长期的关系，就要始终争取双赢的局面。

2. 计算竞争对手的产品和服务成本

对竞争对手的估测能提供必要的信息，使企业在市场中采取主动。这种先发制人的姿态使企业保持业界的领先地位，并最终使其保持盈利性，长久地生存下来。

竞争力评估不仅仅是指瞄准业界同行的标杆。它指的是对竞争对手的业务、投资、成本、现金流作出细致的研究，并且预测它们的长处和弱点。比如从专利资料中，通常可以获得两条主要信息：所用的材料和制造流程。有了来自专利的信息，加上对制造流程的了解，企业的工程人员就能编写流程图，并对制造设备的重置投资作出估计。另外，通过查阅含有主要销售数据和市场等信息的商务杂志（尤其是其年刊），能获得对市场的了解。

3. 设定本企业的标的成本并发现产品和流程中可改进的领域

比如说，竞争对手的长处在于材料、劳务以及管理成本，则本企业的最佳策略是制定计划来改善上述领域的状况。如果竞争对手的弱点在于水电、维修、折旧、财产税和保险费方面，由于这些领域跟总投资直接相关，意味着竞争对手肯定拥有比本企业更高的自动化程度或更流水线化的流程。战略成本核算要求企业发现需要改进的领域，分析实现这些目标（投资和时间）所需付出的努力，并计算实现这些改进给企业带来的价值。

4. 确定作出这些流程和产品改变并持续改进对企业的价值

从现金流角度考察企业作出的任何改变对财务状况的长期影响及对企业价值的贡献程度。现金流是企业资金流入量减去流出量后的金额。现金流入的主要来源是销售收入。现金流出是指企业运营、购买新的固定设施或设备以及支付税款等一切必要的现金开支。现金开支也包括劳务、水电和维修费用。通过计算年度实际或预测的现金流入和流出，企业可以了解到战略规划效果在财务上的反映。企业只有在战略上走在成本控制的前列，降低成本，了解竞争对手情况，并在扩大乃至缩小规模方面作出明智的决策，才能赢得持久的繁荣。

第二节　企业全球采购战略及其物流形式

就采购流程而言，从系统的角度看，采购流程是信息流、资金流、物流的统一。采购物流作为将采购的原材料、零部件由供应商处运入制造厂内的全过程而言，构成了采购流程中最为关键的一环。通常，一个富有成效的采购物流，其组织形式往往与采购的战略指导思想和采购手段以及运输方式有关。

一、全球统一采购

随着世界经济的发展及信息技术的应用，整个采购过程打破和淡化了时间、空间的限制，从跨国间的咨询、报价、样品传送到订单下达、关税上报等环节变得越来越简单和易操作，从而使整个世界日益成为一个紧密联系的经济体。在这个共同经济体中，企业间相互依赖、相互影响、相互制约的特征日益明显，有资料显示近年来世界上价值最高的公司，基本上都采取了全球化战略，如表 3－1 所示。

表 3－1　　采用全球策略的大型企业

名称	国别	本国以外的销售额（%）	本国以外的资产（%）
雅芳	美国	61	48
拜尔	德国	65	–
花旗银行	美国	66	51
高露洁	美国	65	47
戴姆勒－奔驰	德国	61	–
道氏化学	美国	54	45
吉列	美国	68	66
赫希特斯	德国	77	
本田	日本	63	36
IBM	美国/td>	59	55
ICI	英国	78	50

续表

名称	国别	本国以外的销售额（%）	本国以外的资产（%）
雀巢	瑞士	98	95
飞利浦	荷兰/td>	94	85
宝洁	美国	52	41
西门子	德国	51	–
索尼	日本	66	–
联合利华	英国/荷兰	75	70

而从当今全球化物流的实践看，也出现了三种发展趋势：第一，作为全球化的生产企业，在世界范围内寻找原材料、零部件来源，并选择一个适应全球分销的物流中心以及关键供应物资的集散仓库，在获得原材料以及分配新产品时使用当地现有的物流网络，并推广其先进的物流技术与方法。第二，生产企业与专业第三方物流企业的同步全球化，即随着生产企业全球化的进程，将以前所形成的完善的第三方物流网络也带入到全球市场。例如，日资背景的伊藤洋华堂在打入中国市场后，其在日本的物流配送伙伴伊藤忠株式会社也跟随而至，并承担了其配送活动。第三，为了充分应对全球化的经营，国际运输企业之间开始形成了一种覆盖多种航线，相互之间以资源、经营的互补为纽带，面向长远利益的战略联盟，这不仅使全球物流更能便捷地进行，而且使全球范围内的物流设施得到了极大的利用，有效地降低了运输成本。例如，起始于 1997 年，目前正在如火如荼展开的国际航空业的大联盟正是适应全球化经营的一种形式。

所以，采购国际化不仅是大势所趋，而且随着信息技术、物流技术的发展，将成为带动全球经济的一个重要的利益点。而基于全球化战略下的统一采购，是指制造商们通过联合多家公司的购买力量，将触角伸向国际市场并得到更有竞争力的采购合同。这种采购模式是降低采购成本，提高整体竞争力的最有效方式，同时，可以避免传统的分散采购中存在的物料灰色价格和交易回扣等现象。中国汽车业的一汽集团在 2000 年组建了全球采购的网络体系就取得良好的效果。见案例 2。

案例2　一汽集团组建全新采购部实行统一采购降低成本

——新华社2000年9月6日报道

一汽采购部是一汽的直属职能部门，以原一汽协作配套处和供应处为基础合并组建。一汽总经理竺延风说："成立采购部就是为了加强集中采购管理，统一管理采购网络，统一制定采购物资的政策、标准、程序，充分利用一汽商誉优势，优化、培育、规划采购资源，统一组织签定采购合同，实现全集团采购物资的统订分交，达到降低成本，提高采购管理水平的目的。"

降低采购成本、提高汽车的价格竞争力是一汽组建采购部的最直接原因。据专家介绍，当前国际汽车业开展质量、价格大战，整车成本下降率50%来自于采购系统的变革。过去，一汽实行分散采购，造成了大量浪费，同时，也存在很多"暗箱操作"，滋生了腐败行为。前些年，一汽曾严肃查处供应处一系列违法违纪行为。因此，一汽希望通过采购部门和方式的变革来提高整体竞争力。全公司每年的采购费用超过200亿元，每降低一个百分点，就可以降低采购成本2亿元。

一汽组建新采购部并不是"一时冲动"，这是一汽改革总体方案向前推进一步的重要标志。因为一汽早已做好了前期探索和准备工作。近两年来，一汽把采购作为经营过程中的重要环节来抓，加大了采购改革的力度，加强集团采购的集中管理和采购网络的建设。引入竞争机制，采用招标比价等方式，规范采购行为，取得了一定的经济效益和良好的社会声誉。负责采购的供应处和协作配套处全面推行了集中招标方法采购，仅此一项，从1998年到2000年6月就节约采购成本7.1亿元。今后，通过实行集中统一采购，一汽将更好地发挥采购资源优势，利用买方市场的有利条件，降低整车成本。同时，为了确保集中采购政策、标准的实施，一汽还成立了集团公司采购决策委员会。它是采购部的决策组织，对采购部的采购行为进行监控、指导和决策，协调采购部与其他业务的横向关系。

一汽采购部的成立还将推动一汽采购管理与国际接轨，为逐步实现全球采购做准备。一汽新采购部部长许宪平认为，这是一汽迎接"入世"挑战、在管理上与国际接轨的必然选择。目前，我国汽车工业无论在采购管理水平、采购网络建设，还是采购手段、人员素质，距离适应国际竞争的要求还有很大差距。一汽采购部将学习国外先进的采购管理经验，结合自己的实际，不断更新采购理念，改革采购模式，改善采购管理水平和手段。同时，用开放、竞争的采购机制和内部管理的约束机制规范全体员工的采购行为，做到采购过程的公正、公开、公平，形成一个高效、规范、低成本的采购供应管理体系。

一汽采购部成立后，首先将清理、淘汰没有竞争力的供应商，使协作产品的质量发生根本转变。对现在3000多家水平不一的供应商重新规划和筛选，尽快把集团的采购成本和储备物资资金占用降下来。同时，加快采购管理信息系统的建立，力争2001年部分产品实现网上招标采购。

一汽实行集中统一采购措施立刻引起了不小的震动，但可喜的是这一举措得到所在地政府的大力支持。吉林省政府副秘书长刘仰轶说："对省内的供应和协作也要以质量论英雄，以价格比高低。"长春市占一汽协作配套的比重最大，但该市副市长祝业精也表示："政府不再在各个方面干预。要按照市场规律，谁的质量好，谁的信誉高，谁的价格公道就采购谁的。"

二、实现统一采购的有效方式

一般来说，生产型企业至少要用销售额的50%左右来进行原材料、零部件的采购。例如家用电器行业中的成本构成大致为：外购的原材料占65%，经营成本+间接人工+直接人工占35%。因此，采取统一采购，有目的地降低采购成本，对于降低生产总成本而言意义重大。

由于全球化战略所涉及的供应商地域分布广泛，为有效地实施统一采购，目前在业界一般提倡招标采购和在线采购等方式。前者从公平、公正的角度注重对供应商们在物料价格、质量的比较选择，是招标企业保证制造质量，提高经济效益的有效措施。后者从便捷灵活的角度注重缩短采购时间、降低采购流程费用，是企业借助信息化手段引入电子商务提升竞争力的有力保证。这两种方式有时又可加以综合运用，例如网上竞价采购方式。

（一）招标采购方式

1. 含义

招标投标指采购企业作为招标方，事先提出采购的条件和要求，邀请众多企业参加投标，并按照规定的程序和标准一次性地从中择优选择交易对象这一系列程序。由于招标采购的最大特点是公开、公平、公正和择优，对于采供双方而言，增加了透明度，客观上也杜绝了腐败现象，真正体现了市场竞争优胜劣汰的原则，从而达到保证物料采购质量，降低产品总成本，提高经济效益的目的。见案例3。

目前，招标投标所涉及的部门已从企业界扩展到政府、公共行政部门，所采购物料的领域也从基本的原材料扩展到产成品。但是，招标采购是一个逐步适应的过程。如果对供应商素质了解不太清楚，则不能贸然对其物料进行招标。换言之，对于参与竞标的物料都必须经过认证，包括首件测试、样品测试和小批量生产认证（见本章第三节）。

2. 评标体系的确定

在整个招标采购过程中，评标是关键，而确定评标考核指标体系又是整个评标的关键。

首先，评考指标体系设置的科学、合理与否，在很大程度上将直接影响招标采购活动的顺利进行。因此，评考指标体系的确定，不能仅仅局限于投标者的资格条件、经验、规模、服务和财务能力等，还应注重对投标者在价格优惠比率、毛利率水平、经济实力与履约能力、质量、服务承诺及保证措施等方面进行评价。其次，评标考核指标体系中各个指标权重的确定对评标具有牵一发而动全身的作用。某一指标权重的高低势必会影响另一指标权重的分量，从而将直接影响其在总分中的份额乃至评标的公正合理程度。因此，作为采购商，应根据所采购物料的性质、价格、数量等因素，各指标体系中给予一定的权重。

案例 3　招标采购削减生产成本

——摘自 2000 年 7 月 29 日《世界经理人文摘》

削减生产成本是企业提高效益的至关重要的环节。“过去采购生产物料时，谁的物料质量好、价格便宜就用谁的。”中国长城计算机深圳股份有限公司（以下简称长城深圳公司）杜和平副总经理说：“现在 PC 制造业利润越来越薄，我们目前在物料采购时进行多家供应商比价，即招标比价。我们首先对所有的生产物料进行质量认证，然后对各供应商的价格进行评定。入围参与招标比价的物料供应商一般至少有三四家，谁的价格低，谁的供应配额就大。供应商也愿意在公平、公开、公正的条件下竞争。我们会让尽量多的供应商进入供应链。”

现在长城深圳公司已把招标采购方式推广到所有物料的采购过程。如果生产量很大，假如每个月一个亿的采购额，如果价格下降 1%、0.1%，节约将相当可观。长城深圳公司在加强内部管理，采用招标采购方式降低生产成本以后，其产品销售也获得了增长。成本降低了，长城的产品售价也就相应降低。去年，长城“飓风 4999”行动率先把品牌电脑的价格下降到 4999 元。通过过去一年的招标采购运作，长城感到受益匪浅：首先，通过招标采购，企业掌握了市场物价及其变化，降低了物料成本；通过招标采购，企业能以最接近市场的价格购买物料；通过多家供应商同时比价竞标，不仅降低物料成本，还可以做到采购过程的公开透明；运输和建筑招标尽管不是发生在厂房和办公地点内的过程，但对生产成本的削减却有直接的影响；由于整个招标采购过程是在公平、公正和公开的环境下进行的，所以不易产生负面效果。

通过比价实现招标

长城预先掌握了投标参与商历年的经营资料，一旦哪一家供应商的产品在长城出过质量事故，那就不能入围。另外一项是看资格，投标商原先向谁供货，有否出口，在国际上的排名情况等等。

长城的招标和拍卖并没有设置专门的部门，但是有一个公证机构，这主要是为了减少运作成本。招标机构由公司的财务部、质量部、审计监察部和招标办一个常务秘书组成。为了保证投标的公正和便捷，长城开设三台传真机，卖方可以把价格同时传给长城的三个相关部门，三个部门收齐报价后开会，大家把各投标商的价格拿出来比价。“谁的价格最合理，我们就给谁最大的订单，比如 80%；开价高的，我们并不是不和他做，只是给他小的订单，比如 20%。”杜和平说，“这样就通过比价分出了主、次供应商。次供应商在下一次招标中还有可能通过竞价争当主供应商。”通过招标，可以推动上游产品价格的降低。

招标可按最接近市场的价格购买物料

提高招标率是一个渐进的过程，认证率越高，参与招标的比率就越大。货源垄断性越低，招标率也越高。货源越多，价格越透明；货源越单一，价格刚性越大。杜和平说：“招标的日的并不是引发恶性竞争，通过招标只是取得一个更透明的价格。设备方面，如测试设备，招标与不招标，价格可相差 10%。只要利润空间达到卖家的要求，他们会卖的。”

长城公司对两个以上货源物料的采购招标，并没有明确的期望值和有计划地制定降价幅度。物料招标的最终结果是以最接近市场价格购买物料。招标并非就是降价，随着市场波动，当物料供应市场货源紧缺、总体价格提升时，招标价格也相应提升，反之，货源充裕、总体价格下降时，招标价格也相应下降。比如去年台湾地震，货源不足，价格不降反升。总而言之，“通过招标，货比三家，可以按最合理的市场价格采购物料，杜绝腐败。”杜和平说。

通过供应链调整，对于原来单货源供货的现在要发展到两家或两家以上，这样就能实现比较；另外，如果供应商出现质量问题，买家也还有随时调整的余地；再者可以充实供货渠道。未来长城要实现产品出口，物料供应商也需要调整，要求供应商有规模、有品牌。

长城的物料招标采购的主攻方向有二：一是对单一货源一定要改成两家或两家以上来进行比价。二是一季度一次招标可行，但是要求第二季度的价格比第一季度价格低些，第三季度的价格比第二季度价格低些，形成一个原材料采购价格向下的趋势，这样才真正实现了成本控制。

（二）在线采购方式

1. 含义

在线采购是利用网络和信息技术为采购人员提供的一个快速降低采购成本的工具系统，借助于这个工具，采购人员能够通过 Internet 在全球范围内即时地同其供应商进行通讯和交易。

在线采购又可以成为一种采购商与供应商“双赢”的新型采购模式。

对于采购商而言：首先，整个采购流程合理有序。过去企业采购人员只注重结果，通常是把订单交给了那些能满足质量要求和按时交货的供应商就算完事。他们可能会向太多的供应商采购，而实际上并不需要那么多；另外类似的物料也常被分散在大量的供应商中采购，分散采购数量会使企业支付更高的单位成本，此外采购业务的总成本也因要维护大量的供应商而比需要的更高。而在线采购过程通常有企业的制造工程师参加，他们审评图纸并按相似的特征或流程分类物料。这样，候选供应商能投标合并特征相似的物料，从而改进了成本、交货和质量特性。其次，在线采购公司对整个采购过程通常实行一条龙服务，从联系确定供应商，到确定采购时间，最后完成采购竞价，一直全线跟踪服务。第三，在线采购流程要求企业评估其他有能力的供应商，在过去的采购业务中这些新的供应商可能根本不被考虑。第四，在线采购把价格谈判的时间从几个月压缩到几个小时，减少了商业环境剧烈变化对价格影响的可能性。最后，在线采购导致了市场价格，这一信息对不精于成本分析的企业来说是不可知的。

对于供应商而言：首先，公平竞争排除了原有供应商享有的一些优势，参加竞争的供应商有同等的机会赢得订单。其次，扩大的市场偏向有竞争能力的供应商，也就是说，合格的供应商将来也会被邀请参加他们当前的顾客所发起的在线采购，另外他们也有更多机会赢得来自新顾客的业务；供应商因此能增加销售和扩大顾客范围，并减少了与此相关的销售和市场开销。第三，参加在线采购的供应商能看到市场价格并验证自身的竞争能力，这是非常有竞争价值的信息。第四，中标的供应商赢得的是已经按零件或流程系列组织好的物料订单，这使供应商能集中他们的核心能力进行生产。最后，在线采购流程通常导致多年的长期协议，这类合同对获得资本贷款是非常有用的，尤其对一些小型企业。

2. 具体类型

目前主要有三种在线采购模式，它们分别是卖方系统、买方系统和第三方系统。

(1) 卖方系统（Sell – Side Systems）

供应商为增加市场份额，以计算机网络作为销售渠道而实施的电子商务系统，它包括一个或多个供应商的产品或服务。登录卖方系统通常是免费的，供应商保证采购的安全。使用这一系统的好处是访问容易，能接触更多的供应商，另外买方企业无需做任何投资。缺点是难以跟踪和控制采购开支。这一系统是企业采购人员开始电子商务而又不担风险的理想工具。

(2) 买方系统（Buy – Side Sytems）

企业自己控制的电子商务系统，它通常连接到企业的内部网络（Intranet），或企业与其贸易伙伴形成的企业外部网（Extranet）。这一系统通常由一个或多个企业联合建立，目的是把市场的权力和价值转向买方。一些特别强大的企业已经为自己开发了电子商务市场，如 GE 塑料全球供应商网络，另外美国三大汽车公司也在联合开发全球汽车零配件供应商网络。这一系统的好处是融量购买，快速的客户响应，节省采购时间和容许对采购开支进行控制和跟踪，缺点是需要大量资金投入和系统维护成本。

(3) 第三方系统/门户（Third Party Systems/Portals）

第三方系统/门户的好处是企业不需大量投入，只需购买第三方的服务，利用第三方提供的技术进行在线采购。其缺点仍然是不能对采购开支进行跟踪和控制。又分为下面几种类型：

第一，采购代理：第三方采购代理为企业提供了一个安全的在线采购场所，另外也提供诸如在线投标和实时拍卖的服务，他们把技术授权给各企业使用，使其有权访问他们的供应商。

第二，联盟采购：一组不同的企业把他们要采购的相同（或相似）的产品在数量上加以累积来增加他们的集体购买力，以便获得价格优惠。这种第三方系统由这个自愿的企业联盟共同开发和维护。

第三，中介市场：中介市场由专门的在线采购公司建立，用来匹配企业和多个供应商的在线交易，这是最常见的一种第三方电子市场。除了提供技术手段，在线采购公司还通过咨询和市场分析等活动为企业采购流程增值。

第三节 准时采购方式及供应物流

一、基于准时战略下的采购与供应

（一）采购与供应物流的划分

物料的采购与供应历来就是企业生产的重要前提。而传统上，企业划分采购物流与供应流程的依据，是以企业厂区本身对外对内的工作流程而划分的。即，把供应商运送物料到厂内仓库称之为是采购物流，而从自己仓库取货送至车间、工段称之为是供应物流。如图 3－2 企业物流结构划分图所示。所以传统的企业供应物流，是指企业完成向外采购活动后，将生产所需的物料从内部仓库取出，搬运到各车间、各工作地的物流活动。目的是满足各生产工艺阶段对原材料、零部件、燃料、辅助材料的制造需求。其范围如图 3－2 企业物流结构划分图中虚箭头所示。

随着采购供应一体化，第三方物流分工专业化等的发展，采购物流直接扩展到了企业车间、工段。即生产所需物料可以被直接从供应商仓库（货场）送到生产第一线，从而采购物流与供应物流合二为一。但习惯上仍从生产供应的角度出发，把位于生产物流前的这段物流活动统称为供应物流。该过程包括了确定物料的需求数量、采购、运输、流通加工、装卸搬运、储存等物流活动。如图 3－2 企业物流结构划分图中实箭头所示。

图 3－3 企业物流功能结构图：从物流功能角度，显示了供应、生产、销售物流中的具体物流操作范围。图 3－4 企业物流功能结构图：从生产布局功能角度，反映了生产所涉及到的各种物流状况。

综合图 3－2、图 3－3、图 3－4，可以看到，供应物流是生产准备工作的重要组成部分，也是生产得以正常进行的首要条件或前提。供给者供货的数量、质量、供货时间则直接影响生产的连续性和稳定性，而供应物流发生的费用则直接构成产品的生产成本。因此，供应物流不仅仅是一个保证供应的问题，更进一步是以最低成本、最少消耗、最快速度来保证生产的物流活动。为此，企业供应物流就必须解决有效的供应网络问题、供应方式问题、零库存问题等等。

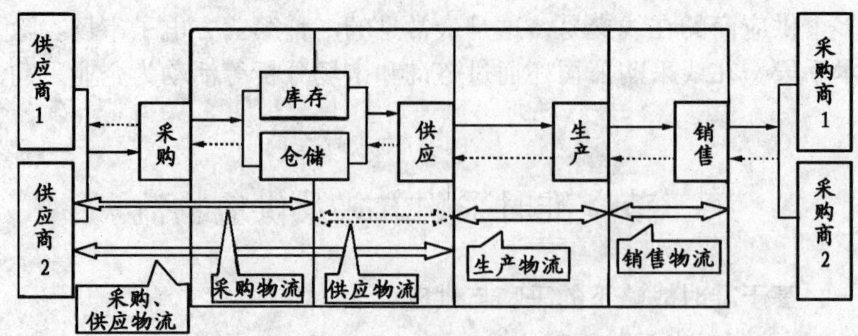

图 3-2 企业物流结构划分图

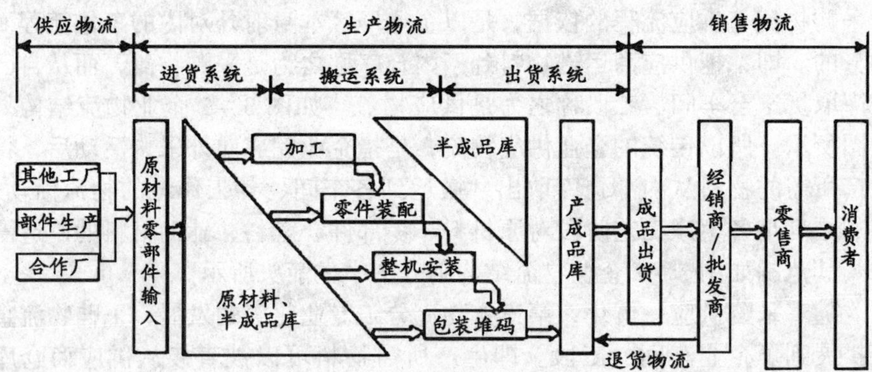

图 3-3 企业物流功能结构图

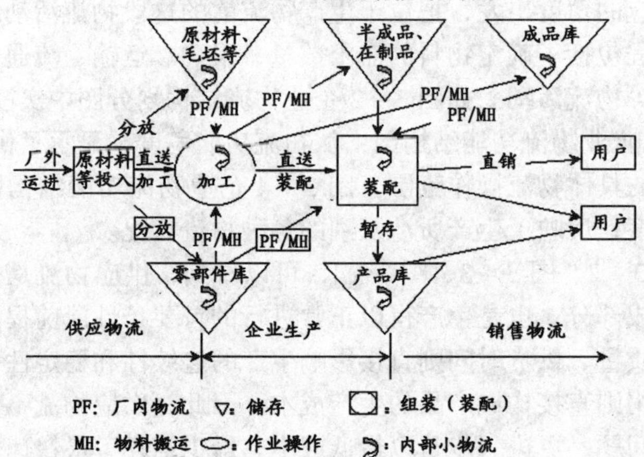

图 3-4 企业物流功能结构图

（二）准时采购与供应方式

准时战略根源于多品种小批量生产线的生产要求，是为了生产中消除库存和不必要的浪费而进行持续性改进的结果（见第六章 JIT 生产管理体系）。显然，在 JIT 中，要保持生产物流连续性、平行性、均衡节奏性、柔性等组织生产的要求，位于生产物流前端的采购物流必须是准时化的。亦即采购部门根据生产经营的情况形成订单时，供应商立刻着手准备作业。与此同时，在详细采购计划编制的过程中，生产部门开始调整生产线，做到敏捷生产；而在订单交给供应商的时候，供应商要以最短的时间将最优的产品交付给用户。所以，如果企业从“准时”的战略高度重视其采购、生产、销售各环节，就形成了准时采购、准时供应战略。

1. 准时采购与供应的含义及特点

准时采购与供应是准时化生产系统的一个重要部分。其基本思想是制造商与供应商签定“在需要的时候，向需要的地点，提供能保证质量的所需要数量的物料”的协议。这意味着供应商可能随时（必须是需要的准时）向制造商提供采购物料。与传统的早在生产之前就把采购物料大批量送到企业仓库的采购和供应方法相比，准时采购、准时供应的核心要素有：减小批量、频繁而可靠地交货、提前期压缩并且可靠、一贯地保持采购物料的高质量。

准时采购相对于传统采购的区别，如表 3－2 所示。

表 3－2　　准时采购方式和传统采购的对比

比较因素	传统采购	准时采购
供应商的选择	采用较多的供应商，协调关系，质量不易稳定	采用较少的供应商，关系稳定，质量较稳定
供应商评价	合同履行能力	合同履行能力，生产设计能力，物料配送能力，产品研发能力等等
交货方式	由采购商安排，按合同交货	由供应商安排，确保交货准时性
进货检查	每次进货检查	由于质量得到保证，无进货检查
信息交流	信息不对称，容易暗箱操作	采购、供应双方高度共享准确实时信息，快速、可靠，易建立信任
采购批量与运输	大批量采购，配送频率低，运输次数相对少	小批量采购，供应商配送频率高，运输次数多

分析表 3－2，准时采购的特点突出表现在以下几个方面：

（1）采购商与少数供应商建立了稳固的战略合作伙伴关系，双方基于以前签订的长期协议进行订单的下达和跟踪，不需要再次询价/报价过程。

（2）在同步化供应链计划的协调下，制造计划、采购计划、供应计划能够同步进行，缩短了用户响应时间。

（3）采购物资直接进入制造部门，减少了采购部门的库存占用和相关费用。

（4）进行了企业和供应商之间的外部协同，提高了供应商的应变能力。

另外，要做到准时采购与供应，还必须考虑生产流程对物料柔性化的适应能力，以及信息技术的通畅简洁能力（见第六章 JIT 方式）。

2. 准时采购与供应的物流体系

在由一系列供应商、制造商（采购商）组成的供应链中，“准时生产”是缩短生产周期、降低成本和库存，同时又能以最快的交货速度满足客户需求的最有效的做法，而供应商的“准时供应”则是“准时生产”的主要内容。因此，从供应的角度来说采购是企业整体供应链管理中“上游控制”的主导力量。而采购供应的速度、效率、订单的执行情况会直接影响到本企业是否能够快速灵活地满足下游客户的需求。

（1）准时采购与供应的物流体系是建立在以订单为驱动力的采购流程上的

在传统的供应模式中，采购的目的是为了补充库存，即为库存采购。所以物流往往是从供应商仓库到制造商的仓库，再根据生产计划从仓库到生产工艺各个环节。在这个过程中，物料的搬运、等待时间占去了产品生产周期的大部分时间。物流费用也很高，直接增加了生产成本。而如果是以订单为目的采购，即制造订单的需求是在“下游”用户的需求订单的驱动下产生的，则相对而言，物流可以直接从供应商生产线到制造商生产线（前提是采购双方作为一个利益共享的供应链上的上下游关系，且都具备了 JIT 的理念和运作能力），于是物流费用就在准时响应用户需求的同时由于“恰到好处”的流动而相应减少了。最终，库存为零是准时采购与供应的“最高境界”。

实现这个“境界”，需要对制造商的采购活动进行以下几个方面的改进和提高：第一，和供应商建立一种新的、有不同层次的、长期的、互惠互利的固定合作关系。第二，通过提供信息反馈和教育培训，促进供应商质量改善和质量保证。第三，参与供应商的产品设计和产品质量控制过程。第四，协调供应商的资源分配计划。

实现这个“境界”，对供应商的供应活动也有以下几个方面需要进行改进和提高：第一，协助拓展下游企业的多种策略，对下游企业出现的问题做出快速及时的反应。第二，及时报告所发现的可能会影响用户服务的内部问题。第三，保证高质量的售后服务。第四，基于用户的需求，不断地改进产品和服务质量。

（2）准时采购的物流体系的建立应满足以下原则

第一，灵活——物流体系能够快速适应需求量波动及需求结构的改变，并能方便地进行调节。

第二，连续——物料从供应商连续不断地向制造商（终端用户）流动，不断消除不连贯流程，达到物流无“瓶颈”的状态。

第三，简洁——整个厂内物资移动距离尽可能短，路线清晰明确以减少遗失、受损及工时消耗。

第四，均衡——物料在采购、生产、销售各环节之间分别建立各自的流量单位及节拍，通过各环节的转换，大体上有一个波幅不大、频率均匀的线性流量步调一致，且具有自我调节功能，以便能在事前、事中和事后削峰填谷。

二、采购与供应物流的订货方式及批量的选择

生产系统是一个以产成品为目的输入物料（采购品），经过加工制造的物料转化系统。所以输入的物料以什么方式、多少量到达与生产物流的需求是不可分割的。换句话说，以制造为目的的采购，其物流的订货方式、采购品的质量、交货期等的选择在某种程度上会影响到生产物流的顺畅进行。

（一）、基本的订购方式

企业采购的物料大概分为三种：企业生产所必需的生产性直接原材料，维持企业生产活动持续进行的维护修理装配等间接物料（包括备品备件、零部件等，比如润滑油等），以及维持企业运作所需的行政性日常用品（如写字桌、计算机、灯具以及服务等等）。通常把第一种物料称为直接生产物料，把后两种物料称为间接物料。对于直接生产物料，供应商相对比较固定，以长期供货合同或一定期间内稳定的价格供货，有专门的采购部门和采购人员负责各类原材料的采购，物料价格比较高，批次比较多，重复性大。对于间接物料，价格相对较低，采购周期不定，供应商来

源广泛，价格随采购批次变动可能较大，相对采购成本较高。

基本的订购方式包括定量、定期、经济订购批量等方式。这些方式虽然是就生产所需而采购，但是采购物流的终点是静止的库存。即：为保证生产的连续性，往往采购费用的降低是以库存费用的增加为代价的。传统的生产企业中一般都设有库存量，采购物流的订货量与库存水平又是密切相关的，所以建立在合理库存理论上的订购方式通常在库存理论中详细介绍（见本书第八章第四节），所以此处不再说明。

（二）以系统优化为目标的订购方式

作为由一系列供应商、制造商（采购商）组成的供应链系统中，“准时生产”是缩短生产周期、降低成本和库存，同时又能以最快的交货速度满足客户需求的最有效的做法。而供应商的“准时供应”则是“准时生产”的主要内容。换言之，采购供应的速度、效率、订单的执行情况会直接影响到本企业是否能够快速灵活地满足下游客户的需求。

1. 与 MRP 系统配合的采购与供应物流

MRP 系统是一种以物料需求计划为核心的生产管理系统，主要是针对多品种、小批量生产物流类型中，由于产品结构和物料清单对物料（采购品）在品种、数量、交货期（生产提前期）等方面要求的细化所带来的管理复杂度而开发的计算机信息管理系统（详见本书第六章）。在 MRP 中，定义了每个物料的期量标准，把销产供这企业的三项主要业务信息集成起来，同步地将生产计划和采购计划一次生成。如果需求有了变化，通过系统运算，很快就把上千种物料的采购计划重新编排。

MRP 系统对采购与供应物流方式变革的贡献表现在：

（1）通过物料快速分类查询，对每一类物料，按需用的频度，规定优选原则。在简化采购物料的品种规格基础上能够保持一定批量以争取优惠，从而对降低采购成本起到一系列的保证作用。

（2）编制可以延续到未来某个任意日期的周密计划，既可以按需采购，又可以保证足够的采购提前期和采购预算，防止因突发性采购而增加额外的采购费用。

（3）通过控制采购权限，严格控制成本从而规范采购管理的目的，即在系统中设置每一个采购员的采购物料范围和支付权限，同时规定超过限额的审批层次和权限等内容。

（4）控制库存量以便管理人员采取纠正措施。例如，对每一种物料规定最大储存量和最长储存期限，超过最大值时，系统会发出提示信号。

(5) 建立供应商文件认证目标以保证进厂材料的质量。即，根据ISO9000的要求，系统对各种物料的供应商进行认证，对于没有建立主文件的供应商，系统将拒绝执行向其采购。

(6) 通过提供多种查询途径（如从采购单编码、物料号、供应商号、采购员代码、交货日期等）跟踪采购定单以及采购合同执行情况。

(7) 严格控制付款程序。付款前，系统将自动进行一系列的对比，如物料规格性能、合格数量、交货日期是否与采购单一致，报价单与发票金额是否一致。必须几方面都相符才能执行付款程序，严格控制不良资金流出。

(8) MRP系统对采购供应部门的员工也提出了更高的素质要求。采购人员的主要精力将放在同企业内部人员和供应商一起研究如何降低成本上面，包括：参与零件设计的价值分析，以最低成本满足功能需求；编制、审定采购预算和采购权限；确定每个采购件的合理批量、安全库存量，控制库存资金占用；指导供应厂商改进外购件的性能质量，研究降低成本的措施；通过EDI、互联网/内联网，跟踪采购订单的进度，共同协调运输，保证及时供应等。

总之，MRP系统对采购与供应物流的管理提供了一系列的规范化流程，以有利于简化采购计划及调配，同时又可以形成批量采购、简化运输管理、减少库存，从而控制质量，降低成本，使得采购物流系统的整体效率得到提高。

2. 与JIT方式配合的采购与供应物流

JIT的理念是在“需要的时候，把需要的数量（和质量）送到需要的地点”，体现在生产系统中就是准时进货、准时生产、准时销售。而准时进货就是恰时恰量的进货。如果进货太早就会增加企业库存，太迟又会影响生产进程。因此，JIT恰恰适合了多品种小批量生产物流类型对传统采购与供应物流提出的变革要求（详见本书第六章）。

在JIT前提下，采购与供应物流的变革主要体现在两个方面：一是对各种物料的订货量的准确性和相应的质量保证；另一个是批量运输的准确性和及时性。

从订货量方面看，对于最初原材料的采购，如果是开发新产品所需，可以通过生产与市场信息系统的计算机局域网（供应链关系的信息共享系统）等渠道，及时交换采购供应信息，及时确定采购量，进行网上采购。如果所需品种不变，则与固定供应商们（供应链关系中的上游厂家）建立一种及时采购与及时供应量的利益伙伴关系，以保证所需数量的正确性和质量的优良；对于生产物流中各道工序所需的零部件、半成品的数量，可视为是下道工序对上道工序的“采购量”或者是上道工序对下道工序的供应量，通过JIT独特的看板信号系统及时传递品种和数量信息，真正做到从采购物流就开始的JIT。实际上，看板上注明的数量值与传统的经济批量不同，看板上的经济批量是一个根据准结成本估算出的量，而不是根据库存、缺货损失估算的。

从运输方面看，在考虑各种产品的生产周期前提下，无论是采购方要求供应商运货到生产地，还是委托给第三方物流企业运货到生产地，“及时、准确”原则是衡量是否真正按JIT理念变革的有效尺度。

3. 结合MRP与JIT的采购与供应物流

MRP与JIT中看板信号的结合要达到两个目的：一是及时准确平稳地启动末端工序看板，另一个是及时检测校正所犯错误。对于及时准确平稳地启动末端工序看板，应该通过市场预测和销售网络管理及EDI提高销售计划（不是主生产计划）的准确率，缩短计划周期。换言之，MRP应在销售计划、销售开立订单、配送货、成品出仓等各个环节间顺次展开：即每一环节都有一个预约量（或称已分配量），计划增量（相当于MRP中计划入库量）安全量及经济批量。看板最终在成品出仓这一环节启动。启动末端工序看板的数量及品种，应根据预测和销售计划、开立订单、配送货、出仓，进行实时调整。MRP应该考虑未来可能出现的需求变动及流水线生产能力，使看板启动后形成平准化生产及供应排程。这种平准化排程要求至少是按周做计划，按日来启动排列看板，并随着整个物流系统性能提高，将周期进一步缩短，使生产平稳而且具有可预见性。使产品数量及品种大致按需求量比例分布在越来越短的周期内，从而既降低存货，又降低缺货概率。MRP启动的看板大致分成两类，一种是真正由市场订单带动形成的看板，亦可称为实板；另一种为当市场仍未真正拉动，而生产力明显富余时，在计划准确率相当高的最近周期内，按未完成的计划产生看板加以启动，亦可称为“虚板”。“虚板”主要用于预防偶然性原因导致生产力瞬时剧烈波动，“实板”按熟先原则平准排程。“虚板”按平准原则排程，但无熟先的问题。“实板”优先于虚板，即有实板即按实板，无实板按虚板。虚板不累计到下一周期，或只累计到计划准确足够高的时期。通过MRP逻辑产生的实板和虚板，可以保证及时产生需求拉动信号，从而既能满足市场需要，又可以削峰填谷为排程平准创造条件，更能均衡地利用生产能力。对于及时检测及校正系统错误问题，可以将MRP逻辑应用到所有工序直至物资采购。这一方面可以通过标明各工序的计划与实际数，制作鼓点法图表（Drumbeat Table）发现问题（这里MRP在末端工序以外的各工序所显示的结果只用于发现问题，不用于控制生产进度）。另一方面，可以利用MRP在系统出问题时反查，确定校正的时间，核算代价，以便找到最好的对策。

三、企业采购与供应物流的质量管理

一般地，企业按质量控制的时间顺序将其划分为来货质量控制、过程质量控制及出货质量控制。由于产品价值中一半以上的部分是经过采购由供应商提供，那么企业产品质量更多地应控制在供应商的质量管理过程中，这也是“上游质量控制”的体现。上游质量控制得好，不仅可以为下游质量控制打好基础，同时可降低质量成本，减少企业来货检验费用（降低检验频次甚至免检）等。通过采购将质量管理延伸到供应商，是提高企业自身质量水平的基本保证。所以，采购与供应的质量管理之重点在于正确地选择供应商，以及由此而建立的采购认证体系的完善程度。前者的取舍取决于考核者建立什么样的评估体系，后者主要考核采购供应流程的管理水平。

（一）评价供应商

在集成化供应链管理环境下，由于企业对短期成本最小化的需要，供应链合作关系的运作需要尽量减少供应源的数量。当然，供应链合作关系并不意味着单一的供应源。另外，由于紧密合作的需要，上下游相互的连接变得更专有，而且制造商会在全球市场范围内寻找最杰出的供应商。所以对供应商做出系统全面的评价，就必须有一套完整、科学、全面的综合评价指标体系。

1. 建立有效的供应商综合评估体系

建立供应商综合评估指标体系的好处是可以避免企业在供应商评估工作中存在个人权利太大，主观成分过多，一人说了算的现象。虽然应针对不同行业、企业、产品需求、不同环境下的供应商作出评价，但可以从共性出发，确定评估的项目、评估的标准、要达到的目标。内容包括供应商的业绩、设备管理、人力资源开发、质量控制、成本控制、技术开发、用户满意度、交货协议等可能影响供应链合作关系的指标。当然，建立评估体系，要有一个评估小组以及制定相应的管理办法。

2. 分类进行评估

把评估对象分为两类：一类是现有供应商；一类是新的潜在供应商。对于现有合格的供应商，每个月都要做一个调查，着重就价格、交货期、进货合格率、质量事故等进行正常评估。1～2年做一次现场评估。而接纳新的供应商，其评估过程要复杂一些。通常是产品设计提出了对新材料的需求，然后寻找潜在的目标供应商，让其提供包括公司概况、生产规模、生产能力、给哪些企业供货、ISO9000认证、安全认证、相关记录、样品分析等基本情况，然后才是报价。随后，要对该供应商做一个初步的现场考察（按ISO9000的要求进行），看看所说的和实际情况是否一致。最后汇总材料小组讨论，在供应商资格认定之后，有关部门再进行正式的考察。如果正式考察认为没有问题，就可以小批量供货。供货期考察一般进行3个月，若没有问题，再增加数量，如图3－5所示。

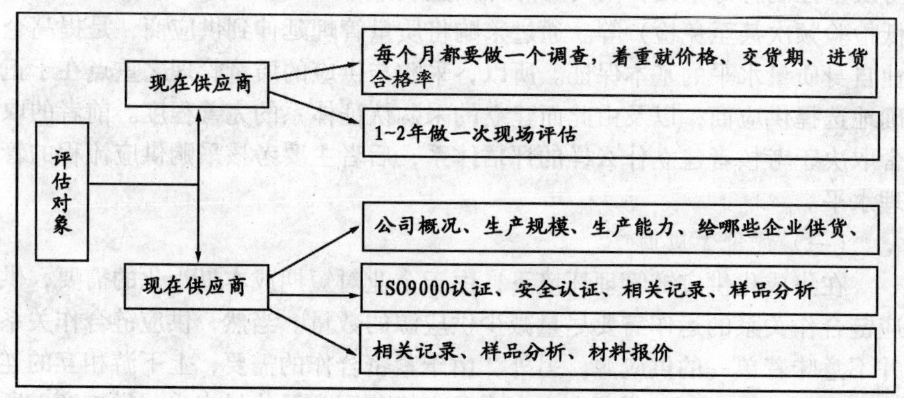

图3－5 供应商分类评估

3. 保持动态平衡

在实施供应链合作关系的过程中，市场需求和供应都在不断变化，必须在保持供应商相对稳定的条件下，根据实际情况及时修改供应商评价标准，或重新开始新的供应商评估。

基本思路，合格的供应商队伍不应该总是静态的，而应该是动态的，这样才能引入竞争机制。

4. 抓住关键要素

在所有的评估要素中，毫无疑问，质量是最基本的前提。虽然价格因素相当重要，但只有在质量得到保证的前提下，谈价格才有意义。如果产品质量过不了关，就没有再评的必要。

要求新的供应商提供一个成本分析表，内容包括生产某一原器件由哪些原材料组成、费用是如何构成的、看里面的价格空间还有多少，如果认为有不合理的因素在里面，就会要求供应商进行调整。

5. 供应商个人素质与其在行业中的口碑也有一定的参考价值。

（二）与供应商重构合作伙伴关系

对企业而言，利润与制造、供应过程中的物流和信息流的流动速度有关，企业为获取尽可能多的利润，就会想方设法加快物料和信息的流动。由于占总成本一半以上的物料及相关的信息都与供应商有关，那么依靠采购的力量，充分发挥供应商的作用就显得尤为重要。表现在：

1. 提高供应商的可靠性和灵活性，可以极大地改进企业的企划表现，提高生产效率，加快资金周转，增强对市场需求的应变力。例如，尽早地通过采购让供应商以“伙伴关系”参与到企业自身的产品开发过程中来，不仅可以充分利用供应商的专业技术优势缩短产品开发时间，降低投资风险及产品研制成本，还可更好地满足客户对产品功能性的要求，提高产品在整个市场上的竞争力。（案例 4 IBM 选择供应商）

2. 对供应商的管理从采购物品的分类开始，按照物品的价值及重要性确定不同的采购策略，并进行供应市场的研究与风险分析，针对不同的供应商（通常划分为合作伙伴型、优先供应型和普通商业型）采取不同的管理办法进行管理和改进，以质量、交货、价格和服务等项目为指标对供应商进行考评。

3. 提高供应商质量、改善供应水平、控制和减少所有与采购相关的成本，包括直接采购成本和间接采购成本，是采购与供应物流管理的重要内容。直接采购成本的控制与降低，可采取提高采购工作效率、定期谈判、优化供应商、实施本地化、与供应商共同开展改进项目等多种途径。间接采购成本的控制与降低包括缩短供应周期、增加送货频次、减少原材料库存、实施来料免检、循环使用原材料包装、合理利用相关的政府有利政策、避免汇率风险、供应商参与产品开发或过程开发等等。同时，为优化供应配套体系，亦可减少供应商的数量，使采购活动尽量集中，与供应商发展伙伴型的合作关系，同时也要避免依赖独家供应商，防止垄断供应风险的产生。

案例 4　IBM 选择供应商

——《国际电子商情》2001 年 5 月作者：焦学宁

当前，OEM 和供应商之间的关系正发生着微妙的改变，二者之间已不再仅仅是买家和卖家的简单商务关系，它们更像是一种彼此支持相互影响的战略伙伴关系。换言之，公司的大小和实力并不是 OEM 选择供应商的首要考虑因素，它们更加在意供应商是否符合自己的战略需要，是否能够为自己带来竞争能力。而 IBM 的全球统一采购管理经验应该是不错的借鉴。

IBM 在选择供应商时如何考查其全球化能力？

首先，这些公司具有国际化的战略目标。一般来说，它们至少需要能够在美洲、欧洲和亚洲三个地方为 IBM 供货。其次，坚持就近原则。由于 IBM 的工厂遍布全球，每个工厂都需要和供应商保持紧密的联系，以便能够共同面对困难和解决问题。所以 IBM 需要供应商在全球范围内提供同样优质的服务。

IBM 在全球各地加入或组织了许多采购专家协会，并通过协会活动加强和同行的交流。中国目前似乎还没有这样的组织实体，我们希望中国业界也能够组织起这样的采购专家协会，通过大家的定期交流得到共同提高。IBM 坚信，为供应商做得越多，在面对困难的时候就越能够帮助供应商渡过难关。

IBM 是如何选择供应商的？

IBM 对供应商的选择主要是由产品顾问委员会机构（Commodity Council Structure）来进行的。IBM 在全球范围内有多个不同的产品委员会，它们控制着各个事业部对产品不同方面的需求。产品顾问委员会负责选择供应商，并与之进行业务洽谈。它们时刻关注市场动向并调查了解谁的产品质量最好、最符合产品技术要求、供货周期足够短以及是否能够满足其他相关条件等。为了适应市场价格的变动，委员会每隔一二个月就会更新相关的产品信息，以满足信息的时效性。另外，IBM 在选择供应商时，非常看重供应商的电子商务能力及其灵活的合作形式而不是其规模大小。虽然大型供应商本身就具有非常好的沟通技巧，但是，供应商是否能够提供 IBM 所需的增值服务才是最为关键的。现代商业的成功运行是建立在信息网络通畅的前提下的。通过电子手段，可以方便地实现在线预测、投标、采购管理、质量管理、技术支持以及沟通等工作。就 IBM 本身而言，目前已完全实现电子化采购。即，从因特网上寻找合适的供应商，与之沟通并为其定位，甚至还可能在因特网上签订合同或者追踪订单，这样不仅能够不分时间和地域进行方便快捷的采购，而且通过数据库处理，能够看到产品线现有及预测今后的采购。重要的是与供应商的电子化沟通能为 IBM 带来更强的竞争力。

IBM 如何去处理与供应商之间的关系？

IBM 的战略中重要的一环就是帮助供应商建立供应体系，以实现真正的本地化采购供应。这不仅对供应商有利，对 IBM 也很有帮助。为此，IBM 本身一直在致力于搭建一个开放、兼容的平台，在此基础上，IBM 可以详细地了解供应商的生产流程、介入产品的设计、生产、质量控制等过程，为其产品线找出竞争优势，通过建立有效的电子业务系统，整合资源，以便能够方便地和其他公司进行合作。

在处理与供应商之间的关系方面，首先，IBM 非常注重与供应商之间的合作关系。以长城计算机集团为例，IBM 与长城之间既是合资公司的业务伙伴关系，同时也是供应商与客户的关系。通过帮助供应商提高技术水平，不仅使供应商的市场竞争能力加强了，也使它们能够更好地为 IBM 服务。其次，IBM 对供应商提供一种开放的技术标准作为对供应商的技术支持，供应商可以从中了解 IBM 眼中的业界发展方向，以便更好认识业界发展方向。由于 IBM 本身具有一流的技术能力，供应商与之保持同样的发展方向将会增加自身的竞争能力。

（三）建立采购认证体系

采购认证体系主要是针对采购流程的质量而言的，对每个环节从质量角度给予控制。在这个体系下，通过对来料质量进行检验，可以控制供应商批量物料的供应质量。

首先，对选择供应商进行认证，包括：以一定的技术规范考察供应商的硬件和软件。硬件指供应商设备的先进性、环境配置的完善性。软件指供应商的人员技术水平、工艺流程、管理制度、合作意识等。

其次，对供应商提供的样件进行试制认证，分两阶段：第一阶段，对供应商外协加工过程进行协调监控。比如设计人员制定的实际技术规范和供应商实际过程是否有出入；第二阶段，认证部门组织设计、工艺、质管等部门相关人员对供应商提供的样件及检验报告进行评审，看其是否能满足企业技术和品质要求。

第三，对供应商提供的小批量物料进行中试认证。因为，对物料的质量检验是主要是通过测量、检查、试验、度量，与规定的标准比较看其是否符合。样件认证通过不代表小批量物料能符合质量要求，往往小批量物料的质量由于成本与样件的差异而有所差异。

第四，对供应商提供的批量物料的批量认证。其质量控制表现在两个方面：一是控制新开发方案批量生产的物料供应质量的稳定性。二是控制新增供应商的批量物料供应质量的稳定性。

对于质量连续超标（不合格）的物料供应，一方面提请供应商进行质量改进；另一方面，如果供应商的质量到了极限，则应从产品设计系统入手，选配易于大批量生产的物料种类。对于质量连续符合标准的物料供应，可以考虑对供应商实行免检。当然，首先要与供应商签订“质量保证协议”，并加入处罚措施，以从合同上对供应物料质量进行制约，防止质量意识松懈。

第四章 企业生产物流基本原理

企业生产物流是企业物流的关键环节，认识并研究生产物流的基本原理，将有利于企业物流优化，有利于推动企业竞争力。本章从物流的角度看生产，首先界定生产物流含义及其特征、类型，其次介绍组织生产物流的三种形式，最后论述基于企业生产战略下的生产物流活动分析，以及以生产物流优化为中心的生产系统设计方法。

第一节 企业生产物流的定位

一、生产物流的含义

（一）从生产工艺角度分析

“工艺是龙头，物流是支柱”，所以生产物流是指企业在生产工艺中的物流活动（即物料不断地离开上一工序，进入下一工序，不断发生搬上搬下、向前运动、暂时停滞等活动）。这种物流活动是与整个生产工艺过程伴生的，实际上已构成了生产工艺过程的一部分。其过程大体为：原材料、燃料、外构成件等物料从企业仓库或企业的“门口”开始，进入到生产线的开始端，再进一步随生产加工过程并借助一定的运输装置，一个一个环节地“流”，在“流”的过程中，本身被加工，同时产生一些废料余料，直到生产加工终结，再“流”至制品仓库。

（二）从物流的范围分析

企业生产系统中物流的边界起于原材料、外构成件的投入，止于成品仓库。它贯穿生产全过程，横跨整个企业（车间、工段），其流经的范围是全厂性的、全过程的。物料投入生产后即形成物流，并随着时间进程不断改变自己的实物形态（如加工、装配、储存、搬运、等待状态）和场所位置（各车间、工段、工作地、仓库）。

（三）从物流属性分析

企业生产物流是指生产所需物料在空间和时间上的运动过程，是生产系统的动态表现，换言之，物料（原材料、辅助材料、零配件、在制品、成品）经历生产系统各个生产阶段或工序的全部运动过程就是生产物流。

综上所述，企业生产物流是指伴随企业内部生产过程的物流活动。即按照工厂布局、产品生产过程和工艺流程的要求，实现原材料、配件、半成品等物料在工厂内部供应库与车间、车间与车间、工序与工序、车间与成品库之间流转的物流活动。

二、生产物流的基本特征

制造企业的生产过程实质上是每一个生产加工过程“串”起来时出现的物流活动，因此，一个合理的生产物流过程应该具有以下基本特征，才能保证生产过程始终处于最佳状态。

（一）连续性、流畅性

它是指物料总是处于不停的流动之中，包括空间上的连续性和时间上的流畅性。空间上的连续性要求生产过程各个环节在空间布置上合理紧凑，使物料的流程尽可能短，没有迂回往返现象。时间上的流畅性要求物料在生产过程的各个环节的运动，自始至终处于连续流畅状态，没有或很少有不必要的停顿与等待现象。

（二）平行性

它是指物料在生产过程中应实行平行交叉流动。平行指相同的在制品同时在数道相同的工作地（机床）上加工流动；交叉指一批在制品在上道工序还未加工完时，将已完成的部分在制品转到下道工序加工。平行交叉流动可以大大减少产品的生产周期。

（三）比例性、协调性

它是指生产过程的各个工艺阶段之间、各工序之间在生产能力上要保持一定的比例以适应产品制造的要求。比例关系表现在各生产环节的工人数、设备数、生产面积、生产速率和开动班次等因素之间相互协调和适应，所以，比例是相对的、动态的。

（四）均衡性、节奏性

它是指产品从投料到最后完工都能按预定的计划（一定的节拍、批次）均衡地进行，能够在相等的时间间隔内（如月、旬、周、日）完成大体相等的工作量或稳定递增的生产工作量。很少有时松时紧、突击加班现象。

（五）准时性

它是指生产的各阶段、各工序都按后续阶段和工序的需要生产，即在需要的时候，按需要的数量，生产所需要的零部件。只有保证准时性，才有可能推动上述连续性、平行性、比例性、均衡性。

（六）柔性、适应性

它是指加工制造的灵活性、可变性和可调节性。即在短时间内以最少的资源从一种产品的生产转换为另一种产品的生产，从而适应市场的多样化、个性化要求。

三、生产物流的类型

通常情况下，企业生产的产品产量越大，产品的品种数则越少，生产的专业化程度也越高，而物流过程的稳定性和重复性也就越大。所以生产物流类型与决定生产类型的产品产量、品种和专业化程度有着内在的联系。正因为此，把划分生产物流的类型与划分生产类型看成是一个问题的两种说法。

（一）从生产专业化的角度分类

它可以根据产品在工作地生产的重复程度把物料生产过程划分为：单件、大量、成批三种类型。划分标准，如表 4－1 所示。

表 4－1　　划分工作地生产类型的参考数据

生产类型	工序数目	工序占用工作地系数
大量生产	1～2	0.5 以上
大批生产	2～10	0.1～0.5
中批生产	10～20	0.05～0.1
小批生产	20～40	0.025～0.05
单件生产	40 以上	0.025 以下

1. 单件生产（项目型）——生产品种繁多，但每种仅生产一台，生产重复度低；

2. 大量生产（连续或离散型）——生产品种单一，产量大，生产重复度高；

3. 成批生产（连续或离散型）——介于上述两者之间。即品种不单一，每种都有一定批量，生产有一定的重复性。通常又可划分为大批生产、中批生产、小批生产。

（二）从物料流向的角度分类

它可以根据物料在生产工艺过程中的特点，把生产物流划分为：项目、连续、离散三种类型。

1. 项目型生产物流（固定式生产）——物流凝固。即当生产系统需要的物料进入生产场地后，几乎处于停止的“凝固”状态，或者说在生产过程中物料流动性不强。分两种状态：一种是物料进入生产场地后就被凝固在场地中和生产场地一起形成最终产品，如住宅、厂房、公路、铁路、机场、大坝等；另一种是在物料流入生产场地后，“滞留”时间很长形成最终产品后再流出，如大型的水电设备、冶金设备、轮船、飞机等。管理的重点是按照项目的生命周期对每阶段所需的物料在质量、费用以及时间进度等方面进行严格的计划和控制。

2. 连续型生产物流（流程式生产）——物料均匀、连续地进行，不能中断；生产出的产品和使用的设备、工艺流程都是固定且标准化的；工序之间几乎没有在制品储存。管理的重点是保证连续供应物料和确保每一生产环节的正常运行。由于工艺相对稳定，有条件采用自动化装置实现对生产过程的实时监控。

3. 离散型生产物流（加工装配式生产）——产品是由许多零部件构成，各个零部件的加工过程彼此独立；制成的零件通过部件装配和总装配最后成为产品，整个产品的生产工艺是离散的，各个生产环节之间要求有一定的在制品储备。管理的重点是在保证及时供料和零件、部件的加工质量基础上，准确控制零部件的生产进度，缩短生命周期，既要减少在制品积压，又要保证生产的成套性。

（三）从物料流经的区域和功能角度分类

它可以把生产过程中的物流细分为两部分：工厂间物流、工序间物流（车间物流）。

1. 工厂间物流——大型企业各专业厂间运输物流或独立工厂与材料、配件供应厂之间的物流。

2. 工序间物流——也称工位间物流、车间物流，指生产过程中车间内部和车间、仓库之间各工序、工位上的物流，其内容包括：接受原材料、零部件后的储存活动；加工过程中间的在制品储存活动；成品出厂前的储存活动；仓库向生产车间运送原材料、零部件的搬运活动；各种物料在车间、工序之间的搬运活动。

据一些机械制造业的典型调查资料，按其工艺过程，零件在机床上全部切削时间只占生产过程全部时间的10%左右，在其余90%左右的时间内，原材料、零部件、半成品或制成品处于等待、装卸、搬运、包装等物流过程，即工序间物流活动时间占去了产品生产过程总时间的约90%。

可见，如果从时间上考虑，工序间物流已成为生产物流的代名词。为了尽量压缩工序间物流在生产过程中的时间，从管理的角度考虑，重点是进行合理仓库布局，确定合理的库存量，配置设备与人员，建立搬运作业流程、储存制度和适当的搬运路线，正确选定储存、搬运项目的信息搜集、汇总、统计、使用方法。实现“适时、适量、高效、低耗”的生产目标。

由于工序间物流实际上主要与两种物流状态——储存和移动有关，所以对于仓储与搬运这两个物流环节而言，首先要讲究合理性原则，然后才是具体形式的选择问题（详细内容见第七章和第十三章）。

合理性原则体现在仓储环节时要求：首先要以工艺流程和生产作业排序的要求确定仓库的形式、规模和位置，位置布置的目标是要适应物料移动中道路通畅、安全的要求以及有利于厂内外物流作业；尽可能在方便作业的前提下缩短作业距离；其次，要有利于作业时间的有效利用，避免重复作业，减少窝工、防止物流阻塞。第三，在符合安全规范的前提下充分利用面积和空间。

合理性原则体现在车间物料的搬运环节时要求：首先，搬运路线要按直线设置，避免交叉、往复、混杂、多余路线，其次，搬运设备机械化、省力化、标准化；第三，物料集中堆放便于减少搬运次数，搬运采用集装、托盘、拖运方式以提高作业效率；第四，减少等待和空载，提高作业者和搬运设备利用率。

第二节 企业生产物流的组织形式

从物料投入到成品出产的生产物流过程，通常包括工艺过程、检验过程、运输过程、等待停歇过程、自然过程。为了提高生产效率，一般从空间、时间、人员三个角度组织生产物流。

一、生产物流的空间组织

生产物流的空间组织是相对于企业生产区域而言，目标是如何缩短物料在工艺流程中的移动距离。一般有三种专业化组织形式，即工艺专业化、对象专业化、成组工艺等。

（一）按工艺专业化形式组织生产物流

工艺专业化形式也叫工艺原则或功能性生产物流体系。其特点是把同类的生产设备集中在一起，对企业欲生产的各种产品进行相同工艺的加工。即加工对象多样化但加工工艺、方法却雷同，如图 4-1 所示。

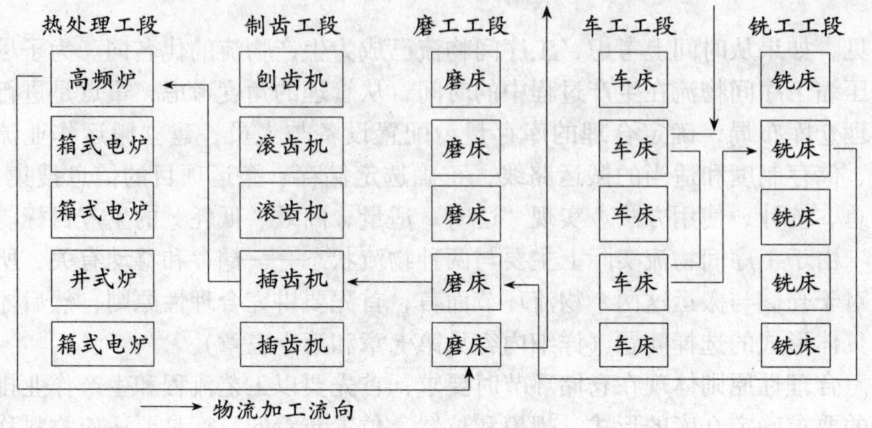

图 4－1　工艺专业化工段示意图

优点是对产品品种的变化和加工顺序的变化适应能力强；生产系统的可靠性较高；工艺及设备管理较方便。缺点是物料在加工过程中物流次数及路线复杂、难于协调。

在企业生产规模不大，生产专业化程度低，产品品种不稳定的单件小批生产条件下，则适宜于按工艺专业化组织生产物流。

（二）按对象专业化形式组织生产物流

对象专业化形式也叫产品专业化原则或流水线。其特点是把生产设备、辅助设备按生产对象的加工路线组织起来，即加工对象单一但加工工艺、方法却多样化，如图 4－2 所示。

优点是可减少运输次数，缩短运输路线；协作关系简单从而简化了生产管理；在制品少，生产周期短。缺点是对品种的变化适应性差；生产系统的可靠性较低；工艺及设备管理较复杂。

在企业专业方向已经确定，产品品种比较稳定，生产类型属于大量、大批生产，设备比较齐全并能有充分负荷的条件下，适宜于按产品专业化组织生产物流。

（三）按成组工艺形式组织生产物流

成组工艺形式是结合了上述两种形式的特点，按成组技术原理，把具有相似性的零件分成一个成组生产单元，并根据其加工路线组织设备。其主要优点是可以大大地简化零件的加工流程，减少物流迂回路线，在满足品种变化的基础上有一定的批量生产，具有柔性和适应性。

上面三种组织生产物流形式各有特色，而如何选择则主要取决于生产系统中产品品种多少和产量大小。一般的规律，如图 4－3 所示。

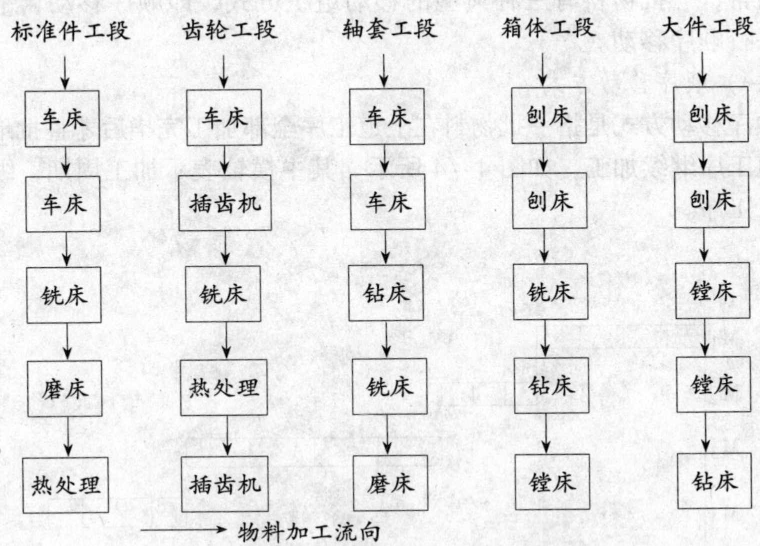

图 4－2　对象专业化工段示意图

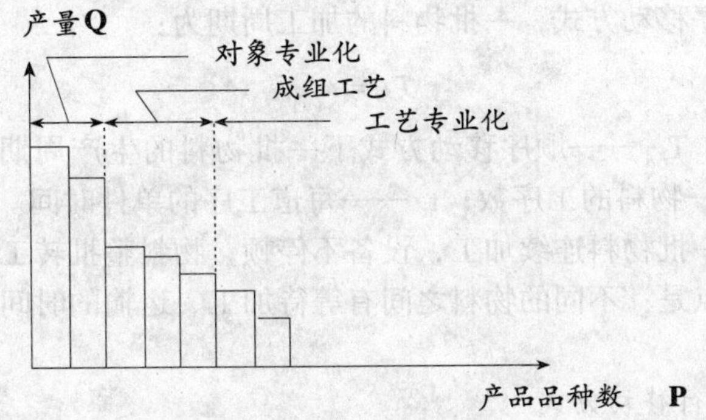

图 4－3　P－Q 分析图

二、生产物流的时间组织

生产物流的时间组织是指一批物料在生产过程中各生产单位、各道工序之间在时间上的衔接和结合方式。要合理组织生产物流，不但要缩短物料流程的距离，而且还要加快物料流程的速度，减少物料的成批等待，实现物流的节奏性、连续性。

通常，一批物料有三种典型的移动组织方式，即顺序移动、平行移动、平行顺序移动。

（一）顺序移动方式

顺序移动方式是指一批物料在上道工序全部加工完毕后才整批地转移到下道工序继续加工，如图 4－4 所示。其中横轴表示加工周期，纵轴表示加工工序。

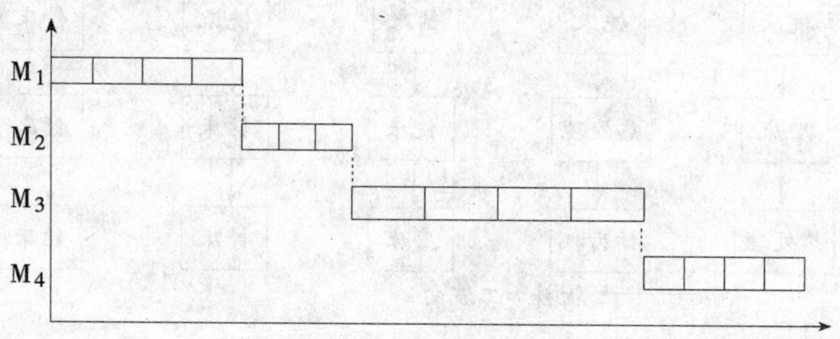

图 4－4 顺序移动方式

采用顺序移动方式，一批物料的加工周期为：

$$T_{顺} = n\sum_{i=1}^{m} t_i$$

公式中，$T_{顺}$ ——顺序移动方式下一批物料的生产周期；n ——物料批量；m ——物料的工序数；t_i ——每道工序的单件时间。

优点是一批物料连续加工，设备不停顿，物料整批转工序，便于组织生产。但缺点是：不同的物料之间有等待加工、运输的时间，因而生产周期较长。

（二）平行移动方式

平行移动方式是指一批物料在前道工序加工一个物料以后，立即送到后道工序去继续加工，形成前后交叉作业，如图 4－5 所示。其中横轴表示加工周期，纵轴表示加工工序。

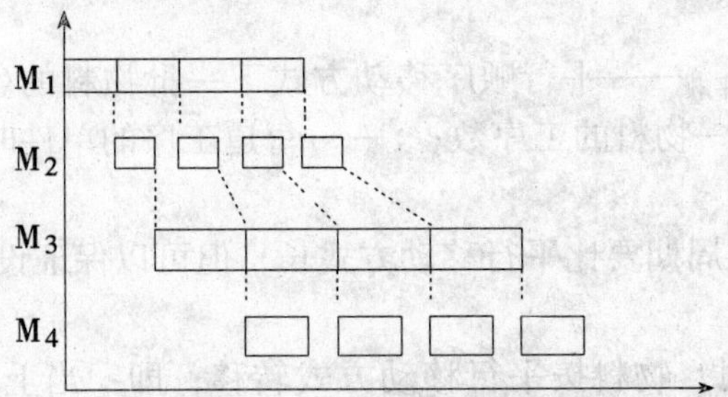

图 4－5 平行移动方式

采用平行移动方式，一批物料的加工周期为：

$$T_{平} = \sum_{i=1}^{m} t_i + (n-1)\ t_L$$

公式中，$T_{平}$——平行移动方式下一批物料的生产周期；n——物料批量；m——物料的工序数；t_L——物料中最长的单件工序时间。

该种方式的优点是不会出现物料成批等待现象，因而整批物料的生产周期最短。缺点是当物料在各道工序加工时间不相等时，会出现人力和设备的停工现象。只有当各道工序加工时间相等时，各工作地才可连续充分负荷地进行生产。另外，运输频繁会加大运输量。

（三）平行顺序移动方式

平行顺序移动方式是指每批物料在每一道工序上连续加工没有停顿，并且物料在各道工序的加工尽可能做到平行。既考虑了相邻工序上加工时间尽量重合，又保持了该批物料在工序上的顺序加工，如图 4－6 所示。其中横轴表示加工周期，纵轴表示加工工序。

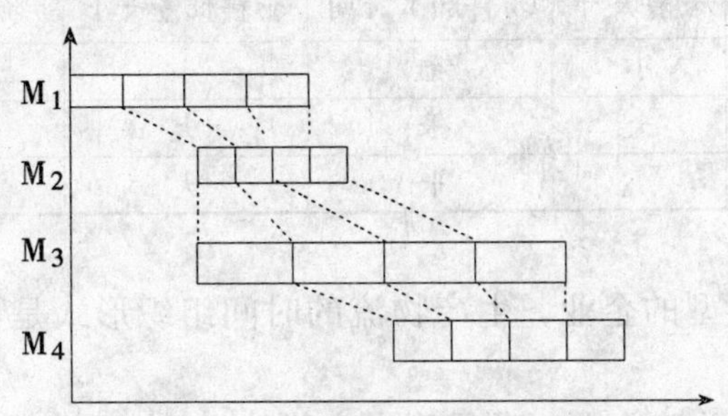

图 4－6 平行顺序移动方式

采用平行顺序移动方式，一批物料的加工周期为：

$$T_{平顺} = n\sum_{i=1}^{m} t_i - (n-1)\sum_{j=1}^{m-1} \min\ (t_j,\ t_{j+1})$$

公式中，$T_{平顺}$——平行顺序移动方式下一批物料的生产周期；n——物料批量；m——物料的工序数；t_i——每道工序的单件时间。t_j 和 t_{j+1} 代表相临两工序。

虽然其生产周期要比平行移动方式长，但可以保证设备充分负荷。其特点是：

当 $t_i \leqslant t_{i+1}$ 时，物料按平行移动方式转移；即：当上一道工序的加工时间小于或等于下一道工序的加工时间时，上一道工序加工完每一件物料后，应立即转到下一道工序去加工。

当 $t_i > t_{i+1}$ 时，以 i 工序最后一件物料的完工时间为基准，往前推移 $(n-1) \leftarrow t_{i+1}$ 作为物料在（i+1）工序的开始加工时间。即：当上一道工序的加工时间大于下一道工序的加工时间时，要使上一道工序加工完最后一件物料，恰好供应下一道工序开始加工该批物料的最后一件物料。

该种方式吸取了前两种移动方式的优点，消除了间歇停顿现象，能使工作充分负荷。工序周期较短，但安排进度时比较复杂。

上述三种移动方式各有利弊。在安排物料进度计划时，需要考虑物料的大小、物料加工时间的长短、批量的大小以及生产物流的空间组织形式。一般来讲，批量小、物料小或重量轻而加工时间短的物料，适宜采用顺序移动方式；对生产中的缺件、急件、可以采用平行或平行顺序移动方式，如表 4－2 所示。

表 4－2　　选择生产物流的时间组织方式需考虑的因素

物料移动方式	物料尺寸	物料加工时间	物料批量大小	物料空间组织形式
顺序移动	小	短	小	工艺专业化
平行移动	大	长	大	对象专业化
平行顺序移动	小	长	大	对象专业化

对于不同类型的企业，生产物流的时间组织形式是灵活多变的。例如：

针对固定式生产企业（项目型生产物流），由于加工对象（物料）固定，因而生产物流的加工工序在时间上的组织方式主要表现在工人的顺序移动上。

针对流程式生产企业（连续型生产物流），通常都是把整批的物料投入加工后，整批地按加工顺序进行工序间的移动，同一批物料不可能同时在多道工序上加工。因而生产物流是按顺序移动方式组织进行。

针对加工装配型企业（离散型生产物流），一批要加工的物料（零件或部件）在各工序之间加工的过程难免会有成批等待现象。所以，生产物流的时间组织目标在于：在保证设备充分负荷前提下加速物料在各工序之间的流通速度。通常采用平行顺序移动方式。

三、生产物流的人员组织

生产物流的人员组织主要体现在人员的岗位设计方面。要实现生产物流在空间、时间两方面的组织形式，必须重新对工作岗位进行再设计，以保证生产物流优化而通畅。

人力资源管理理论提倡岗位设计应该把技术因素与人的行为、心理因素结合起来考虑。

（一）原则

根据生产物流的特征，岗位设计的基本原则应是“因物料流向设岗”而不是“因人、因设备、因组织设岗”，由此要考虑以下几个问题：

1. 岗位设置数目是否符合最短物流路径原则？（目标是尽可能少的岗位设置尽可能多的工作任务）

2. 所有岗位是否实现了各工艺之间的有效配合？（目标是保证生产总目标、总任务的实现）

3. 每一个岗位是否在物流过程中发挥了积极的作用？（目标是岗位之间的关系应协调统一）

4. 物流过程中的所有岗位是否体现了经济、科学、合理的系统原则？（目标是物流优化）

（二）内容

根据人的行为、心理特征，岗位设计还要符合工作者个人的工作动机需求。由此要从三方面入手：

1. 扩大工作范围，丰富工作内容，合理安排工作任务。目的在于使岗位工作范围及责任增加，改变人员对工作的单调感和乏味感，获得身心成熟发展，从而有利于提高生产效率，促进岗位工作任务的完成。可以从横向和纵向两个途径扩大工作范围。

横向途径有，将分工很细的作业单位合并，由一个人负责一道工序改为几个人共同负责几道工序；尽量使员工进行不同工序、设备的操作，即多项操作代替单项操作；采用包干负责制，由一个人或一个小组负责一项完整的工作，使其看到工作的意义。

纵向途径有，生产人员承担一部分管理人员的职能，如参与生产计划的制定、自行决定生产目标、作业程序、操作方法、检验衡量工作质量和数量，并进行工作核算。不但承担一部分生产任务，而且还可参与产品试验、设计、工艺管理等技术工作。

2. 工作满负荷。目的在于制定合理的生产定额从而确定岗位数目和人员需求。

3. 优化生产环境。目的在于改善生产环境中的各种不利于生产效率的因素，建立人——机——环境的最优系统。

（三）要求

岗位设计体现在生产物流的三种空间组织形式上，对人员又有不同的要求。

1. 针对按工艺专业化形式组织的生产物流，要求员工不仅专业化水平很高，而且具有较多的技能和技艺，即一专多能，一人多岗。

2. 针对按对象专业化形式组织的生产物流，要求员工在工作中具有较强的“工作流协调”能力，能自主平衡各工序之间的“瓶颈”，保证物流的均衡性、比例性、适时性要求。

3. 针对按成组工艺形式组织的生产物流，要求向员工授权，即从管理和技术两个途径，保证给每个人都配备技术资料、工具、工作职责和权利，改变不利于物流合理性的工作习惯，加强新技术的学习和使用。

第三节　基于企业生产战略与系统设计框架下的生产物流分析

一、企业生产战略对生产物流的影响

就企业而言，生产物流是生产系统的动态表现。站在生产物流的角度客观地看，物料（原材料、辅助材料、零配件、在制品、成品）从投入到形成产品所经历的各个生产阶段或工序无不与企业生产战略和生产系统设计等方面有着紧密的不可分割的联系。

（一）生产战略的含义

生产战略是企业根据所选定的目标市场和产品特点来构造其生产系统所遵循的指导思想，以及这种指导思想下的一系列决策规划、内容和程序。

作为决策结果，生产战略是关于生产系统如何成为企业立足市场，并获得竞争优势的战略性计划；作为一系列决策过程，生产战略为实现生产

系统在企业中的有效性规定了明确的决策内容、程序、原则和模式。所以，广义而言，生产战略是生产的宗旨、目标政策；狭义而论，生产战略是实现宗旨、目标的宽泛的计划和方法。

(二) 几种生产战略下的生产物流观

一般而言，企业常用的生产战略有五种，自制或购买、低成本和大批量、多品种和小批量、高质量、快速响应——敏捷制造。

1. 自制或购买

任何一个企业，关键性战略决策都集中在自制与购买决策上。自制与购买决策不仅在很大程度上决定了企业的生产率和竞争力，而且也决定了企业物流决策的侧重点。

如果决定购买，则需考虑供应商的选择以及产品种类、数量的选择，各种运输路线的选择等等问题；于是供应物流相对于生产物流就成为企业物流决策的重点。

如果决定自己制造某种产品，则需要建造相应的设施，采购所需要的设备，配备相应的工人、技术人员和管理人员。具体而言，如果是产品自制，则需建制造厂，同时进行产品及其工艺流程设计。如果在产品装配阶段自制，则需建装配厂，同时设计装配流程，进行装配线平衡。要建厂就会有选址、设施布置、工艺流程设计、工作地和生产线安排等与生产物流有关联的活动。产品从原料投入到形成实体的生产物流过程，实际上就是由上述几个因素综合决定的，显然，不同的流程设计将体现不同的生产物流观，不同的选址和布置方案会带来不一样的生产物流。理论上最优生产物流的选择原则将根据该产品生产物流的基本特征及其最小成本而定。

2. 低成本和大批量

以早期福特汽车公司生产 T 型车为代表的低成本和大批量战略,给整个制造业带来了革命性的变化,也改变了人类经济生活方式。在有市场需求的前提下,企业如果决定运用低成本和大批量战略,则需要采用高效专用设备和设施(生产流水线);选择标准化产品;在组织生产的过程中,要提高设备利用率,提高劳动生产率;要对生产物料进行严密控制。因此,生产物流问题实际上就是具体的生产工艺过程(包括等待、加工、运输、装配等环节)。在这种战略下,对生产物流进行严格的计划与控制,一直是企业界孜孜不倦探讨的问题。比较成功的做法有以美国为代表的 MRPⅡ系统。

3. 多品种和小批量

该战略的运用是基于这样一种背景：一方面，当今世界科技进步加快，从知识到技术到产品所需的时间越来越短，反应在产品的价值上，独占性技术（知识）构成了产品的主要价值；另一方面，随着竞争及电子信息技术不断向产品渗透和融入，产品结构日趋复杂、生命周期越来越短，反映到消费者需求观念上，纷纷呈现出对产品需求的多样化和个性化的特征。因此，企业只有不断地抓住机遇（指市场及技术的机遇），快速开发富含独占性技术的新产品，采用多品种和小批量战略才能获取高额利润，在多变的市场环境中求得生存和发展。但是在多品种和小批量生产中，由于产品种类多样性、生产过程变动性、生产设备复杂化、生产计划和作业困难性、生产实施及其控制动态性等等特点，使得生产效率难以提高。更进一步说，多品种和小批量战略，将要求生产物流系统在平衡、协调生产过程中各种零部件的生产次序、装配次序方面，在计划与控制原材料生产量、在制品占用量、成品库存量之间的关系等方面，较之传统的大批量生产物流系统而有所变革。以日本丰田公司为代表的 JIT 生产管理体系很好地保证了这种战略对生产物流的内在要求。

4．高质量

无论是采取低成本大批量策略还是多品种小批量策略，都必须保证质量。质量是影响企业竞争力的主要因素。高质量战略要求企业对生产物流进行“全面”质量管理，制定一系列质量管理办法，如 PDCA 循环，从生产过程中操作者的技术熟练水平、设备、原材料、操作方法、检测手段和生产环境等方面来保证产品质量。常用的质量管理统计方法有：直方图、数据分层法、控制图、排列图、因果分析图、散布图、统计分析表等（QC 的七种工具），不同的方法对生产物流的监控目的和效果会不同，由此引出的质量管理结论也就有所差异。显然，按照 ISO9000 系列规范的生产物流体系将是企业全球化发展的重要支柱。

5．快速响应——敏捷制造

在市场持续、高速变化的 21 世纪，企业将面临新知识、新概念的不断涌现和新产品、新工艺的迅速更迭的市场挑战。如果不具备对变化市场的快速响应能力（能针对市场的变化迅速进行必要的调整——包括组织上和技术上的调整）以及不断通过技术创新和产品更新来开拓市场、引导市场的能力，即使规模再大，也会在顷刻之间倒闭破产。快速响应——敏捷制造（所谓“敏捷”就是指在不可预见的多变的环境中的生存能力）就是为了适应这种竞争环境的要求而提出的一种新战略。它要求企业通过提高自身“敏捷性”来提高自己驾驭未来市场和竞争环境的能力。更进一步说，这种战略要求企业能最充分、有效地利用各种信息和现代技术，能通过并行工程和仿真技术的利用，通过对全生产物流过程的仿真模拟来实现第一个产品就是最优产品的目标，从而彻底取消原型和样机的试生产物流过程。显然，采用这种战略，生产物流过程将完全受令于在计算机技术基础上迅猛发展的产品制造、信息集成和通讯技术所构造的信息技术系统的控制,对从物料的投入到形成实体的生产物流的需求完全取决于最终市场对产品的需求。另外,为减少成本,生产物流过程(制造体系)将转移到最终市场附近。于是“顾客化大量生产”或“大批量定制生产”将成为可能,而这就是目前制造业理论界正大力提倡的全球化敏捷制造,或全球化敏捷生产体系,它将是 21 世纪企业的主要模式。理想中的“敏捷性”将使企业能以更快的速度、更好的质量、更低的成本和更优质的服务来赢得市场竞争。

二、以生产物流为核心的企业生产系统设计

生产系统的设计包括六方面的内容：厂房选址、车间设施布置、产品设计、工艺过程设计、生产流程设计、岗位及工作设计。每个方面在设计时多少都要考虑“物流路径”合理化问题，而与生产物流优化直接密切相关的内容主要体现在车间设施布置、生产流程设计、工艺过程设计等环节上。因此，如果是围绕生产物流优化为中心思想进行设计，将有利于物流顺畅，生产高效的目标。

(一) 车间设施布置环节中的物流路径问题

1. 车间设施布置的含义

车间设施布置指在确定了企业车间内部生产单位组成和生产单位所采用的专业化形式之后，合理安排车间各个生产作业单元和辅助设施的相对位置与面积以及生产设备的布置。目标在于协调生产，减少不合理生产物流，提高企业生产运作效率。

2. 车间设施布置设计的原则

(1) 要有系统性考虑，尤其在企业生产单位的构成与产品结构、工艺过程的匹配，生产单位的专业化与产品生产规模的匹配等问题上。(详见第一节、生产物流的空间组织形式)

(2) 要有利于最短物流路线、最小物流成本。有统计资料表明，在物料形成产品的总生产时间中，真正的加工时间只占 10% ~ 20%，其余时间消耗在物料运输、等待时间上。如在库时间、设备调整准备时间。所以车间设施布置设计要充分考虑物流路线的合理性，尽量减少物流的迂回与倒流；并使物料搬运量最小以节省搬运费用，实现“把规定的物料，按规

定的数量，在规定的时间，按规定的顺序，完好无损地送到规定的地点，安放在规定的位置上”。

具体的物料搬运设计在保证安全的前提下应考虑：

①尽量简化搬运作业，减少搬运环节；②尽量采用单元搬运；③尽可能搬运到靠近下一使用地点；④搬运前应安排下一工序；⑤搬运路线尽可能为直线，以缩短距离；⑥尽可能合理安排机械化或自动化搬运；⑦尽量采用高度与空间及重力搬运以节约能源；⑧安排好控制物料搬运的信息系统；⑨尽量避免停止或贮存物料，以节省资金。

（3）考虑各种事故状态下的应急安全措施，并为今后发展和布置变更留有余地。

3. 基于不同物料流向而设计的车间设施布置的类型

常见物料流向可以分为水平和垂直的。当生产作业在一个车间里时，就按水平方式设计；当生产作业在多个楼层周转时，就按垂直方式设计。典型的布置设计有以下几种类型。

（1）固定式布置。让工人移动而不是让物料移动。即工作地按加工产品（如飞机、船舶、桥梁、钻井）的要求固定布置，生产工人和设备都随加工产品所在的某一位置而转移。设计的重点在于协调物流，充分利用空间。适用于单件小批或项目型生产，如图 4－7 所示。

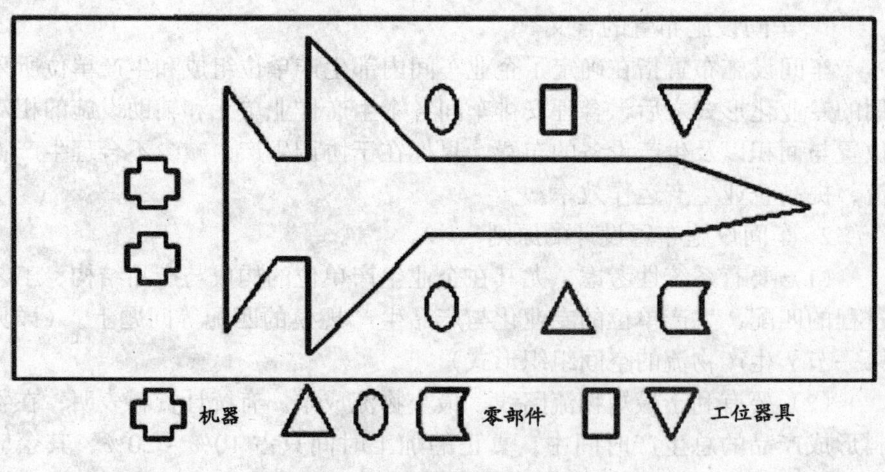

图 4－7　固定式布置示意图

（2）按产品加工要求布置（也称产品制）。指将不同类的机器、设施按产品的加工顺序和路线要求布置成流水生产线或装配线形式。一般是直线型，但也可以采取 L 型、O 型、S 型、U 型。这种布置的设计难点在于要考虑生产线及装配线平衡问题，就是说要使每一生产单元的操作时间大致相等，否则，整个生产线的产出速度将局限在费时最长的生产单元。这种布置适用于大批量流水线生产，如图 4－8 所示。

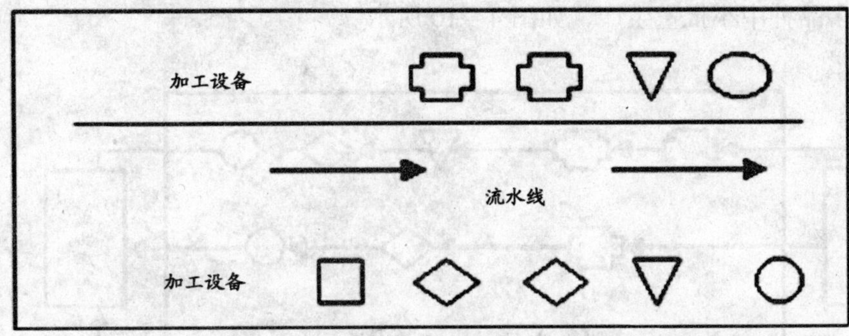

图 4－8　按产品布置的物流路径示意图（直线型）

（3）按工艺过程布置（也称生产过程制）。指将具有相同功能的同类机器设施集中在一起，完成相同工艺的加工任务。这种布置的设计难点在于要考虑使物流路线尽可能短，运输量尽可能小。就是说要在各个不同的生产单元中使本来无序的物料流程稍加有序。这种布置适用于产品具有加工需求的多品种批量生产，如图 4－9 所示。

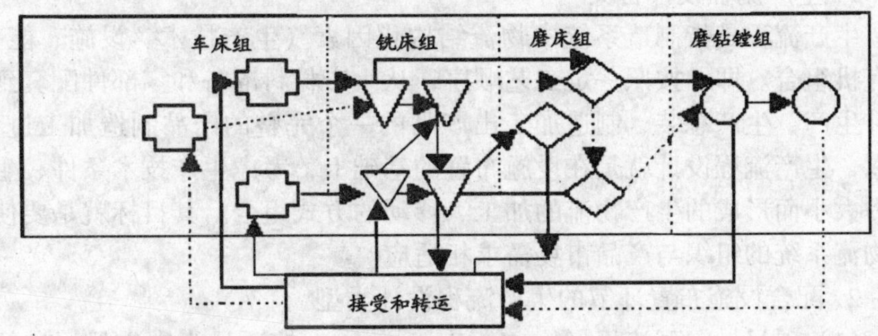

图 4－9　按工艺过程布置的物流路径示意图

(4) 按成组制造单元布置（也称混合制）。首先根据一定的标准将结构和工艺相似的零件组成一个零件组，确定出零件组的典型工艺流程，再根据典型工艺流程的加工内容选择设备和工人——由此形成“成组生产单元”该图中有三个制造单元，类似三条流水线形式。这种布置的特点在于结合了按工艺过程布置和按产品布置的优点，在保证生产更具有柔性的基础上又能保证一定的产量和效率，并能减少迂回物流，缩短生产周期。适用于多品种中小批量生产，如图 4-10 所示。

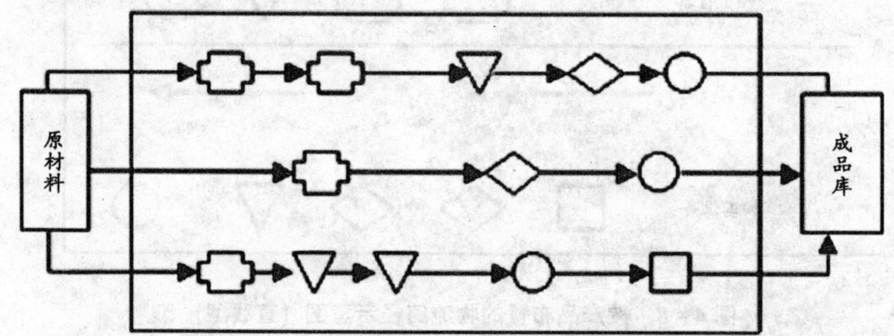

图 4-10 按成组制造单元布置的物流路径示意图

在实际生产中，一般都是针对不同的零件品种数和生产批量综合运用上述几种布置形式。

(二) 生产流程设计环节

1. 生产流程设计含义

生产流程是指制造系统中物流结构化因素（生产技术、设施、能力）的有机组合。即：按照一定工艺顺序，从生产材料准备和零部件配套到零部件生产、生产总装，制造加工出产品的一个完整的产品制造加工过程。所以，生产流程设计就是在设施布置的基础上，考虑生产技术条件、生产能力大小而形成的生产物流的加工、移动的方式组合。其目标就是要使生产物流系统的组织与产品市场需求相适应。

2. 配合设施布置环节的生产流程设计类型

(1) 项目导向型流程（Project Focus）——按项目为中心目标进行流程设计。该流程要求以项目为中心，围绕项目的生命周期，分阶段目标和相应的秩序依次安排“工序”流程，能并行作业的工序尽量安排在一起。该流程设计的“利”表现在以单件形式生产从而针对性强，劳动力技能要求高，目标柔性强、设备利用率高；“弊”表现在项目唯一性，每次生产流程都要变化（几乎没有固定的流程），需要多功能的通用设备、通常资本投资很大，生产规划和控制较难。

（2）产品导向型流程：（Product Focus）——按产品生产要求为中心目标进行流程设计。该流程要求各种设备的布局和监督必须以生产的产品为中心组织成连续性的流水线形式（离散型加工装配的产品生产设计为装配流水线形式），即：按产品组织生产，目的是提高生产率。数量多、品种少的大批量生产类型采用此种流程。该流程设计的“利”表现在单位可变成本低、劳动力技能降低，但是更加专业化、生产规划和控制更容易、设备利用率高（70%～90%）；“弊”表现在产品灵活性差、需要更加专业化的设备、通常资本投资更多。

（3）工艺导向型流程（Process Focus）——按物料加工路线为中心目标进行流程设计。该流程要求设备与人力按工艺内容组织成一个生产单位，每一个生产单位只完成相同或相似工艺内容的加工任务，即按工艺组织生产。数量少、品种多的单件或中小批量生产类型采用此种流程。该流程设计的“利”表现在更大的产品灵活性、设备用途更多、先期投资较少；“弊”表现在需要更多的培训良好的工人、生产规划和控制更困难、设备利用率低（5%～25%）。

上述三种生产流程特点比较，如表4－3所示。

表4－3　不同生产流程特征比较

特征标记	项目导向型流程	产品导向型流程	工艺导向型流程
产品：			
订货类型	单件、单项定制	批量较大	成批生产
产品流程	无	流水型	跳跃型
产品变化程度	很高	低	高
市场类型	单一化生产	大批量生产	顾客化生产
产量	单件	高	中等
工作者：			
技能要求	高	低	高
任务类型	没有固定形式	重复性	没有固定形式
工资	高	低	高

续表

特征标记	项目导向型流程	产品导向型流程	工艺导向型流程
资本：			
投资	低	高	中等
库存	中等	低	高
设备	通用设备	专用设备	通用设备
目标：			
柔性	高	低	中等
成本	高	低	中等
质量	变化多	均匀一致	变化多
按期交货程度	低	高	中等
计划与控制：			
生产控制	困难	相对容易	相对困难
质量控制	困难	相对容易	相对困难
库存控制	困难	相对容易	相对困难

（三）工艺过程设计环节

1. 工艺过程设计含义

工艺过程设计是指按产品设计要求，安排或规划出由原材料加工出产品所需要的一系列加工步骤和设备、工装需求的过程。它把产品的结构数据转换为面向制造的指令性数据，其任务是确定产品的制造工艺及其相应的后勤支持过程。其结果在于，一方面反馈给产品设计，用以改进产品设计，另一方面作为生产实施的依据，所以它是生产技术准备工作的第一步，也是连接产品设计与产品制造的桥梁。

2. 工艺过程设计的内容及程序

由于工艺过程设计是为被加工零件选择合理的加工方法和加工顺序，以便能按设计要求生产出合格的成品零件，所以其主要内容包括：

①选择加工方法及采用的机床、刀具、夹具和其他工装设备等；

②安排合理的加工顺序；

③选择基准，确定加工余量和毛坯，计算工序尺寸和公差；

④选用合理的切削用量；

⑤计算时间定额和加工成本；

⑥编制包含上述所有资料的工艺文件。

上述内容也可用流程图的形式表示，如图 4－11 所示。

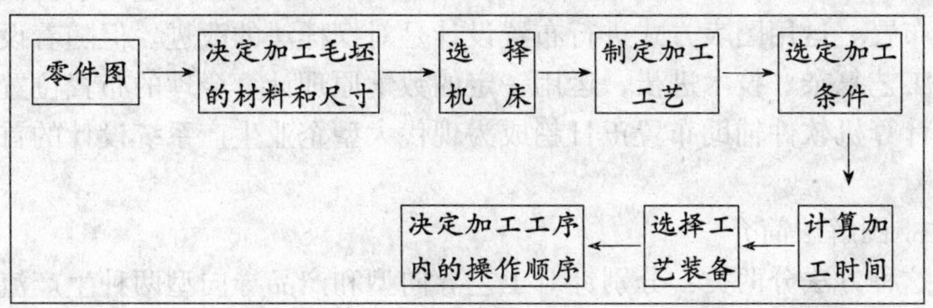

图 4－11　工艺过程设计的内容之流程图

工艺过程设计的程序包括：

①产品图纸的工艺分析和审查——这是保证产品结构工艺性的重要措施。包括产品结构、工艺标准、零件尺寸、产品材料等方面的审查。

②拟定工艺方案——这是工艺计划的总纲。包括确定产品制造过程中的加工方法、安排工艺路线、明确工艺装备选用的系数等等。

③编制工艺规程——这是具体指导员工进行加工制造操作的主要依据文件。它对组织生产、保证产品质量、提高生产率、降低成本、缩短生产周期及改善劳动条件等都有直接的影响。包括确定物料加工方法和顺序、产品装配与零部件加工的技术条件、工艺装备、选择设备及设备的调整方法、切削范围等等。

④工艺装备的设计与制造——这是贯彻工艺流程，保证加工质量，提高生产效率的基础。

通常，产品都要经过如上的工艺过程设计，对于不同的企业，因其规模、企业性质等的不同，工艺过程设计的具体顺序可能有所不同，但内容大同小异。实际上从物流角度看，在工艺设计过程中产生的许多重要的工艺文件，对指导企业制造系统和物料供应系统的调度有着直接的影响。比如产品工艺的过程信息、变化信息、质量信息都将全部表达到生产物流系统的结构上，从而影响到生产物流系统在工艺设备、物流路线、工艺联接性、稳定性和变化特性等方面。所以工艺过程设计的好坏是能否保证生产物流得以顺畅实现的关键。

三、基于优化生产物流目标的系统设计方法

（一）设施布置设计的方法

设施布置设计最早使用摆样法，即使用微缩模型按工艺要求在沙盘上摆样布置。运用图表方式进行布置设计是对摆样法的改进。但随着设备增加、工艺复杂、技术进步，运用一定的数学原理计算合理的布置位置以及利用计算机软件辅助布置正日趋成为现代大型企业生产系统设计的首选方法。

1. 图解法简介

这种方法分两类：分别针对工艺导向型和产品导向型两种生产流程。

（1）物料运量图

这是一种按照生产过程中物料的流向及生产单位之间运输量来布置车间及各种设施相对位置的常用布置方法。

基本步骤

第一，根据原材料、在制品在生产过程中的流向，初步布置各个生产车间和设施的相对位置，绘制初步物流图。

第二，在此基础上统计各车间之间的物料流量，制定物料运量表。

第三，按运量大小进行初试布置，将车间之间运输量的大安排在相邻位置，并考虑其他因素进行改进和调整。

案例

某企业根据生产工艺流程和生产系统图绘制了物料流向图，统计了物料运量表，并据此绘制出运量相关图，如图 4－12、表 4－4 所示。

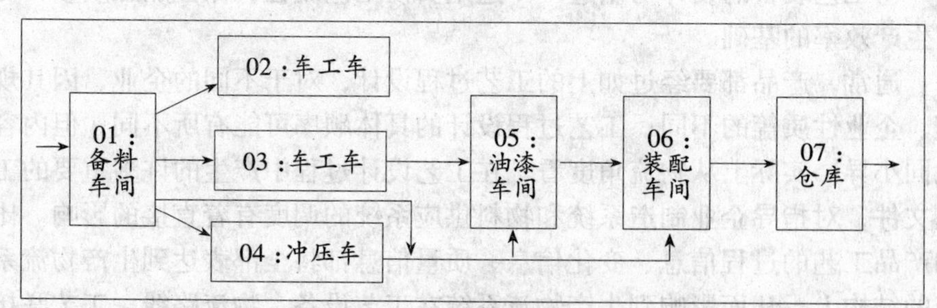

图 4－12　物料流向平面示意图

表 4-4　　物料运量表

	01	02	03	04	05	06	07	总计
01		12	6	9	1	4		32
02					7	2		9
03		3			4			7
04					3	1		4
05		3	1			3		7
06	1						7	8
07								0
总计	1	18	7	9	15	10	7	67

根据运量最大而靠近布置的原则，从图中可以直观地看出：首先，01与02，02与05，01与04运量很大，应该靠近布置；其次，01与03，06与07也应尽量靠近。经过优化调整后，按比例进行平面布置（假设是个4＊2的格局）如图4－13、图4－14所示。

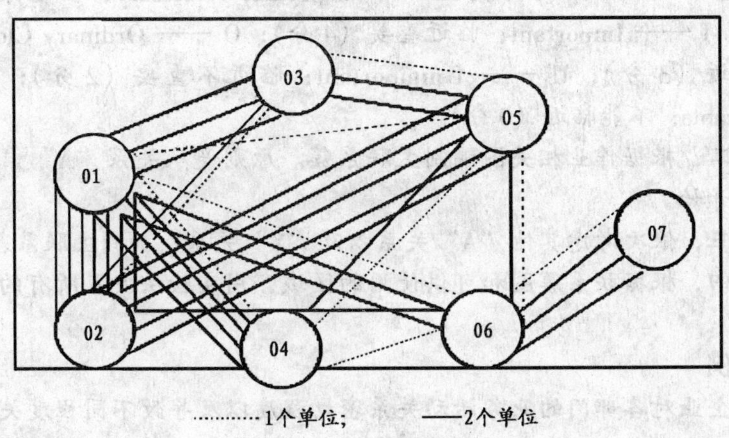

图 4-13　运量相关图

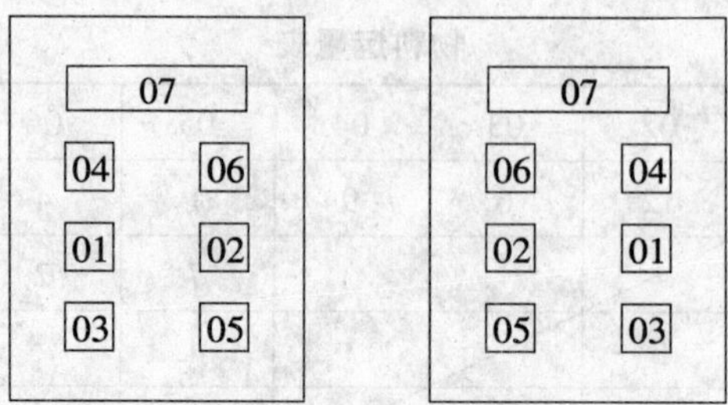

图 4-14 优化后的平面布置图

(2) 作业相关图

这是一种根据企业各部门之间的活动关系密切程度来布置其相互位置的有效的布置方法。由于车间之间的流量实际上不可能得到，而某些定性因素却对布置起了决定性作用。这就是考察“业务活动关系密切程度”来布置的出发点。

基本步骤

第一，确定部门间的活动关系密切程度，绘制作业相关图，再列出导致不同程度关系的原因。活动关系有 6 个等级：A —— Absolutely Necessary：绝对必要临近（6 分）；E —— Especially Necessary：临近特别必要（5 分）；I —— Important：临近重要（4 分）；O —— Ordinary Closeness：一般接近（3 分）；U —— Unimportant：临近不重要（2 分）；X —— Undesirable：不能临近（0 分）。

第二，根据作业相关图编制主联系簇。原则是从关系“A”出现最多的部门开始。

第三，依次考虑其他“A”关系以及“X”关系，加到主联系簇中去。

第四，根据联系簇图和可供使用的区域，用实验法安置所有的部门。

案例

某企业对各部门的业务活动关系密切程度以及导致不同程度关系的原因做了一次调查，如表 4-5、表 4-6 所示。并在此基础上绘制了作业相关图和相关表，如图 4-15，表 4-7 所示。

表 4－5　　活动关系密切程度及权重表

代号	活动关系密切程度	线代号	权重
A	绝对必要		16
E	特别必要		8
I	重要		4
O	一般		2
U	不重要		0
X	不予考虑		－80

表 4－6　　关系重要程度的原因表

代号	关系重要程度原因
1	顾客类型
2	管理的方便程度
3	共用人员
4	必要的联系
5	共用地方
6	心理因素

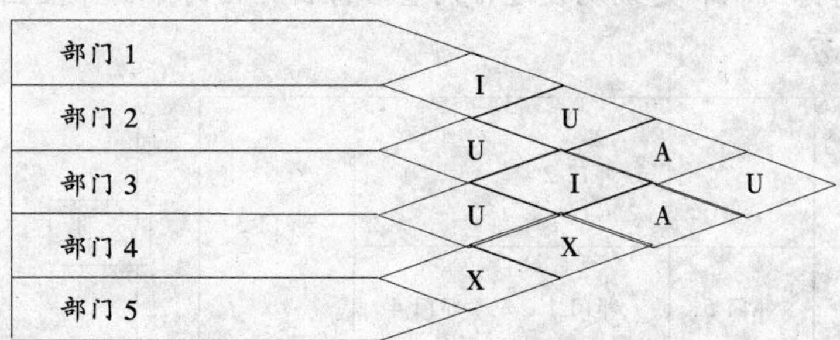

图 4－15　作业相关图

表 4－7　　作业相关表

	部门 2	部门 3	部门 4	部门 5	面积（平方米）
部门 1	I 6	U –	A 4	U –	100
部门 2		U –	I 1	A 16	400
部门 3			U –	X 1	300
部门 4				X 1	100
部门 5					100

问题的求解：

首先，绘制初始相关图及忽略空间和楼房限制的初始平面布置图，如图 4－16、图 4－17 所示。

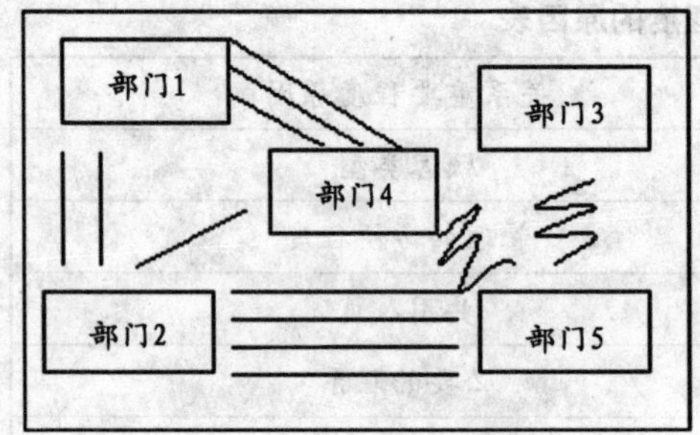

图 4－16　初始相关图

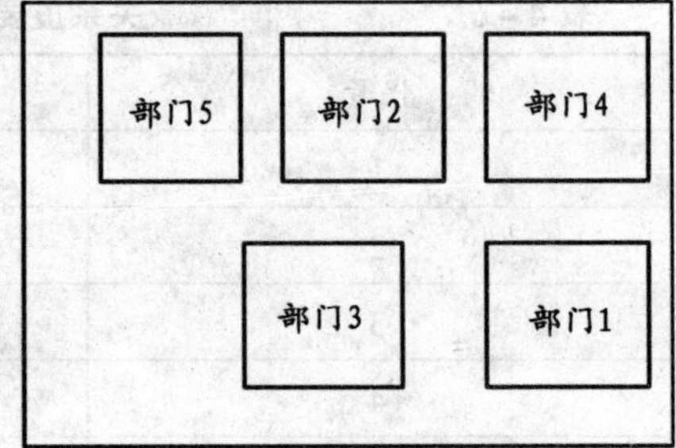

图 4－17　初始平面布置图

再考虑面积和建筑规模进行调整后得出优化的平面布置图，如图 4－18所示。

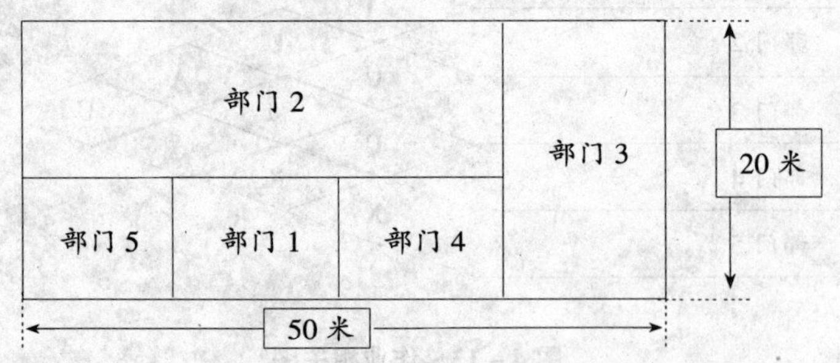

图 4－18　优化的平面布置图

(3) 从——至表（From —— To）

这是一种通过画矩阵表列出机器或设施之间的相对位置，以对角线元素为基准计算工作地之间的相对距离，从而找出整个生产单元物料总运量最小的布置方案。车间内部的设备之间常用此法布置。

基本步骤

第一，选择典型零件，指定典型零件的工艺路线并确定所用机床设备。

第二，指定设备布置的初始方案，统计出设备之间的移动距离。

第三，制定出零件在设备之间的移动次数和单位运量成本。

第四，用实验法确定最满意的布置方法。

案例

某加工车间有六台设备，已知其生产的零件品种及加工路线，并据此统计了零件在设备之间的每月移动次数，给出了单位距离运输成本。现用从——至表法确定该车间的最佳布置方案。

根据零件在设备之间的每月移动次数矩阵和单位距离运输成本矩阵，可以算出单位距离每月运输成本矩阵，再沿对角线把对称的成本元素相加，得到两台设备间的每月总运输成本表，如表 4－8、表 4－9、表 4－10、表 4－11 所示。在表 4－11 基础上，按总运输成本的大小从大到小降序排列，就得到设备之间的紧密相邻程度，据此布置设备。最后布置方案，如图 4－19 所示。

表 4－8　　设备每月平均移动次数矩阵表

从—至	设备 1	设备 2	设备 3	设备 4	设备 5	设备 6
设备 1		207	408	51	32	170
设备 2	206		42	180	51	5
设备 3	390	104		85	6	10
设备 4	6	411	52		31	58
设备 5	116	61	90	305		40
设备 6	32	85	73	104	380	

表 4-9　　单位距离运输成本矩阵表

从—至	设备 1	设备 2	设备 3	设备 4	设备 5	设备 6
设备 1		0.10	0.10	0.11	0.10	0.11
设备 2	0.13		0.11	0.10	0.10	0.10
设备 3	0.10	0.10		0.10	0.10	0.11
设备 4	0.13	0.10	0.10		0.10	0.11
设备 5	0.10	0.12	0.11	0.15		0.10
设备 6	0.10	0.10	0.11	0.10	0.10	

表 4-10　　单位距离每月运输成本表

从—至	设备 1	设备 2	设备 3	设备 4	设备 5	设备 6
设备 1		20.7	40.8	5.6	3.2	18.7
设备 2	26.8		4.62	18	5.1	0.5
设备 3	39	10.4		8.5	0.6	1.1
设备 4	0.78	41.1	5.2		3.1	6.4
设备 5	11.6	7.32	9.9	45.8		4
设备 6	3.2	8.5	8	10.4	38	

表 4-11　　单位距离每月总运输成本表

从—至	设备 1	设备 2	设备 3	设备 4	设备 5	设备 6
设备 1		47.5③	79.8①	6.38	14.8	21.9
设备 2			15	59.1②	12.4	9
设备 3				13.7	10.5	9.8
设备 4					45.8④	16.8
设备 5						42⑤
设备 6						

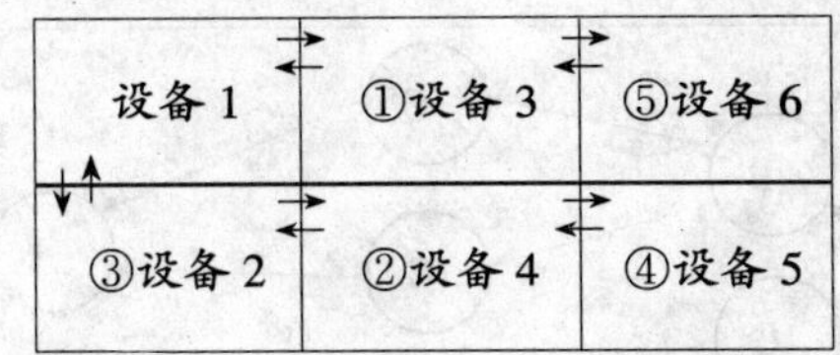

图 4-19 六台设备的最后布置示意图

大体上物料运量图、作业相关图、从—至表等图表主要是针对工艺导向型生产流程的布置方法。实践中，当生产单元数不太多时，上述三种方法就能解决布置问题。一旦加工工艺复杂。生产单元数成倍增长时，就得借助计算机软件进行仿真来辅助布置了。

(4) 分支定界网络图

这是一种针对产品导向型生产物流流程，在节拍、物料零部件装配工艺确定的前提下，寻求工作地数量最少的布置方法。在考虑装配流水线平衡时常用此法。即通过布置生产物流中的操作单元于各工作地上从而达到生产物流装配线的平衡。

基本步骤：

第一，用流程图表示每一装配操作单元（工序）的先后关系及时间。

第二，确定出生产节拍。(连续生产两件相同制品的时间间隔即节拍)

第三，计算满足节拍要求的最少工作地理论值。(结果要用不少于原值的最小整数来表示)

第四，具体分配编组安排工作地。要满足以下条件：①保证各工序之间的先后顺序；②每个工作地分配到各操作单元的时间之和不能等于节拍。③各工作地的作业时间应尽量接近或等于节拍。④应该使工作地数目尽量少。

第五，评价平衡方案。(计算效率系数或损失系数)

案例

已知节拍 10 分钟，装配某产品共需 46 分钟。装配顺序如下图所示，各操作单元的时间为：A ——6 分钟；B ——2 分钟；C ——5 分钟；D ——7 分钟；E ——1 分钟；F ——2 分钟；G ——6 分钟；H ——3 分钟；I ——5 分钟；J ——5 分钟；K ——4 分钟；试进行装配线平衡。

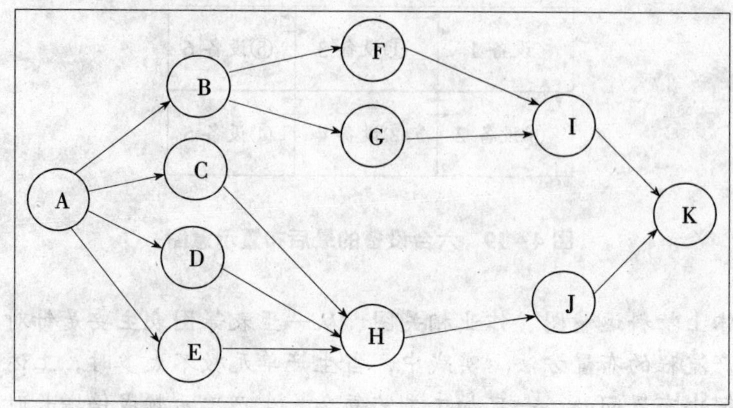

图 4-20 某产品的装配顺序图

问题的求解：先预估工作地为：[46/10]=[4.6]=5 个；再分配程序，如图 4-21 所示。

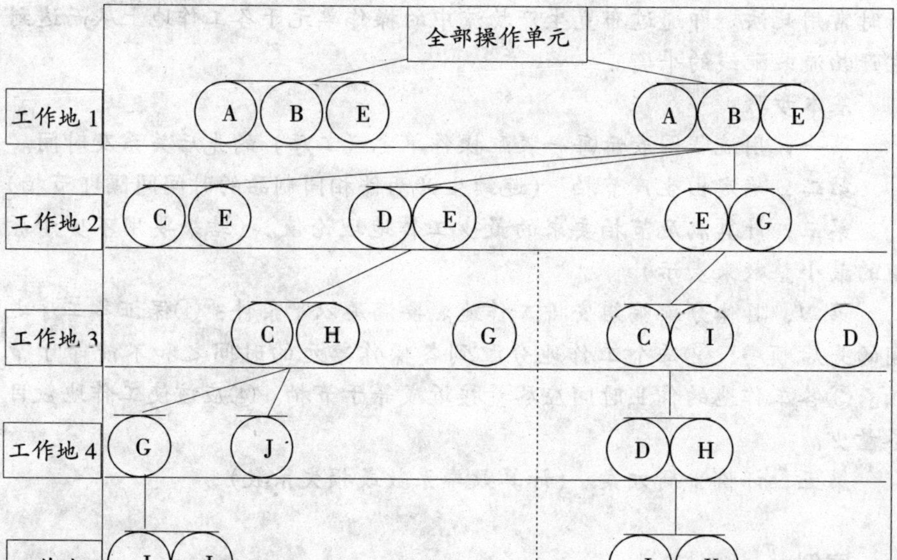

全部操作单元
工作地 1 A B E A B E
工作地 2 C E D E E G
工作地 3 C H G C I D
工作地 4 G J D H
工作地 5 I J J K
工作地 6 K

图 4-21

在图 4－21 中的虚线左面，平衡的结果是 6 个工作地，效率是 46/6÷10＝77%；虚线右面平衡的结果是 5 个工作地，效率是 46/5÷10＝92%。

（5）位置加权法

这是一种根据装配产品操作单元的先后次序，从全部操作单元中求得每个操作单元的位置权数，从大到小排序，并降序依次给工作地安排操作单元的装配流水线平衡办法。实际上它是分支定界法的一种简化办法。同样，通过布置操作单元于各工作地上从而达到生产装配线的平衡。

基本步骤：

第一，计算各操作单元的位置权数。（位置权数＝本操作单元及其以后有关操作单元的时间之和）。

第二，编制操作单元位置权数降序明细表。

第三，分配操作单元于工作地。（要满足三个条件：①将位置权数大的优先分配给工作地；②满足工艺顺序要求；③每个工作地分配到各操作单元的时间之和不能对于节拍。

案例

已知节拍 10 分钟，装配某产品共需 46 分钟。装配顺序仍如图 4－20 所示，试用位置加权法进行装配线平衡。

问题的求解：

各操作单元的位置权数为：A —— 46；B —— 19；C —— 17；D —— 19；E —— 13；F —— 11；G —— 15；H —— 12；I —— 9；J —— 9；K —— 4

工作地布置，如表 4－12 所示。

表 4－12

工作地	操作单元	位置权数	操作单元时间	工作地累计时间	节拍中的闲置时间
1	A	46	6	6	4
	B	19	2	8	2
	E	13	1	9	1
2	D	19	7	7	3
	F	11	2	9	1
3	C	17	5	5	5
	H	12	3	8	2
4	G	15	6	6	4
5	I	9	5	5	5
	J	9	5	10	0
6	K	4	4	4	6

分支定界网络图与位置加权法是从布局的角度减少装配生产线上时间的浪费，以保证生产物流的连续性、节奏性。

2. 数学模型法简介

(1) 重心法

这是一种根据现有设备布局，调整重心，考虑新增设备位置的布置方法。即根据现有设施在市场中的相对位置，运输费用和运输量情况，寻找一个分配成本最小的最优的地址建厂、建店。

基本步骤：

将所有地址放在一个坐标系中来考虑，求重心的横坐标、纵坐标值Cx和Cy。其中 d_{ix} 为 i 的 x 轴坐标，d_{iy} 为 i 的 y 轴坐标，w_i 为运往 i 地或运出 i 地的产品数量。

$$C_x=\frac{\sum_i d_{ix}w_i}{\sum_{i=1} w_i},\quad C_y=\frac{\sum_i d_{iy}w_i}{\sum_{i=1} w_i}$$

判断原则：由于每个月的运输量和距离影响成本，并且假定成本与距离以及运货量是直接成正比的，所以理想的厂址应该是能使中心点与现有的点之间的距离和运量的乘积最小化。

案例

某公司在 A、B、C、D 四个城市设有分店，现打算寻找一个中心地址建一个仓库以满足分店的商品需求，分布如图 4－22 所示。各分店的商品需求(每月运送的货量)为：A:2 000 车；B:1 000 车；C:1 000 车；D:2 000 车。在坐标上的位置是：A(30,120)；B(90,110)；C(130,130)；D(60,40)

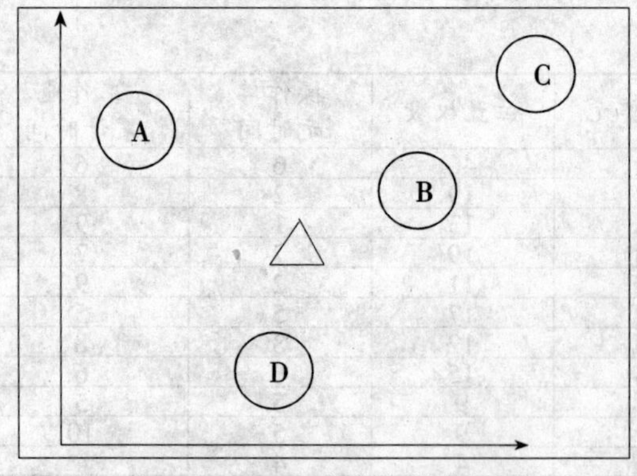

图 4－22 现有分店的坐标图

问题的求解：根据坐标显示：$d_1x = 30$，$d_1y = 120$，$W_1 = 2\ 000$；$d_2x = 90$，$d_2y = 110$，$W_2 = 1\ 000$；$d_3x = 130$，$d_3y = 130$，$W_3 = 1\ 000$，$d_4x = 60$，$d_4y = 40$，$W_4 = 2\ 000$。代入公式计算得新的仓库地址应在该坐标（66.7，93.3）的位置。从而该仓库应布置在相应的地理位置上。

(2) 线形规划法（在一定的条件约束下，使总的物料搬运成本最低）

采用线性规划的方法可以求出 N 个不同的零件在 M 台不同的设备（或工作中心）上加工而设备成单行布置的近似最优方案。其数学模型如下：

$$\sum_{i=1}^{m-1}\sum_{j=1}^{m-1} a_{ij}b_{ij}X_{ij} = \mathrm{Min}$$

$$X_{ij} \geqslant 0,\ i = 1,\ 2,\ \ldots m,\ j = 1,\ 2,\ \ldots m$$

其中：a_{ij}表示任意两台设备间零件移动次数，X_{ij}表示两台设备间的移动距离，b_{ij}表示单次移动费用；模型的目标是总的物料搬运成本最低。一般而言此模型的求解较为困难。在此不再介绍。

3. 计算机软件辅助布置简介

这是一种运用相应的软件解决大量设施布置中的难题的方法。

随着设施数量的增加，从——至表和线形规划等方法往往无法有效利用，而通过计算机软件就能解决一些比较复杂的布置问题。CRAFT（Computerized Relative Allocation Of Facilities Technique）工具就是一种利用计算机辅助设备布置的技术。其基本原理是：在分析物料流程流量的基础上，以物料的总运输费用最低为原则，应用启发式算法，逐次对初始的布置方案进行改进，以寻求最优的布置方案。但是所得到的答案并不是唯一的最优解，却是不易再作改进的次优解。因为最终解取决于所给定的初始布置方案。所以，最好以若干个不同的初始布置方案来求得几个最终解，然后再从中择优。

CRAFT 的运算流程，如图 4－23 所示。

(二) 工艺过程设计方法简述

实际上，工艺过程设计工作贯穿于整个企业的生产物流活动中，物料流向取决于工艺流程是显而易见的。

由于工艺设计所涉及的因素繁多而复杂，如企业的生产类型、产品结构、工艺准备、生产技术发展等的影响，甚至受到管理体制的制约。而且任何一个因素变化，均可能导致工艺设计方案的变化。换言之，工艺过程设计必须具有很强的动态适应性。另外，随着现代制造系统正逐渐从刚性

(高效率的大批量生产模式)向柔性(高效率多品种小批量生产模式)转变，将计算机技术贯穿于产品策划、设计、工艺规程、制造与管理的全过程就成为企业生产现代化的必备手段。

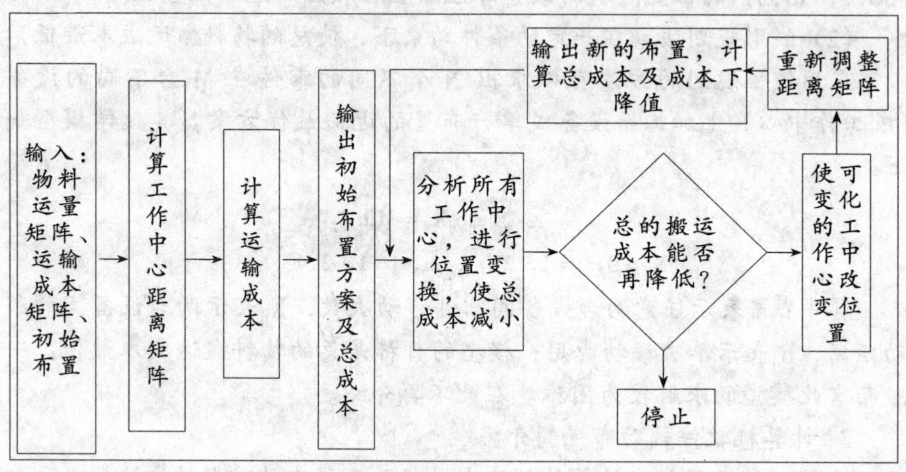

图 4-23 CRAFT 程序流程图

但是，长期以来，传统的工艺过程设计都是采用手工方式，这种方式存在以下几个方面的问题：①设计效率低下，存在大量的重复劳动。由于每个工艺规程都要靠手工编写，光是花费在书写工艺表格上的时间就占30%左右。②不便于将工艺专家的经验和知识集中起来加以充分地利用。③不便于计算机对工艺技术文件进行统一的管理和维护。

显然，传统的手工设计方式已不能满足上述要求。目前，利用计算机来进行零件加工工艺过程的制订，正成为企业改进工艺过程设计的一个强有力的手段。

1. 计算机辅助工艺过程设计的内容

计算机辅助工艺过程设计(CAPP，Computer Aided Process Planning)是通过向计算机输入被加工零件的几何信息(形状、尺寸等)和工艺信息(材料、热处理、批量等)，由计算机自动输出零件的工艺路线和工序内容等工艺文件的过程。简言之，CAPP 指工艺过程设计的计算机化。它可以大大减轻工艺工程师的繁重劳动、提高工艺设计质量、缩短生产准备周期、提高生产率、减少制造成本等，无论是对单件小批多品种生产还是对大批量生产都有重要意义。

CAPP 内容主要有：①产品零件信息输入；②毛坯选择及毛坯图生成；③定位夹紧方案选择；④加工方法选择；⑤加工顺序安排；⑥加工设备和工艺装备确定；⑦工艺参数计算；⑧工艺信息（文件）输出。

2. 计算机辅助工艺过程设计的方法

①检索式，指系统可以对企业已有产品零部件的工艺进行归纳、整理，得到优化、标准的典型工艺。如基于典型工艺的检索（系统提供典型工艺管理功能，从而可以在使用系统过程中不断积累企业的典型工艺。这样在设计新工艺时，通过检索典型工艺，并对其作少量修改，即可快速生成新工艺。基于产品树检索、零部件名称检索等。

②派生式（Variant），亦称变异式、修订式、样件式等。

③生成式（Generative），亦称创成式，交互式。

指系统能够按照机加工、锻造、焊接、热处理、铸造和装配工艺，分别提供多种工具，帮助工艺设计人员快速进行工艺设计和计算（如自动读取零部件的设计信息；自动获取工艺卡的关联信息，并维护关联信息的修改一致性，通过建立关联关系，实现工艺卡栏目的自动计算等。），快速选择所需资源（如机加工余量确定、下料尺寸确定、锻件毛坯图生成及毛坯重量自动计算、浇道截面形状及规格确定、冒口设计等）。

（三）生产流程设计方法

1. 影响生产流程设计的主要因素

如何设计生产流程，除了要考虑产品的市场需求特征（品种、产量）、不同的生产类型等因素外，还要考虑生产战略、生产柔性、产品质量、接触顾客的程度等因素。

2. 生产流程设计过程

其生产流程设计过程，如表 4－13 所示。

表 4－13

输入	生产流程设计	输出
1. 产品/服务信息： 产品/服务要求 价格/数量 竞争环境 用户要求 所期望的产品特点	1. 选择生产流程： 要与生产战略相适应	1. 生产技术流程： 工艺设计方案 工艺流程之间的联系
2. 生产系统信息： 资源供给 生产经济分析 制造技术 优势与劣势	2. 自制、外购研究： 自制、外购决策 供应商的信誉和能力 配套采购决策	2. 布置方案： 厂房设计方案 设备、设施布置方案
3. 生产战略： 战略定位 竞争武器 工厂设置 资源配置	3. 生产流程研究： 主要技术路线 标准化和系列化设计 产品设计的可加工性	
	4. 设备研究： 自动化水平 机器之间的连接方式 设备选择 工艺装配	3. 人力资源： 技术水平要求 人员数量 培训计划 管理制度
	5. 布局研究： 厂址选择与厂房设计 设备与设施布置	

第五章 企业生产过程与物流管理

从物流的角度看，企业的生产过程实际上是物料输入——转化——输出的物料流程系统。因此，生产类型有差异，其物流就表现出不同的特征。本章总结了不同生产模式下的物流管理，并探讨了适应于先进制造技术（CIMS）的生产物流模式以及基于网络环境下的生产物流模式。

第一节 企业生产类型的物流特征

生产系统中的物流特征表现在：①物料按照工艺流程流动；②物流作业与生产作业紧密关联相互交叉；③物流连续地有节奏按比例运转。通常，根据物流连续性特征从低到高，产品需求特征从品种多、产量少到品种少、产量多而把生产过程划分成五种类型，见产品—工艺矩阵图(Product - Process Matrix，简称 PPM）所示。依对角线排列依次是：项目型、单件小批型、多品种小批量型、大批量型、多品种大批量型。一般而言沿对角线来选择和配置生产物流过程比较符合技术经济效益。

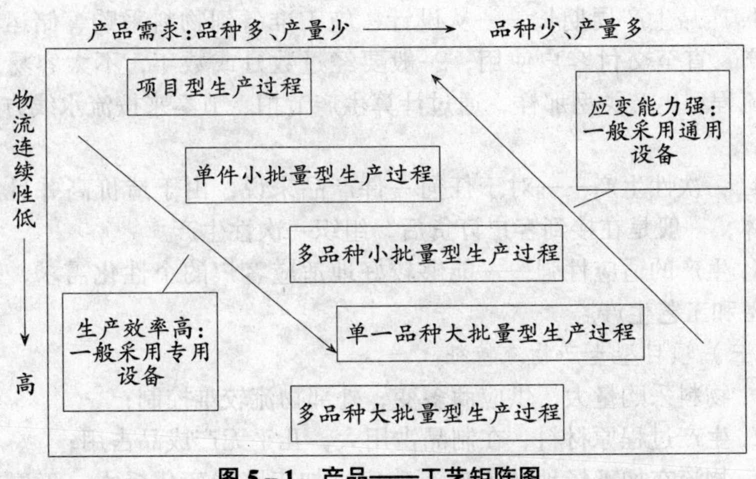

图 5-1 产品——工艺矩阵图

一、项目型生产过程及其生产物流特征

(一) 项目型的含义

项目型生产过程是指具有项目特征(有具体的开始和结束时间、有严格定义的最终目标、有成本和时间计划、能够产生具体结果、只发生一次)的生产物流系统,可以细分为两种类型:一种是只有物料流入,几乎无物料流出的"纯项目型"生产物流系统,其典型的生产活动如建筑工程与安装工程,典型企业如建筑企业,典型产品如住宅、厂房、公路、铁路、机场、大坝等;另一种是在物料流入生产场地后,"滞留"相当长一段时间再流出的"准项目型"生产物流系统,其典型的生产活动如大型专用设备、大型高价值产品的设计与制造,典型企业如重型机械厂、造船厂、飞机制造厂等,典型产品如大型的水电设备、冶金设备、轮船、飞机等。

(二) 项目型生产过程的特点

基于以上两种系统的描述,其共同的生产特点是:

1. 物料凝固——当生产系统需要的物料进入生产场地后凝固在场地中,与生产场地一起形成最终产品,整个生产过程中物料流动性不强。

2. 物料投入大——即种类多、吨位大;产品造价高——生产过程的库存控制、质量控制、成本控制较难,生产效率低,产品成本高;订货生产——企业的生产由客户拉动。

3. 产品生产周期长——从设计、施工准备到物料采购、储运、施工或生产,直至交付客户使用,一般要经过数月或数年,不太容易如大批量、流程型生产类型那样,通过计算生产节拍、节奏来按流水线方式组织生产。

4. 一次性生产——对于任何一件产品来说,由于造价高并且用户要求具体,一般是在接到客户订货后,组织一次性生产。

5. 生产的适应性强——能够较好地适应客户的个性化需求,应用通用设备和工艺生产。

(三) 项目型生产物流特征

1. 物料采购量大,供应商多变,外部物流较难控制;

2. 生产过程原材料、在制品占用大,几乎无产成品占用;

3. 物流在加工场地的方向不确定、加工路线变化极大,工序之间的物流联系不规律;

4. 物料需求与具体产品存在一一对应的相关需求。

二、单件小批量型生产过程及其生产物流特征

（一）单件小批量型的含义

单件小批量型是指需要生产的产品品种多但每一品种生产的数量甚少，生产重复度低的生产物流系统。

（二）单件小批量型生产过程的特点

生产过程中，工人以师傅带徒弟的方式培养，个人具有高超技术；生产的组织分散；产品设计和零件制造分散；设备使用通用机器。其典型是以制造汽车为生的法国巴黎 Panhard - Levassor（P&L）机床公司。

（三）单件小批量型生产物流特征

1. 生产的重复程度低，从而物料需求与具体产品制造存在一一对应的相关需求。

2. 由于单件生产，产品设计和工艺设计存在低重复性，从而物料的消耗定额不容易或不适宜准确制定。

3. 由于生产品种的多样性，使得制造过程中采购物料所需的供应商多变，外部物流较难控制。

三、多品种小批量型生产过程及其生产物流特征

（一）多品种小批量型的含义

多品种小批量型是指生产的产品品种繁多并且每一品种有一定的生产数量，生产的重复度中等的生产物流系统。

（二）多品种小批量型生产过程的特点

品种数量多但产量有限；产品设计系列化，零部件制造标准化、通用化；工艺过程采用成组技术；运用 FMS（柔性制造系统）使生产系统能适应不同的产品或零件的加工要求，并能减少加工不同零部件之间的换模时间。

（三）多品种小批量型生产物流特征

由于企业必须按用户需求以销定产，使企业物流配送管理工作复杂化，协调采购、生产、销售物流并最大限度地降低物流费用是该生产物流系统最大的目标。其生产物流特征表现在：

1. 物料生产的重复度介于单件生产和大量生产之间，一般是制定生产频率，采用混流生产。

2. 以 MRP（物料需求计划）实现物料的外部独立需求与内部的相关需求之间的平衡。以 JIT（准时生产制）实现客户个性化特征对生产过程

中物料、零部件、成品的拉动需求。

3. 由于产品设计和工艺设计采用并行工程处理，物料的消耗定额容易准确制定，从而产品成本容易降低。

4. 由于生产品种的多样性，对制造过程中物料的供应商有较强的选择要求，从而外部物流的协调较难控制。

四、单一品种大批量型生产过程及其生产物流特征

（一）单一品种大批量型的含义

单一品种大批量型是指生产的产品品种数相对单一，而产量却相当大，生产的重复度非常高且大批量配送的生产物流系统。

（二）单一品种大批量型生产过程的特点

品种数量单一但产量相当大；产品设计和零件制造标准化、通用化、集中化；很强的零件互换性和装配的简单化使生产效率极大地提高，生产成本低，产品质量稳定。

（三）单一品种大批量型生产物流特征

由于企业面临的主要问题是如何增加产品数量、实现大众温饱，因此从物流的角度看，各种物料的计划、采购、验收、保管、发放、节约使用和综合利用贯穿了生产管理过程。其生产物流特征表现在：

1. 由于物料被加工的重复度高，从而物料需求的外部独立性和内部相关性易于计划和控制。

2. 由于产品设计和工艺设计相对标准和稳定，从而物料的消耗定额容易并适宜准确制定。

3. 由于生产品种的单一性，使得制造过程中物料采购的供应商固定，外部物流相对而言较容易控制。

4. 为达到物流自动化和效率化，强调在采购、生产、销售物流各功能的系统化方面，引入运输、保管、配送、装卸、包装等物流作业中各种先进技术的有机配合。

五、多品种大批量型生产过程及其生产物流特征

（一）多品种大批量型的含义

多品种大批量型也叫大批量定制生产——Mass Customization，简称MC。是一种以大批量生产的成本和时间，提供满足客户特定需求产品和服务的新的生产物流系统。其基本思想是：将定制产品的生产，通过产品重组和过程重组转化或部分转化为大批量生产问题。对客户而言，所得到的产品是定制的、个性化的；对生产厂家而言，该产品是采用大批量生产

方式制造的成熟产品。这种生产方式目前在国外得到了较快的发展，并作为一种有效的竞争手段逐渐被企业所采纳。(★注：见案例：大规模定制："三日车"之梦戴尔模式能否应用于汽车制造)。事实上，制造的全球化和专业化分工是促使大批量定制生产在全球范围逐步实施的动力。

（二）多品种大批量型生产过程的特点

鉴于大批量定制生产的核心是在系统思想指导下，通过对企业的产品结构和制造过程重组，充分合理地使用企业内外部资源，以大批量生产的效率快速向客户提供多种定制产品，既能满足客户个性化需求而又不牺牲企业效益，所以该系统的生产过程特点是：

1. 生产方面，要增加定单生产中库存生产的比例，可以将客户订单分离点（Customer Order Decoupling Point，CODP——是指企业生产过程中由基于预测的库存生产转向响应客户需求的定制生产的转换点）尽可能向生产过程的下游移动，减少为满足客户订单中的特殊需求而在设计、制造及装配等环节中增加的各种费用。

2. 在时间维优化方面，关键是有效地推迟客户订单分离点。企业不是采用零碎的方法，而必须对其产品设计、制造和传递产品的过程和整个供应链的配置进行重新思考。通过采用这种集成的方法，企业能够以最高的效率运转，能够以最小的库存满足客户的订单要求。

3. 在空间维优化方面，关键是有效地扩大相似零件、部件和产品的优化范围，并充分识别、整理和利用这些零件、部件和产品中存在的相似性。

（三）多品种大批量型生产物流特征

按照客户不同层次的需求，可以将大批量定制生产粗略分成三种模式，即：面向订单设计（Engineering To Order，简称 ETO；面向定单制造（Making To Order，简称 MTO)；面向定单装配（Assembly To Order，简称 ATO)。可以看到，三种模式都是以定单为前提，所以生产物流特征表现在：

1. 由于要按照大批量生产模式生产出标准化的基型产品，并在此基础上按客户订单的实际要求对基型产品进行重新配置和变型，所以物料被加工成基型产品的重复度高，而对装配流水线则有更高的柔性要求，从而实现大批量生产和传统定制生产的有机结合。

2. 物料的采购、设计、加工、装配、销售等流程要满足个性化定制要求，这就促使物流必须有一坚实的基础——订单信息化、工艺过程管理计算机化与物流配送网络化。而实现这个基础包括一些关键技术支持，如现代产品设计技术（CAD、CAM）、产品数据管理技术（PDM）、产品建模技术、编码技术、产品与过程的标准化技术、面向MC的供应链管理技术、柔性制造系统等。

3. 产品设计的“可定制性”与零部件制造过程中由于“标准化、通用化、集中化”带来的“可操作性”的矛盾，往往与物料的性质与选购、生产技术手段的柔性与敏捷性有很大关联。因此，创建可定制的产品与服务非常关键。

4. 库存不再是生产物流的终结点，基于快速响应客户需求为目标的物流配送与合理化库存将真正体现出基于时间竞争的物流速度效益。单个企业物流将发展成为供应链系统物流、全球供应链系统物流。

5. 生产品种的多样性和规模化制造，要求物料的供应商、零部件的制造商以及成品的销售商之间的选择将是全球化、电子化、网络化。这会促使生产与服务紧密结合，使得基于标准服务的定制化产品和基于定制服务的产品标准化，从交货点开始就提升整个企业供应链价值。

案例　大规模定制：“三日车”之梦戴尔模式能否应用于汽车制造

——摘自：21世纪经济报道，2001年8月13日　作者：李杰

在汽车业内，处理定单的方式发生了巨大的变化。根据最近的研究，目前在欧洲定制的汽车中有19%是为顾客量身定做的，而在美国，这一比例只有7%。在一些国家，MTO定单制造的比例要高一些（不一定是量身定做）：德国有大约60%的汽车是根据直接或间接递交到工厂的订单制造的。而一项对英国的研究表明MTO制造的汽车比例从9年前的10%上升到1999年的32%。

大约有40家汽车及配件制造商设立了一个论坛，称为“国际汽车分销纲领”（ICDP），来寻求促使汽车配送和销售流畅进行的途径。ICDP设在英格兰的伯明翰附近，聚集了欧洲的实业家和学者来探讨这一领域到底在发生着什么，并研究顾客的反应以及寻求改善业绩的方法。其目的是找出以较低的成本取悦和吸引更多顾客的可行做法。ICDP组织了一次有大众、福特、通用、尼桑、本田等著名厂商参与的联合研究，被称之为“三日车”工程。其目的很明确，就是看看戴尔模式能否应用于汽车制造。研究小组由经济学家、其他行业的分销专家和一些已退休但熟知传统汽车分销的汽车公司经理组成。

该研究小组的分析显示，在一辆普通汽车长达42天的制造—送货时间内，实际的制造只花费2天，然后需要5天送货到代理商那里。其余的时间全是用来处理各类文件，以及各种配件和制造过程的安排。该报告对欧洲市场的研究发现，顾客愿意接受的送货时间为1~2个星期。在西班牙，根据菲亚特公司的泰斯特尔称，如果一个代理商不能承诺2个星期内交车，顾客就会耸耸肩然后到别处去。有一些制造商，特别是雷诺，加速了其制造及订货系统，使得顾客能在14天就得到他们所想要的汽车。如果你订一辆雷诺，你可以通过雷诺的代理商对汽车的规格、颜色、和选配件进行改动，只要在计划的送货日的14天前提出要求就可以。

ICDP的"三日车"研究组认为必然的趋势是朝着更大和更快的顾客满意度发展。但它的研究显示并非所有的顾客都想在3天内得到汽车，即使这是可行的。实际上，他们对于时间的要求差异很大。平滑需求的方法便是使用价格歧视来削平波峰，填满波谷。消费者动机研究有助于进行不同等待时间的排序，这样就不用通过大额折扣来推动产品的销售了。而这正是航空公司在卖飞机票时所采用的做法。

三日车最大的障碍是喷漆车间，在传统的汽车制造上，这是一个昂贵的瓶颈。消费者对车身颜色的改变会使得汽车商倾向于大批量生产同一颜色的汽车。这一问题的惟一出路是采用奔驰汽车公司用来制造小型梅赛德斯智能车的方法。他们在汽车的金属框架上悬挂各色的面板，如果后来顾客不再喜欢他先前选择的颜色，便可更换。其他一些公司，如菲亚特和奥迪，也对他们的一些车型采用类似的框架结构，而非焊在一起的传统单体横造的车身。

许多年来，"大规模定制"一直是制造业的梦想：真正满足顾客的个性化需求。对于汽车行业，真正的大规模定制还有一条漫漫长路要走。但是在通向它的旅途上，MTO显然具有里程碑式的意义，因为它已使得戴尔、雷诺等公司获得了巨大的成功。

第二节 不同生产模式下生产物流的管理

生产模式是一种制造哲理的体现，它支持制造业企业的发展战略，并具体表现为生产过程中管理方式的集成（包括与一定的社会生产力发展水平相适应的企业体制、经营、管理、生产组织和技术系统的形态和运作方式的总和）。生产模式不同，对生产物流管理的侧重点也不同。事实上，如果从物流角度看，正是生产物流的类型特征决定了生产模式的变迁。

回顾制造业的发展过程，企业生产模式才仅仅经历三个阶段：即作坊式手工生产（单件生产）；大批量生产（福特流水线式生产）；多品种小批量生产（精益生产），如图 5－2 所示。

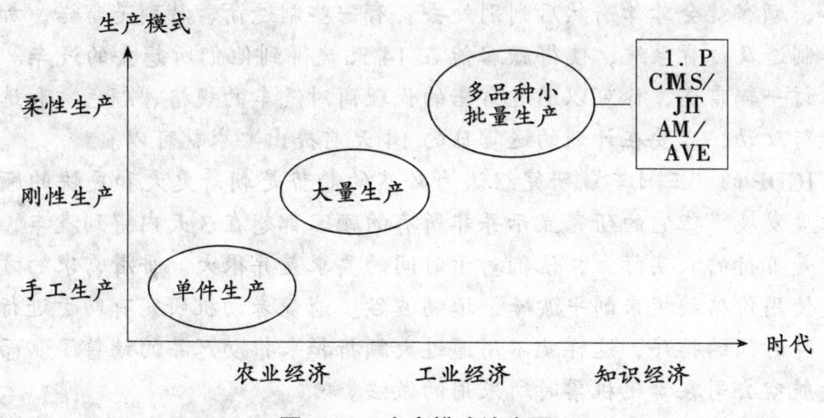

图 5－2 生产模式演变图

一、作坊式手工生产模式（Craft Production，简称 CP，也叫单件生产模式）

（一）背景

这种模式产生于 16 世纪的欧洲，随着技术的发展大致可分为三个阶段：

阶段一的特征是按每个用户的要求进行单件生产方式，即按照每个用户的要求，每件产品单独制作，产品的零部件完全没有互换性，制作产品依靠的是操作者自己高度娴熟的技艺。

阶段二是第二次社会的大分工，即手工业与农业相分离，形成了专职工匠，手工业者完全依靠制造谋生，制造工具的目的不是为了自己使用而是为了同他人交换。

阶段三是以瓦特蒸汽机的发明为标志，形成近代制造体系，但使用的是手动操作的机床。从业者在产品设计、机械加工和装配方面都有较高的技艺，大多数从学徒开始，最后成为制作整台机器的技师或作坊业主。

单件生产模式的典型是以制造汽车为生的法国巴黎 Panhard－Levassor（P&L）机床公司。

（二）管理要点

单件生产模式下的生产物流管理一般是凭借个人的劳动经验和师傅定的行规进行管理，因此个人的经验智慧和技术水平起了决定性的作用。

二、大批量生产模式（Mass Production，简称 MP）

（一）背景

这种模式产生于 19 世纪末至 20 世纪 60 年代。第一次世界大战结束后，市场对产品数量的需求剧增，以美国企业为代表的大批量生产方式逐步取代了以欧洲企业为代表的手工单件生产方式。几个美国人（泰勒、甘特、福特）在推动手工单件生产模式向大批量生产模式转化中起了重要作用。

1903 年，费雷德里克·泰勒首先研究了刀具寿命和切削速度的关系，在工厂进行时间研究，制定工序标准，于 1911 年提出了以劳动分工和计件工资制为基础的科学管理方法——《科学管理原理》，从而成为制造工程学科的奠基人。亨利·甘特用一张事先准备好的图表（甘特图）对生产过程进行计划和控制，使得管理部门可以看到计划执行的进展情况，并可以采取一切必要行动使计划能按时或在预期的许可范围内完成。

1913 年，亨利·福特认为大量的专用设备、专业化的大批量生产是降低成本、提高竞争力的主要方式。他在泰勒的单工序动作研究基础之上，提出作业单纯化原理和产品标准化原理（产品系列化，零件规格化，工厂专业化，机器、工具专业化，作业专门化等等），并进一步对如何提高整个生产过程的效率进行了研究，规定了各个工序的标准时间定额，使整个生产过程在时间上协调起来（移动装配法），最终创造性地建立起大量生产廉价的 T 型汽车的第一条专用流水线——福特汽车流水生产线（又称为“底特律式自动化”），标志着“大批量生产模式”的诞生。与此同时，全面质量管理在美国等先进的工业化国家开始尝试推广，并开始在实践中体现一定的效益。

由于这种生产模式以流水线形式生产大批量、少品种的产品，以规模效应带动劳动生产率提高和成本降低，并由此带来价格上的竞争力。因此，在当时，它代表了先进的管理思想与方法并成为各国企业效仿的目标。这一过程的完成，标志着人类实现了制造业生产模式的第一次大转换，即由单件生产模式发展成为以标准化、通用化、集中化为主要特征的大批量生产（Mass Manufacturing）模式。这种模式推动了工业化的进程和世界经济的高速发展，为社会提供了大量的物质产品，促进了市场经济的形成。

（二）管理要点

大批量生产模式下的生产物流管理是建立在科学管理的基础上的，即事先必须制定科学标准——物料消耗定额，然后编制各级生产进度计划对生产物流进行控制，并利用库存制度（库存管理模型）对物料的采购及分配过程进行相应的调节。生产中对库存控制的管理与优化是基于外界风险因素而建立的，所以强调一种风险管理，即面对生产中不确定因素（主要包括设备与供应的不确定因素），应保持适当的库存，用以缓冲各个生产环节之间的矛盾，避免风险从而保证生产连续进行。物流管理的目标在于追求物流子系统（供应物流、生产物流、销售物流）的最优化。

三、多品种小批量生产模式（也叫精益生产，Lean Production，简称LP）

（一）背景

这种模式产生于20世纪70年代。第二次世界大战结束后，虽然以大批量生产方式获利颇丰的美国汽车工业已处于发展的顶点，但是以日本丰田公司为代表的汽车业却开始酝酿一场制造史上的革命。

相对于第二次世界大战前的市场，当时环境发生了巨大变化：一方面，交通、通讯技术的发展，各国对贸易限制的减少使得市场沿地域合并，生产竞争全球化；另一方面，制造业面临一个被消费者偏好分化、变化迅速且无法预测的买方市场。表现为消费者的价值观念发生了根本的变化，需求日趋主体化、个性化和多样化。市场出现了以下几个特征：产品品种日益增多，产品成本结构发生变化（直接劳动成本降低，间接劳动成本和原材料、外购件成本增加），产品生命周期明显缩短，产品交货期缩短。企业为了赢得竞争必须按客户的不同要求进行新产品开发和生产。而传统的大量生产方式由于产品的单一化，以及因过分要求提高生产率而形成的配置企业内部资源和社会资源的刚性系统，很难适应变化迅速的市场环境而不能实现制造资源的动态优化整合等方面的原因，显示出衰落的迹象。

丰田汽车公司在考察、分析美国汽车制造业的生产模式后认为，丰田应结合自己的国情，考虑一种更能适应市场需求的生产组织策略。公司副总裁大野耐一先生指出，第一，虽然此时的先进制造技术和系统（数控、机器人、可编程序控制器、自动物料搬运装置、工厂局域网、基于成组技术的柔性制造系统等等）迅速发展，但它们只是着眼于提高制造的效率，减少生产准备时间，却忽略了可能增加的库存而带来的成本的增加。第二，造成生产率低下和增加成本的根结在于制造过程中的一切浪费。他从美国的超级市场受到启迪，形成了看板系统的构想，提出了准时生产制（Just In Time，简称 JIT），并最终形成了多品种小批量、高质量和低消耗的生产模式。而 1973 年的石油危机，给日本的汽车工业带来了前所未有的机遇，并由此拉开了丰田汽车公司与世界其他汽车制造企业的距离。与此同时，单品种、大批量的流水生产模式的弱点日渐明显，最终走向了衰落。至此，多品种小批量生产逐渐取代大批量生产。

20 世纪 80 年代美国人研究丰田生产模式后得出结论：丰田的指导思想是通过生产过程整体优化，改进技术，理顺物流，杜绝超量生产，消除无效劳动与浪费，有效利用资源，降低成本，改善质量，达到用最少的投入实现最大产出的目的，是一种真正成为制造业所瞩目的提高企业竞争力的精益生产模式。

（二）管理要点

精益生产下的生产物流管理有两种模式：推进式（Push）和拉动式（Pull）。

1. 推进式模式

(1) 原理

该模式是基于美国计算机信息技术的强大发展和美国制造业大批量生产基础上提出的 MRPⅡ（制造资源计划）技术为核心的生产物流管理模式，但它的长处却在多品种小批量生产类型的加工装配企业得到了最有效的发挥。该模式基本思想是：生产的目标应是围绕着物料转化组织制造资源，即在计算机、通讯技术控制下制定和调节产品需求预测、主生产计划、物料需求计划、能力需求计划、物料采购计划、生产成本核算等等环节。信息流往返于每道工序、车间，而生产物流要严格按照反工艺顺序确定的物料需要数量、需要时间（物料清单所表示的提前期），从前道工序“推进”到后道工序或下游车间，而不管后道工序或下游车间当时是否需要。信息流与生产物流完全分离。信息流控制的目的是要保证按生产作业计划要求按时完成物料加工任务，如图 5－3 所示。

(2) 推进式模式物流管理的特色

①在管理标准化和制度方面，重点处理突发事件。

②在管理手段上，大量运用计算机管理。

③在生产物流方式上，以零件为中心，强调严格执行计划，维持一定

量的在制品库存。

④在生产物流计划编制和控制上，以零件需求为依据，计算机编制主生产计划、物料需求计划、生产作业计划。执行中以计划为中心，工作的重点在管理部门。

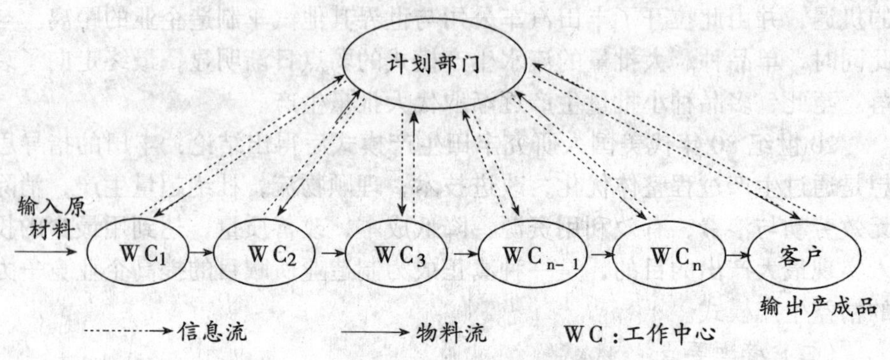

图 5-3 推进式模式下信息与物料流向图

⑤在对待在制品库存的态度上，认为“风险”是外界的必然，因此必要的库存是合理的。即：为了防止计划与实际的差异所带来的库存短缺现象，编制物料需求计划时，往往采用较大的安全库存和留有余地的固定提前期，而实际生产时间又往往低于提前期，于是不可避免的会产生在制品库存。一方面，这些安全储存量可以用于调节生产和需求之间、不同工序之间的平衡；另一方面，过高的存储也会降低物料在制造系统中的流动速度，使生产周期加长。

2．拉动式模式

(1) 原理

拉动式模式是以日本制造业提出的 JIT（准时制）技术为核心的生产物流管理模式（也称“现场一个流”生产方式，表现为物流始终处于不停滞、不堆积、不超越、按节拍地贯穿于从原材料、毛坯的投入到成品的全过程）。其基本思想是：强调物流同步管理，即第一，必要的时间将必要数量的物料送到必要的地点。理想状态是整个企业按同一节拍有比例性、节奏性、连续性和协调性，根据后道工序的需要投入和产出，不制造工序不需要的过量制品（零件、部件、组件、产品），工序件在制品向“零”

挑战。第二，必要的生产工具、工位器具要按位置摆放挂牌明示，以保持现场无杂物。第三，从最终市场需求出发，每道工序、每个车间都按照当时的需要由看板向前道工序、上游车间下达生产指令，前道工序、上游车间只生产后道工序、下游车间需要的数量。信息流与物流完全结合在一起，但信息流（生产指令）与（生产）物流方向相反。信息流控制的目的是要保证按后道工序要求准时完成物料加工任务，如图 5－4 所示。

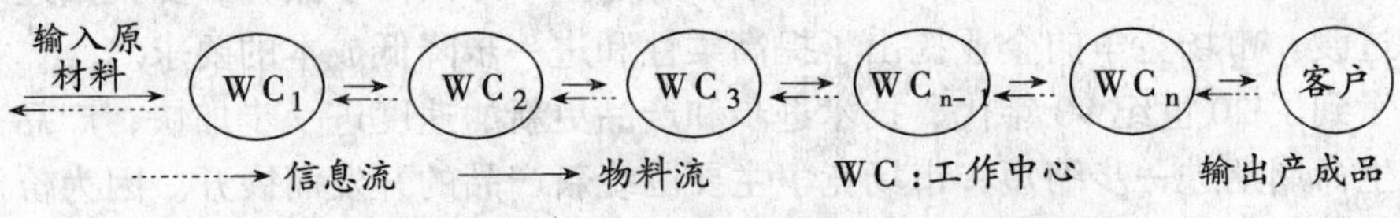

图 5－4 拉动式模式下信息与物料流向图

（2）拉动式模式物流管理特色

①在管理标准化和制度方面，重点采用标准化作业。

②在管理手段上，把计算机管理与看板管理相结合。

③在生产物流方式上，以零件为中心，要求前一道工序加工完的零件立即进入后一道工序，强调物流平衡而没有在制品库存，从而保证物流与市场需求同步。

④在生产物流计划编制和控制上，以零件为中心计算机编制物料生产计划、并运用看板系统执行和控制，以实施为中心，工作的重点在制造现场。

⑤在对待库存的态度上（与传统的大批量生产方式相比较），认为基于整个生产系统而言，"风险"不仅来自于外界的必然，更重要的是来自于内部的在制品库存。正是库存掩盖了生产系统中的各种缺陷，所以应将生产中的一切库存视为"浪费"，要"消灭一切浪费"。库存管理思想表现为：一方面强调供应对生产的保证，但另一方面强调对零库存的要求，以不断暴露生产中基本环节的矛盾并加以改进，不断降低库存以消灭库存产生的"浪费"为终极目标。

第三节 现代企业生产物流管理所面临的挑战

一、现代企业生产的环境变化

（一）来自于市场环境的变化

20 世纪 70 年代以前，构成产品的技术相对比较简单，产品的生命周期很长，市场竞争主要围绕如何提高劳动生产率进行，于是构筑在产品部件化、部件标准化及加工工序规范化、单一化的基础上的大规模刚性生产线应运而生。其特点是应用泰勒的管理思想，把工人固定在以一定节奏运动的生产线旁，从事几项简单的、极易熟练的加工工序，从而极大地提高了劳动生产率。

进入20世纪70年代中、后期，到20世纪80年代，由于越来越快的技术进步和人们对个性化产品的需求，产品生产形式向多品种、少批量逐步过渡。市场竞争向企业提出了提高柔性和进一步降低成本的要求。

到了20世纪90年代，技术进步和产品更新的速度进一步加快，产品的生命周期进一步缩短，市场竞争主要围绕新产品的开发而展开。因为价值法则显示：一个新产品的价格总是高于其他产品价格，只有不断推出有独占性技术的新产品，才能不断获取高额利润。换言之，独占性技术的竞争使得一个产品生命周期越来越短，制造技术越来越复杂，生产批量越来越少。于是，过去大批量生产的刚性生产线必然落伍。一种敏捷制造的思想成为制造业的梦想。

而21世纪以后，制造业赢得竞争的关键要特别注重以下几个方面：

1. 要显著缩短产品开发周期，加快新产品上市时间。

这一点从美国制造业策略的变化可以看出。美国制造业的策略从20世纪50年代的"规模效益第一"，经过70年代和80年代的"价格竞争第一"和"质量竞争第一"，发展到90年代的"市场速度第一"（即产品上市快、生产周期短、交货及时），时间因素被提到了首要位置。为此，企业的时间竞争能力成为核心竞争能力的基石。这要求企业的生产过程更加精良，产品开发、生产、销售、维护过程更加简化，生产工序更加简单，从而降低物流成本、提高劳动生产率。

2. 在全生命周期内的质量保证基础上，要提高柔性，以响应"瞬息万变、无法预测"的市场。

这不仅体现在要具备技术上的柔性，还要具备管理上的柔性，以及人员和组织上的柔性。为此，企业要具备综合创新能力，不仅有产品设计和生产工艺上的创新，而且还要包括制造观念的更新、组织的重构、经营的重组。目标是产品有特色、生产有柔性、竞争有策略。

3. 企业生产的组织形式将是跨地区、跨国家的虚拟公司或动态联盟，其特点是分布、并行、集成并存。

这表现在企业的分布性更强、分布范围更广，是全球范围的分布；企业生产的并行化程度更高，许多作业可以跨地区、跨部门分布式并行实施；企业间的集成化程度更高，不仅包括信息、技术的集成，而且包括管理、人员和环境的集成。Internet 国际网为虚拟公司或动态联盟的实现提供了一定的基础。

(二) 来自于计算机与信息技术环境的变化

计算机与信息技术的进步正在对制造业企业的发展产生巨大的影响。由于信息技术、网络技术为企业构筑了新的“神经系统”，所以制造业企业的发展表现出高技术化、组织结构扁平化及合作关系网络化等特征。

1. 数字计算机出现以来，与其相关的新技术不断涌现，制造业走上了自动化发展的道路。先后出现了 CAD、CAM、CAPP、CAE、CAT、CAQ、FAM 等计算机辅助技术，以及 MIS、MRPⅡ、ERP 等计算机辅助管理系统，制造过程作为一个系统，从局部集成向高度的全面集成发展，形成了 CIM 技术。网络化技术与信息技术的发展，又促进了异地设计、异地制造、并行设计的发展，自动化程度日益提高。

2. 企业从接受订货开始，信息不断地生成、传递、转化、交换及存储，信息的处理向少纸化或无纸化方向发展，从而节省了人力、物力和时间。用计算机网络作为信息载体，可以迅速地将信息直接送达有关人员，减少了中间环节，从而促进了企业结构从多层次的金字塔式向少层次的扁平化发展，极大地提高了生产效率。

3. 网络化制造作为一种新的生产模式正在被国内外所重视。网络化制造的主要涵义是：面对市场机遇，针对某一特定产品，利用以因特网 (Internet) 为标志的信息高速公路，灵活而迅速地组织社会制造资源，把分散在不同地区的现有生产设备资源、智力资源和各种核心能力，迅速地组合成一种没有围墙的、超越空间约束的、靠电子手段联系的、统一指挥的经营实体，以便快速推出高质量、低成本的新产品。

4. 通过分散网络化制造的实施，企业的组织结构将从金字塔式的多层次模式向分布式网络化的扁平模式转化，建立起联盟式的制造体系，称作网络联盟企业。它将是一种新的生产组织形式，以适应制造的全球化的发展趋势，也是实现敏捷制造的一种重要手段。

跨入 21 世纪，制造业企业面对的关键技术主要有：

(1) 集成化技术——在过去制造系统中仅强调信息的集成，这是不够的。现在更强调技术、人和管理的集成。在开发制造系统时强调“多集成”的概念，即信息集成、智能集成、串并行工作机制集成及人员集成，这更适合未来制造系统的需求。

（2）人工智能化技术——不仅要实现产品制造和流通周期（包括产品设计、制造、发货、支持、用户到产品报废等）各个环节的智能化，以及生产设备的智能化，也要实现人与制造系统的融合及人在其中智能的充分发挥。

（3）网络技术——网络技术包括硬件与软件的实现，各种通讯协议及制造自动化协议，信息通讯接口，系统操作控制策略等，是实现各种制造系统自动化的基础。

（4）分布式并行处理智能协同求解技术——该技术实现制造系统中各种问题的协同求解，获得系统的全面最优解，实现系统的最优决策。

（5）多学科多功能综合产品设计技术——机电产品的开发设计不仅用到机械科学的理论与知识（力学、材料、工艺等），而且还用到电磁学、光学、控制理论等；不仅要考虑技术因素，还必须考虑到经济、心理、环境、卫生及社会等方面因素。机电产品的开发要进行多目标全性能的优化设计，以追求机电产品的动静态特性、效率、精度、使用寿命、可靠性、制造成本与制造周期的最佳组合。研究重点是：并行工程及CAD/CAPP/CAM/CAE一体化设计技术，面向制造/装配/市场销售的并行设计技术，产品效益及风险的并行评估技术等。

（6）虚拟现实与多媒体技术——虚拟现实VB（Virtual Reality）是人造的计算机环境，使人处在这种环境中有身临其境的感觉，并强调人的介入与操作。VR技术在21世纪制造业中将有广泛的应用，可以用于培训、制造系统仿真、实现基于制造仿真的设计与制造、集成设计与制造、实现集成人的设计等，美国已于1992年借助于VR技术成功地修复了哈勃太空望远镜。多媒体技术采用多种介质来储存、表达、处理多种信息，融文字、语音、图像、动画于一体，给人一种真实感。

（7）人——机——环境系统技术——将人、机器和环境作为一个系统来研究，发挥系统的最佳效益。研究的重点是：人机环境的体系结构及集成技术，人在系统中的作用及发挥，人机柔性交互技术，人机智能接口技术，清洁制造等。

二、现代先进生产模式下的生产物流管理展望

为了确保企业拥有较强的响应市场急剧变化的能力，针对目前多品种小批量生产占主导地位的形势，一种基于柔性自动化（FA：Flexibility Automation）或可编程自动化（PA：Programmable Automation）的技术，

以计算机集成制造（CIMS：Computer - Integrated Manufacturing System），敏捷制造（AM：Agile Manufacturing），高效快速重组生产（LAF：Lean - Agile - Flexible）等系统为代表的现代先进生产模式，已成为20世纪90年代以来制造业开始变革的趋势。

（一）基于计算机集成制造系统环境下的物流管理的变革

1.CIMS简介

这是随着计算机技术在制造领域中广泛应用而产生的一种新的制造模式之一。它最初源于1974年美国人约瑟夫·哈林顿（Joseph Harrington）博士提出的当制造领域各个环节都采用了计算机系统后如何进一步集成为一个一体化系统的思想。此后，随着20世纪90年代信息技术、网络技术、控制技术、系统技术等的发展和进步，计算机集成便成为可以实现的模式。

CIMS包括：——计算机辅助设计（CAD）：有力地加速了新产品的设计与开发；

——计算机辅助编制工艺规程（CAPP）：有效地促进了工艺标准化和工艺优化；

——计算机数控技术（NC）：不仅能迅速适应产品品种的频繁变化，而且能保证极高的加工精度；

——计算机辅助编制数控程序：大大地提高了数控程序的编制质量和效率；

——物流控制技术：可靠地保证生产所需要的物料及时的运输和储存；

——计算机辅助质量控制技术：切实保障产品在生产全过程中的质量要求；

——计算机辅助生产计划和控制技术：按照订单交货期、物料需求和生产能力平衡，保证以最小库存量制定作业计划并组织均衡生产；

——柔性制造系统和柔性制造单元：在CIMS环境下，柔性制造系统和柔性制造单元是底层（设备层）的基本形式，不具备这种形式，便无法实现制造系统的计算机集成。

正是上述这些卓有成效的计算机辅助技术，使得现代多品种小批量的机械制造企业，在面对严峻的生存环境的挑战下，能够顺应买方市场千变万化的需求，及时开发并生产出不同买方所需要的各种新产品。如果没有这些现代制造技术，而仍然沿用传统的非计算机化的制造技术，那就很难设想企业将如何应付如上所说的严峻苛刻的局面。由于一些大型的世界级企业纷纷建立起CIMS，并取得了成效，因此，这种模式正在成为一些有条件（硬件、软件、组织结构大而分散）的企业学习和采用的目标。

2.CIMS环境下的物流特征

作为制造技术的支撑，生产物流应该适合于CIMS的生产运营方式，其特征如图5－5所示。

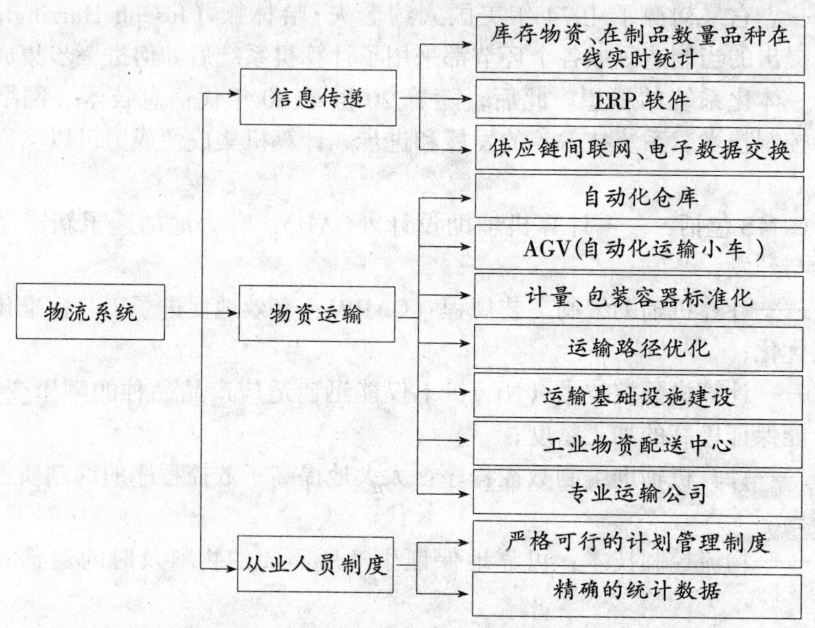

图5－5 CIMS环境下的物流特征

虽然这种模式下的物流管理被贯以可编程自动化为手段，建立起以计算机网络、营销管理与决策支持系统、库存管理系统为代表的信息技术，但实现它还需要解决企业各级人员在观念认识上的分歧，企业业务流程的重组问题，技术投资规模与风险等问题。

（1）对于企业物流运营的有关基本思想和运营方式的认识要有所改变。未来企业之间（存在着供货与收货关系的企业之间）不应该仅仅是一种卖与买的关系，还应该是一种互利互惠的合作伙伴关系。在生产供应链中的所有企业都追求精益生产的时候，也就对各个企业的合作提出了更高的要求。基于低库存量的可靠生产离不开协作供应商的良好物流配合，产品制造商对于供货的要求已从数量与价格上更多的转向了可靠、及时的服务，以此保证生产供应链的顺利连接进行。而未来企业内部的生产模式强调的是人——技术及经营的集成，而不单是信息和物流的集成。所以，从事企业物流工作的员工对于CIMS本身的目的，以及由于CIMS环境对企业业务流程重构所引起的物流技术的基本原则、方法及约束要求的变革，要有正确的认识，同时还要建立严格的计划管理制度和正确的数据信息基础。

(2) 对于企业物流运营的基础设施要进行适当的规划。物流是实实在在的物质的流动。因此，企业内外部的交通建设、运输工具、装卸工具、容器标准等基础设施的建设，应该是一个动态的物流优化规划过程。例如，高速铁路，高速公路的建设应该由政府交通部门根据物流量的变化和增减，调整运输政策，利用财政方面的政策，进行规划建设。对于各种运输方式，需要分别针对其流通路线，流通量，服务对象进行统计分析，并根据现有的数据，借助于有关的预测模型，进行预测分析，以达到整体物流系统优化的目的，而且达到技术可持续发展。对于微观技术的具体实施，应该着力推进各种包装规格、运输工具、装卸工具、集装箱体的标准化工作。以利于企业间国际合作。在具体地进行厂址的选择，车间规划与布局时，必须考虑到物流的迅捷通畅。

(3) 要加强信息集成，CIMS环境下技术共享。为了使物流适应于CIMS环境的需求，就缺少不了信息的集成和共享。通过其物流与信息流的配合，能够建立和支撑起遍及生产—供应—需求链的商务处理能力和响应。

传统的商务信息交流，通常通过信件、电报、电话、传真等进行，除了由于信息的格式不一致，信息难以集成、共享，信息不能为供货商所直接利用处理，而且对于生产方难以及时获得有关信息。而通过网络技术，企业与物料供给部门(需求链的各个参与方，包括专业的运输方)可以通过标准的数据格式，如EDI(电子数据交换)，Electronic Business(电子商务)，建立起贸易伙伴间的应用接口，从而将需求、供给信息于网络上进行发布，经由查询，匹配，优化，信息的提交与处理，可以在短时间得以完成，实现资源的节省，为生产节约成本，缩短上市时间，提高企业的竞争力。

(二) 基于互联网网络环境下的物流管理的变革

1. 互联网经济时代企业间关系的调整

近年来，随着电子数据交换、技术数据交换和互联网技术的发展，企业间及企业与顾客间开始并可能共享对方所拥有的资源，并使国家之间、企业之间的贸易经济边界逐渐消失。许多企业可以通过互联网进入其伙伴内部的信息系统。例如A公司由于其外联网延伸到主要供应商和分销商，一方面使其分销商可以在线采购本企业的产品，每年可为分销商节约采购资金，同时，A公司也可以根据分销商的销售情况安排自己的生产计划，节约自己的生产管理成本。这一实际上的变化，已使企业的管理范围不仅包括其自身资源，还要延伸到其供应商、客户甚至竞争者。所以企业间的核心问题是突破一系列观念，重塑企业间关系。

（1）工业时代企业间的关系

由于信息封闭，资源独占，企业间往往是对抗性关系。因此，企业往往会选择较多的供应商，使供应商之间形成竞争关系。另外，由于生产经营过程通常的序列化，使其管理过程一般也顺序化进行。序列化的生产经营过程使得相关人员及各环节割裂开来，每一个职能部门、环节都有其特定任务，对于其他环节或职能部门运转所需的条件缺乏正确的认识。因此，会经常出现前后环节或部门之间互相矛盾、指责的状况。

（2）网络经济时代企业间的关系

由于信息的开放，网络的便捷，企业间更需要的是相互沟通、交流，以及共用数据库等其他资源。由于普遍采用的视窗工作方式，使得工作在空间或时间上的接近不再是至关重要的问题。这样，工作可以由顺序化向并行化发展。这不仅意味着各环节、各职能部门可以同时运转，而且意味着他们之间可以方便地在设计、制造、工业工程等方面进行有效的协作，共同设计产品和工艺流程。例如，在德国大众的生产物流和采购管理系统中，只要网上发出或收到一个订单，其财会、生产计划和采购等部门就可以立即知道，他们可以根据该订单对本领域的影响立即做出反应，并进行相应的协同式工作。这种方式，可以基于统一的数据资料库，并在组织机构中建立特定的响应程序，采用项目管理的方法进行。显然，通过这种方式可以大大缩短生产周期，提高工作的协同性，提高工作效率和效益。

另外，新产品投放市场的速度成为企业竞争中取得优势的关键。每一个企业在某些方面确立自己独特的优势，培育自身的核心技术和核心能力，同其他企业共同形成一种强有力的竞争优势，成为世界级企业运作的思路。于是一种由两个以上的企业成员组成的、在有限的时间和范围内进行合作的、相互信任、相互依存的临时性组织——虚拟公司（又称为动态联盟企业）应运而生。这是一种没有围墙的、超越时空约束的、靠信息传输手段联系并统一指挥的经营实体。它面对分布在不同地区甚至不同国度的产品进行设计、开发、制造、质量保障、分配、服务等，其管理方式、方法和程序将是完全新颖的，尚有待人们去不断探索和完善。

案例　美国—俄罗斯虚拟企业网

美国—俄罗斯虚拟企业网（Russian - American Virtual Enterprise Network，RA—VEN）是美国国际制造企业研究所承担的美国国家科学基金研究项目，目的是开发一个跨国虚拟企业网的原型，使美国制造厂商能够利用俄罗斯制造业的能力。从更大的意义上讲，RA—VEN将对作为全球制造基础框架一部分的美俄虚拟企业的建立与发展起到示范作用。其特点如下：

①RA—VEN是一个动态网，美国、俄罗斯制造商为生产某种产品（往往是特殊产品），希望共享他们的核心能力而一起合作，任务完成，重新建立合作关系。

②RA—VEN也是一个在线系统，使用Internet或拨号服务方式，为联合设计/制造产品提供支持。RA - VEN的基本框架如下图所示。

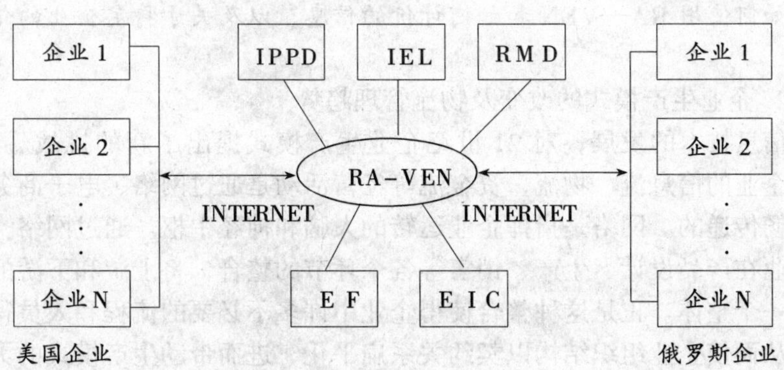

RA - VEN网上有五个功能模块，即集成的产品和工艺开发（Integrated Product & Process Development，IPPD）、集成的企业后勤（Integrated Enterprise Logistics，IEL）关系型制造数据库（Ralational Manufacturing Database，RMD）、企业论坛（Enterprise Forum，EF）和企业信息中心（Enterprise Information Center，EIC）。

五个模块的功能简述如下：

①集成的产品和工艺开发（IPPD）。IPPD 的作用是提示参与虚拟企业的公司对一系列的问题做出响应，这些问题包括制造过程涉及到的零件的几何类型、材料要求、材料处理、成本计算参数等，这将使 RA—VEN 能够决定零件应该在哪个企业制造。进而，当应答信息产生，并且产品制造出来后，RA—VEN 能够获得更多的资源，这些资源使 RA—VEN 能够为未来的成员企业进一步改善产品和工艺开发。

②集成的企业后勤（IEL）。初期的 IEL 由三部分组成，即一是企业 MRP；二是项目计划；三是 NC 接口。

③关系型制造数据库（RMB）。该数据库包括与 RA—VEN 有关的制造资源和文件，如机床、控制系统、夹具、材料、零部件、编制好的 NC 程序、接口、刀具、工艺计划和项目计划。

④企业论坛（EF）。RA—VEN 企业论坛运作方式类似于在线公告牌。EF 为客户和供应商提供了讨论与 RA—VEN 有关、与 RA—VEN 对特定企业支持有关的问题的场所。对于网络，它对优化生产还起到在线介绍中心和在线支持的作用。

⑤企业信息中心（EIC）。RA—VEN 信息中心是一个制造商可以用来查找如何使用 RA—VEN 和如何计价的信息，以及关于特定企业的信息。

2. 企业生产模式的改变及物流管理趋势

信息技术的发展，对 21 世纪企业生产模式提出了新的挑战。首先，未来企业的信息流、物流、资金流等经营活动是通过网络、电子商务来快速顺畅传递的。网络是指挥企业运转的大脑和神经中枢。通过网络，将促进企业在产品设计、生产、销售等各个环节的整合，将上游和下游的环节形成一个整体。正是这种整合使得企业中许多不必要的流程和人员得以精简，从而使企业组织结构以契约关系扁平化，进而带动生产模式的灵活多样化以及物流管理的一体化。理论上，企业的生产模式将向敏捷制造系统以及高效快速重组生产系统发展。

（1）敏捷制造（AM：Agile Manufacturing）系统

竞争要求企业能将原有的刚性生产模式改成敏捷化的，比如，企业能迅速进行重组，以对市场机遇作出敏捷反应，生产出用户所需要的产品；当发现单独不能作出敏捷反应时，能通过高速信息公路的企业工厂子网和其他企业进行合作，从组织跨企业的多功能开发组到动态联盟，来对机遇作出快速响应。基于这样的思路，由美国通用汽车公司（GM）等和里海（Leigh）大学的雅柯卡（Iacocca）研究所于1991年首次提出来的一种新的制造哲理——敏捷制造，是美国制造业在“美国21世纪制造战略报告”中的重要里程碑。

该报告强调，敏捷性（Agility）是一种能力——能使企业在无法预测、持续变化的市场环境中保持并不断提高自己的竞争能力。而实现Agility的三大要素是“集成、高速和各层工作人员的自信心和责任心”。报告认为在未来的新生产模式下，决定产品成本、产品利润和竞争能力的主要因素是开发、生产该产品所需的知识的价值而不是材料、设备或劳动力。因此，影响美国企业生存、发展的共性问题是：①由于快速变化的竞争环境使得美国企业自我调整、适应的速度跟不上；②实现重振美国制造业雄风的目标，不能依靠对现有大规模生产模式和系统的逐步改进和完善(该结论也得到200多位来自工业界、政府机构和社会各界人士的认可和赞成)，而是必须通过综合运用近年来在计算机技术基础上迅猛发展的产品制造、信息集成和通讯技术来构造一个全新的竞争系统。在这个系统中，最基本的目标是把产品生产所需的所有资源——人、资金和设备（包括企业内部的和分布在全球各地合作企业的)，通过计算机和通讯技术联系在一起进行集中管理，实现它们的优化利用。这就是以动态联盟为基础的敏捷竞争模式。

应该说敏捷制造系统是美国众多学者、企业家、政府官员在美国面临的竞争压力下，正确总结和预测经济发展客观规律的产物。其核心思想是：当市场发生变化，企业遇有特殊定购市场和产品需求时，原有的基本合作伙伴不一定能满足新产品开发生产的要求，这时，企业会组织一个由特殊定购供应商和销售渠道组成的短期或一次性供应链，形成“虚拟企业”，把供应和协作单位看成是企业的一个组成部分，运用“同步工程（SE：Simultaneous Enginering)”组织生产，用最短的时间将新产品打入市场，时刻保持产品的高质量、多样化和灵活性。

可以看到，运行并实现敏捷制造将有赖于一个跨企业、跨行业、跨地域的信息技术网络结构组织(称之为“异构分布环境下多功能小组内和多功能小组间的异地合作”,如设计、加工、物流供应等等)。其重要工具是一个支持集成化产品过程设计的设计模型和工作流控制系统。它包含了如集成化产品的数据模型定义和过程模型定义；包含了产品开发过程中的产品数据管理(版本控制)、动态资源管理和开发过程管理(工作流管理)；包含了必要的安全措施和分布系统的集中管理等等。它涉及到以下相关技术：

——先进的现代化企业管理技术；

——并行工程及其支撑技术；

——拟实制造技术；

——分布对象（CORBA）和代理（Agent）技术；

——面向企业商务运行的企业资源计划、管理的技术；

——工作流及其管理技术；

——电子数据交换（EDI）技术；

——电子商务及其相关技术；

——企业集成框架技术；

——相关标准化技术。

这种模式下的生产物流管理要解决的主要问题就是要加快产品的制造过程，其目的就是要使产品更快地推向市场，使企业具有更好的响应市场变化的能力，因此必然更注重企业之间的供应链管理系统，靠建立在电子商务平台上的迅速重构以支持动态联盟的系统工作和资源优化为目标，对各个企业的资源进行统一的管理和调度。另外，为更大地提高企业的敏捷性，必须提高企业各个活动环节（供应、生产、销售、服务）的敏捷性——即敏捷的人用敏捷的设备，通过敏捷的物流过程制造敏捷的产品。该模式已成为目前世界制造业企业物流规划的热点。

(2) 高效快速重组生产系统（LAF：Lean Agile Flexible）

这是中国学者于 1995 年提出的一种新的基于大批量生产模式、精益生产模式、柔性制造系统基础上的集成生产模式。其基本思想的出发点是：基于有效地利用大批量生产方式，解决单件小批量生产，特别是如何基于相同生产流程和变型的零、部件库，从刚性生产设施制造出各具特色的符合不同用户要求的产品，实现制造低成本个性化和制成品客户化。这种模式与美国人的“大批量定制”生产模式的出发点是一致的。

该模式认为，基于时间的制造战略目标的努力应在多个方面展开，所依赖的手段应建立在以创新为主、投资与创新并用的基础之上。其基本特征可以归纳为以下五个方面：

①高效快速重组生产系统本身是一个变动和发展的概念

与最先进的制造技术相比，在初始阶段，所使用的制造技术水平较低，组织资源和人力资源的开发亦不充分，资源集成的效果不很理想。随着学习与实践，企业资源的质量逐渐提高，资金与经验的积累使采用更先进一些的技术与装备成为可能，资源集成的手段也得以增强，高效快速重组生产系统就发展到了一个新的较高阶段。

②强调组织创新和人员积极性的发挥

制造资源的有效集成比仅依靠先进制造（硬）技术更重要，而制造资源的有效集成是通过组织创新和发挥人的积极性来实现的。

③全面吸收各家之长

如以柔性和速度响应市场变化的指导思想，柔性制造和精益生产中的生产调度和计划安排，精益生产的“消灭一切浪费”和“不断改善”的思想，全面质量管理和准时制生产管理方法以及对员工的各种激励措施，敏捷制造的资源集成的思想、虚拟公司的组成形式、工作团队的作业组织、基于作业的管理（ABM）和基于作业的成本计算（ABC）等具体做法。

④适度松动对制造（硬）技术先进性的苛求

柔性制造依赖昂贵的柔性制造设备，精益生产也强调机器人的大规模使用，敏捷制造则建立在国家范围的工业制造信息网络之上。高效快速重组生产系统综合权衡先进性、可实现性和经济性的要求，根据市场机遇的性质，选择先进适用的制造技术，且致力它与组织和人员的有效集成，以总体效果的优越来弥补尚不能采用最先进的制造技术的不足。

⑤适合中国国情且经努力能尽早实施

适度松动对制造（硬）技术先进性的要求，使得中国的企业在严重的投资制约下有了伸展的余地，而组织的创新和人的积极性的发挥则完全取决于业界的努力。

可以看出，LAF系统是一种集技术、管理和人力资源于一身，相互协调依存的系统。它试图通过较小规模、模块式的生产设施，以及形成新的生产能力的各企业间相互协调的组织形式来实现大规模、综合性的工程项目。因此，这种模式下的生产物流管理是基于企业组织环境变化的基础上的，它强调生产物流的速度、灵活反应能力，为此需要创建一个不仅要快速获得新的技术，更重要的是技术必须与能够充分利用知识、创造力及有利于形成企业人力资源的组织框架等三者融为一体的物流组织环境。在这种组织环境中，第一，由于是基于订单而组织生产，产品的质量观体现在生产物流的方方面面。第二，采购、生产、销售物流一体化所形成的供应链，将使得竞争与合作变得互相兼容。从而使企业在竞争压力日益增大的环境中分担成本和风险。第三，着眼于战略层次，强调长期的财务绩效的目标，使得高度柔性的生产设备，只是一种必要条件而非充分条件。

第六章 企业生产物流的计划与控制

在生产物流的计划与控制中，计划的对象是物料，计划执行的结果要通过对物料的监控来考核。对生产物流进行计划就是根据计划期内规定的出产产品的品种、数量、期限，具体安排物料在各工艺阶段的生产进度，并使各环节上的在制品的结构、数量和时间相协调。而对生产物流进行控制则主要体现在物流（量）进度控制和在制品管理两方面。

鉴于多品种中小批量生产类型正成为现代加工装配型企业的发展趋势，本章就该类企业组织生产物流的三种典型方式的做法，给予总结对比。

第一节 以 MRP、MRPⅡ、ERP 原理为指导的生产物流运营方式

任何一种物料都是由于某种需要而存在。一种物料的消耗量受另一种物料的需求量的制约，购进原材料是为了加工成零件，而生产零件又是为了装配成产品。从大范围来讲，一个企业的产品，可能是另一个企业的原料，这种相关需求不但有品种、规格、性能、质量和数量的要求，而且有时间的要求。在不需要某种物料的时刻，要避免或减少过早地保留库存；相反，在真正需要的时刻，又必须有足够的库存满足需求。这就是以物料为中心的 MRP 系统计划与控制生产物流的基本出发点，体现了为顾客服务、按需定产的宗旨（而以设备为中心的组织生产物流的模式则是体现以产定销的思想）。

一、MRP（Material Requiring Planning——物料需求计划）的产生及原理

1. MRP 的产生

早在 20 世纪 50 年代末，国外的企业就已经开始应用计算机辅助生产管理。早期的计算机辅助生产管理主要侧重物料库存计划管理，且多采用订货点法（根据历史的生产和库存记录来推测未来生产需求）。显然，由于它没有按照各种物料真正需要的时间来确定订货与生产日期，往往造成

库存积压，难以适应物料需求随时间变化的情况。对于一个制造企业，一种产品往往是由多种部件组装而成，每种部件又是由多种零部件和材料制造而成。这样产品和零部件及材料用品之间就构成相互依赖的连动需求关系，因此必须把企业产品中的各种物料分为独立物料和相关物料，将这种需求关系纳入计算机系统并按时间段确定不同时期的物料需求，从而解决库存物料订货与组织生产问题。围绕所要生产的产品，如何在正确的时间、正确的地点、按照规定的数量得到真正需要的物料？解决这一问题就是物料需求计划 MRP 产生的动力。20 世纪 60 年代中期，美国 IBM 公司率先提出了物料需求计划 MRP 的生产管理模式，并在 20 世纪 70 年代得到不断完善。

2.MRP 基本原理

MRP 按照基于产品结构的物料需求组织生产，根据产品完工日期和产品结构规定生产计划；即根据产品结构的层次从属关系，以产品零件为计划对象，以完工日期为计划基准倒排计划，按各种零件与部件的生产周期反推出它们的生产与投入时间和数量，按提前期长短区别各个物料下达订单的优先级，从而保证在生产需要时所有物料都能配套齐备，不到需要的时刻不要过早积压，达到减少库存量和减少占用资金的目的。

按照 MRP 的基本原理，企业从原材料采购到产品销售，从自制零件的加工到外协零件的供应，从工具和工艺的准备到设备的维修，从人员的安排到资金的筹措与运用等，都要围绕 MRP 进行，从而形成一整套新的生产管理方法体系。

3.MRP 与传统的存货管理比较，具有如下特点：

(1) 传统的存货管理用单项确定的办法解决生产中的物料联动需求，难免相互脱节，同时采取人工处理，工作量大。而 MRP 系统用规划联动需求，使各项物料相互依存，相互衔接，使需求计划更加客观可靠，也大大减少计划的工作量。

(2) 实施 MRP 要求企业制定详细、可靠的主生产计划，提供可靠的存货记录，迫使企业分析生产能力和对各项工作的检查，把计划工作做得更细。MRP 系统提供的物料需求计划又是企业编制现金需求计划的依据。

(3) 当企业的主生产计划发生变化，MRP 系统将根据主生产计划的最新数据进行调整。及时提供物料联动需求和存货计划，企业可以据此安排相关工作采取必要措施。

(4) 在 MRP 环境下，可以做到在降低库存成本、减少库存资金占用的同时，保证物料按计划流动，保证生产过程中的物料需求及生产的正常运行，从而使产品满足用户和市场的需求。

4. MRP 系统的基本逻辑流程

从物流的角度，MRP 实际上反映了一种物料流向的运作方式。

MRP 系统的基本逻辑流程内容，如图 6－1 所示。

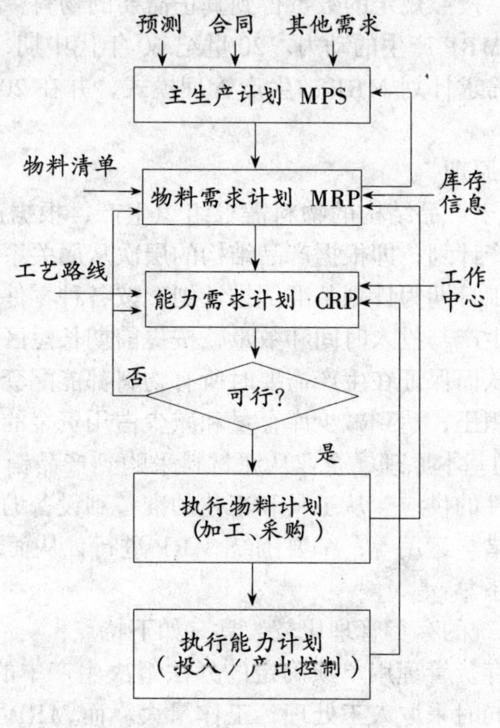

图 6－1

该系统主要包括：主生产计划 MPS、物料需求计划 MRP、能力需求计划 CRP、执行物料计划和执行能力计划等部分。生产物流的计划与控制就是在基于 MPS 的驱动下，围绕 MRP，由 BOM 表与库存信息等基本数据进行的。

该系统分为生产计划与计划执行控制两大部分。

（1）计划部分：首先根据订货合同、市场预测及其他生产需求确定总的产品出产计划，并制定一个针对产品或独立需求型半成品的现实可行的主生产计划 MPS。它是展开物料需求计划与能力需求计划的主要依据和驱动要素，决定着 MRP 系统的现实性与有效性。考虑的因素有：市场对产品的需求、总的生产提前期（Lead Time）和库存情况；其次则根据 MPS 计划、产品结构及物料清单 BOM 表、库存信息等将生产计划进行展开与细化，编制以相关需求型物料（基本零部件）为对象的物料需求计划 MRP，提出每一项加工件与采购件的建议计划，如加工件的开工日期与完成日期、采购件的订货日期与入库日期等等。第三，根据 MRP、工作中心、工艺路线等对企业的生产能力进行详细计划，即编制能力需求计划 CRP 以保证 MRP 的可执行性。一般地，MRP 与 CRP 要进行反复调整，使计划可行；当 MRP/CRP 反复运算调整仍无法解决矛盾时，要修改主生产计划 MPS。只有经过 MRP/CRP 运行落实后，才能将生产计划下达给执行层。

(2) 计划执行控制部分：主要包括执行物料计划（又分为加工与采购两部分）和执行能力计划。执行 MRP 计划主要采用调度单或派工单来控制加工的优先级，采用请购单或采购单控制采购的优先级。加工控制一般由车间作业控制功能完成；采购控制一般由采购供应部门完成。执行能力计划时用投入和产出的工时量控制能力和物流。执行控制层可以把生产计划的执行信息及时反馈给计划层，从而形成了完整的闭环 MRP 的生产计划与控制系统。闭环 MRP 系统实现了规范化管理，并把生产计划的稳定性、灵活性与适应性统一起来，大大提高了企业生产的整体效率与物料合理利用率，也提高了企业对于外部市场环境的适应能力。

二、MRPⅡ（Manufacturing Resources Planning——制造资源计划）的产生及原理

1. MRPⅡ产生

这是由美国著名生产管理专家奥利夫怀特（Oliver Wight）在 1977 年提出来的，对制造企业全部资源进行系统综合计划的一种方法。由于它与 MRP 有着同样的字母缩写，同时又是在 MRP 的基础上发展起来的，为了有所区别，所以在 MRP 后加上一个罗马数字Ⅱ。

2. MRPⅡ原理

MRPⅡ的基本思想是把 MRP 同所有其他与生产经营活动直接相关的工作和资源，以及财务计划连成一个整体，实现企业管理的系统化。从系统来看，MRPⅡ是一个闭环系统，一方面，它不单纯考虑 MRP，还将与之有关的能力需求计划、车间生产作业计划和采购计划等方面考虑进去，

使整个问题形成“闭环”；另一方面，从控制论的观点，计划制定与实施之后，需要不断根据企业的内外环境变化提供的信息反馈，适时做出调整，从而使整个系统处于动态的优化之中。所以，它实质上是一个面向企业内部信息集成及计算机化的信息系统，即将企业的经营计划，销售计划，生产计划，主生产计划，物料需求计划和生产能力计划，现金流动计划，以及物料需求和生产能力需求计划的实施执行等通过计算机有机地结合起来，形成一个由企业各功能子系统有机结合的一体化信息系统，使各子系统在统一的数据环境下运行。这样通过计算机模拟功能，系统输出按实物量表述的业务活动计划和以货币表述的财务报表集成，从而实现物流与现金流的统一。

3.MRPⅡ特点

MRPⅡ最大的特点就是它运用管理会计的概念，用货币形式说明了执行企业“物料计划”带来的效益，实现物料信息同资金信息集成。即：把传统的账务处理同发生账务的事务结合起来，不仅说明账务的资金现状，而且追溯资金的来龙去脉。例如将体现债务债权关系的应付账、应收账同采购业务和销售业务集成起来、同供应商或客户的业绩或信誉集成起来、同销售和生产计划集成起来等，按照物料位置、数量或价值变化，定义“事务处理（Transaction)”，使与生产相关的财务信息直接由生产活动生成。在定义事务处理相关的会计科目之间，按设定的借贷关系，自动转账登录，保证了“资金流（财务账)”同“物流（实物账)”的同步和一致，改变了资金信息滞后于物料信息的状况，便于实时做出决策。

三、ERP（Enterprise Resources Plannin ——企业资源计划）的产生及思想

1.ERP的产生

ERP是由美国加特纳公司（Gartner Group Inc.）在20世纪90年代初首先提出的。其核心管理思想是供应链管理。即在MRPⅡ的基础上通过前馈的物流与反馈的信息流和资金流，把客户需求和企业内部的生产活动以及供应商的制造资源整和在一起，体现完全按用户需求制造的一种供应链管理思想的功能网络结构模式。它强调通过企业间的合作，强调对市场需求快速反应、高度柔性的战略管理以及降低风险成本、实现高收益目标等优势，从集成化的角度管理供应链问题。

2.ERP的特征

ERP的特征，概括起来主要体现在以下三个方面：

(1) ERP是一个面向供需链管理（Supply Chain Management）的管理信息集成。ERP除了传统MRPⅡ系统的制造、供销、财务功能外，在功能上还增加了：

——支持物料流通体系的运输管理、仓库管理（供需链上供、产、需各个环节之间都有运输和仓储的管理问题）；

——支持在线分析处理（On line Analytical Processing，OLAP）、售后服务及质量反馈，实时准确地掌握市场需求的脉搏；

——支持生产保障体系的质量管理、实验室管理、设备维修和备品备件管理；

——支持跨国经营的多国家地区、多工厂、多语种、多币制需求；

——支持多种生产类型或混合型制造企业，汇合了离散型生产、流水作业生产和流程型生产的特点；

——支持远程通信、Web/Internet/Intranet/Extranet、电子商务（E-commerce、E-business）、电子数据交换（EDI）；

——支持工作流（业务流程）动态模型变化与信息处理程序命令的集成。

(2) ERP采用了网络通信技术。ERP系统除了已经普遍采用的诸如图形用户界面技术（GUI）、SQL结构化查询语言、关系数据库管理系统（RDBMS）、面向对象技术（OOT）、第四代语言/计算机辅助软件工程、客户机/服务器和分布式数据处理系统等技术之外，还要实现更为开放的不同平台互操作，采用适用于网络技术的编程软件，加强了用户自定义的灵活性和可配置性功能，以适应不同行业用户的需要。

(3) ERP系统同企业业务流程重组（BPR：Business Process Reengineering）是密切相关的。企业业务流程重组是为适应由信息技术的发展所带来的业务量增加，信息量敏捷通畅，企业必须进行信息的实时处理，及时决策而进行的一项包括业务流程、信息流程和组织机构的变革。（这个变革，已不限于企业内部，而是把供需链上的供需双方合作伙伴包罗进来，系统考虑整个供需链的业务流程和组织机构的重组）。ERP系统应用程序使用的技术和操作必须能够随着企业业务流程的变化而相应地调整。只有这样，才能把传统MRPⅡ系统对环境变化的“应变性（Active）”上升为ERP系统通过网络信息对内外环境变化的“能动性（Proactive）”。

3.ERP与MRPⅡ的区别

根据ERP的核心管理思想——实现对整个供应链的有效管理，以及其应用领域，可以总结出 ERP 与 MRPⅡ的主要区别所在，表现在六个方面：

（1）在资源管理范围方面——MRPⅡ侧重对企业内部人、财、物等资源的管理，ERP 系统提出了供应链的概念（Supply Chain，在此链上有 5 种基本的"流"：物流、资金流、信息流、增值流、工作流在流动），即把客户需求和企业内部的制造活动以及供应商的制造资源整合在一起，并对供应链上的所有环节进行有效管理，这些环节包括订单、采购、库存、计划、生产制造、质量控制、运输、分销、服务与维护、财务管理、人事管理、实验室管理、项目管理、配方管理等。

（2）在生产方式管理方面——MRPⅡ系统把企业归类为几种典型的生产方式来进行管理，如重复制造、批量生产、按订单生产、按订单装配、按库存生产等，针对每一种类型都有一套管理标准。而 ERP 则能很好地支持和管理多品种小批量生产以及看板式生产混合型制造环境，体现了精益生产、敏捷制造的思想，满足了企业多元化经营的需求。

（3）在管理功能方面——ERP 除了 MRPⅡ系统的制造、分销、财务管理功能外，还增加了支持整个供应链上物料流通体系中供、产、需各个环节之间的运输管理和仓库管理；支持生产保障体系的质量管理、实验室管理、设备维修和备品备件管理；支持对工作流（业务处理流程）的管理。

（4）在事务处理控制方面——MRPⅡ是通过计划的及时滚动来控制整个生产过程，相对而言它的实时性较差，一般只有实现事中控制。而 ERP 系统支持在线分析处理 OLAP（Online Analytical Processing）、售后服务及质量反馈，强调企业的事前控制能力，它可以将设计、制造、销售、运输等通过集成来并行地进行各种相关的作业，为企业提供了对质量、适应变化、客户满意、效绩等关键问题的实时分析能力。此外，在 MRPⅡ中，财务系统只是一个信息的归结者，它的功能是将供、产、销中的数量信息转变为价值信息，是物流的价值反映。而 ERP 系统则将财务计划功能和价值控制功能集成到整个供应链上，如在生产计划系统中，除了保留原有的主生产计划、物料需求计划和能力计划外还扩展了销售执行计划和利润计划。

（5）在跨国（或地区）经营事务处理方面——现代企业的发展，使得企业内部各个组织单元之间、企业与外部的业务单元之间的协调变得越来越多和越来越重要，ERP 系统运用完善的组织架构，从而可以支持跨国经营的多国家地区、多工厂、多语种、多币制应用需求。

(6) 在计算机信息处理技术方面——随着 IT 技术的飞速发展，网络通信技术的应用，使得 ERP 系统得以实现对整个供应链信息进行集成管理。ERP 系统采用客户/服务器（C/S）体系结构和分布式数据处理技术，支持 Internet/Intranet/Extranet、电子商务（E-businces，E-commerce）、电子数据交换 EDI，此外，还能实现在不同平台上的互操作。

从 MRP 到 MRPⅡ的发展历史中我们可以看出，制造业企业系统观念的发展基本上是沿着两个方向延伸：一是资源概念内涵的不断扩大；二是企业计划闭环的形成。它在发展的同时没有摆脱两个局限，即资源仅仅局限于企业内部和决策的结构化的倾向明显。而 ERP 的发展已经突破了这些局限。从计划的范围来讲，首先，ERP 的计划已经不局限在企业内部，而是把供需链内的供应商等外部资源也看做是受控对象被集成起来；其次，ERP 将时间作为一项关键的技术来考虑，使企业在传统的功能方面向实时化方向推进了一大步；再有，DSS（决策支持系统）被看做是 ERP 中不可缺少的一部分，而使 ERP 能够解决半结构化和非结构化的问题。由此看来，ERP 的诞生可以看成是管理技术的一大进步。随着信息技术和现代管理思想的发展，ERP 的内容还会不断扩展。

回顾上述三种原理为指导的生产物流运作方式，可以看到，MRP 是在产品结构的基础上，运用网络计划原理，根据产品结构各层次物料的从属和数量关系，以每个物料为计划对象，以完工日期为时间基准倒排计划，按提前期长短区别各个物料，下达计划时间的先后顺序。它不仅说明了供需之间品种和数量关系，而且说明了供需之间的时间关系。MRPⅡ是在 MRP 基础上考虑了所有其他与生产经营活动直接相关的工作和资源（如财务计划），把物料流动和资金流动结合起来，形成一个完整的经营生产信息系统，即人力、物料、设备、能源、资金、空间和时间等各种资源以“信息”的形式表现，并通过信息集成，对企业有限的各种制造资源进行有效的计划，合理运用，以提高企业的竞争力，实现企业管理的系统化。而 ERP 又是在 MRPⅡ的基础上通过前馈的物流与反馈的信息流和资金流，把客户需求和企业内部的生产活动以及供应商的制造资源整合在一起，形成了一种完全按用户需求制造的供应链管理思想的功能网络结构模式。它强调通过企业间的合作，强调对市场需求快速反应、高度柔性的战略管理以及降低风险成本、实现高收益目标等优势，从集成化的角度管理供应链问题。

另外，三种原理的提出也体现出不同时期人们对生产物流的认知和发展，归纳起来是基于一种“推”动生产物流的物流管理理念，即从构成一个产品的所有物料出发，通过产品结构，一级一级的制定不同阶段的物料需求计划 MRP，在实践中不断完善、扩大运用范围，从一个企业的生产物流最终发展到互相有上下物料供应关系的企业之间的生产物流在计划与控制手段上的不断发展和完善，这也反映出生产物流的计划与控制与采购物流、销售物流的计划与控制息息相关。

第二节 以 JIT 思想为宗旨的生产物流运营方式

任何一种产品从开始加工、装配到成品都要消耗一定的时间。通过比较下面两个关于生产物流的公式，就产生出以 JIT 为宗旨的物流运作方式。

公式①：产品生产总时间 = 加工时间 + 物料整理时间 + 运送时间 + 等待时间 + 检验时间

公式②：产品生产总时间 = 增值时间 + 非增值时间（增值时间等于生产过程对产品的操作时间，非增值时间为储存、等待、运送和检验等时间）

按公式一对企业进行调查,发现大多数企业的产品生产加工时间不足总时间的 10%,其余时间均为运送、检验和等待时间等非生产时间,由此而产生的储存、保管、运送、损毁等浪费十分严重。按公式二,就可发现非增值时间不增加价值,纯属浪费。如果每个生产工序只考虑自己,不考虑下一道工序需要什么,什么时候需要和需要多少,那么一定会多生产或少生产,不是提前生产就是滞后生产,甚至生产出次品或废品,这种浪费必然降低生产的效率和效益,所以,必须对生产物流系统进行改进,不断消除非增值时间所产生的一切浪费,使生产周期等于对产品必要加工的增值时间。这就是以 JIT(Just - In - Time)为宗旨对生产物流进行控制的出发点。

一、JIT（JIT：Just In Time ——准时生产、即时配送）的产生

在 20 世纪后半期，石油危机迫使整个汽车市场进入了一个市场需求多样化的新阶段，而且对质量的要求也越来越高。制造业面临的问题是，如何有效地组织多品种小批量生产，否则的话，生产过剩所引起的不仅仅只是设备、人员、库存费用等一系列的浪费，而是影响到企业的竞争能力以至于生存。在这种历史背景下，1953 年，日本丰田公司考虑到当时日本国内市场环境、劳动力以及第二次世界大战之后资金短缺等原因，综合

了单件生产和批量生产的特点和优点，创造了一种在多品种小批量混合生产条件下高质量、低消耗的生产方式即准时生产，即时配送（Just In Time)。表述为："只在需要的时候，按需要的量，生产所需的产品"，也就是追求一种无库存，或库存达到最小的生产物流系统。

二、JIT 的基本内容及其特点

一般来说，制造系统中的物流方向是从零件到组装再到总装。而 JIT 方式却主张从反方向来看物流，即从装配到组装再到零件。当后一道工序需要运行时，才到前一道工序去拿取正好所需要的那些坯件或零、部件。同时下达下一段时间的需求量，这就是 JIT 的基本思想——适时、适量、适度（指质量而言）生产。

（一）JIT 的目标

对于整个系统的总装线来说，JIT 的目标是彻底消除无效劳动和浪费，具体包括：①废品量最低（零废品）——IT 要求消除各种引起不合理的原因，在加工过程中每一工序都要求达到最好水平。②库存量最低（零库存）——JIT 认为，库存是生产系统设计不合理、生产过程不协调、生产操作不良的证明。③准备时间最短（零准备时间）——准备时间长短与批量选择相联系，如果准备时间趋于零，准备成本也趋于零，就有可能采用极小批量。④生产提前期最短——短的生产提前期与小批量相结合的系统，应变能力强，柔性好。⑤减少零件搬运，搬运量低——零件送进搬运是非增值操作，如果能使零件和装配件运送量减小，搬运次数减少，可以节约装配时间，减少装配中可能出现的问题。⑥机器损坏低；⑦批量小。

为了达到上述目标，JIT 要求：①整个生产均衡化——人为的、平均的按照加工时间、数量、品种进行合理的搭配和排序，使生产物流在各作业之间、生产线之间、工序之间、工厂之间平衡、均衡地流动。为达到均衡化，在品种和数量上应组织混流加工，并尽量采用成组技术与流程式生产。②尽量采用对象专业化布局，用以减少排队时间、运输时间和准备时间——在工厂一级采用基于对象专业化布局，以使各批工件能在各操作间和工作间顺利流动，减少通过时间；在流水线和工作中心一级采用微观对象专业化布局和 JIT 工作中心布局，可以减少通过时间。③从根源上强调全面质量管理——目标是从消除各环节的不合格品到消除可能引起不合格品的根源，并设法解决问题。④通过产品的合理设计，使产品与市场需求相一致，并且易生产，易装配——如模块化设计；设计的产品尽量使用通用件，标准件；设计时应考虑易实现生产自动化。

（二）JIT 系统的特点

1. 多数传统的生产与库存管理系统（如 MRP 或订货点法）在操作时都是静态系统，在这些系统中，第一，管理重点放在实现各个模块的操作标准上，同时严格地进行控制，以避免与标准产生任何偏差，如果满足了各种变量的设定值（如提前期、标准工作时间、返工率及废品率、搬运时间及成本等），那么系统就认为是成功的。第二，不强调对系统的业绩进行改进，因而是“消极”系统（Passive System）。但是，JIT 是一种积极的和动态的系统，它强调在批量、准备时间、提前期、废品率、成本及质量方面的持续进取，全面地对整个生产过程进行分析，消除一切浪费，减少不必要的操作，降低库存，减少工件等待和移动的时间，对于问题采取事前预防而不是事后检查。该系统没有必须达到的标准，所有的业绩都是前进的过程而不是终点。

2. JIT 系统是拉动方式——以看板管理为手段，采用“取料制”即后道工序根据“市场”需要的产品品种、数量、时间和质量进行生产，一环一环地“拉动”各个前道工序，对本工序在制品短缺的量从前道工序取相同的在制品量，从而消除生产过程中的一切松弛点，实现产品“无多余库存”以至“零库存”，最大限度地提高生产过程的有效性。这种拉动方式有助于在工序间实现前一工序的操作是把下一工序作为顾客来对待，下一工序是用客户的眼光来检查上一道工序传来的零件，而这恰恰是实行全面质量管理过程的有效前提。

3. JIT 采用强制性方法解决生产中存在的不足。由于库存已降低到最低状态，生产无法容忍任何中断，所以，整个生产过程必须精心组织安排，避免任何可能出现的问题。传统的 MRP 系统没有这种解决问题的机制，因为库存的存在，不仅可以把许多问题隐藏起来，而且还会使生产费用的大幅度增长。

三、JIT 方式的技术体系构造

其具体如图 6－2 所示。

准时生产、即时配送（JIT）的提出，是日本丰田汽车公司对生产物流进行控制的一种创新方法。（图 6－2 所示）其目标是降低成本，减少产品提前期并提高质量；其核心是及时物流的思想。即在一个物流系统中，原材料准确（适量）无误（及时）地提供给加工单元（或加工线），零部件准确无误地提供给装配线；其实现及时物流的手段是“看板”管理。从

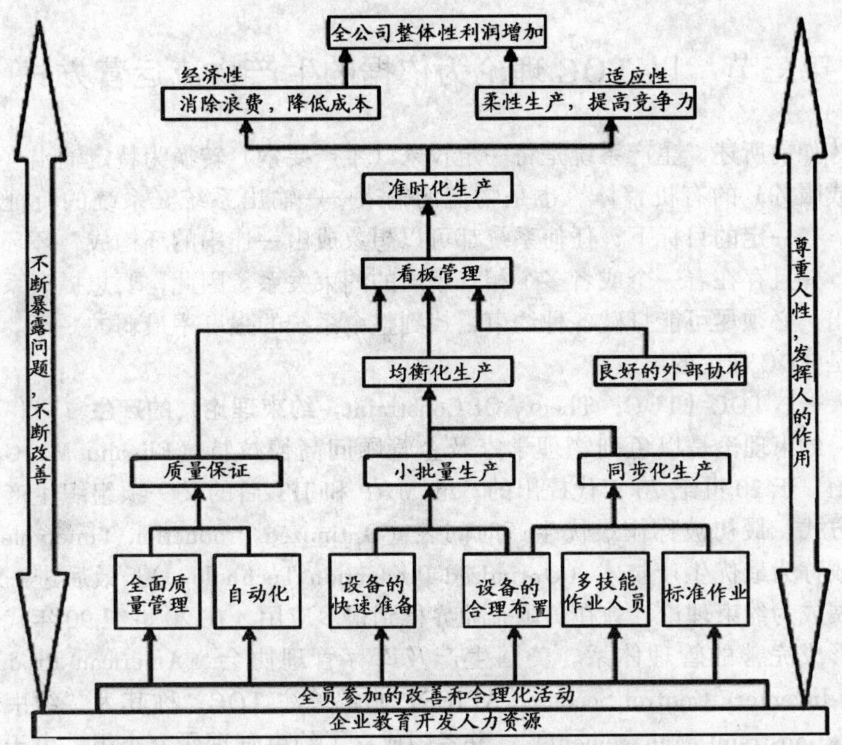

图 6－2　本田准时化生产方式的技术体系构造

本质上看 JIT 是基于“拉”动的生产物流的物流管理理念，即它从订货需求出发，根据市场需求确定应该生产的品种和数量，最终工序（组装厂）要求其前的各专业工厂之间、工厂内的各道工序之间以及委托零部件生产厂到组装厂的零部件供应，必须在指定时间高质量完成（供货时免除数量和质量的检验），严格管理供货时间误差（如规定在 30 分钟以内，零部件的库存时间只需 4～8 小时），以保证在需要的时候，按需要的量，生产所需的产品。

以 JIT 思想为宗旨的生产物流运作方式，不仅是对一个企业的生产物流及时性的要求，它同样涉及到与之有关的物料供应企业的生产物流能否及时到位的问题。所以只有保证了采购物流、销售物流的 JIT 方式，才能真正保证生产物流的 JIT。这又一次反映出生产物流的计划与控制与采购物流、销售物流的计划与控制息息相关。

第三节 以 TOC 理论为依据的生产物流运营方式

如前所述，生产系统是将一定投入（生产要素）转换为特定输出（产品或服务）的有机整体。也是物流的输入——输出系统。系统的特征表明：在一定的目标下，任何系统都可以想象成由一连串的环构成，环环相扣，并且存在着一个或者多个相互矛盾的约束关系。因此，要想提高系统产出，必须尽可能打破各种约束，找到整个系统的强度中最弱的一环。这就是 TOC 理论的出发点。

一、TOC（TOC：Theory Of Constraint，约束理论）的产生

约束理论是以色列物理学家及企管顾问高德拉特（Eliyahu M. Goldratt）于 20 世纪 70 年代提出的，继 MRP 和 JIT 后的又一项组织生产的新方式。最初被称作最优生产时间表（Optimized Production Timetable），后改称为最优生产技术（Optimized Production Technology）。最后进一步发展成为约束理论，并在美国企业界得到很多应用，在 20 世纪 90 年代逐渐形成完善的管理体系。美国生产及库存管理协会（American Product and Inventory Control Society，APICS）非常关注 TOC，称其为“约束管理（Constraint Management）”，并专门成立了约束管理研究小组。由于是一种持续改善、解决“瓶颈约束资源”的管理哲学，该理论目前不仅已应用到包括航天工业、汽车制造、半导体、钢铁、纺织、电子、机械五金、食品等盈利行业。还应用于学校、医院、财团法人、政府机构等非盈利的机构。TOC 也应用到分销（Distribution）、供应链（Supply Chain）、项目管理等其他领域，且获得很好的成效。

二、TOC 的基本思想及核心内容

约束理论把企业看做是一个完整的系统，认为任何一种体制至少都会有一个约束因素。犹如一条链子，是链条中最虚弱的那环决定着整个链条的作用一样，正是各种各样的制约（瓶颈）因素限制了企业出产产品的数量和利润的增长。因此，基于企业在实现其目标的过程中现存的或潜伏的制约因素，通过逐个识别和消除这些约束，使得企业的改进方向和改进策略明确化，从而更有效地实现其“有效产出”目标才是最关键的。

为了达到这个目标，约束理论强调，首先在能力管理和现场作业管理方面寻找约束因素。(约束是多方面的，有市场、物料、能力、工作流程、资金、管理体制，员工行为等，其中，市场、物料和能力是主要的约束)。

其次应该把重点放在瓶颈工序上，保证瓶颈工序不发生停工待料，提高瓶颈工作中心的利用率，从而得到最大的有效产出。第三根据不同的产品结构类型、工艺流程和物料流动的总体情况，设定管理的控制点。例如，如果约束来自于市场，则根据市场的约束制订物料的初步生产规划，同步地用能力约束修订，生成主生产计划（MPS）；MRP/CRP也同步运行。

约束理论于生产系统运用的关键点主要有以下几点：

（一）重新建立企业目标和作业指标体系

TOC认为，一个企业的最终目标就是：在现在和将来赚取更多的利润。生产系统衡量的作业指标应该有以下三种：（1）有效产出（Throughput）指企业在某个规定时期通过销售获得的货币（同产出量概念不同，没有销售的产成品只能作为库存处理，是没有实现目标的货币投入，也可能是一种浪费）；（2）库存（Inventory）指企业为了销售有效产出，在所有外购物料上投资的货币；（3）运行费用（Operating Expenses）指企业在某个规定时期为了将库存转换为有效产出所花费的货币。运行费用包括了除材料费以外的成本。库存保管费也包括在运行费用中。

各种指标的关系公式如下：

有效产出＝销售收入－外购物料成本；
运行费用＝产品总成本－外购物料成本；
净利润＝有效产出－运行费用；
存货利润率＝净利润/库存；
生产率＝有效产出/运行费用；
存货周转率＝有效产出/库存。

（二）寻找系统资源的瓶颈约束

TOC认为，在生产系统中，是有效产出最低的环节决定着整个系统的产出水平。因此，任何一个环节只要它阻碍了企业去更大程度的增加有效产出，或减少库存和运行费，那么它就是一个“约束”（也称作“瓶颈”）。所以，（1）找出系统的瓶颈（约束）；（2）充分利用瓶颈（约束）；（3）由非瓶颈配合瓶颈；（4）打破瓶颈（约束）；（5）再找下一个瓶颈（约束）别让惰性成了最大的约束，也就是持续不断地改善。

（三）以“物流”为中心建立企业特征

TOC根据不同类型“物流”的特点来对企业进行分类，从而为企业准确识别出各自的薄弱点或者说“约束”所在提供了帮助，并对其实施有针对地计划与控制。

（四）以9条管理原则来系化理论

TOC的基本思想是由九条具体的原则来描述的。而有关生产物流计划与控制的算法和软件，就是按照这九条原则提出和开发的。

1. 有关对生产系统瓶颈资源的原则

原则一，瓶颈控制了库存和有效产出。

原则二，非瓶颈资源的利用程度不由其本身决定，而是由系统的约束决定的。

原则三，瓶颈上一个小时的损失则是整个系统的一个小时的损失。

原则四，非瓶颈资源节省的一个小时无益于增加系统有效产出。

原则五，资源的“利用”（Utilization）和“活力”（Activation）不是同义词。

原则六，编排作业计划时考虑系统资源约束，提前期是作业计划的结果，而不是预定值。

2. 有关系统中物流的原则

原则七，平衡物流，而不是平衡生产能力。

原则八，运输批量可以不等于（在许多时候应该不等于）加工批量。

原则九，批量大小应是可变的，而不是固定的。

三、基于TOC理论的生产物流计划与控制原理

（一）按物料流向对企业分类

如前所述，企业的生产过程可以看做是一个从原材料到成品的高度相关的活动链。MRP的原理就是根据这个活动链中高度相关的内在关系，制定出一个详尽而周密的生产作业计划，规定出每一种毛坯、零件、部件和产品的投入、出产时间和数量。但在实际中，这个活动链中计划好的活动程序常会被企业中大量存在的随机事件的干扰所打乱，如机器损坏、质量问题等等。要识别这些干扰，找出问题出在何处，手段之一就是从“物流”着手。只有通过对企业中“物流”的分类，认识他们各自的薄弱点（“瓶颈”）所在，才能有针对地进行计划与控制。

根据不同类型“物流”的特点，一般将从原材料到成品这一“生产物流”分为三种类型。如图6-3所示。实际上，一个企业的“生产物流”往往不只一种类型。可以根据占主要地位的“生产物流”来相应地划分企业。如果一个企业其主要是“V”型“物流”，那么就可以称这个企业为“V”型企业，其余的类推。

V型企业

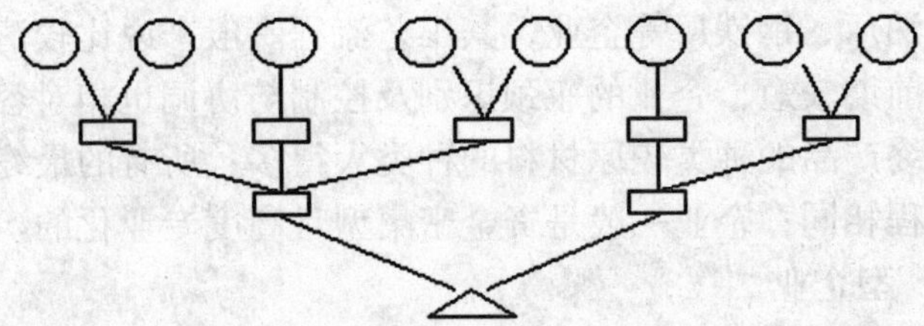

A型企业

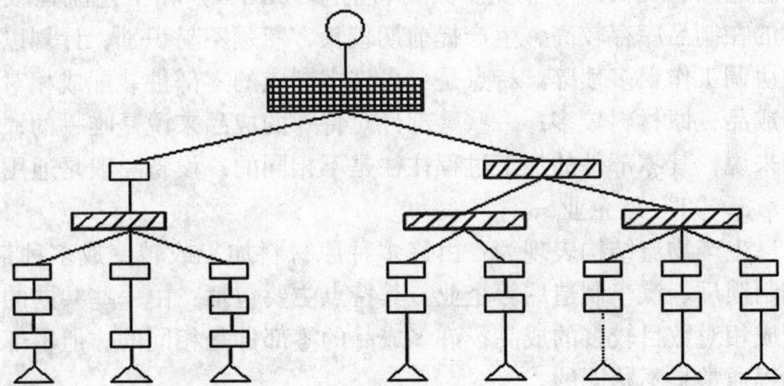

T型企业

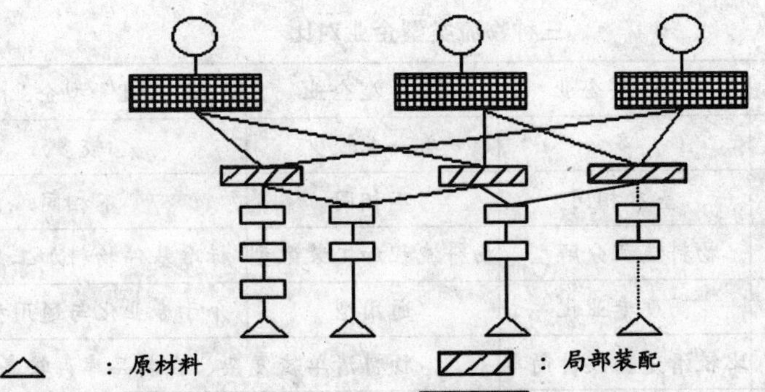

：原材料　　：局部装配

：加工路线　　：总装配

：加工工序　　：产成品

图 6－3　“V”、“A”和“T”三种物流类型的企业

1．“V”型企业

生产物流结构表现为：由一种原材料加工或转变成许多种不同的最终产品。如炼油厂、钢铁厂等企业，其工艺流程一般来说比较清楚且设计简单，生产提前期较短，企业的瓶颈识别及控制与协调也相对容易。其特点主要有：最终产品的种类较原材料的种类大得多；所有的最终产品，其基本的加工过程相同；企业一般是资金密集型且高度专业化的。

2．“A”型企业

生产物流结构表现为：由许多种原材料加工或转变成一种最终产品。如造船厂、飞机厂等企业。其物料清单（BOM）和工艺流程较复杂，企业的在制品库存较高，生产提前期较长，瓶颈不易识别，计划以及工序间的协调工作繁多琐碎。特点是：由许多制成的零部件装配成相对较少数目的成品，原材料较多；一些零部件对特殊的成品来说是唯一的；对某一成品来说，其零部件的加工过程往往是不相同的；设备一般是通用型的。

3．“T”型企业

生产物流结构表现为：由许多种原材料加工或转变成多种最终产品。如制锁厂、汽车制造厂等企业。其特点主要包括：由一些共同的零部件装配成相对数目较多的成品；许多成品的零部件是相同的；但零部件的加工过程通常是不相同的。

以下是三种类型企业不同特点的对比，如表 6－1 所示。

表 6－1　　三种物流类型企业对比

	“V”型企业	“A”型企业	“T”型企业
产品种类	多	单一或较少	较多
产品加工过程	基本相同	不相同	不相同
物料特点	物料流程分解型	物料流程加工装配型	标准基件物料加工装配型
设备	高度专业化	通用型	介于专业化与通用型之间
工艺流程	比较清楚、设计简单	物料清单较复杂、在制品库存较高	
生产提前期	较短	较长	
企业的瓶颈识别	相对容易	相对困难	
生产控制、协调	相对容易	相对困难	
典型行业	炼油厂、钢铁厂	造船、飞机厂	制锁厂、汽车制造厂

另外，从企业的制造资源来看，考虑到瓶颈的存在，“物料”所经过的制造资源，将存在瓶颈与非瓶颈之分。而瓶颈与非瓶颈的关系，通过考察以上三种类型企业的物流可以看出，它们之间存在着四种基本的关系，如图 6－4 所示。分别是：从瓶颈到非瓶颈资源［图（a)］；从非瓶颈到瓶颈资源［图（b)］；瓶颈资源和非瓶颈资源到同一装配中心［图（c)］；瓶颈资源和非瓶颈资源相互独立［图（d)］。

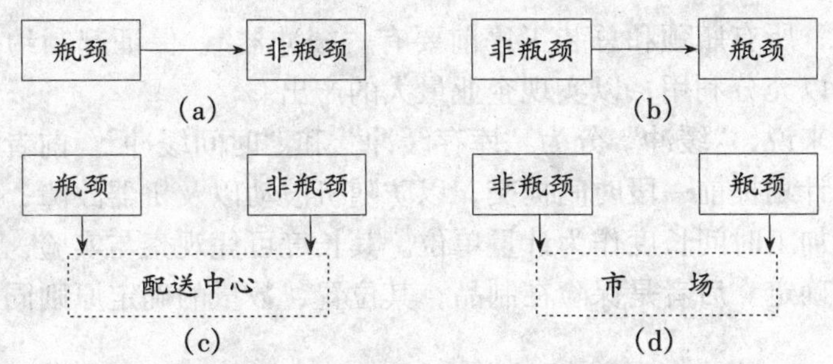

图 6－4　瓶颈资源与非瓶颈资源的关系

（二）实行“鼓—缓冲器—绳”系统控制方法

TOC 认为，一个企业的计划与控制的目标就是寻求顾客需求与企业能力的最佳配合，对约束环节进行有效的控制，一旦一个被控制的工序（即瓶颈）建立了一个动态的平衡，其余的工序应相继地与这一被控制的工序同步。而实现方法是以“鼓—缓冲器—绳”系统来排程。如图 6－5 所示。

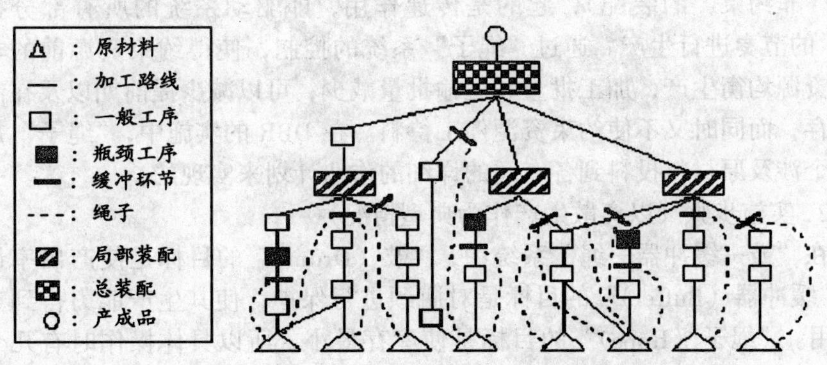

图 6－5　“鼓”、“缓冲器”和“绳子”系统

1. 鼓—缓冲器—绳（（Drum – Buffer – Rope，DBR）系统

如图 6 – 5 所示，该系统的原理表述如下：

第一，TOC 把主生产计划（MPS）比喻为“鼓”，根据瓶颈资源的可用能力确定物流量，作为约束全局的“鼓点”，控制在制品库存量。

从计划和控制的角度来看，“鼓”反映了系统对约束资源的利用。所以，对约束资源应编制详细的生产作业计划，以保证对约束资源的充分合理的利用。

第二，所有瓶颈和总装工序前要有“缓冲器”，保证起制约作用的瓶颈资源得以充分利用，以实现企业最大的产出。

一般来说，“缓冲”分为“库存缓冲”和“时间缓冲”。前者是将所需的物料比计划提前一段时间提交，以防随机波动以及机器故障，并以约束资源上的加工时间长度作为计量单位。其长度可凭观察与实验，并经过必要的调整确定。后者是保险在制品，其位置、数量的确定原则同“时间缓冲”。

第三，所有需要控制的工作中心如同用一根传递信息的绳子牵住的队伍，按同一节拍（保持一定间隔，按同一步伐行进），也就是在保持均衡的在制品库存，保持均衡的物料流动条件下进行生产。

由于“约束”决定着生产线的产出节奏，而在其上游的工序实行拉动式生产，等于用一根看不见的“绳子”把“约束”与这些工序串联起来，有效地使物料依照产品出产计划快速地通过非约束作业，以保证约束资源的需要。所以，“绳子”控制着企业物料的进入（包括“约束”的上游工序与“非约束”的装配），起的是传递作用，即驱动系统的所有部分按“鼓”的节奏进行生产。通过“绳子”系统的控制，使得约束资源前的非约束资源均衡生产，加工批量和运输批量减少，可以减少提前期以及在制品库存，而同时又不使约束资源停工待料。在 DBR 的实施中，“绳子”是由一个涉及原材料投料到各车间的详细的作业计划来实现的。

2. 实施步骤（以离散生产作为典型情况）

在“鼓—缓冲器—绳”系统中，“鼓（Drum）”的目标是使产出率最大。“缓冲器（Buffer）”的目标是对瓶颈进行保护，使其生产能力得到充分利用。“绳子（Rope）”的目标是使库存最小，所以具体操作时有几个关键步骤：

第一，识别企业的真正约束（瓶颈）所在是控制物流的关键

一般来说，当需求超过能力时，排队最长的机器就是“瓶颈”。如果

管理人员知道一定时间内生产的产品及其组合，就可以按物料清单计算出要生产的零部件。然后，按零部件的加工路线及工时定额，计算出各类机床的任务工时，将任务工时与能力工时比较，负荷最高、最不能满足需求的机床就是瓶颈。找出瓶颈之后，可以把企业里所有的加工设备划分为关键资源和非关键资源。

第二，基于瓶颈约束，建立产品出产计划。

建立产品出产计划（Master Schedule）的前提是使受瓶颈约束的物流达到最优，因为瓶颈约束控制着系统的“鼓的节拍（Drum－Beat）”，即控制着企业的生产节拍和产销率。为此，需要按有限能力法进行生产安排、在瓶颈上扩大批量、设置“缓冲器”。对非约束资源安排作业计划，则按无限能力倒排法，使之与约束资源上的工序同步。

第三，设置“缓冲器”并进行监控，以防止随机波动，使约束资源不致于出现等待任务的情况。

第四，对企业物流进行平衡，使得进入非瓶颈的物料应被瓶颈的产出率所控制（即“绳子”）。

本章总结：对企业生产物流的三种运营方式之比较

TOC与MRPⅡ、JIT是在不同时代、不同经济与社会环境下产生的不同的企业管理方式，但从组织生产物流的角度看，三者在以下几方面各有所长。

1. 在生产运营条件与生产物流专业化技术方面

MRPⅡ是为了适应西方消费者对产品式样规格多样化，交货期尽量缩短的要求，基于MRP发展起来的运用计算机对不同的产品的物料需求进行详尽管理的系统，源于大量生产的鼎盛期，生产专业化程度较高。初期适用于产品种类、结构变化不大和生产流程较稳定的环境，后期随着MRPⅡ向ERP的拓展，亦逐渐面临产品变化多，特别是多配置项的生产与市场要求，对专业化依赖性减弱。

JIT产生于社会需求基本为多品种、中小批量且资源、资金缺乏，难以建立高度专业化的生产线时期。其出发点是把制造过程中的浪费（如残次品、在制品存储、搬运时间等等）降到最低的限度。由于市场对产品多样化的需求带动了对生产柔性的需求以及生产物流专业化程度的逐渐提高，后期的JIT也逐渐适用于强调对生产线进行干预的柔性化生产线上。

TOC是基于频繁多变的市场波动使得企业内部生产能力不平衡现象

尤为突出的背景，迫使企业生产中每道工序在库存水平、批量大小、提前期等各项指标都要适应这种动态的变化。所以，初期多应用于离散型生产环境。随着经济环境向买方市场过渡，来自企业外部的约束以及企业内部的无形约束日益重要起来，同时应用也拓展到酿酒等流程型环境。

2. 在生产物流管理手段方面

(1) 从制定生产物流的计划方式看

MRPⅡ采用集中式的物料计划方式，计算机系统首先建立一套规范、准确的零件、产品结构及加工工序等数据系统，并在系统中维护准确的库存、订单等供需数据，MRPⅡ据此按照无限能力计划法，集中展开对各级生产单元以及供应单元的生产与供应指令。

JIT 采用看板管理方式，按照有限能力计划，逐道工序地倒序传递生产中的取货指令和生产指令，各级生产单元依据所需满足的上级需求组织生产。

TOC 先安排约束环节上关键件的生产进度计划，以约束环节为基准，把约束环节之前、之间、之后的工序分别按拉动、工艺顺序、推动的方式排定，并进行一定优化，然后再编制非关键件的作业计划。

(2) 从平衡生产能力的方式看

MRPⅡ提供能力计划功能。由于 MRPⅡ在展开计划的同时将工作指令落实在具体的生产单元上，因此根据生产单元的初始化能力设置，可以清楚地判断生产能力的实际需求，由计划人员依据经验调整主生产计划，以实现生产能力的相对平衡。

JIT 在计划展开时基本不对能力的平衡作太多考虑，企业以密切协作的方式保持需求的适当稳定，并以高柔性的生产设备来保证生产线上能力的相对平衡。总体能力的平衡一般作为一个长期的规划问题来处理。

TOC 首先按照能力负荷比把资源分为约束资源和非约束资源，通过“五大核心步骤”与思维流程（TP）来消除“约束”，改善企业链条上最薄弱的一环。同时注意到“约束”是动态转移的，通过 TOC 管理手段的反复应用以实现企业的持续改进。

(3) 从物料采购与供应的方式看

MRPⅡ的采购与供应系统主要根据由计划系统下达的物料需求指令进行采购决策，并负责完成与供应商之间的联系与交易。此类采购与供应部门的工作主要围绕如何保证供应，同时降低费用。

JIT 将采购与物料供应视为生产链的延伸部分，即为看板管理向企业外传递需求的部分。实际生产中，由于企业间多已建立密切的合作关系，所以供应商一般亦根据提出的需求组织生产，保证生产链的紧密衔接。此种情况，采购供应部门更像协作管理部门。

TOC具体运行需要大量的数据支持，如产品结构文件、加工工艺文件以及加工时间、调整准备时间、最小批量、最大库存、替代设备等。物料采购提前期不事先固定，由上述数据共同决定的函数，物料的供应与投放则按照一个详细作业计划来实现，即通过“绳子”来同步。

(4) 从物料质量的管理方式看

MRPⅡ对出现的物料质量问题视为概率性问题，允许一定的废品，在最终检验环节加以控制。系统可以设置某些质量控制参数，借助生产中质量信息的反馈，事后帮助分析出现质量问题的原因。

JIT在每道生产工序中控制物料质量，进入下一道工序时要确保上一道送来的零件没有质量问题，一级级控制直至最后成品。以生产中的质量控制代替最终检验，消灭废品。如果发现质量问题，一方面立即组织质量小组解决，另一方面可以停止生产，确保不再生产出更多的废品。

TOC一方面，在约束环节前设置质检，以避免前道工序的波动对约束环节的影响。另一方面，当“质量管理”因素成为一个无形约束时，通过“五大核心步骤”与思维流程的一系列工具来找到突破点。避免质量问题带来的问题波及到约束环节，因为“约束”上一个小时的损失就是整个系统一个小时的损失。

(5) 从物料库存的控制方式看

MRPⅡ一般设有各级库存，强调对库存管理的明细化、准确化。库存执行的依据是计划与业务系统产生的指令，如：加工领料单、销售领料单、采购入库单、加工入库单等。为应付生产与供给的波动，必须有一定的原材料安全库存。控制少量在制品库存，以保证连续生产。尽量满足客户需求，平衡生产能力，压缩成品库存。

JIT在生产过程中一般不设在制品库存，只有当需求期到达时才供应物料，所以基本没有库存。生产直接面对客户，追求零库存，消灭一切浪费。

TOC强调要合理设置“时间缓冲”和“库存缓冲”，以防止随机波动，使约束环节不致于出现等待任务的情况。合理设置“缓冲器”，以配合约束环节的“鼓点”。原材料库存数量与投放速度由“绳子”来控制，与约束环节的“鼓点”相协调。成品储备取决于约束环节的位置。例如，如果成品运输是约束，则应允许储备适量的成品作为缓冲。

总之，MRPⅡ的目标是有效合理地利用资源，改善计划，压缩库存；JIT 的目标是追求尽善尽美，而 TOC 认为企业目标是在现在和将来赚到更多的钱，由增加有效产出、降低库存、降低运行费来实现。MRPⅡ与 TOC 结合的系统可以考虑在企业级的生产计划中应用 MRPⅡ，计划周期可以为周，车间级的作业计划由 TOC 中的 DBR 来完成，计划周期可以为天，对重点控制的环节还可以进一步细化。两者的结合在于，BOM、工序描述、资源能力等数据的共享和沟通。

3. 在企业间协作环境方面

MRPⅡ系统是在整个社会处于一个比较完善、规范的市场环境下（以美国为代表）产生与推行的，企业间不强调密切的协作关系，但一般都遵循一套规范的市场运作程序，如合同执行规范、财务往来规范、运输管理规范、生产协作规范等等。

JIT 系统产生初期正处于社会资金与需求都不足的情况，整个社会基本上采用分级协作的方式展开密切合作，而未采用完全自由的市场竞争方式进行社会分工，在此基础上建立了 JIT 的合作配合关系。随着经济的发展，整个社会的企业间协作氛围正日益加强。

TOC 系统产生初期，市场的多变性已经非常明显，生产能力的平衡实际上是做不到的，企业转向追求彼此间物流的通畅无阻。随着全球经济的一体化发展，各个企业都是供应链上的一环，当某个薄弱的环节给企业带来不通畅时，企业就要设法突破这一瓶颈。

第七章　企业仓储管理

企业仓库曾经被认为只具备仓储的职能，而现在库存的“流速”已成为评价仓库职能的重要指标，仓库是“河流”而不再是“水库”或“蓄水池”。对仓储管理的要求已从静态管理向动态管理发生了根本性的转变。从供应链管理的角度来看，只有每一个环节全部流动起来，才能提高整个供应链的反应速度。企业仓储管理的现代化是提高供应链反应速度的重要前提。本章主要介绍现代仓储管理的作用、内容和方法。

第一节　企业现代仓储管理概述

一、仓储在企业物流系统中的作用

仓储管理是指对仓库及其库存物的管理，现代企业的仓库已成为企业的物流中心。

仓储系统是企业物流系统中不可缺少的子系统。物流系统的整体目标是以最低成本提供令客户满意的服务，而仓储系统在其中发挥着重要作用。由于仓储在时间上协调原材料、产成品的供需，起着缓冲和平衡的作用，企业可以为客户在需要的时间和地点提供适当的产品，从而提高产品的时间效用。因此仓储活动能够促进企业提高客户服务水平，增强企业的竞争力。仓储的这一功能随着市场竞争的日益激烈而更加显示出重要性。

但是，另一方面，仓库是企业物流系统中的一个固定结点，产品在仓库中保管表明物流的间断，从而增加产品的成本。因此，物流管理者必须以系统的观念考虑仓储管理，才能合理利用仓储。

仓储在企业物流系统中的重要作用主要表现在以下几个方面：

（一）降低运输成本、提高运输效率

大规模、整车运输会带来运输的经济性。在供应物流方面，企业从多个供应商分别小批量购买原材料并运至仓库，然后将其拼箱并整车运输至工厂。由于整车运输费率低于零担运输费率，因此，这将大大降低运输成本，提高运输效率。在销售物流方面，企业将各工厂的产品大批量运到市场仓库，然后根据客户的要求，小批量运到市场或客户。这种仓库的作用不仅是拼箱装运，而且还可按客户要求进行产品整合。另外，各种运输工具的运量相差很大，它们之间进行转运，运输能力上是很不匹配的，因此，仓库还具有调节运力差异的作用。

（二）进行产品整合

如果考虑到颜色、大小、形状等因素，企业的一个产品线包括了数千种不同的产品，这些产品经常在不同工厂生产，企业可以根据客户要求，将产品在仓库中进行配套、组合、打包，然后运往各地客户。否则，从不同工厂满足订货将导致不同的交货期。仓库除了满足客户订货的产品整合需求外，对于使用原材料或零配件的企业来说，从供应仓库将不同来源的原材料或零配件配套组合在一起，整车运到工厂以满足需求也是很经济的。

单纯的储存和保管型仓库已远远不能适应生产和市场的需要，增加配送和流通加工的功能、向流通仓库的方向发展，已成为现代仓库的一个发展方向。

（三）支持企业的销售服务

仓库合理地靠近客户，使产品适时地到达客户手中，将提高客户的满意度并扩大企业销售，这一点对于企业产成品仓库来说尤为重要。

（四）调节供应和需求

由于生产和消费之间或多或少存在时间或空间上的差异，仓储可以提高产品的时间效用，调整均衡生产和集中消费或均衡消费和集中生产在时间上的矛盾。

二、企业仓储活动的类型

（一）自建仓库仓储、租赁仓库仓储或合同制仓储

如何为库存安排仓储空间，企业可以有三种选择，即自建仓库、租赁公共仓库或采用合同制仓储。从成本和客户服务的角度看，选择其中之一或结合使用是仓储管理的一项重要决策。某些企业适合自建仓库，而有的企业更适合租赁仓库，但大多数企业则由于不同地区的市场条件及其他因素而结合使用自有仓库与公共仓库。企业需要根据自身特点和条件，在对成本和客户服务进行对比分析的基础上作出合理选择。

1. 自有仓库仓储

（1）自有仓库仓储的优点

相对于公共仓储来说，企业利用自有仓库进行仓储活动具有以下优势：

①可以更大程度地控制仓储。由于企业对自有仓库拥有所有权，所以企业作为货主能够对仓储实施更大程度的控制。在产成品移交给客户之前，企业对产成品负有直接责任并可直接控制。这种控制使企业易于将仓储的功能与企业的整个分销系统进行协调。

②自有仓储的管理更具灵活性。这里的灵活性并不是指能迅速增加或减少仓储空间，而是指由于企业是仓库的所有者，所以可以按照企业要求和产品的特点对仓库进行设计与布局。高度专业化的产品往往需要专业的保管和搬运技术，而公共仓储难以满足这种要求，因此，这样的企业必须拥有自有仓库或直接将货物送至客户。

③长期仓储时，自有仓储的成本低于公共仓储。如果自有仓库得到长期的充分利用，自有仓储的成本将低于公共仓储的成本。这是由于长期使用自有仓库保管大量货物会降低单位货物的仓储成本，在某种程度上说这也是一种规模经济。如果企业自有仓库的利用率较低，说明自有仓储产生的规模经济不足以补偿自有仓储的成本，则应转向公共仓储。当然，降低自有仓储成本的前提是有效的管理与控制，否则将影响整个物流系统的运转。

④可以为企业树立良好形象。当企业将产品储存在自有仓库中时，会给客户一种企业长期持续经营的良好印象，客户会认为企业经营十分稳定、可靠，是产品的持续供应者，这将有助于提高企业的竞争优势。

(2) 自有仓储的缺点

并不是任何企业都适合拥有自己的仓库，因为自有仓储也存在以下缺点：

①自有仓库固定的容量和成本使得企业的一部分资金被长期占用。不管企业对仓储空间的需求如何，自有仓库的容量是固定的，不能随着需求的增加或减少而扩大或减小。当企业对仓储空间的需求减少时，仍须承担自有仓库中未利用部分的成本；而当企业对仓储空间有额外需求时，自有仓库却无法满足。另外，自有仓库还存在位置和结构的局限性。如果企业只能使用自有仓库，则会由于数量限制而失去战略性优化选址的灵活性；市场的大小、市场的位置和客户的偏好经常变化，如果企业在仓库结构和服务上不能适应这种变化，企业将失去许多商业机会。

②由于自有仓库的成本高，所以许多企业因资金问题而难以修建自有仓库。自有仓库是一项长期、有风险的投资，并且因其专业性强而难以出售。而企业将资金投资于其他项目可能会得到更高的回报。因此，投资建

造自有仓库的决策要非常慎重。

2. 租赁公共仓库仓储

企业通常租赁提供营业性服务的公共仓库进行储存。

(1) 利用公共仓库进行仓储活动的优点

①从财务角度上看，最重要的原因是企业不需要资本投资。任何一项资本投资都要在详细的可行性研究基础上才能实施，但利用公共仓储，企业可以避免资本投资和财务风险。公共仓储不要求企业对其设施和设备作任何投资，企业只需支付相对较少的租金即可得到仓储服务。

②可以满足企业在库存高峰时大量额外的库存需求。如果企业的经营具有季节性，那么公共仓储将满足企业在销售淡季所需要的仓储空间。而自有仓储则会受到仓库容量的限制，并且在某些时期仓库可能闲置。大多数企业由于产品的季节性、促销活动或其他原因而导致存货水平变化，利用公共仓储，则没有仓库容量的限制，从而能够满足企业在不同时期对仓储空间的需求，尤其是库存高峰时大量额外的库存需求。同时，使用公共仓储的成本将直接随着储存货物数量的变化而变动，从而便于管理者掌握成本。

③使用公共仓储可以避免管理上的困难。工人的培训和管理是任何一类仓库所面临的一个重要问题。尤其是对于产品需要特殊搬运或具有季节性的企业来说，很难维持一个有经验的仓库员工队伍，而使用公共仓储则可以避免这一困难。

④公共仓储的规模经济可以降低货主的仓储成本。公共仓储会产生自有仓储难以达到的规模经济。由于公共仓储为众多企业保管大量库存，因此，与自有仓储相比，大大提高了仓库的利用率，降低了存货的单位储存成本；另外，规模经济还使公共仓储能够采用更加有效的物料搬运设备，从而提供更好的服务；最后，公共仓储的规模经济还有利于拼箱作业和大批量运输，降低货主的运输成本。

⑤使用公共仓储时企业的经营活动更加灵活。如果自己拥有或长期租赁仓库，那么当需要设立仓库的位置发生变化时，原来的仓库就变成了企业的负担。由于公共仓储的合同是短期的，当市场、运输方式、产品销售或企业财务状况发生变化时，企业能灵活地改变仓库的位置；另外，企业不必因仓库业务量的变化而增减员工；再有，企业还可以根据仓库对整个分销系统的贡献以及成本和服务质量等因素，临时签订或终止租赁合同。

⑥便于企业掌握保管和搬运成本。当企业使用公共仓储时，由于每月

可以得到仓储费用单据，所以可清楚地掌握保管和搬运的成本，有助于企业预测和控制不同仓储水平的成本。而企业自己拥有仓库时，很难确定其可变成本和固定成本的变化情况。

(2) 使用公共仓库进行仓储活动的缺点

①增加了企业的包装成本。公共仓库中存储了各种不同种类的货物，而各种不同性质的货物有可能互相影响，因此，企业使用公共仓储时必须对货物进行保护性包装，从而增加包装成本。

②增加了企业控制库存的难度。企业与仓库经营者都有履行合同的义务，但盗窃等对货物的损坏给货主造成的损失将远大于得到的赔偿。因此在控制库存方面，使用公共仓库将比使用自有仓库承担更大的风险。另外，企业还有可能由此泄露有关的商业机密。

3. 合同制仓储

(1) 合同仓储的概念

在物流发达的国家，越来越多的企业转向利用合同仓储（Contract Warehousing）或称第三方仓储（Third - Party Warehousing）。所谓合同仓储是指企业将物流活动转包给外部公司，由外部公司为企业提供综合物流服务。

(2) 合同仓储的意义

合同仓储不同于一般公共仓储。合同仓储公司能够提供专业化的高效、经济和准确的分销服务。企业若想得到高水平的质量与服务，则可利用合同仓储，因为合同仓库的设计水平更高，并且符合特殊商品的高标准、专业化的搬运要求。而如果企业只需要一般水平的搬运服务，则应利用公共仓储。从本质上说，合同仓储是生产企业和仓储企业之间建立的伙伴关系。正是由于这种伙伴关系，合同仓储公司与传统仓储公司相比，为货主提供特殊要求的空间、人力、设备和特殊服务。

合同仓储公司为数量有限的货主提供专门物流服务，其中包括存储、卸货、拼箱、订货分类、现货库存、在途混合、存货控制、运输安排、信息和货主要求的其他服务。由此可见，合同仓储不仅仅只是提供存储服务，而且还可为货主提供一整套物流服务。

过去，企业在制造领域寻找降低成本的途径，如通过与小制造商签订合同而将零部件的生产转包出去，甚至转包给劳动力成本更低的海外工厂。如今，物流发达国家的企业已将降低成本的重点转向有巨大潜力的物流领域。通过利用合同仓储服务，企业可以将物流活动转包出去，以集中精力搞好生产和销售。

(3) 合同仓储的优势

①有利于企业有效利用资源。合同仓储比自有仓储更能有效处理季节性产业普遍存在的产品的淡、旺季存储问题。例如，合同仓储企业能够同时为销售旺季分别在冬季初夏季的企业进行合同仓储，如羽绒服与空调器。这种高峰需求交替出现的模式，使得合同仓储比只处理一季产品的自有仓储更有效地利用设备与空间。另外，由于合同仓库的管理具有专业性，管理专家更具创新性的分销理念和降低成本的方法，因此有利于物流系统发挥功能、提高效率。

②有利于企业扩大市场。合同仓储能通过设施的网络系统扩大企业的市场覆盖范围。由于合同仓储企业具有战略性选址的设施与服务，因此，货主在不同位置的仓库得到的仓储管理和一系列物流服务都是相同的。

由于越来越多的企业利用合同仓储，自有仓库的数量在不断下降。许多企业将其自有仓库数量减少到有限几个，而将各地区的物流转包给合同仓储公司。通过这种自有仓储和合同仓储相结合的网络，企业在保持对集中仓储设施直接控制的同时，利用合同仓储来降低直接人力成本、扩大市场的地理范围。

③有利于企业进行新市场的测试。合同仓储的灵活性能加强客户服务。企业在促销现有产品或推出新产品时，可以利用短期合同仓储来考察产品的市场需求。当企业试图进入一个新的市场区域时，要花很长时间建立一套分销设施，然而，通过合同仓储网络，企业可利用这一地区的现有设施为客户服务。

④有利于企业降低运输成本。由于合同仓储处理不同货主的大量产品，因此经过拼箱作业后可大规模运输，这样大大降低了运输成本。

尽管合同仓储具有以上优势，但也存在一些不利因素，其中对物流活动失去直接控制是企业最担心的问题。由于企业对合同仓库的运作过程和雇佣员工等控制较少，因此，这一因素成为产品价值较高的企业利用合同仓储的最大障碍。

(4) 自建仓库、租赁仓库、合同制仓储的比较

自建仓库仓储、租赁公共仓库仓储和合同制仓储各有优势，企业决策的依据是物流的总成本最低。

租赁公共仓库和合同制仓储的成本只包含可变成本，随着存储总量的增加，租赁的空间就会增加，由于公共仓库一般按所占用空间来收费，这

样成本就与总周转量成正比，其成本函数是线性的。而自有仓储的成本结构中存在固定成本。由于公共仓库的经营具有盈利性质，因此自有仓储的可变成本的增长速率通常低于公共仓储成本的增长速率。当总周转量达到一定规模时，两条成本线相交，即成本相等。这表明在周转量较低时，公共仓储是最佳选择。随着周转量的增加，由于可以把固定成本均摊到大量存货中，因此使用自有仓库更经济。自建仓库仓储与租赁公共仓库仓储的成本比较如图 7－1。

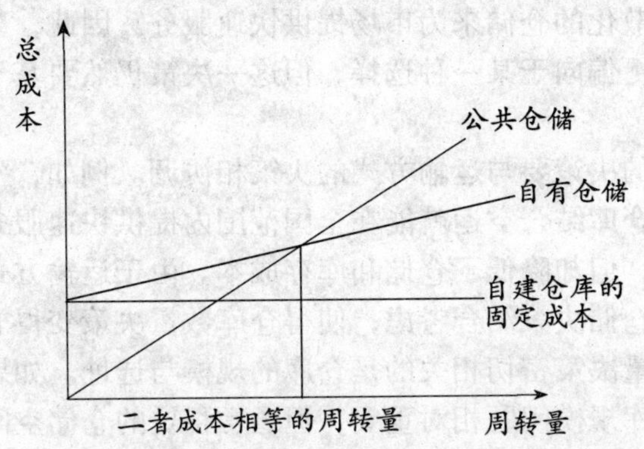

图 7－1　自建仓库仓储与租赁公共仓库仓储的成本比较

一个企业是自建仓库还是租赁公共仓库或采用合同制仓储需要考虑以下因素：

（1）周转总量

由于自有仓库的固定成本相对较高，而且与使用程度无关，因此必须有大量存货来分摊这些成本，使自有仓储的平均成本低于公共仓储的平均成本。因此，如果存货周转量较高，自有仓储更经济。相反，当周转量相对较低时，选择公共仓储更为明智。

（2）需求的稳定性

需求的稳定性是自建仓库的一个关键因素。许多厂商具有多种产品线，使仓库具有稳定的周转量，因此自有仓储的运作更为经济。

（3）市场密度

市场密度较大或许多供应商相对集中，有利于修建自有仓库。这是因为零担运输费率相对较高，经自有仓库拼箱后，整车装运的运费率会大大降低。相反，市场密度较低，则在不同地方使用几个公共仓库要比一个自有仓库服务一个很大地区更经济。

(二) 集中仓储或分散仓储

企业的库存是集中仓储还是分散仓储也是企业仓储管理的一项重要内容。由于企业的规模不同，有时这一决策变得相对简单，有时却异常复杂。只有单一市场的中小规模的企业通常只需一个仓库，而产品市场遍及全国各地的大规模企业要经过仔细分析和慎重考虑才能作出正确选择。例如，在全国范围内制造或分销一种竞争激烈、可替代性强的产品的企业，就需要高度分散化的仓储来为市场提供快速服务。因此，某种需求和供应条件会使企业更偏向于某一种选择，但这一决策仍然要基于成本的对比分析。

仓库数量的决策要与运输方式的决策相协调。例如，一个或两个具有战略性选址的仓库结合空运就能在全国范围内提供快速服务，尽管空运的成本相对较高，但却降低了仓储和库存成本。由于运输方式的多样性，尤其需要与其他仓储决策结合考虑，使得仓库数量决策变得非常复杂。

与仓库数量决策密切相关的是仓库的规模与选址。如果企业租赁公共仓库，那么仓库规模问题相对重要，但通常租赁的仓储空间可以根据不同地点的需求及时扩大或缩小。而选址决策的重要性相对小一些。尽管企业需要决定在何地租赁公共仓库，但仓库的位置是确定的，而且决策是暂时的，可以根据需要随时改变。如果企业自建仓库，尤其对于市场遍及全国甚至全球的大型企业来说，仓库的规模与选址变得极为重要。

与其他物流决策一样，仓库选址也需要对成本进行对比分析。物流管理的目标是以最小总分销成本获得期望的客户服务水平，因此，必须根据仓库在分销渠道中的作用来确定仓库的具体位置。例如，服务功能强的仓库设在市场附近，而保管功能强的仓库靠近生产线。仓库选址必须综合考虑许多因素，如运输条件、市场状况和地区特点等等。这些决策一旦实施，再进行改变的成本是非常高的，尤其是自有仓储。因此，适当考虑所有因素是非常重要的。

1. 仓库数量决策中的成本分析

仓库数量对企业物流系统的各项成本都有重要影响。一般来说，随着系统的仓库数量的增加，运输成本和失销成本会减少，而存货成本和仓储成本将增加。

第一，由于仓库数量的增加，企业可以进行原材料或产成品大批量运输，所以运输成本会下降。另外，在销售物流方面，仓库数量的增加使仓库更靠近客户和市场，因此减少了货物的运输里程，这不仅会降低运输成本，而且由于能及时地满足客户需求，提高了客户服务水平，减少了失销机会，从而降低失销成本。

第二，由于仓库数量的增加，总的存储空间也会相应地扩大，因此仓储成本会上升。由于在仓库的设计中，需要一定比例的空间用于维护、办公、摆放存储设备等，而且通道也会占用一定空间，因此，小仓库比大仓库的利用率要低得多。

第三，当仓库数量增加时，总存货量就会增加，相应的存货成本就会增加。存货数量的增加，意味着需要更多的存储空间。

由此可以看出，随着仓库数量的增加，由于运输成本和失销成本迅速下降，导致总成本下降。但是，当仓库数量增加到一定规模时，库存成本和仓储成本的增加额超过运输成本和失销成本的减少额，于是总成本开始上升。当然。不同企业的总成本曲线不尽相同。

2. 影响仓库数量的因素

(1) 企业客户服务的需要

影响仓库数量的一个重要因素是企业客户服务的需要。一般来说，产品的可替代程度与所需的客户服务水平之间存在着很强的相关关系。当企业的服务反应速度远远低于竞争对手时，它的销售量就会大受影响。如果客户在需要的时候不能买到产品，那么再好的广告和促销活动都不起作用。所以当客户对服务标准要求很高时，需要更多的仓库来及时满足客户需求。

(2) 运输服务的水平

另一个影响仓库数量的因素是缺乏合适的运输服务，换句话说，如果需要快速的客户服务，那么就要选择快速的运输服务。在不能提供合适的运输服务情况下，就要增加仓库来满足客户对交货期的要求。

(3) 客户的小批量购买

分散化仓储的另一个原因是客户的小批量购买。客户为了降低维护库存的成本，经常频繁地小批量购买。由于分销渠道对仓库需求的影响非常大，因此企业就有必要建更多的仓库来保证分销渠道的畅通。

(4) 计算机的应用

随着计算机的普及和成本的降低，以及应用模型及配套软件在现代化仓库中的广泛应用，大大提高了仓库资源的利用率和运作效率，可以使企业对仓库的控制不再受仓库数量与位置的限制。

(5) 单个仓库的规模

单个仓库的规模越大，其单位投资就越低，而且可以采用处理大规模货物的设备，因此单位仓储成本也会降低。因此，从仓库规模来看，仓库规模大，则数量可少；规模小，则数量应增加。

三、企业仓库和物流中心的类型

(一) 仓库的类型

仓库按不同的标准可进行不同的分类，企业可根据自身的条件选择或租用不同类型的仓库。

1. 按使用范围不同分类

(1) 自用仓库。是生产或流通企业为了本企业经营的需要而修建的附属仓库，完全用于储存本企业的的原材料、燃料、产成品等物资或商品。

(2) 营业仓库。是某些企业专门为了经营储运业务而修建的仓库。

(3) 公用仓库。是由国家或一个主管部门修建的为社会服务的仓库，如机场、港口、铁路的货场、库房等仓库。

2. 按保管物品种类多少分类

(1) 综合库。指用于存放多种不同属性物品的仓库。

(2) 专业库。指用于存放一种或某一大类物品的仓库。

3. 按仓库保管条件分类

(1) 普通仓库。指用于存放无特殊保管要求的物品的仓库。

(2) 保温、冷藏、恒湿恒温库。指用于存放要求保温、冷藏或恒湿恒温的物品的仓库。

(3) 特种仓库。通常是指用于存放易燃、易爆、有毒、有腐蚀性或有辐射性的物品的仓库。

4. 按仓库建筑结构分类

(1) 封闭式仓库。这种仓库俗称“库房”，该结构的仓库封闭性强，便于对库存物品进行维护保养，适宜存放保管条件要求比较高的物品。

(2) 半封闭式仓库。这种仓库俗称“货棚 ”，货棚的保管条件不如库房，但出入库作业比较方便，且建造成本较低，适宜存放那些对温湿度要求不高且出入库频繁的物品。

(3) 露天式仓库。这种仓库俗称“货场”，货场最大的优点是装卸作业极其方便，适宜存放较大型的货物。

按建筑结构也可分为：

(1) 平房仓库。平房仓库的构造比较简单，建筑费用便宜，人工操作比较方便。

(2) 楼房仓库。楼房仓库是指二层楼以上的仓库，它可以减少土地占用面积，进出库作业可采用机械化或半机械化。

(3) 高层货架仓库。高层货架仓库在作业方面，主要使用电子计算机控制，能实现机械化和自动化操作。

(4) 罐式仓库。罐式仓库的构造特殊，成球形或柱形，看上去像一个大罐子（如油罐），主要是用来储存石油、天然气和液体化工产品等。

(5) 简易仓库。简易仓库的构造简单、造价低廉，一般是在仓库不足而又不能及时建库的情况下采用的临时代用办法，包括一些固定或活动的简易货棚等。

5. 按建筑材料分类

现代化的高层楼房仓库，用钢筋混凝土的较多；一般平房仓库大部分仍采用砖石和木结构；一些特殊仓库如储油罐等，则用钢结构等等。

6. 按库内形态分类

(1) 地面型仓库。一般指单层地面库，多使用非货架型的保管设备。

(2) 货架型仓库。指采用多层货架保管的仓库。在货架上放置货物和托盘，货物和托盘可在货架上滑动。货架分固定货架和移动货架。

(3) 自动化立体仓库。指出入库用运送机械存放取出，用堆垛机等设备进行机械化自动化作业的高层货架仓库。自动化立体仓库的入库、检验、分类整理、上货入架、出库等作业由计算机管理控制的机械化、自动化设备来完成，与普通的仓库相比其优点在于：节省人力，大大降低劳动强度，能准确、迅速地完成出入库作业；提高储存空间的利用效率；确保库存作业的安全性，减少货损货差；能及时了解库存品种、数量、金额、位置、出入库时间等信息。自动化立体仓库的使用要有足够的资金作为保障，同时对库存物品的包装标准化有较高的要求。

(4) 坡道型仓库。指在多层仓库的层与层之间设置升降坡道的仓库。

(二) 物流中心的类型

仓库的观念和功能的改变，引起了仓库形态和内容的变化。现代化的物流力求进货与发货同期化，从静态管理到动态管理必将使仓库设备、结构、流程等方面发生全面变化。为了和传统的仓库相区别，这种新型的物流据点则称之为“物流中心”。

1. 集货中心

将零星货物集中成批量货物称为“集货”，集货中心可设在生产点数量很多，每个生产点产量有限的地区，只要这一地区某些产品总产量达到一定程度，就可以设置这种有“集货”作用的物流据点。

2．分货中心

将大批量运到的货物分成批量较小的货物称为“分货”，分货中心是主要从事分货工作的物流场所。企业可以采用大规模包装、集装货散装的方式将货物运到分货中心，然后按企业生产或销售的需要进行分装，利用分货中心可以降低运输费用。

3．配送中心

专门从事配送工作的物流据点称为配送中心，是物流中心中数量较多的一种形式。配送中心的主要工作环节包括集货、储存、分货及配货和送货。

4．转运中心

转运中心的主要工作是承担货物在不同运输方式间的转运。转运中心可以进行两种运输方式的转运，也可进行多种运输方式的转运，在名称上有的称为卡车转运中心，有的称为火车转运中心，还有的称为综合转运中心。

5．加工中心

加工中心的主要工作是进行流通加工。设置在供应地的加工中心主要进行以物流为主要目的的加工，设置在消费地的加工中心主要进行实现销售、强化服务为主要目的的加工。

6．储调中心

储调中心以储备为主要工作内容，从功能上看与传统的仓库基本一致。

第二节 仓库管理系统

过去，仓库被看成是一个无附加价值的成本中心，而现在仓库不仅被看成是形成附加价值过程中的一部分，而且被看成是企业成功经营中的一个关键因素。仓库被企业作为连接供应方和需求方的桥梁。从供应方的角度来看，作为流通中心的仓库从事有效率的流通加工、库存管理、运输和配送等活动。从需求方的角度来看，作为流通中心的仓库必须以最大的灵活性和及时性满足各类顾客的需要。仓库管理系统（Warehouse Management System，简称为 WMS）为作为企业流通中心的仓库完成这些功能提供了支持和保证。

仓库管理系统技术由条形码技术（Bar Coding Technology）、无线通讯技术（Radio Frequency）、计算机系统和其他附属设备组成。将条形码技术和无线通讯技术结合在一起使用，能及时获得准确的信息，这是成功的WMS的基础。简单地说，通过扫描仪读取条形码数据，经过无线通讯，传送给计算机管理控制系统，由计算机管理控制系统进行信息处理并启动下一个作业。仓库管理系统的附属设备包括自动识别技术、计算机平台、打印机和扫描仪等，这些附属设备往往与企业的 LAN 连接在一起。仓库管理系统有计划和执行两个功能。计划功能包括订货管理、运送计划、员工管理和仓库面积管理等。执行功能包括进货接收、分拣配货、发货运送等。

一、ID 代码

要有效地管理库存，必须对库存的商品或物品进行正确识别。仓库通过获得商品的标识（ID）代码并与供应商的产品数据库相连，可以实现对库存物的正确识别。目前国外企业已建立了应用于供应链的 ID 代码的类标准系统，如EAN－13(UPC－12)、EAN－14(SCC－14)、SSCC－18 以及位置码等，我国也建有关于物资分类编码的国家标准，可参考使用。

企业应尽量使自己的产品按国际标准进行编码，以便在仓库管理中进行快速跟踪和分拣。实现 ID 代码标准化有利于采用 EDI 系统进行数据交换与传送，提高了库存管理的效率。

目前国际上通行的商品代码标准是国际物品编码协会（EAN）和美国统一代码委员会（UCC）共同编制的全球通用的 ID 代码标准。

二、条形码（Bar Code）

在流通和物流活动中，为了能迅速、准确地识别商品、自动读取有关商品信息，条形码技术被广泛应用。条形码是用一组数字来表示商品的信息，是目前国际上物流管理中普遍采用的一种技术手段。条码技术对提高库存管理的效率是非常显著的，是实现库存管理的电子化的重要工具手段，它使对库存控制可以延伸到和销售商的 POS 系统，实现库存的供应链网络化控制。

条形码条是 ID 代码的一种符号，是对 ID 代码进行自动识别且将数据自动输入计算机的方法和手段，条码技术的应用解决了数据录入与数据采集的“瓶颈”，为管理库存提供了有力支持。表 7－1 为 ID 代码与条码的对应关系。

表 7-1 ID 代码与条码的对应关系

代码	国际条码标准	国家条码标准
EAN-13（UCC-13）	EAN-13	《商品条码》GB12904
EAN-14（SCC-14）	ITF-14	《储运单元条码》GB16830
	EAN/UCC-128	《贸易单元 128 条码》GB15425
SSCC-18	EAN/UCC-128	《贸易单元 128 条码》GB15425
条码应用标识符	EAN/UCC-128	《贸易单元 128 条码》GB15425

条形码按使用方式分为直接印刷在商品包装上的条形码和印刷在商品标签上的条形码。按使用目的分为商品条形码和物流条形码。

商品条形码是以直接向消费者销售的商品为对象、以单个商品为单位使用的条形码。它由 13 位数字组成，最前面的两个数字表示国家或地区的代码，中国的代码是 69，接着的 5 个数字表示生产厂家的代码，其后的 5 个数字表示商品品种的代码，最后的 1 个数字用来防止机器发生误读错误。例如，商品条形码 6902952880041 中，69 代表中国，02952 代表贵州茅台酒厂，88004 代表 53%（VW）、106PRCXDF、500ml 的白酒。

物流条形码是物流过程中的以商品为对象以集合包装商品为单位使用的条形码。标准物流条形码由 14 位数字组成，除了第 1 位数字之外其余 13 位数字代表的意思与商品条形码相同。物流条形码第 1 位数字表示物流识别代码，在物流识别代码中 1 代表集合包装容器装 6 瓶酒、2 代表装 24 瓶酒，物流条形码 26902952880041 代表该包装容器装有中国贵州茅台酒厂的白酒 24 瓶。商品条形码和物流条形码的区别，如表 7-2 所示。

表 7-2 商品条形码和物流条形码的区别

	应用对象	数字构成	包装形式	应用领域
商品条形码	向消费者销售的商品	13 位数字	单个包装	POS 系统、补充订货系统
物流条形码	物流过程中的商品	14 位数字（标准物流条形码）	集合包装（如纸箱、集装箱等）	出入库管理、运输保管、分拣管理

条形码是有关生产厂家、批发商、零售商、运输业者等经济主体进行订货和接受订货、销售、运输、保管、出入库检验等活动的信息源。由于

在活动发生时点能即时自动读取信息，因此便于及时捕捉到消费者的需要，提高商品销售效果，也有利于促进物流系统提高效率。另外，条形码与其他辨识商品的方法如 OCR（Optical Character Recognition，光学文字识别）、OMR（Optical Mark Reader，光学记号读取）比较具有印刷成本低和读取精度高的优点。

三、复合码

为了加强对物流商品的单品管理，提高物流管理中商品信息自动采集的效率，全球条码技术的倡导者和推动者国际物品编码协会（EAN Intemational）和美国统一代码委员会（UCC）于 1999 年联合推出了一种全新的适于各个行业应用的物流条码标准——复合码。

复合码是由一维条码和二维条码叠加在一起而构成的一种新的码制，能够在读取商品的单品识别信息时，获取更多描述商品物流特征的信息。目前，复合码的应用主要集中在标识散装商品（随机称重商品）、蔬菜水果、医疗保健品及非零售的小件物品以及商品的运输与物流管理上。

在物流系统中，越来越多的应用证明，采集和传递更多的运输单元信息是非常必要的。物流管理所需要的信息可分为两类：运输信息和货物信息。运输信息包括交易信息，如采购订单编号、装箱单及运输途径等。货物信息包括包装及所装物品、数量以及保质期等，掌握这些信息对混装托盘的运输及管理尤为重要。而目前现有的商品条码（EAN/UCC 条码，只有 12~13 位数字信息）受信息容量的限制，无法提供满意的解决方案。采用复合码以后可将 2 300 个字符编入条码中，解决了人们标识微小物品及表述附加商品信息的问题。

复合码中包含这些信息的好处在于供应链的各个环节都可以随时采集所需信息而无需在线数据库的辅助，另外将货物本身信息编在二维条码中还能够给电子数据交换（EDI）提供可靠的备份，从而减少对网络的依赖性，极大地提高了企业物流及供应链管理系统的效率和质量。

四、自动存储与检索系统

由于大量人力因素的介入常常导致仓库管理方面的错误，计算机控制仓库的系统也迅速发展起来。这些系统称作自动存储与检索系统（Automated Storage and Retrieval System，AS/RS），该系统可以在仓库内的指定地点自动存入或运出货物。这种系统多用于零售业的分销过程中，在制造业可用于工厂的库存管理与验货。

五、EDI/Internet

EDI 是一种在处理商业或行政事务时，按照一个公认的标准，形成结构化的事务处理或信息数据格式，完成计算机到计算机的数据传输。要有效地对库存进行管理，采用 EDI 进行数据交换，是一种安全可靠的方法。为了能够实现对库存进行实时地监控，了解库存补给状态，采用基于 EDIFACT 标准的库存报告清单能够提高运作效率，每天的库存水平（或定期的库存检查报告）、最低的库存补给量都能自动地生成，这样可以大大提高对库存的监控效率。

第三节　仓储管理的内容和方法

一、库存管理

库存管理的责任是要测量特定地点现有库存的单位数和跟踪基本库存数量的增减。这种测量和跟踪可以手工完成，也可以通过计算机技术完成。其主要的区别是速度、精确性和成本。

为了实施期望的库存管理，必须经常检查库存水平，并与有关库存参数进行对照，确定何时订货以及订多少货。库存控制的特点可以是连续的，也可以是定期的。

库存系统都要求有准确的记录。没有这些记录，管理者就无从作出订货、计划和运输方面的准确决策。记录准确可以使企业不必去弄清“每一件库存品种”的库存情况，而只要关注那些他们需要的品种。

为了保证库存记录准确，入库和出库的记录都必须做好，就像要保证仓库安全一样。一个安排合理的仓库应该只有较少的进出口、安全的仓库管理以及存储固定货物的存储空间。货柜、货架以及零部件都要准确地标记好。

即使一家企业在维持库存记录准确性方面投入了大量的精力，但仍然有必要对这些记录不断予以核实。这种核实以循环计数法（Cycle Counting）最为有效。而在一些企业所采用的年度实地盘存的方法中，常常需要停业或停产。并让有经验的人来清点商品、材料或零部件。

循环计数法通过使用 ABC 分析法对库存进行了分级。在循环计数过程中，清点存货品种，核实记录，并将不准确之处定期记录下来，然后找出导致记录不准确的原因，并加以修正。大多数循环计数能够做到每天清点每一级别的一些存货。A 类存货清点的次数较为频繁，大约每月一次，

B类存货清点的次数少一些，大约一个季度一次。C类存货清点的次数要少一些，约半年一次。每天进行清点的品种可以是随机选择的，也可以在那些有进出动态的库存品种中进行随机选择，还可以当某种库存品种再次订货时才循环计数。循环计数法最大的优点是能够及时地发现差错，以便及时进行调整。

例：某仓库的库存物品有4 000个品种，其中A类有300种，B类有800种，C类有2 900种。若每月（20个工作日）清点一次A类，每季清点一次B类，半年清点一次C类，那么该库管理人员每天需要清点多少个品种的物品？

解：

库存等级	数量	循环周期	每天清点的品种数
A	300	每月（20天）	300/20＝15种/天
B	800	每季（60天）	800/60≈14种/天
C	2 900	半年（120天）	2 900/120≈25种/天
			合计　62种/天

二、现代仓库（物流中心）内的一般业务和功能

企业现代物流中心内在体系的建设是随流通系统中产品品种少量化、多频度、小单位化发展以及JIT等新型生产、流通体制的进化而演变来的，可以说，流通系统中的种种变革带来了仓库机能上的重大变化。具体来看，随着产品品种多样化的发展，仓储管理日益复杂，同样，配送多频度、少量化的发展，使得以整箱为单位的商品输送减少，相反小件商品的配送增加，这种发展趋势无疑使企业仓库备货、包装等作业繁琐化。除此之外，JIT制度的实施十分严格地要求缩短订货到发货之间的周期，并且实施防止断货发生的在库管理，同时能在较短时期内迅速对应订发货、备货、分拣和配送业务，进而要求有很严格的包装等流通加工机能。上述种种对现代物流的要求都促进企业要从战略的角度看待物流，或者说建立起信息化、自动化、机械化、现代化的物流中心。

现代仓库（物流中心）内的一般业务和功能的内容，如表7－3所示。

表 7-3　　现代仓库（物流中心）内的一般业务和功能

业务	主要作业		
进货	进货检查 入库作业	商品检查 入库准备 保管场所标示	1. 进货商品与进货清单的核对（质量核对、数量核对） 2. 保管条形码的贴付（固定放货时标示货架号） 3. 在流动场所放置货物时，装入入库商品及物品的货架号后保管 4. 在固定场所放置货物时，在贴付条形码的货架中保管
保管	保管作业 发货准备	数量管理 质量管理 流通加工	1. 检查在库量是否适当（是否需补充发货） 2. 保持正确的库存记录（核查库存实物与账目是否相符） 3. 把握库存物在库时间 4. 按客户的要求进行包装作业 5. 根据客户的要求贴付价格等有关标签
发货	发货作业 配送	备货 分拣包装 配车安排	1. 根据装箱商品和小件商品划分备货 2. 备货品与客户订单核对（商品号、数量、配送对象） 3. 根据不同配送对象分拣包装 4. 制作发货单、运送单等单据 5. 根据发货数量进行派车 6. 装车后进行积载确认

现代物流中心与传统仓库相比较，在订货、发货、检验、保管和装卸作业、场所管理、备货等方面具有较大的差异。

（一）订货、发货

当今现代化的物流中心在建设的过程中，无论是采取集约化、综合化的发展模式还是分散化、个性化的发展模式，都比较注意通过网络将企业本部与各工厂、物流中心与经营最前端的店铺连接起来，从而使订货信息通过信息系统传输到物流中心，在准备发货的同时，同期进行自动制作发货票、账单等业务。除此以外，通过 EOS 系统实现产业内以及企业间的电子订货，真正使企业的经营活动与商品的物质运动紧密联系在一起，并推动即需型产销体制和网络经营体系的建立。

（二）进货、发货时的检验

在现代物流中心里，伴随着订发货业务的开展，检验作业也在集约化的中心内进行。条形码的广泛普及以及便携式终端性能的提高，使物流作业效率得到大幅提高，即在客户订货信息的基础上，在进货商品上要求贴付条形码，商品进入中心时用扫描仪读取条形码检验商品，或在企业发货信息的基础上，在检验发货商品时同时加贴代表客户信息的条形码，这样企业的仓库保管以及发货业务都在条形码管理的基础上进行。

（三）仓库（物流中心）内的保管、装卸作业

企业在现代物流中心建设的时候都极力导入自动化作业，以便在实现

物流作业快速化的同时，极力削减作业人员、降低人力费。特别是以往需要大量人力的备货或标价等流通加工作业如何实现自动化是很多企业面临的重要课题。为了提高作业效率，除了改善作业内容外，很多企业所采取的方法是极力使各项作业标准化，进而最终实现人力资源的节省。像啤酒生产商或食品生产商等生产单价较低、大量销售的商品生产企业，可以在物流中心内彻底实现自动化，从而将所有备货作业完全建立在标准化的基础之上。当然，有一点是值得我们注意的，那就是不同产业对自动化要求的程度也是不一样的。例如，对于周转较慢的商品，即便利用自动化仓库保管，也不易大幅度提高商品周转率。

（四）场所管理

现代物流中心内的场所管理分为两种形态，一种是利用信息系统事先将货架进行分类、编号，并贴付货架代码，各货架内装置的商品事先加以确定，这是一种固定型的场所管理；另一种管理方式是流动型管理，即所有商品按顺序摆放在空的货架中，不事先确定各类商品专用的货架。在固定型管理方式下，各货架内装载的商品长期是一致的，这样从事商品备货作业较为容易，同时信息管理系统的建立也较为方便，这是因为只要第一次将货架编号以及商品代码输入计算机，就能很容易地掌握商品出入库动态，从而省去了不断进行库存统计的繁琐业务，与此同时，在库存发出以后，利用信息系统能很方便地掌握账目以及实际的剩余在库量，及时补充安全在库。相反，流动型管理方式由于各货架内装载的商品是不断变化的，在商品变更登录时出差错的可能性较高。

固定型场所管理方式尽管具有准确性和便利性等优点，但是，它也有某些局限性，也就是说，固定型管理和流动性管理各有一定的适用范围。一般来讲，固定型管理适用于非季节性商品，而季节性商品或流行性变化剧烈的商品，由于周转较快，出入库频繁，更适应于流动型管理。

（五）备货作业

物流中心中最难实行自动化的是备货作业，尽管业种不同、商品的形状不同，备货作业的自动化有难有易，但即便容易实行备货自动化的商品或产业，也需要大量实现自动化的资金投入，因此，当中心内库存处理量不多时投资难以收回。从发达国家的物流实践看，啤酒企业是少数几个满足备货自动化作业的产业，虽然从整个产业来看，各企业在推动自动化时会遇到各种难题，但是，都在极力通过利用信息系统节省人力资源，构筑高效的备货自动化系统。备货自动化中最普及的是数码备货，所谓数码备货就是不使用人力，而是借助于信息系统有效地进行作业活动，具体讲，在由信息系统接受顾客订货的基础上，向分拣员发出数码指示，从而按指定的数量和种类正确、迅速地备货作业系统。

原来的备货作业是在接受订货指示、发出货票的同时，备货员按照商品分列的清单在仓库内寻找、提取所需商品。如今，实行自动化备货作业后，各个货架或货棚顶部装有液晶显示的装置，该装置标示有商品的分类号以及店铺号，作业员可以很迅速地查找到所需商品。如今，很多先进的企业即便使用人力，也都纷纷采用数码技术提高备货作业的效率。

备货作业的具体方法大致有两种，一是抽取式方式；二是指定存放方式。前者是将商品从货架中取出，直接放在流水线传输过来的空箱中；而后者通过的货箱是固定的，备货员按数码信息将商品放在指定的货箱中。一般而言，前一种方式使用较为频繁，而后一种方式对于必须将商品直接配送给客户的生鲜食品较为适用。

从以上现代物流中心的主要活动可以看到，当今物流中心内的管理主要是借助导入自动化仪器、构筑信息系统等手段，力图做到中心内作业的机械化，节省人力资源，简化进发货作业，最终降低物流成本。

第八章　企业库存控制

控制和保持库存是每个企业所面临的问题。由于库存的成本在总成本中占有相当大的比例，因此，库存的管理与控制是企业物流领域所面临的一个关键问题，对于企业物流整体功能的发挥起着非常重要的作用。

传统的库存管理任务涉及这样两个基本问题：订货多少和何时订货。通过简单的计算，管理者可以很容易地作出决策。但是在今天的企业环境中，库存管理的任务变得越来越复杂，涉及库存管理的方法也越来越多，库存决策也变得更加复杂。本章在阐述企业库存的类型及其重要性之后，将从成本管理的角度介绍一些比较传统和现代的库存管理方法。在实践中，管理者需要根据企业的具体情况来选择合适的库存管理方法以提高企业物流系统的效率，无论企业选择什么样的库存管理方法，总成本最小化是库存管理的关键。

第一节　企业库存的重要性与类型

库存（Inventory）是指企业在生产经营过程中为现在和将来的耗用或者销售而储备的资源。包括：原材料、材料、燃料、低值易耗品、在产品、半成品、产成品等。

一、库存的分类

库存范围的确认，应以企业对存货是否具有法定所有权为依据，而不论该物品存放在何处和处于何种状态。企业持有的库存可按用途和目的进行分类。

（一）按库存的用途进行分类

按库存的用途，企业持有的库存可分为：原材料库存、在制品库存、维护/维修/作业用品库存、包装物和低值易耗品库存及产成品库存。

1. 原材料库存

原材料库存（Raw Material Inventory ）是指企业通过采购和其他方式取得的用于制造产品并构成产品实体的物品，以及供生产耗用但不构成产品实体的辅助材料、修理用备件、燃料以及外购半成品等，是用于支持企业内制造或装配过程的库存。

2. 在制品库存

在制品库存（Work – In – Process Inventory，WIP）是指已经过一定生产过程，但尚未全部完工、在销售以前还要进一步加工的中间产品和正在加工中的产品。WIP之所以存在，是因为生产一件产品需要时间（称为循环时间）。

3. 维护/维修/作业用品库存

维护/维修/作业用品库存（Maintenance/Repair/Operating，MRO）是指用于维护和维修设备而储存的配件、零件、材料等。MRO的存在是因为维护和维修某些设备的需求和所花的时间有不确定性，对MRO存货的需求常常是维护计划的一个内容。

4. 包装物和低值易耗品库存

包装物和低值易耗品库存是指企业为了包装本企业产品而储备的各种包装容器和由于价值低、易损耗等原因而不能作为固定资产的各种劳动资料的储备。

5. 产成品库存

产成品库存（Finished Goods Inventory）就是已经制造完成并等待装运，可以对外销售的制成产品的库存。与MRO相似的是，产成品必须以存货的形式存在的原因是用户在某一特定时期的需求是未知的。

（二）按照库存的目的进行分类

按照库存的目的，企业持有的库存可以分为周转库存、保险库存和季节性储备。

1. 周转库存

周转库存是指用于经常周转的货物储备，即在前后两批货物正常到达期之间，提供生产经营需要的储备。

2. 保险库存

保险库存又称安全库存，是指用于防止和减少因订货期间需求率增长或到货期延误所引起的缺货而设置的储备。保险储备对作业失误和发生随机事件起着预防和缓冲作用，它是一项以备不时之需的存货。在正常情况下一般不动用，一旦动用，必须在下批订货到达时进行补充。

3. 季节性储备

季节性储备是指企业为减少原材料季节性生产和季节性销售的影响而储存的原材料或产成品。

二、库存的重要性

我们从原材料库存和产成品库存两个方面来讨论企业保持库存的重要性。

(一) 原材料库存

原材料库存是用于支持企业内制造或装配过程的库存。保持这种库存的原因主要有以下几个方面：

1. 获得大量购买的价格折扣

企业大量采购可以得到价格折扣，因增购的部分不是立即用于生产，所以就会增加库存成本。只要库存成本的增加低于购买价格的节约，企业就愿意增加原材料库存。

2. 大量运输降低运输成本

大批量采购导致了大批量装运，许多企业整车皮、整卡车甚至整船运输原材料。整车运输的运费率比零担运输低许多，从而减少运输成本。运输成本通常是原材料最终售价的一个重要组成部分，运输费率的降低对企业是非常重要的。

3. 避免由于紧急情况而出现停产

企业通常保持一定数量的库存作为缓冲，即保险库存，以防在运输或订货方面出现问题而影响生产。许多企业不愿意因为原材料缺货而关闭装配线，因为这种成本是相当高的。保险库存的数量将根据延迟交货的概率以及原材料的使用数量来确定。

4. 防止涨价、政策的改变以及延迟交货等情况的发生

一些企业会面临原材料供应的不确定性，例如，当黄金有涨价征兆时，珠宝制造商就会提前购买和存储黄金；对于从国外进口原材料的企业来说，如果供应国发生政变或经济危机，那么供应就被中断，从而导致缺货。

5. 调整供需之间的季节差异

农产品，如小麦或其他谷物只在一年中的某些时期生产，因此需要存储这些产品以满足全年的需求。在一些情况下，运输方式也可能造成季节供给，如在冬季一些航道和港口封冻，使得货物的供应受阻。在这种情况下，公司需要增加库存成本以维持生产的连续进行。

6. 保持供应来源

大型制造企业利用小供应商制造本企业也能制造的装配件或半成品是非常有利的。当他们没有足够生产能力满足高峰需求时，可以从小供应商

处购买。如果大制造商在一年中的某个时期不从小供应商那里购买产品，小制造商可能就会关闭工厂并辞掉所有员工。当大制造商再次需要从小供应商进货时，小制造商就要重新招聘员工。这样不仅会提高成本，还会降低产品质量。因此，大制造商在淡季给小供应商一些订单使其维持生产或部分生产能力是有必要的。这样做对于大型企业来说，虽然会增加库存，但比改变供应商或使小供应商重新生产的成本更低。

（二）产成品库存

产成品库存是已经制造完成并等待装运，可以对外销售的制成产品的库存。企业保持一定数量产成品库存的原因也主要有以下几个方面：

1．节省运费

保持产成品库存的一个原因与前面提到的原材料库存原因类似，即运输的经济性。整车运输比零担运输的运费率低，只要运费低于仓储成本，那么大批量运输就对企业有利。许多企业在市场附近建立面向市场的仓库，公司将产品由工厂大批量运送到仓库，然后将产品以零担方式短距离运送给客户。这样企业不仅可以缩短运货时间、提高服务水平，而且可以降低运输成本、失销成本及在途存货成本。

2．获得生产的节约

长期连续生产会降低产品的生产成本，但这意味着生产先于需求，产品不能马上全部销售出去，企业需要权衡考虑降低的生产成本与增加的库存成本之间的关系，对于技术含量高，生命周期短的产品尤其要慎重考虑。

3．调整季节差异

对于任何企业来说，根据季节性高峰需求设计生产能力是没有效率的，而且风险极大，较好的方法是全年有规律地小规模生产，当然，这也就形成在非高峰需求期间的产成品库存。

4．提高客户服务水平

由于市场竞争的日益加剧，企业必须不断提高服务水平，才能保持和提高竞争力。许多企业采取的一个策略就是将产成品库存靠近客户以利于及时交货，尤其对于可替代性很高的产品，这种策略更为重要。

5．保留技术工人

在非高峰时期，为了不让技术工人停工失业，就必须继续生产，从而产生库存，在一定时期可起到保留技术工人的作用。

三、企业库存管理的特点

近年来，企业的经营环境发生了很大变化，从而使企业的生产实践出现了许多新的倾向，这些倾向对企业库存管理产生极大的影响，主要表现在以下几个方面：

1. 产品系列化、多样化，使得企业的库存水平上升。如果某个企业只生产一种产品，那么企业根据预计销售量，就可以确定相应的周转库存和保险库存；如果该企业生产要增加产品的花色品种，那么它在决定库存数量时，就必须为每一种产品保持相应的库存，其库存总数就会大大增加。

2. 存货由零售商转向供应商，加大了企业库存管理的难度。买方市场的形成使零售业、制造业的竞争日益激烈，零售商往往采用减少存货的方法来压缩成本，这样做的结果使供应商不得不增加库存来满足零售商的随时订货。

3. 库存被看成是一项投资，使企业库存管理更加重要。库存在企业资产中占据重要的位置，许多企业的库存达到总资产的50%以上。减少库存投资，就可以节省储存成本。

4. 总成本最小的目标，使企业有时需要加大库存。库存系统是企业系统的一个组成部分，库存成本管理的目标是受企业的总目标约束的。有时为了追求企业总成本最小而会增加库存。如果适当增加部分库存能减少其他形式的成本，并且其节约额超过了库存成本的增加额，那么企业就会选择增加库存。

第二节　库存成本

库存管理的任务是用最低的费用在适当的时间和适当的地点取得适当数量的原材料、消耗品和最终产品。在许多企业中，库存成本是物流总成本的一个重要组成部分，物流成本的高低常常取决于库存管理成本的大小，而且，企业物流系统所保持的库存水平对于企业提供的客户服务水平起着重要作用。库存成本主要包括以下方面：库存持有成本、订货或生产准备成本、缺货成本和在途库存储存成本。

一、库存持有成本

（一）库存持有成本

库存持有成本（Holding Cost）是指为保持库存而发生的成本，它可以分为固定成本和变动成本。固定成本与库存数量的多少无关，如仓库折旧、仓库职工的固定月工资等；变动成本与库存数量的多少有关，如库存占用资金的应计利息、破损和变质损失、保险费用等。变动成本主要包括以下四项成本：资金占用成本、存储空间成本、库存服务成本和库存风险成本。

1. 资金占用成本

资金占用成本有时也称为利息成本或机会成本，是库存资本的隐含价值。资金占用成本反映失去的盈利能力。如果资金投入其他方面，就会要求取得投资回报，因此资金占用成本就是这种尚未获得的回报的费用。

一般来说，资金占用成本是库存持有成本的一个最大组成部分，通常用持有库存的货币价值的百分比来表示。也有用确定企业新投资最低回报率来计算资金占用成本的，因为，从投资的角度来说，库存决策与作广告、建新工厂、增加新的机器设备等投资决策是一样的。

2. 存储空间成本

这项成本包括与产品运入、运出仓库有关的搬运成本以及储存成本，如租赁、取暖、照明等，即实物存储与搬运成本。这项成本将随情况不同而有很大变化。例如，原材料经常是直接从火车卸货并露天存储，而产成品则要求更安全的搬运设备及更复杂的存储设备。

存储空间成本仅随库存水平的提高或降低而增加或减少。如果利用公共仓库，有关搬运及存储的所有成本将直接随库存的数量而变化，在做库存决策时，这些成本都要考虑。如果利用自有仓库，大部分存储空间成本是固定的（例如建筑物的折旧）。

3. 库存服务成本

库存服务成本主要指保险及税金。根据产品的价值和类型，产品丢失或损坏的风险高，就需要较高的风险金。另外，许多国家将库存列入应税的财产，高水平库存导致高税费。保险及税金将随产品不同而有很大变化，但在计算存货储存成本时，必须要考虑它们。

4. 库存风险成本

作为库存持有成本的最后一个主要组成部分的库存风险成本，反映了一种非常现实的可能性，即由于企业无法控制的原因，造成的库存贬值。

（二）库存持有成本的计算

由于库存持有成本中的固定成本是相对固定的，与库存数量无直接关系，它不影响库存控制的决策，所以我们的讨论中只涉及变动成本。

计算一种单一库存产品的库存持有成本分三步：

第一步，确定这种库存产品的价值，其中先进先出法（FIFO）、后进先出法（LIFO）或平均成本法是常用的方法。因为无论提高或降低库存水平都与库存价值的变动成本相关，而与固定成本无关，因此，与库存决策最相关的产品价值是产品的买价或目前进入企业物流系统的产品的可变制造成本。

第二步，估算每一项储存成本占产品价值的百分比，然后将各百分比数相加，得到库存持有成本占产品价值的比例，这样储存成本就用库存价值百分比来表示，如表 8－1 中所示。

表 8－1　　库存持有成本的确定

成本类别	成本占库存价值的百分比
仓储成本：仓库租金、折旧、作业成本、税收、保险	6%（3%～10%）
材料处理成本：设备租金、折旧、能源、作业成本	3%（1%～3.5%）
进行额外处理的劳动力成本	3%（3%～5%）
投资成本：借贷成本、税收、库存保险	11%（6%～24%）
被偷窃、积压和废旧库存	3%（2%～5%）
所有的持有成本	26%

最后一步，用全部储存成本（产品价值的百分比）乘以产品价值，这样就估算出保管一定数量库存的年成本。

（三）库存储存成本与库存水平的关系

随着库存水平的增加，年储存成本将随之增加，也就是说，储存成本是可变动成本，与平均存货数量或存货平均值成正比。

二、订货或生产准备成本

订货成本（Ordering Cost）或生产准备成本（Setup Cost），是指企业向外部的供应商发出采购订单的成本或指企业内部的生产准备成本。

（一）订货成本

订货成本是指企业为了实现一次订货而进行的各种活动的费用，包括处理订货的差旅费、邮资、电报电话费、文书等支出。订货成本中有一部分与订货次数无关，如常设采购机构的基本开支等，称为订货的固定成本；另一部分与订货的次数有关，如差旅费、邮资等，称为订货的变动成本。具体来讲，订货成本包括与下列活动相关的费用：（1）检查存货水平；（2）编制并提出订货申请；（3）对多个供应商进行调查比较，选择最合适的供货商；（4）填写并发出订货单；（5）填写、核对收货单；（6）验收发来的货物；（7）筹备资金并进行付款。这些成本很容易被忽视，但在考虑涉及订货、收货的全部活动时，这些成本很重要。

（二）生产准备成本

生产准备成本是指当库存的某些产品不由外部供应而是企业自己生产时，企业为生产一批货物而进行改线准备的成本。其中更换模、夹具需要的工时或添置某些专用设备等属于固定成本，与生产产品的数量有关的费用如材料费、加工费等属于变动成本。

（三）库存持有成本与订货成本的关系

订货成本和持有成本随着订货次数或订货规模的变化而呈反方向变化，起初随着订货批量的增加，订货成本的下降比持有成本的增加要快，即订货成本的边际节约额比持有成本的边际增加额要多，使得总成本下降。当订货批量增加到某一点时，订货成本的边际节约额与持有成本的边际增加额相等，这时总成本最小。此后，随着订货批量的不断增加，订货成本的边际节约额比持有成本的边际增加额要小，导致总成本不断增加。

总之，随着订货规模（或生产数量）的增加，持有成本增加，而订货（或生产准备）成本降低，总成本线呈 U 形。其关系如图 8－1 所示。

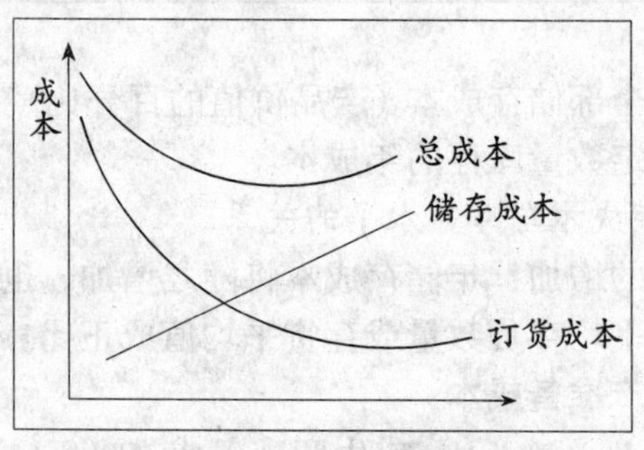

图 8－1　存货成本与订货规模的关系

三、缺货成本

库存决策中另一项主要成本是缺货成本，是指由于库存供应中断而造成的损失，包括原材料供应中断造成的停工损失、产成品库存缺货造成的延迟发货损失和丧失销售机会的损失（还应包括商誉损失）；如果生产企业以紧急采购代用材料来解决库存材料的中断之急，那么缺货成本表现为紧急额外购入成本（紧急采购成本大于正常采购成本的部分）。当一种产品缺货时，客户就会购买竞争对手的产品，那么就对企业产生直接利润损失，如果失去客户，还可能为企业造成间接或长期成本。在供应物流方面，原材料或半成品或零配件的缺货，意味着机器空闲甚至关闭全部生产设备。

（一）保险库存的持有成本

许多企业都会考虑保持一定数量的保险库存，即缓冲库存以防在需求或提前期方面的不确定性。但是困难在于确定在任何时候需要保持多少保险库存，保险库存太多意味着多余的库存，而保险库存不足则意味着缺货或失销。

保险库存每一追加的增量都造成效益的递减。超过期望需求量的第一个单位的保险库存所提供的防止缺货的预防效能的增值最大，第二个单位所提供的预防效能比第一个单位稍小，依次类推。如果保险库存量增加，那么缺货概率就会减少。在某一保险存货水平，储存额外数量的成本加期望缺货成本会有一个最小值，这个水平就是最优水平。高于或低于这个水平，都将产生净损失。

零售业保持保险库存可以在用户的需求率不规律或不可预测的情况下，有能力供应他们。生产企业保持产成品保险库存可以在零售和中转仓库的需求量超过平均值时有能力补充他们的库存，半成品的额外库存可以在工作负荷不平衡的情况下，使各制造部门间的生产正常化。准备这些追加库存是要不失时机地为客户及内部需要服务，以保证企业的长期效益。

（二）缺货成本计算

缺货成本是由于外部和内部中断供应所产生的。当企业的客户得不到全部订货时，叫做外部短缺；而当企业内部某个部门得不到全部订货时，叫作内部短缺。如果发生外部短缺，将导致以下情况发生延期交货、失销、失去客户的情况。下面分别讨论这三种情况。

1. 延期交货

延期交货可以有两种形式，或者缺货商品可以在下次规则订货中得到补充，或者利用快速延期交货。如果客户愿意等到下一个规则订货，那么公司实际上没有什么损失。但如果经常缺货，客户可能就会转向其他供货商。

如果缺货商品延期交货，那么就会发生特殊订单处理和运输费用，延期交货的特殊订单处理费用要比普通处理费用高。由于延期交货经常是小规模装运，运输费率相对要高，而且，延期交货的商品可能需要从另一地区的一个工厂仓库供货，进行长距离运输。另外，可能需要利用速度快、收费高的运输方式运送延期交货商品。因此，延期交货成本可根据额外订单处理费用和额外运费来计算。

2. 失销

尽管一些客户可以允许延期交货，但是仍有一些客户会转向其他供货商，换句话说，许多公司都有生产替代产品的竞争者，当一个供货商没有客户所需的产品时，客户就会从其他供货商那里订货，在这种情况下，缺货导致失销。对于卖方的直接损失是这种产品的利润损失。这样，可以通过计算这种产品的利润乘上客户的订货数量来确定直接损失。

关于失销，需要指出以下三点：首先，除了利润的损失，还包括当初负责这笔业务的销售人员的精力浪费，这就是机会损失。其次，很难确定在一些情况下的失销总量。例如，许多客户习惯电话订货，在这种情况下，客户只是询问是否有货，而未指明要订货多少，如果这种产品没货，那么客户就不会说明需要多少，卖方也就不会知道损失的总量。第三，很难估计一次缺货对未来销售的影响。

3. 失去客户

第三种可能发生的情况是由于缺货而失去客户，也就是说，客户永远转向另一个供货商。如果失去了客户，企业也就失去了未来一系列收入，这种缺货造成的损失很难估计，需要用管理科学的技术以及市场营销的研究方法来分析和计算。除了利润损失，还有由于缺货造成的信誉损失。信誉很难度量，在库存决策中常被忽略，但它对未来销售及企业经营活动非常重要。

为了确定需要保持多少库存，有必要确定如果发生缺货而造成的损失。

第一步，分析发生缺货可能产生的后果，包括：延期交货、失销和失去客户。

第二步，计算与可能结果相关的成本，即利润损失。

最后，计算一次缺货的损失。

如果增加库存的成本少于一次缺货的损失，那么就应增加库存以避免缺货。

如果发生内部短缺，则可能导致生产损失（人员和机器的闲置）和完工期的延误。如果由于某项物品短缺而引起整个生产线停工，这时的缺货成本可能非常高。尤其对于实施及时管理的企业来说更是这样。为了对保险库存量作出最好的决策，制造企业应该对由于原材料或零配件缺货造成停产的成本有全面的理解。首先确定每小时或每天的生产率，然后计算停产造成的产量减少，最后得出利润的损失量。

四、在途库存持有成本

在途库存持有成本不像前面讨论的三项成本那么明显，然而在某些情况下，企业必须考虑这项成本。如果企业以目的地交货价出售产品，就意味着企业要负责将产品运达客户，当客户收到订货产品时，产品的所有权才转移。从财务观点来看，产品仍是卖方的库存。因为这种在途库存直到交给客户之前仍然属企业所有，运货方式及所需的时间是储存成本的一部分，企业应该对运输成本与在途库存持有成本进行分析。

一个重要的问题是如何计算在途库存持有成本。前面讨论过库存持有成本的四个方面，即资金占用成本、存储空间成本、库存服务成本及库存风险成本，这些成本对于在途存货来说有所变化。

第一，在途库存的资金占用成本一般等于仓库中库存的资金占用成本，假定在运输过程中对所讨论的库存具有所有权，那么资金占用成本就要考虑。

第二，存储空间成本一般与在途库存不相关，因为运输服务部门提供设备及必要的装载及搬运活动，其费用已计入运价。

第三，对于库存服务成本，一般不对在途货物征税，但对保险的要求还要认真分析。例如，当使用承运人时，承运的责任相当明确，没有必要考虑附加保险，当使用自有车队或使用出租运输工具时，那么就需要上保险。

第四，由于运输服务具有短暂性，货物过时或变质的风险要小一些，因此库存风险成本可以认为不存在。

一般来说，在途库存持有成本要比仓库中的库存持有成本小。在实际中，需要对每一项成本进行仔细分析，才能准确计算出实际成本。

第三节 库存管理方法

传统库存理论认为，库存管理的目的就是解决两个基本问题：何时订货和订多少货。现代库存理论增加了新的内容，在哪儿存货、存什么货以及货物种类与仓库的搭配都成为库存管理者考虑的问题。上述各个问题之间有着紧密的联系，这使现在的库存管理者面临更加复杂的情况。从众多库存管理方法中选择一种最适合本企业的方法显得至关重要，方法得当才能取得较好的效果。库存管理者必须保证企业的原料供应和产品分配像流水线一样顺畅，并且使库存周转迅速。选择库存管理方法的原则是要适合本企业的实际特点，每种库存管理方法都有假设条件，本企业的实际情况必须能够近似于这种假设条件才行。

传统库存控制的任务是用最小的储备量保证供应，不缺货，谋求“保证供应而又最小的储备量”。而现代库存控制的任务是通过适量的库存达到合理的供应，实现总成本最低的目标。其关键性的突破在于放弃了“保证供应”，允许缺货，利用总成本最低来进行决策。

库存管理要遵循“经济性原则”，管理成本不能超过由此带来的库存成本节约。库存管理者需要在库存成本和客户服务水平之间寻找平衡点，100%的客户服务水平往往不是最佳选择，企业总是寻找维持系统完整运行所需的最小库存或达到“满意”的客户服务水平基础上的最低库存。

一、库存管理分类方法

要对库存进行有效的管理和控制，首先要对存货进行分类。常用的存货分类方法有 ABC 分类法和 CVA 分类法。

（一）ABC 分类法

ABC 分类法（ABC Analysis）又称重点管理法或 ABC 分析法。它是一种从名目众多、错综复杂的客观事物或经济现象中，通过分析，找出主次，分类排队，并根据其不同情况分别加以管理的方法。该方法是根据巴雷特曲线所揭示的“关键的少数和次要的多数”的规律在管理中加以应用的。通常是将手头的库存按年度货币占用量分为三类，A 类是年度货币量最高的库存，这些品种可能只占库存总数的 15%，但用于它们的库存成本却占到总数的 70%～80%。B 类是年度货币量中等的库存，这些品种占全部库存的 30%，占总价值的 15%～25%。那些年度货币量较低的为 C 类库存品种，它们只占全部年度货币量的 5%，但却占库存总数的 55%。除货币量指标外，企业还可以按照销售量、销售额、订货提前期、缺货成本等指标将库存进行分类。通过分类，管理者就能为每一类的库存品种制定不同的管理策略，实施不同的控制。

建立在 ABC 分类基础上的库存管理策略包括以下内容：

1. 花费在购买 A 类库存的资金应大大多于花在 C 类库存上的。

2. 对A类库存的现场管理应更严格，它们应存放在更安全的地方，而且为了保证它们的记录准确性，更应对它们频繁地进行检验。

3. 预测A类库存应比预测其他类库存更为仔细精心。

利用ABC分析法可以使企业更好地进行预测和现场控制，以及减少保险库存和库存投资。

ABC分类法并不局限于分成三类，可以增加。但经验表明，最多不要超过五类，过多的种类反而会增加控制成本。

（二）CVA管理法

ABC分类法也有不足之处，通常表现为C类物资往往得不到应有的重视，而C类物资往往也会导致整个装配线的停工。因此，有些企业在库存管理中引入了关键因素分析法（Critical Value Analysis，CVA）。

CVA的基本思想是把存货按照关键性分成三至五类，即：

1. 最高优先级。这是经营的关键性物资，不允许缺货。

2. 较高优先级。这是指经营活动中的基础性物资，但允许偶尔缺货。

3. 中等优先级。这多属于比较重要的物资，允许合理范围内的缺货。

4. 较低优先级。经营中需用这些物资，但可替代性高，允许缺货。

CVA管理法比起ABC分类法有着更强的目的性。在使用中要注意，人们往往倾向于制定高的优先级，结果高优先级的物资种类很多，最终哪种物资也得不到应有的重视。CVA管理法和ABC分析法结合使用，可以达到分清主次、抓住关键环节的目的。在对成千上万种物资进行优先级分类时，也不得不借用ABC分类法进行归类。

二、不同库存管理方法的主要区别

不同库存管理方法的主要区别包括：独立需求和相关需求、拉动方式和推动方式、按订单存货和按仓库存货、对单个仓库的管理和系统化的管理。

（一）独立需求和相关需求

这一要素对于选择合适的库存管理方法非常重要。当对产品A的需求量可以影响对产品B的需求量时，对产品B的需求称为相关需求。A产品的需求量不受其他任何产品需求量的影响时，对A产品的需求称为独立需求。对于制造业来说，原材料、零部件的需求量是由最终产品的需求量决定的，是一种相关需求，多数最终产品则是独立需求。

在对独立需求的产品进行管理时，应该依据准确的需求预测；对于相关需求的产品，则不需进行专门的需求预测，只要依据对它产生影响的产品需求预测就可以了。

（二）拉动方式和推动方式

拉动方式是以客户需求为动力，通过整个分销系统，逐级拉动，直至生产者。生产者和分销商的库存以既定的订货量为基础，有时也会随现有库存量、额定最大库存的变化而变化。在这种方式下，每次的订货量是预先确定的，但直到客户需要时才进行订货。

推动方式则是预先对库存水平进行计划。使用这种方式，必须对最终用户的需求情况有个清楚的了解，并估计各个时期的需求量，制定一个总体计划，及时向分销系统推出产品，直到最终用户。

拉动方式中生产企业对现实客户需求作出反应，而推动方式中生产企业是根据需求预测和计划来安排生产的，这是两者的根本区别。在拉动方式中，企业必须对客户的突发需求作出迅速而准确的反应。推动方式的优势在于，企业对市场进行准确的预测以后，统筹考虑，制定详细计划，稳定地满足客户需求。它可以将各种相似的需求统一考虑来降低成本，拉动方式则很难做到这一点。一般来说，拉动方式对于独立需求的产品比较有效，推动方式适用于相关需求的产品。拉动方式注重由需求者向供应者的信息流通，推动方式需要双向的交流。

Bowersox 和 Closs Helferich 对这两种方式的使用环境进行了分析，当产品的需求水平、订货周期不稳定且难以预测、市场仓库和分销中心容量有限时，使用拉动方式比较合适。当产品利润较高、需求是相关需求、存在规模经济性、供给不稳定或供应能力有限、存在季节性供应时，推动方式可以降低成本。

许多企业把这两种方式结合起来使用。例如，企业不仅预先制定系统化的计划，也可以对需求的突发变化作出快速反应。企业也可以在不同时期使用不同方式，在销售旺季使用拉动方式，在销售淡季使用推动方式。

（三）按订单存货和按仓库存货

按订单存货方式是指当对库存产生现实需求时才补充存货，所以它的储存成本较低，但订货成本和货物价格较高。按仓库存货方式保持比较稳定的存货，储存成本比较高，但它的订货成本和货物价格较低。

存货的价值高低和需求的稳定性是影响这两种方式的因素。对于特定用户特殊订货且价值较高的物资，应使用按订单存货方式。对于需求稳定且可以预测、价值较低的物资，制定合适的库存水平，采用按仓库存货方式比较合理。

（四）单独管理和系统化管理

单独管理是指只对一个孤立的仓库、分销中心进行管理；系统化管理是指运用系统的观点，达到总体的最优。这两种方式各有利弊，系统化方法需要花费很多的时间和费用对整个系统的运行进行研究，需要较高的员工素质，对单个仓库进行管理则要简单得多，廉价得多。在准备使用系统化管理方法以前，一定要对它能够真正达到预想目标的可能性进行分析，不能盲目推崇。对单个仓库进行管理，往往会达到本仓库的最优，却不是整个系统的最优。

通过以上分析可以看出，不同的方式适用于不同的情况，从而产生不同的效果。因此，企业在选择库存管理方式之前，一定要结合本企业特点，获得足够的信息，分析各种方式的优缺点。

三、库存管理方法的评价指标

消费者在购买商品之前通常要对销售者保质保量提供商品的能力进行调查，只有在充分相信这种能力以后才进行购买。相应地，销售者要巩固老客户，吸引新客户，就必须对库存进行良好的管理。库存管理方法的评价指标主要有以下几个方面：

（一）客户满意度

客户满意度就是指客户对于销售者现在的服务水平的满意程度。这个指标涉及许多内容：客户忠诚度、取消订货的频率、不能按时供货的次数、与销售渠道中经销商的密切关系等。

（二）延期交货

如果一个企业经常延期交货，不得不使用加班生产、加急运输的方法来弥补库存的不足，那么我们可以说，这个企业的库存管理系统运行效率很低。它的库存水平和再订货点不能保证供应，紧急生产和运输的成本很高，远远超过了正常成本。但并不是要求企业一定不能有延期交货，如果降低库存水平引起的延期交货成本低于节约的库存成本，那么这种方案是可取的，它可以实现企业总成本最低的目标。

（三）库存周转次数

计算整个生产线、单个产品、某系列产品的周转次数可以反映企业的库存管理水平。可以通过对各个时期、销售渠道中各个环节的库存周转次数进行比较，看看周转次数的发展趋势是上升还是下降，周转的“瓶颈”是在销售渠道的哪个环节。

库存周转次数在不同行业的企业里变化幅度很大，即使同一行业的不同规模企业也有很大差异。总体来说，库存周转次数越大表明企业的库存控制越有效，但有时客户订货时却不能马上得到货物，这就降低了客户服务水平。企业要想增大库存周转次数并维持原有的客户服务水平，就必须使用快速、可靠的运输方式，优化订单处理程序，来降低保险库存，达到增大库存周转次数的目的。对企业各环节、各种产品的库存周转次数进行分析评价，就可以发现企业物流系统的问题所在。

四、几种重要的库存管理方法

传统的库存管理方法包括确定条件和不确定条件下的经济订货批量法（EOQ）、固定订货周期法等数学模型方法。在企业的决策中，少数几种关键性因素起了决定作用。决策模型为了突出这些因素，就必须对现实进行抽象，作出许多假设，忽略次要因素，简化决策过程。模型的假设条件决定了该模型的复杂程度和精确程度。一般来讲，假设条件越简化、越脱离现实，这个模型越容易理解、容易操作，但其结果往往不太精确。决策者必须在复杂程度和精确程度之间进行权衡，在不脱离现实太远的前提下，使模型尽可能地简单明了。

在今天的经济环境中，企业的生产目标、生产组织结构、生产方式和方法都发生了巨大的变化，同时也对传统的库存管理方法提出了挑战。随着计算机技术的发展，创新性的现代库存管理方法得到普及和推广。这些方法包括物料需求计划（MRP）、制造资源计划（MRPⅡ）、分销资源计划（DRP）和及时方法（JIT）。

库存决策是企业管理中的关键问题，企业应该分析各种库存管理方法的优缺点，结合自己的实际情况慎重选择。

第四节　传统库存管理方法

一、经济订货批量（EOQ）模型

（一）库存周期

库存总成本最小的订货量称为经济订货批量（Economic Order Quantity，EOQ）。经济订货批量模型示意图 8－2 中，图中 Q 为订货量。这里描述了三个库存周期，每一周期都以 Q 个单位为开始，它是固定订货批量。刚收到订货时，库存水准为 Q 个单位，物品按斜率为负值的斜线表示的某一固定需求率 R 出库。当库存量降至再订货点时，就按 Q 单位发出一批新的订货，经过一固定的提前期后，货物便到达入库。这是一个经济订货批量模型在确定性条件下应用的例子。

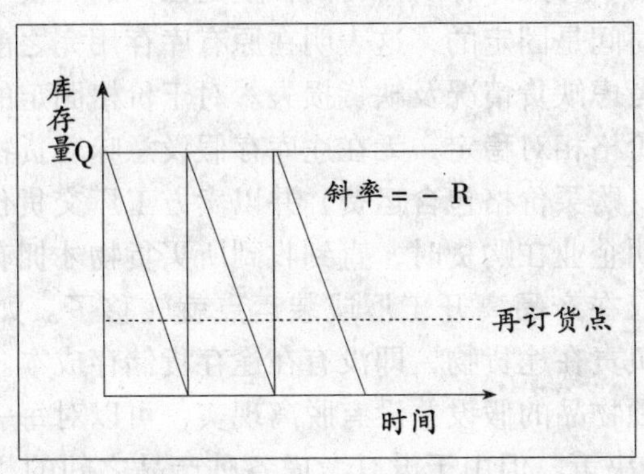

图 8－2　经济订货批量模型

建立再订货点是为何时订购固定批量提供一个信号，在企业库存管理中，再订货点是以提前期或补充时间的概念，即订货被补充或制造固定批量所需的时间长度为基础的。

（二）简单 EOQ 模型

在开发模型过程中，经常用一个简单的方法将现实加以抽象和概括。换句话说，模型中包括一些试图反映现实的假设。模型的复杂性及精确性与假设有很大关系。模型的假设越多，就越容易处理与理解模型；然而，简单模型的输出经常是不够精确的。因此，建模者要把握好简单性与精确性的关系。建模要尽可能简单与直观，但同时又不能偏离现实太远。简单 EOQ 模型的基本假设如下：

1. 需求量确定并已知，整个周期内的需求是均衡的。
2. 供货周期固定并已知。
3. 集中到货，而不是陆续入库。
4. 不允许缺货，能满足所有需求。
5. 购买价格或运输费率等是固定的，与订货的数量、时间无关。
6. 没有在途库存。
7. 只有一项产品库存，或虽有多种库存，但各不相关。
8. 资金可用性无限制。

前四条假设密切相关，是确定性条件成立的基本前提。在每一相关时间间隔（每天、每周或每月）需求是已知的并与时间成线性关系。库存消耗的速率是固定的，补充库存所需时间长度是已知的，换句话说，订货与收货之间的提前时间是固定的，这表明在原有库存用完之前所订货物刚好到达，因此不需考虑缺货情况及缺货损失。对于价格固定的假设表明没有价格折扣，而且价格相对稳定，无在途库存假设意味着货物以买方工厂交货价为基础购买（购买价格包含运费）并以卖方工厂交货价（买方负责运输）出售。这表明企业在购货时，直到收到所买货物才拥有所有权；在销货时，货物所有权在产品离开工厂或装运点就转移了。如果作出这些假设，企业就不用负责在途货物，即没有在途存货储存成本。许多企业库存有多种产品，单项物品的假设并没有脱离现实，可以对每一项重要的库存产品单独作 EOQ 决策。但由于没有考虑各种产品之间的相互作用，所以和现实会有一定的差距。资金的可用性在一些情况下是非常重要的，如果对库存的资金有某些限制，可作为批量模型的一个约束条件。

在以上假设前提下，简单 EOQ 模型只考虑两类成本：库存持有成本与订货或生产准备成本。简单模型的决策涉及两种成本之间的权衡分析。如图 8－1 所示，库存持有成本随订货批量的增加而线性增加，如果只考虑库存持有成本，则订货批量越小越好。而总订货成本随订货批量的增加而减少，如果只考虑订货成本，则订货批量越大越好。因此，应权衡考虑两种成本，使总成本达到最小的订货批量即为最优订货批量。

（三）数学描述

为了建立 EOQ 模型，首先假定以下变量：

R：每年的需求量（件）

Q：订货批量（件）

A：每次的订货成本或生产准备成本（元/每次订货）

V：每件商品的价值（元/件）

W：每件商品的年持有成本占商品价值的百分比（%）

S＝VW＝每件商品的年储存成本（元/件）

t：时间（天数）

TAC：年库存总成本（元）

已知上述假设，年总成本可由下面公式表示：

$$\mathrm{TAC}=\frac{1}{2}Q\cdot VW+\frac{R}{Q}A$$

方程右边第一项是库存持有成本，等于在订货周期中，经济订货批量的平均单位数（Q/2）乘以每单位价值（V），再乘以持有成本（W）。每一个订货周期开始的库存总量为Q，需求是已知并均衡的，在订货周期（t）中，库存产品以相同速率减少，那么持有库存的平均值是初始总量（Q）的一半。一个周期的库存持有成本受到这一周期平均库存量的影响。

如方程中所示，只确定存货的平均数量是不够的，还必须知道每单位的价值，它将随产品的性质而改变，以及储存成本的百分比，它将随产品及企业的仓储运行情况而改变。Q越大，库存持有成本就越高，即持有成本随着订货批量的增加而增加，这是因为大批量的库存持续的时间就长，平均库存将随经济订货批量的增加而增加，因此持有成本就增加。

方程右边第二项指的是订货成本或生产准备成本。如前所述，假设每次订货或生产准备成本是固定的，因此如果Q的数值增加，那么每年的订货次数就会减少，因为年需求量是固定的，也就是说，订货批量越大，年订货成本就越低。

为了获得使总成本达到最小的Q，即经济订货批量，将TAC函数对Q微分：

$$\mathrm{TAC}=\frac{1}{2}Q\cdot VW+\frac{R}{Q}A$$

$$\frac{d\,(TAC)}{dQ}=\frac{VW}{2}-\frac{AR}{Q^2}$$

令：

$$\frac{d\,(TAC)}{dQ}=0$$

即可得出：

$$Q^2=\frac{2RA}{VW}\qquad Q=\sqrt{\frac{2RA}{VW}}\qquad Q=\sqrt{\frac{2RA}{S}}$$

（四）再订货点

除了要知道订货多少之外，还必须知道什么时候订货，这就是再订货点。在确定性条件下，在补充期或提前期需要足够的库存，因此如果提前期已知，可以用提前期乘上日需求量来确定再订货点。

假设订货补充期或提前期为10天，已知每天的需求量是10个单位，那么提前订货点是100个单位（10天×10单位/天）。

（五）对基本EOQ模型的调整

1. 批量折扣

任何负责购买产品或运输服务的经营者都经常面临这样的问题，即是否利用价格折扣。价格折扣可以是一次购买大批量商品的减价，也可以是运输大批货物，其单位运价较低，或两者兼而有之。大批购买的结果将是手中有大量库存而订货费用会降低。买主现在的问题是如果卖方提供折价，大批量购买是否有优势。解决这一问题的步骤如下：

第一步，计算每种价格 P_i 下的 EOQ_i。

第二步，淘汰不可行的 EOQ_i。“不可行”是指按照价格 P_i 计算出的经济订货批量未达到 Pi 所要求的最低订货批量。

第三步，计算可行的 EOQ_i 的年总成本 TC（含产品买价）。

第四步，找出所有的折扣临界批量，按折扣价格计算年总成本 TC（含产品买价）。

第五步，比较三、四步求出的所有总成本 TC，找出最小值，相应的订货批量就是经济订货批量。

2. 非瞬时供应

在上述基本 EOQ 模型中，假定订货是一次到达入库的，但在现实中往往有陆续到达入库的情况。当企业的零部件是由本企业自产时，生产速率大于耗用速率，也会产生类似的问题。比如，自行车厂平均每天耗用 d 个车把，订货的车把每天送来 p 个，或者每天自产 p 个车把，每次订购 Q 个，那么每批货物全部入库需要 Q/p 天。在送货期内，耗用掉 d（Q/p）件，那么最高库存量为 Q－d（Q/p），平均库存量为 1/2［Q－d（Q/p）］。

这是基本 EOQ 问题，但增加了一个变量，即订货或本企业生产的全部数量不是一次到达，它的到达像流水，如图 8－3 所示。

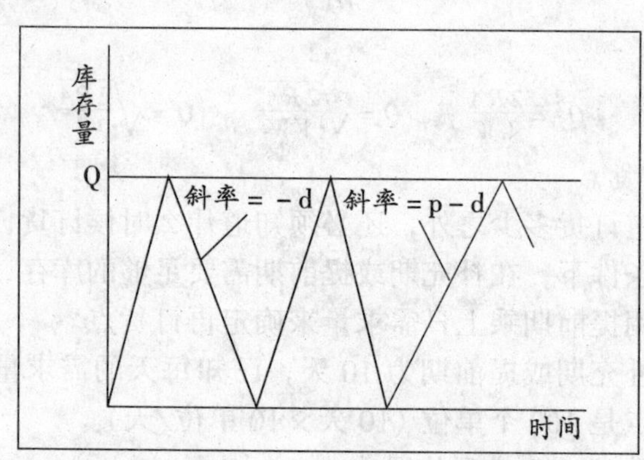

图 8－3 非瞬时性供应模型

总成本函数修订为：$TAC=\frac{1}{2}\left[Q-\frac{Q}{p}\cdot d\right]VW+\frac{R}{Q}\cdot A$

相应的 EOQ 公式为：$Q=\sqrt{\frac{2RA}{VW}\cdot\frac{p}{p-d}}$　$Q=\sqrt{\frac{2RA}{S}\cdot\frac{p}{p-d}}$

二、不确定条件下的经济订货批量模型

在确定性条件下，使用或销售速率是均衡并固定的，EOQ 的最后一个单位出售的同时，另一批订货准时到达，没有引起缺货成本。但对于大多数企业来说，这并不符合他们日常面临的情况。对于大多数企业来说，确定性条件在现实中得不到满足，其原因有以下几个方面：

首先，客户购买产品从某种程度上来说带有偶然性，许多产品的需求速率依赖于天气、社会需求、心理需求和其他许多因素，结果每天、每周、每季的产品的销售量都会改变。其次，一些因素会引起提前期或补充时间的改变，例如，运输时间可能会改变。事实上运输时间的可靠性常常是决定选择哪种运输方式或选择哪家运输公司的重要因素。导致提前期或补充时间改变的另外一种因素是订单处理及订单传送时间。如果是邮寄订单，那么可能会延误，这一领域的问题可以通过利用计算机系统来解决。除了需求速率及提前期的改变，还面临着购买的产品被损坏或运输途中损失等问题，在这种情况下就需要重新订货。尽管承运人会对货物丢失或损坏等问题负责，但会引起短期缺货，导致失销。

上面所提到的引起偏差的变量称为随机变量，管理者可以根据经验及相关的研究建立这些变量的概率分布，应用期望值分析来确定最优再订货点。解决这些问题的方法之一是保持保险库存来弥补偏差，但是要仔细分析需求，使保险存货量不能太多，导致库存成本增加，另一方面，保险库存不足，又可能会缺货，从而导致失销。

（一）再订货点

如前所述，基本模型的再订货点是用来满足从订货到货物入库这段时间的需求的库存水平，其计算很简单，因为需求或使用速率及提前期都是固定的，因此，可以用每天需求或使用量乘以提前期天数得到，当库存达到再订货点水平就开始订货。在不确定性条件下，再订货点的确定就需要考虑保险库存，这样，再订货点就变成提前期的平均日需求加上保险库存。

（二）需求不确定性

最容易处理的是只有一个因素引起的不确定性，其中销售速率或使用速率不确定是最常见的。为此作如下假设：

1. 固定并已知提前期。

2. 独立于订货批量或时间的固定价格或成本。

3. 没有在途库存。

4. 一项产品库存。

5. 资金可用性无限制。

在销售领域讨论不确定性，重点在于平衡保险库存成本和缺货（失销）成本。

用于计算的变量如下：

r = 提前期内的需求量（件）

p（r）= 需求概率

g = 再订货点

h = 单位超存的年期望储存成本

k = 单位短缺的年期望缺货成本

当供过于求时（r≤q），超存的年期望储存成本为：

$$\sum_{r=0}^{q} h\ (q-r)\ p\ (r)$$

当供不应求时（r≥q），短缺的年期望缺货成本为：

$$\sum_{r=q+1}^{+\infty} k\ (r-q)\ p\ (r)$$

当再订货点为 q 时，保险存货成本和缺货成本之和的期望值为：

$$C\ (q)\ \sum_{r=0}^{q} h\ (q-r)\ p\ (r)\ +\sum_{r=q+1}^{+\infty} k\ (r-q)\ p\ (r)$$

则最佳再订货点 q 应按下列不等式确定：

$$\sum_{r=0}^{q-1} p\ (r)\ <\frac{k}{k+h}\leq\sum_{r=0}^{q} p\ (r)$$

三、固定订货周期法

这种方法的特点是按照固定的时间周期来订货（一个月或一周等），而订货数量则是变化的。一般都是事先依据对产品需求量的预测，确定一个比较恰当的最高库存额，在每个周期将要结束时，对存货进行盘点，决定订货量，货物到达后的库存量刚好到达原定的最高库存额。

与 EOQ 方法相比，这种方法不必严格跟踪库存水平，减少了库存登记费用和盘点次数。价值较低的商品可以大批量购买，也不必关心日常的库存量，只要定期补充就可以了。食品店就经常使用这种方法，有些食品每天进货，有些每周进一次，另一些可能每月才进一次货。

如果需求和订货提前期是确定的，并且可以提前知道，那么使用固定订货周期法时，每周期的订货量是一样的。如果需求和订货提前期都不确定，那么每周期的订货量就是需求和订货提前期的函数。

固定订货周期法综合了拉动方式和推动方式的思想，它不仅仅对已经发生的需求作出反应，而且还要对预测需求作出计划，应用了推动方式的原理。

第五节 现代库存管理方法

一、物料需求计划（MRP）

MRP把原料和零部件的需求看成是最终产品需求量的派生需求。其出发点是要根据成品的需求，自动地计算出构成这些成品的部件、零件，以至原材料的相关需求量；根据成品的交货期计算出各部件、零件生产进度日程与外购件的采购日程。MRP的思想很早就产生了，但直到计算机产生、信息系统实施以后，MRP才真正得以广泛应用。MRP系统依据主生产计划、产品结构、库存状态来计算每种材料的净需求量，并把需求量分配到每个时期。

（一）MRP系统的目标

1. 保证在客户需要或生产需要时，能够立即提供足量的材料、零部件、产成品；

2. 保持尽可能低的库存水平；

3. 合理安排采购、运输、生产等活动，使各车间生产的零部件、外购件与装配的要求在时间与数量上精确衔接。

因此，MRP系统可以指明现在、未来某时的材料、零部件、产成品的库存水平。MRP系统的起点是需要多少最终产品，何时需要。然后再分解到每一种材料、零部件，并确定需求时间。

（二）MRP的输入信息

MRP有三种输入信息，即主生产计划、产品结构信息和库存状态。

1. 主生产计划。依据客户订单和需求预测，主生产计划驱动整个MRP系统。主生产计划描述了最终产品需要何时生产、何时装配、何时交货。

产品生产计划根据市场预测与用户订货来确定，但它并不等同于预测，因为预测未考虑企业的生产能力，而计划则要进行生产能力平衡后才能确定；预测的需求量可能随时间起伏变化，而计划可通过提高或降低库存水平作为缓冲，使实际各周期生产量趋于一致，以达到均衡稳定生产。

产品主生产计划是 MRP 的基本输入，MRP 根据主生产计划展开，导出构成这些产品的零部件与材料在各周期的需求量。

2. 产品结构信息。产品结构信息说明了生产或装配一件最终产品所需要的材料、零部件的数量。结合最终产品的需求量就可以计算出各零部件的毛需求量，同时还能够指出使用这些零部件的确切时间。产品结构信息还表明了各种零部件之间的数量关系，以及它们各自的重要程度。

3. 库存状态信息。库存状态信息应保存所有产品、零部件、在制品、原材料（以下统称项目）的库存状态信息，主要包括以下内容：

（1）当前库存量。是指工厂仓库中实际存放的可用库存量。

（2）计划入库量（在途量）。是指根据正在执行中的采购订单或生产订单，在未来某个时间周期项目的入库量。在这些项目入库的那个周期内，把它们视为库存可用量。

（3）提前期。是指执行某项任务由开始到完成所消耗的时间。对采购件来说，是从向供应商提出对某个项目的订货，到该项目到货入库所消耗的时间；对于制造或装配件，是从下达工作单到制造或装配完毕所消耗的时间。

（4）订货（生产）批量。是指在某个时间周期向供应商订购（或要求生产部门生产）某项目的数量。

（5）安全库存量。是为了预防需求或供应方面不可预测的波动，在仓库中经常应保持的最低库存数量。

此外，还应保存组装废品系数、零件废品系数、材料利用率等信息。

（三）MRP 工作程序

MRP 首先根据主生产计划规定的最终产品需求总量和产品结构信息，对产品的需求进行分解，生成对部件、零件以及材料的毛需求量计划。然后根据库存状态信息计算出各个部件、零件及材料的净需求量及期限，并发出订单。

（四）输出信息

MRP 程序可以为管理者提供的信息主要有：订货数量和时间；是否需要改变所需产品的数量和时间；是否需要取消产品的需求；MRP 系统自身的状态等等。

（五）对 MRP 系统的评价

只要建立了主生产计划，MRP 系统就可以确定不同时期的库存计划。MRP 产生材料需求计划以满足装配或制造特定数量产成品的要求，因此它是一种推动方式的系统。当对材料、零部件的需求是最终产品的派生需求时，MRP 比较适用。MRP 是从系统的角度来解决材料供应的。

1.MRP 系统的主要优点

(1) 维持合理的保险库存，尽可能地降低库存水平；

(2) 能够较早地发现问题和可能发生的供应中断，及早采取预防措施；

(3) 它的生产计划是基于现实需求和对最终产品的预测；

(4) 它并不是孤立地考虑某一个设施，而是统筹考虑整个系统的订货量；

(5) 它适合于批量生产或间歇生产或装配过程。

2.MRP 系统的不足

(1) 在使用中，它是高度计算机化的，难以调整；

(2) 降低库存导致的小批量购买使订货成本和运输成本增大；

(3) 它对短期的需求变动不如再订货点法敏感；

(4) 系统很复杂，有时不像预想的那样有效。

二、制造资源计划（MRPⅡ）

生产管理系统是企业经营管理系统中的一个子系统，它与其他子系统，尤其是经营与财务子系统有着密切的联系。在对 MRP 进行研究，并吸取精华、克服缺点以后，制造资源计划（MRPⅡ）应运而生。在 MRP 完成对生产的计划与控制基础上，进一步扩展，将经营、财务与生产管理子系统相结合，形成制造资源计划。

一些生产管理先进的国家的专家和学者认为，运用现代生产管理思想和方法建立的电脑化生产系统 MRPⅡ是一个先进的生产管理系统。MRPⅡ软件是根据订单和预测安排生产任务，对生产负荷和人员负荷与生产能力进行平衡调整，通过计算机模拟，得到一个最佳生产组合顺序的主生产计划。根据主生产计划的要求及库存记录、产品结构等信息，由计算机自动推导出构成这些产品的零部件与材料的需求量，产生自制品的生产计划和外购件的采购计划。根据物料需求量计算的结果，分阶段、分工作中心精确地计算出人员负荷和设备负荷，进行瓶颈预测，调整生产负荷，做好生产能力与生产负荷的平衡工作，制定能力需求计划，按照计划进行生产，在生产过程中，若出现问题，还可再进行调整。

它用科学的方法计算出什么时间、需要什么、需要多少，在保证正常生产不间断的前提下，根据市场供货情况，适时、适量分阶段订购物料，尽量减少库存积压造成的资金浪费，在解决物料供应与生产的矛盾、计划相对稳定与用户需求多变的矛盾、库存储备增多与减少流动资金的矛盾、产品复杂多样化与生产条理化的矛盾中起很大的作用。

MRPⅡ是一个很好的计划工具，能够进行因果分析，因此 有助于分析在后勤、生产、市场营销、财务等领域应用某一战略所产生的结果。例如，MRPⅡ可以解决企业物流中设施内部和设施之间的产品移动及存储问题。

综上所述，MRPⅡ是计划和管理企业所有资源的技术，它超越了库存控制和生产控制，综合了几乎所有的功能，是一个面向未来的计划技术。它不仅减少了缺货，提高了客户服务水平，还使运输更高效、更能适应需求的改变，减少了存货成本，减少生产线的停工，使计划更灵活。

现在，又有了新的发展，有人把 MRPⅡ和 JIT 结合起来，称之为 MRPⅢ。

三、分销资源计划（DRP）

分销资源计划是把 MRP 的原则和技术推广到最终产品的存 储和运输领域。MRP 包含一个主生产计划，然后把它分解成零部件的毛需求量和净需求量；相应地，DRP 从最终用户的需求量开始（这是一种独立需求），向生产企业倒推，建立一个经济的、可行的系统化计划，来满足用户需求。利用准确可靠的需求预测，DRP 制定一个分阶段的产品从工厂或仓库到最终用户的分销计划。事实上，DRP 是通过对存货的分配来达到服务用户的目的，因此，它是一种推动方式。

DRP 的真正意义在于，它对于现实需求非常敏感，使合适的产品及时到达用户手中。它是替代传统再订货点法的一种手段。

DRP 和 MRP 的主要区别在于，DRP 可以反复地调整它的订货方式，使之能够满足变化不定的环境。它也是从整个系统的角度考虑存货问题的，不会出现减少一个仓库的库存水平却使另一个仓库的库存水平大幅上升的问题。

有些企业把 DRP 和 MRP 结合起来应用，称之为 DRPⅡ。主生产计划是基于现实需求和需求预测的，MRP 程序直接对主生产计划进行处理。DRP 则依据对具体市场的需求预测和既定的生产计划，在各个不同的工厂和仓库之间分配库存。总而言之，MRP 是把所需的材料、零部件“推”到生产地或装配地，DRP 是把最终产品通过分销渠道“推”到需要它的地方去。

四、企业库存管理中的“零库存”问题

企业生产和销售系统中的库存通常是为避免某种差错的出现而设立的，因而库存也常常会掩盖许多不应该发生的差错，如工人或供应商未按标准生产、或者未能按时生产、或者生产数量规格不对；设计图或说明不准确；不了解客户的要求；员工拙劣和机器故障等造成的供货延误。一个好的库存策略不应该是为准备应付某种情况，而应是为了准时供货，所以企业库存管理的目标是“零库存”，当然要做到完全意义上的“零库存”是非常困难的，而且在许多情况下也是不必要的，企业只要建立一个准时制的库存系统就可以了。

准时制库存（Just – in – time Inventory ）是维持系统完整运行所需的最小库存。有了准时制库存，所需商品就能按时按量到位，分秒不差。

企业实现准时制库存的方式可以有多种多样，但都是基于与供应商或客户的可靠联盟。

寄售（Consignment）是企业实现“零库存”资金占用的一种有效的方式。国内应用这一方式最成功的企业目前是海尔集团。

寄售即供应商将产品存入海尔的仓库，并拥有库存商品的所有权，海尔在领用这些产品后才与供应商进行货款的结算。

寄售的优点从供应商方面看体现在：这种方式有利于供应商节省其在产品库存方面的仓库建设投资和日常仓储管理方面的投入，大大降低产品的仓储成本。

从海尔方面来看体现在：这种方式既可保证原材料、零部件等的及时供应，又可大大减少原材料、零部件的库存资金占用，保证其 JIT 采购的实施。

第九章 企业销售物流

生产企业售出产品的物流过程称为销售物流，是指生产者至用户或消费者之间的物流。包括产成品的库存管理、仓储发货运输、订货处理与客户服务等活动。

销售物流是企业物流系统的最后一个环节，是企业物流与社会物流的又一个衔接点。它与企业销售系统相配合共同完成产成品的销售任务。本章从企业销售系统出发，介绍企业的销售物流渠道，销售物流服务的意义以及实现企业销售物流的配送方式和运输策略。

第一节 企业销售系统及销售物流

一、企业销售系统的任务

企业的销售系统通过一系列营销手段出售产品，利用物流服务满足消费者的需求，实现产品的价值和使用价值。企业销售系统的主要任务是：

1. 进行市场调查和需求预测。为企业的产品开发和生产技术系统提供准确的市场信息。调查和预测的对象包括国内外的传统市场、新市场和潜在市场。

2. 开拓市场和制定销售产品的方针和策略。包括销售渠道、营销组合、产品定价等。

3. 编制销售计划。正确确定计划期产品销售量和销售收入两个指标，满足社会需要，保证产销衔接。

4. 组织、管理订货合同。包括组织签定合同、检查执行合同和处理执行合同中的问题。

5. 组织产品推销。包括产品的商标与装潢设计、广告宣传、试销试展、派员推销以及市场信息反馈等。

6. 组织对用户的服务工作。包括产品安装调试，使用与维修指导，实行“三包”，提供配件以及售前、售后征求用户意见等。

7. 进行成本分析。对销售费用与销售成本进行分析，不断提高销售的经济效益和销售管理工作水平。

二、企业销售渠道及销售物流组织

（一）企业销售渠道

企业的销售渠道按结构通常分为以下三种形式：

1. 生产者→消费者；
2. 生产者→批发商→零售商→消费者；
3. 生产者→零售商或批发商→消费者。

从物流过程来看，第一种销售渠道最短，第二种销售渠道最长，第三种销售渠道介于以上两者之间。

（二）影响企业销售渠道选择的因素

企业选择什么样的销售渠道主要决定于：政策性因素、产品因素、市场因素和生产企业自身等因素。生产企业对影响销售渠道选择的因素进行研究分析以后，要结合企业自身的特点和要求，对各种销售渠道的销售量、费用开支、服务质量，进行反复比较，找出最佳销售渠道。

（三）企业销售物流组织

企业销售渠道的选择及其销售物流的组织与产品类型有关，如钢材、木材等生产资料商品，其销售渠道一般选用第一种结构渠道和第三种结构渠道（生产者→批发商→消费者）；而诸如日用百货、小五金等商品的销售，则较多的选用第二、三种结构渠道。

正确选择和运用销售渠道，合理组织销售物流，可使企业迅速及时地将产品传送到用户手中，达到扩大商品销售，加速资金周转，降低流通费用的目的。

三、销售物流的主要环节

企业在产品制造完成后，需要及时组织销售物流，使产品能够及时、准确、完好地送达客户指定的地点。为了保证销售物流的顺利完成，实现企业以最少的物流成本满足客户需要的目的，企业需要在产成品包装、储存、发送运输、订单及信息处理、装卸搬运等方面做好工作。

（一）产成品包装

包装是企业生产物流系统的终点，也是销售物流系统的起点。产品包装，尤其是产成品的运输包装在销售物流过程中将要起到便于保护、仓储、运输、装卸搬运的作用。因此，在包装材料、包装形式上，既要考虑储存、运输等环节的方便，又要考虑材料及工艺的成本费用。

（二）产成品储存

保持合理库存水平，及时满足客户需求，是产成品储存最重要的内容。客户对企业产成品的可得性非常敏感，缺货不仅使客户需求得不到满足，而且还会提高企业进行销售服务的物流成本。当企业推出一种新产品或举办特殊促销活动期间，或是客户急需的配件不能立即供货，这种情况更是如此。产成品的可得性是衡量企业销售物流系统服务水平的一个重要参数。

为了避免缺货，企业一方面可以提高自己的存货水平，另一方面可以帮助客户进行库存管理。当一个客户的生产线上需要流进成百甚至上千种不同的零部件时，其供应阶段的库存控制任务是非常复杂的，在这种情况下，企业帮助客户管理库存不仅十分必要，而且还能够稳定客源、便于与客户的长期合作。

随着计算机及通讯设备能力的提高，许多供货商为客户进行库存控制自动化方面的规划，其中包括计算机化的订单处理和库存监控。另外，客户希望供应商在客户附近保持一定数量的库存以降低自己的存储空间需求。有时候，客户希望完全取消库存，他们从他们的客户那里得到订单，然后由供货商直接把货物运送给他们的客户。

（三）订单处理

为使库存保持最低水平，客户会在考虑批量折扣、订货费用和存货成本的基础上，合理地频繁订货。企业为客户提供的订货方式越方便、越经济，越能影响客户，如免费电话服务、预先打印好的订货表，甚至为客户提供远程通讯设备。客户非常关心交货日期，希望供货方能够将订单处理与货物装运的进程及时通知客户，特别当与预期的服务水平已经或将要发生偏差时，更是这样。随着计算机和现代化通讯设备的广泛应用，电脑订货方式被广泛采纳，企业跟踪订货状态的能力也大大提高，使得客户与供应商的联系更加密切。对于购买生产线产品的工业客户来说，了解订货与装运状态虽然重要，但他们最关心的还是保持生产原料的可靠的连续供应，因此他们更关心交货日期的可靠性。

（四）发送运输

不论销售渠道如何，也不论是消费者直接取货，还是生产者或供应者直接发货给客户（消费者），企业的产成品都要通过运输才能到达客户（消费者）指定的地点。而运输方式的确定需要参考产成品的批量、运送距离、地理等条件。

对于由生产者或供应者送货的情况，应考虑发货批量大小问题，它将直接影响到物流成本费用，在此，配送是一种较先进的形式，在保证客户

（消费者）需要的前提下，不仅可以提高运输设备的利用率，降低运输成本，还可以缓解交通拥堵，减少车辆废气对环境的污染。

运输方面的服务包括：运输速度快，及时满足客户需要；运输手段先进，减少运输途中的商品损坏率；运输途径合理组织，尽可能缩短商品运输里程；运输线路选择合理，减少重复装卸和中间环节；运输工具使用适当，根据商品的特性选择最佳运输工具；运输时间合理，保证按时将商品送到指定地点或客户手中；运输安全系数高，避免丢失、损坏等情况发生。

（五）装卸搬运

客户希望在物料搬运设备方面的投资最小化，例如，客户要求供应商以其使用尺寸的托盘交货，也有可能要求将特殊货物集中在一起装车，这样他们就可以直接再装运，而不需要重新分类。

第二节　企业销售物流服务

随着经济发展和科技进步，国际、国内的竞争日益加剧，传统制造领域的技术和产品的特征优势日渐缩小，人们越来越认识到销售物流服务已经成为企业销售系统，甚至整个企业成功运作的关键，是增强企业产品的差异性、提高产品及服务竞争优势的重要因素。

一、企业销售物流服务的重要性

企业销售物流中的客户服务的重要性主要表现在以下三个方面：

（一）提高销售收入

销售物流服务通常是企业物流的重要要素，它直接关系到企业的市场营销。通过物流活动提供时间与空间效用来满足客户需求，是企业物流功能的产出或最终产品。无论是面向生产的物流，还是面向市场的物流，其最终产品都是提供某种满足客户需求的服务。世界上竞争模仿日益增加，服务是产生差异性的主要手段。

目前，存在这样一种不断发展的趋势，即期望通过服务使产品差异化，通过为客户提供增值服务从而有效地使自己与竞争对手有所区别。在许多情况下，客户对企业所提供的服务水平的变化与对产品价格的变化一样敏感。尤其是与其竞争产品的质量、价格相似或本质相同时，销售物流服务活动可以“区别”在客户印象里没有区别的产品。一般来说，提高客户服务水平，可以增加企业的销售收入，提高市场占有率。

（二）提高客户满意程度

客户服务是由企业向购买其产品或服务的人提供的一系列活动。从现代市场营销观念的角度看，一切产品对于满足消费者的需求来说，应具有以下三个层次的含义：即核心含义；形式含义；延伸含义。

产品的核心含义是指产品提供给客户的基本效用或利益，这是客户要求的中心内容。产品的形式含义即产品本体，是指产品向市场提供的实体和劳务的外观，是扩大化了的核心产品，也是一种实质性的东西，它由五个标志所构成：产品的质量、款式、特点、商标及包装。

产品的延伸含义（也称增值产品），是指客户购买产品时得到的其他利益的总和，这是企业另外附加上去的东西，它能给客户带来更多的利益和更大的满足。其所带来的效用是对有形产品的一个必要补充，如维修服务、咨询服务、交货安排等能够吸引客户的东西。从这个意义上说，销售物流服务是一种增值产品，增加购买者所获得的效用。客户关心的是所购买的全部产品，即不仅仅是产品的实物特点，还有产品的附加价值。销售物流的客户服务就是提供这些附加价值的重要活动，对于客户反应和客户满意程度产生重要影响，这与价格和其他实物特点产生的作用是相似的，从本质上来说，销售物流功能体现在买卖交易的最后阶段，客户服务的水平在交易进行时自动产生。良好的销售物流服务会提高产品价值、提高客户的满意程度。因此，许多企业都将销售物流服务作为企业物流的一项重要功能。

（三）留住客户

过去，许多企业把重点过多地放在赢得新客户上，而很少放在留住现有客户上。但是，研究资料表明留住客户的战略越来越重要，留住客户和公司利润率之间有着非常高的相关性，这是因为一方面留住客户就是留住了业务，另一方面摊销在老客户中的销售、广告和开办成本比较低，为老客户的服务成本相对较少，而且满意的老客户会提供中介并且会愿意支付溢价。企业需要记住的最重要的问题是：一个对服务提供者感到不满的客户将被竞争对手获得。留住客户已成为企业的战略问题。物流领域的高水平的客户服务能够吸引客户并留住客户，因为对于客户来说，频繁地改变供应来源会增加其物流成本及风险性。

（四）客户服务是物流成本的重要组成

企业物流管理要求以最小的总物流成本产生商品最大的时间和空间效用。企业非常重视采取各种创新性的方法来降低物流成本。然而，企业在降低物流成本的同时，常常会影响所提供的服务水平。因此，从管理的角度来看，客户服务水平对物流系统起着制约作用，运输、仓储、订单处理等各项物流成本的增加或减少都依赖于客户所期望的服务水平。因此，为了保持在市场中的竞争优势，企业所作的每一项降低物流成本的决策都必须考虑其所维持的客户服务水平。物流管理者必须全面衡量客户需求、服务水平和服务成本的供需，既不能为提供过高的物流服务水平而导致成本急剧增加且并未带来更大利润，同时，也绝不能为降低成本而牺牲服务，而是需要在客户服务水平、总物流成本及厂商的总利润之间进行对比分析。物流服务水平与企业销售额及物流成本的关系，如图 9－1 所示。

综上所述，提高销售物流的客户服务水平是提高企业竞争优势的重要途径，企业的销售物流服务与产品质量、质量管理具有同等重要性，需要引起企业管理者的高度重视。

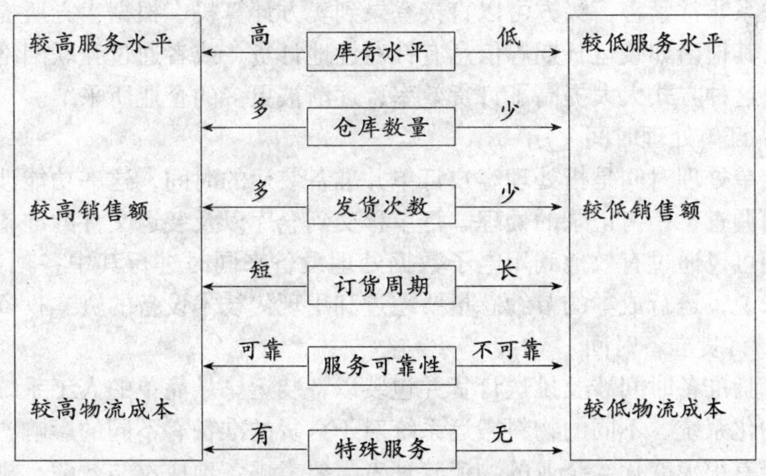

图 9－1　物流服务水平与企业销售额及物流成本的关系

二、销售物流服务的要素

销售物流服务有四个要素，即时间、可靠性、通讯和方便性。这些要素无论对卖方成本还是对买方成本都有影响。

（一）时间

时间要素通常是指订货周期时间。订货周期（Order Cycle）是指从客户确定对某种产品有需求到需求被满足之间的时间间隔，也称为提前期（Lead Time）。时间要素主要受以下几个变量的影响：即订单传送、订单处理、订货准备及订货装运。企业只有有效地管理与控制这些活动，才能保证订货周期的合理性和可靠性的一致，才能提高企业的客户服务水平。

1. 订单传送时间

订单传送时间是指从客户发出订单到卖方收到订单的时间间隔。订单传送时间可以从电话的几分钟到邮寄的数天。随着卖方订单传送速度的提高，提前期缩短了，但是订单传送成本提高了。

客户可以通过供应商的销售代表、直接邮寄、打电话或通过电子设备，如计算机到计算机（一般指的是电子数据交换 EDI）向供货方订货。向供货方的销售人员订货和直接邮寄订货，速度较慢且可靠性差；电话订货速度较快，但可靠性较差，其错误往往造成一系列错误；许多企业利用传真进行订货，这种方式速度较快且可靠性较高。

计算机与通讯技术的迅速发展使得订单传送方式发生了变革，供求双方的联系非常紧密，买方可以直接登录到卖方计算机、根据卖方所提供的产品及其他诸如装运日期等信息有针对性地订货，或者通过互联网络直接订货，这种方式大大提高了订货效率，逐渐被更多的企业所采纳。

2. 订单处理时间

订单处理时间是指处理客户订单并准备装运的时间，这一功能涉及客户资信调查、销售记录的处理、订单移交到仓库以及装运文件的准备。订单处理可以通过有效地利用电子数据处理设备来同时进行其中各项工作。一般来说，运行成本的节约总量要超过利用现代技术设备的资本投资。

3. 订货准备时间

订货准备时间涉及挑选订货并包装以备装运。从简单的人工系统到高度自动化系统，不同的物料搬运系统对于订货的准备有不同的影响，准备时间会有很大变化，企业的物流管理者需要考虑各项成本与效益。挑选与包装时间主要受下列因素影响：（1）系统的自动化程度；（2）客户订货的复杂性；（3）分拣设备的大小及复杂性；（4）是否托盘化或者托盘尺寸是否匹配。

4. 订货装运时间

订货装运时间是指从将订货装上运输工具到买方在目的地收到订货的时间间隔。运输时间的长短与下列因素有关：（1）装运规模；（2）运输方式；（3）运输距离。货物的全部运输时间对距离的依赖性要比对运输方式的依赖性小。

由于以上四个方面的每一项改进都要付出很高的代价，因此，管理者可以先改进一个领域而其他领域以现有水平运行。

客户订货周期的缩短标志着企业销售物流管理水平的提高，但是，如果没有销售物流的可靠性作保证则是毫无意义的。

(二) 可靠性

可靠性是指根据客户订单的要求、按照预定的提前期、安全地将订货送达客户指定地方。对客户来说，在许多情况下可靠性比提前期更重要。如果提前期是固定的，客户可将其库存调整到最低水平，不需要保险存货来避免由于波动的提前期造成的缺货。

1. 提前期的可靠性

提前期的可靠性对于客户的库存水平和缺货损失有直接影响，可靠的提前期可以减少客户面临的供应不确定性。如果生产企业能向客户保证预定的提前期，加上少许偏差，那么该企业就使他的产品与竞争者的产品明显区别开来，企业提供可靠的提前期能使客户的库存、缺货、订单处理和生产计划的总成本最小化。

2. 安全交货的可靠性

安全交货是销售物流系统的最终目的，如果货物破损或丢失，客户不仅不能如期使用这些产品，还会增加库存、生产和销售成本。收到破损货物意味着客户不能将破损的货物用于生产或销售，这就增加了缺货损失。为了避免这种情况，客户就必须提高库存水平。这样，不安全交货使得买方提高了库存成本，这种情况对于采用及时生产方法的企业来说是绝对不允许的。另外，不安全交货还会使客户承担向承运人提出索赔或向卖方退回破损商品的费用。

3. 正确供货的可靠性

最后，可靠性还包括正确供货。当客户收到的订货与所订货物不符时，将给客户造成失销或停工待料的损失。销售物流领域中订货信息的传送和订货挑选会影响企业的正确供货。在订货信息传递阶段，使用 EDI 可以大大降低出错率，产品标识及条形码的标准化，可以减少订货挑选过程中的差错。另外，EDI 与条形码结合起来还能够提高存货周转率、降低成本、提高销售物流系统的服务水平。

管理者必须连续监控以上三个方面的可靠性，这包括认真做好信息反馈工作，了解客户的反应及要求，提高客户服务系统的可靠性。

(三) 通讯

与客户通讯是监控客户服务可靠性的关键手段。设计客户服务水平必须包括客户通讯。通讯渠道应对所有客户开放并准入，因为这是销售物流外部约束的信息来源。没有与客户的联系，管理者就不能提供有效及经济的服务。然而，通讯必须是双向的。卖方必须能把关键的服务信息传递给客户。例如：供应方应该把降低服务水平的信息及时通知客户，使买方能够作必要的调整。另外，许多客户需要了解装运状态的信息，询问有关装运时间、运输路线等情况，因为这些信息对客户的运行计划是非常必要的。

（四）方便性

市场学的一个研究领域是市场细分（也叫市场细分化），就是根据消费者之间需求的差异性，把一个整体市场划分为两个或更多的消费者群体，从而确定企业目标市场的活动过程。由于消费者的需求千差万别，一个企业无论规模多么巨大，都不能满足全部消费者的所有需求的变化，而只能满足市场上一部分消费者的需求，企业可以有针对性地提供不同的产品。细分的标准包括地理环境、客户状况、需求特点、购买行为等因素。

进行企业销售物流管理也需要将客户细分。方便性就是指服务水平必须灵活。从销售物流服务的观点来看，所有客户对系统有相同要求，有一个或几个标准的服务水平适用于所有客户是最理想的，但却是不现实的。例如，某个客户要求所有货物用托盘装运并由铁路运输，另一个客户可能要求汽车运输，不使用托盘，或者个别客户要求特定的交货时间。因此，客户在包装、运输方式及承运人、运输路线及交货时间等方面的需求都不尽相同。为了更好地满足客户需求，就必须确认客户的不同要求，根据客户规模、市场区域、购买的产品及其他因素将客户需求细分，为不同客户提供适宜的服务水平，这样可以使管理者针对不同客户以最经济方式满足其需求。

管理者必须将方便性因素摆在适当的位置，销售物流功能会由于过多的服务水平决策而不能实现最优化。服务水平决策需要具有灵活性，但是必须限制在容易识别客户的范围内，在每一个特定情况下，都必须要考察服务与成本之间的关系。

三、销售物流客户服务水平决策

（一）库存水平与客户服务水平的关系

图 9－2 表示库存水平与客户服务水平之间的一般关系。从图 9－2 可以看出，库存的增加会提高客户服务水平，根据经验，当客户服务水平接近 75%时，所需库存开始加速增长。企业所面临的问题是：增加库存的

成本能否通过高水平的客户服务带来利润增加得到补偿。为了客观地评价这一问题，管理者需要运用市场营销与物流领域的丰富经验，考察由于提高客户服务水平所带来销售额的增加以及由于高水平的库存所避免的缺货损失，然后作出保持多少库存的明智决策。

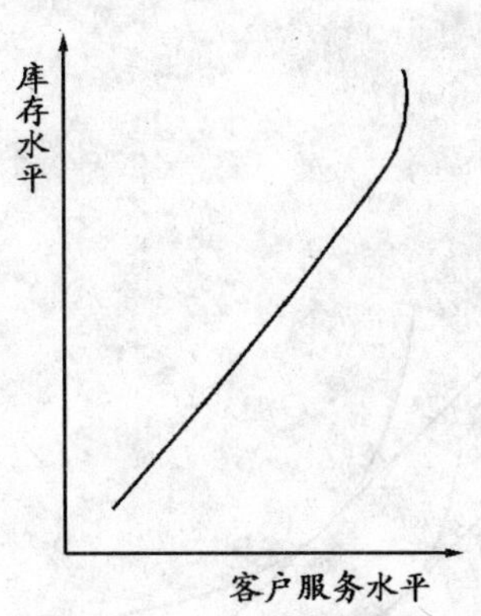

图 9－2 库存水平与客户服务水平的关系

（二）销售物流服务与物流成本的关系

销售物流系统的目标就是在适当的时间、以适当的成本、将货物运至适当的地点。在销售物流管理中，“适当（Right）”的观点很重要，因为没有一个销售物流系统可以同时使所有客户的满意程度最高，而物流成本又最低。最佳的客户服务要求有大量的存货、快捷的运输、充分的仓容和高效的订单处理，这必然要增加物流成本。最低成本所带来的是服务水平的降低。因此，高水平与低成本之间是一种“效益背反”的关系。销售物流系统的基本产出是客户服务水平，服务水平是影响客户购买和连续购买的关键性因素，也是企业用来吸引潜在客户的有效手段。销售物流系统的投入是为了提高客户服务所必须承担的物流成本，包括运输、库存、仓储等方面的费用。有效的销售物流管理不仅需要对各项活动的成本进行对比分析，还需要选择销售物流服务与最低成本组合以达到预期目标，不同的组合有时能产生相同的结果。

下面将用等成本与等量的概念对上述问题进行分析。如图 9－3、图 9－4 所示。在这里，等成本表示用预定的投入成本和固定数量货币所能购买的销售物流投入的组合，等量表示相同的客户服务水平。因为相同的销售物流成本投入组合不会产生不同的客户服务水平，所以等量线永远不会相交。图 9－3 中，曲线 1、2、3 是等量线，代表在给定时期内由低到高的客户服务水平。坐标线代表对销售物流系统的成本投入，这些投入可能是运输、仓储、物料搬运等成本。等成本线（A－B、C－D 和 E－F）表示投入销售物流系统的预定组合成本。

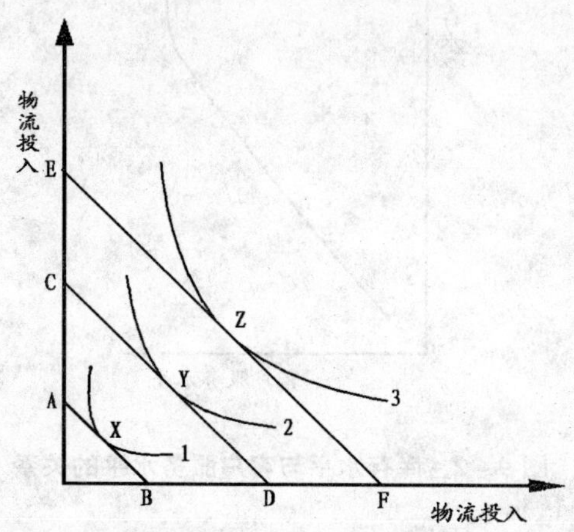

图 9－3　物流投入与服务水平的平衡分析

首先看等成本线 A－B，它与等量线 1 相切于 X，这是获得客户服务水平 1 的最小成本。曲线 C－D 代表的投入组合也能产生客户服务水平 1，但比最优成本要高。管理者必须在系统内进行对比分析，使之以最小成本产生预定的服务水平。C－D 与 E－F 分别与等量线 2、3 相切于 Y、Z，表明这些投入组合分别是获得对应服务水平的最小总成本。如果经过最小成本点 X、Y、Z 画一条线，就得到图 9－4 中的曲线。

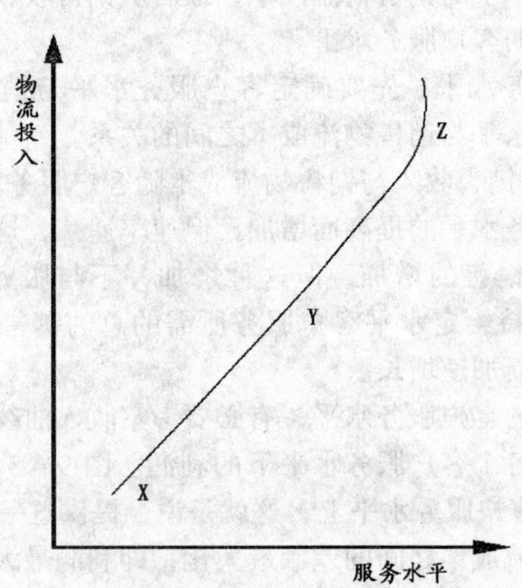

图 9－4　物流成本与服务水平的关系

一般来说，随着服务水平的提高，投入成本将加速增长，即边际成本递增。也就是说，将按时交货率由 90%提高到 94%的边际成本要比将按时交货率从 94%提高到 98%的边际成本要小。

改变客户服务水平的决策对销售物流成本有重要影响，没有对销售物流成本的仔细分析是不可能做好这一决策的。任何客户服务水平的决策需要不同物流功能的审慎组合以产生实现期望服务水平的最小成本系统。

实施销售物流需要进行成本对比分析。为了获取最低销售物流成本，需要考虑以下成本：运输成本、仓储成本、订货或生产准备成本、库存持有成本、订单处理和信息成本以及失销成本等。为改善服务水平而增加的成本必须与由此改善而增加的销售相比较，以确保增加的销售收入覆盖额外增加的成本。

（三）客户服务水平决策步骤

随着竞争的日益加剧，许多企业都把提高客户服务水平作为增加竞争优势的重要手段。但是一个企业应该为客户提供怎样的服务水平呢？尽管一些企业，如日本的一些企业，认为应不惜一切代价以达到 100%的客户服务水平，但是更多的学者和专家认为，利润最大化是确定客户服务水平的决定因素。即首先确定不同水平的客户服务对销售收入的影响，然后计算给定客户服务水平下的销售物流成本，最后从销售收入中减去成本，盈余最大的就是最优的客户服务水平。

要确定最优服务水平，先要确定客户服务水平与销售收入之间的关系，以及客户服务水平与销售物流成本之间的关系。

图 9－5 表明了销售收入与销售物流成本随客户服务水平的变动关系。销售收入随客户服务水平的提高而增加，但速率递减，这意味着客户服务的边际改善会导致销售的增加，但这种增加并不与服务的改善成比例。图 9－5还表明，支持给定水平客户服务所需的总的销售物流成本将随客户服务水平的提高而加速增长。

为了确定适当的客户服务水平，有必要考察收入曲线与成本曲线之间的差额，然后计算各个客户服务水平下的利润。图 9－5 中最大差额发生在标有“＊”处的客户服务水平上，这就是说，提供这一水平的客户服务将使销售收入与物流成本之间的差额最大化，即利润最大化。

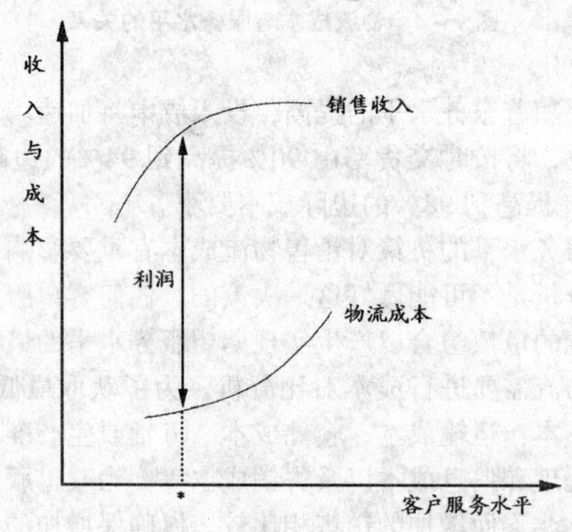

图 9－5　确定最优客户服务水平

由于竞争性原因，许多公司根据各个客户组的需要来改变客户服务水平。在这种情况下，需要逐个考察收入、成本与服务之间的关系。

但在实际工作中，由于服务水平与成本是动态相关的，很难找到一个固定的服务水平，再用最小成本达到该水平，用这种方法往往得不到最大利润。因此，常用的优化方法采取以下步骤：

1. 确定合理的客户服务水平；
2. 寻找达到这一水平的最小成本；
3. 确定进行改进的成本；
4. 确定改进成本后增加的销售及收益。

第三节　企业销售配送

过去企业主要把精力放在产品制造、开发和销售上，对产品销售中的物流较为淡漠。如今越来越多的企业开始构筑自身的销售物流系统，向位于流通最后环节的零售店或客户直接配送产品。

一、企业构筑物流配送系统的原因

企业之所以要构筑自身的物流配送系统是因为：

第一，目前的流通体系正在发生排除中间商，实现单阶段流通的变革。随着大型零售业的不断发展，零售商与企业相互联合，直接交易的情况越来越多，在这一背景下，企业必须具备向零售业客户直接配送产品的能力。

第二，在物流服务差别化日益重要的今天，企业拥有良好的物流服务供给能力对促进企业的产品销售有着积极意义。

第三，如果流通过程中介太多，过于复杂，将不利于企业正确把握商品在库或在途情况，从而影响物流系统的效率，使企业生产经营的决策受到影响。相反，直接建立企业到零售商或客户的销售物流系统，能使企业在迅速把握产品销售状况的同时，确切了解产成品的在库情况。

构建企业到零售业客户的直接物流体系中一个最为明显的措施是实行企业物流中心的集约化，即将原来分散在生产厂或中小型仓库中的库存集中到大型物流中心里，通过数字化备货（Digital Packing）或计算机等现代技术实现进货、保管、在库管理、发货管理等等物流活动的效率化、省力化和智能化。企业物流中心的集约化虽然从配送的角度看造成了成本上升，但是，因为它削减了与物流关联的人力费、保管费、在库成本等费用，在整体上起到了提高物流效率，降低物流总成本的目的。

二、配送的形式和种类

配送的形式有多种多样，每种形式都有其固有的特点，适用于不同的情况。

(一) 按配送商品种类及数量分类

1. 单（少）品种大批量配送

对于客户需要量较大的商品，企业可以使用大吨位车辆进行配送，由于品种少、批量大，企业配送中心的组织、计划等工作相对比较简单，因而配送成本较低。

2. 多品种、少批量配送

现代企业生产除了需要少数几种主要物资外，B、C类物资的品种数远高于A类主要物资，对B、C类物资如采用大批量配送方式，必然使客户库存增大，因而企业对于客户的B、C类物资适合采用多品种、少批量的配送方式。

3. 配套成套配送

配套成套配送是企业按客户的要求，将客户所需的零部件、材料等配齐，按客户的要求或生产节奏定时送达。这种情况下，配送企业承担了客户的大部分供应工作，可以使客户专心致力于主营业务或工作。

(二) 按配送时间及数量分类

1. 定时配送

定时配送是指企业按规定时间间隔进行配送。这种方式时间固定，易于安排配送工作计划。

2. 定量配送

定量配送是指企业按规定的批量在一个指定的时间范围内进行配送。这种方式数量固定，备货工作简单，又由于时间不严格规定，企业可以将不同用户的物品凑整车后配送，可以大大提高车辆利用率。

3. 定时定量配送

定时定量配送是指企业按客户规定的时间和数量进行配送。这种配送的特殊性较强，有一定的难度。

4. 定时定路线配送

定时定路线配送是指企业在规定的路线上制定到达时间，按运行表进行配送，采用这种方式有利于车辆的计划安排。

5. 及时配送

及时配送是指企业完全按照客户要求的时间和数量进行配送。这种方式的实施需要企业充分掌握客户一日的需要地、需要量和种类，是配送服务的较高形式。

三、共同配送

共同配送从大的方面来划分，可以分为以同产业或异产业企业为共同配送基础的横向共同配送，以及如零售与批发、批发与供应商这种以流通渠道各环节成员间共同配送为基础的纵向共同配送。

（一）横向共同配送

1. 同产业间的共同配送

同产业共同配送是指处于相同产业的生产或经营企业，为了提高物流效率，通过配送中心或物流中心集中运输货物的一种方式。其具体做法有两种形式：一是在企业各自分散拥有运输工具和物流中心的情况下，视运输货物量的多少，采取委托或受托的形式开展共同配送，亦即将本企业配送数量较少的商品委托给其他企业来运输，而本企业配送数量较多的商品，则在接受其他企业委托运输的基础上实行统一配送，这样企业间相互提高了配送效率；另一种形式是完全的统一化，即在开展共同配送前，企业间就包装货运规格完全实现统一，然后共同建立物流中心或配送中心，共同购买运载车辆，企业间的货物运输统一经由共同的配送中心来开展。显然，后一种形式的共同配送规制程度和规模经济要高些，但在某种意义上，对于单个企业而言，缺乏相对的物流独立性。一般来说，前一种形式在百货店企业中使用较为普遍，后者较适宜于生产企业。从发达国家同产业共同配送的发展来看，后一种形式主要出现在家电产业和以冷冻食品为中心的食品产业中。

同产业共同配送的最大好处在于能提高企业间物流的效率，减少对物流固定资产的投资，更好地满足顾客企业降低成本的要求。例如，日本汽车产业中就成立了很多隶属与厂商系列的车辆运输联络会，由该联络会统一协调各零部件商的产品运输。这种联络会成立的背景是由于市场竞争激烈、销售下降，组装厂家为取得竞争优势不断要求部件商从价值工程的各个方面降低成本，而共同配送因为能提高货车装载率、增加销售额、节约对车辆船舶等运输工具的投资，有利于实现上述目标。同时，我们也应该看到，同产业企业共同配送的一个缺陷是由于运送业务的共同化和配送信息的公开化，单个企业自身有关商品经营的机密容易泄漏给其他企业，因而对企业竞争战略的制定和实施有不利的影响，因此，在发达国家中，同产业共同配送发展仍然较为缓慢。

2. 异产业间的共同配送

异产业间的共同配送是指将不同产业企业生产经营的商品集中起来，

通过配送中心或物流中心向顾客输送的一种形式。与同产业共同配送不同，异产业共同配送的商品范围比较广泛，属于多产业结合型的配送。

异产业共同配送克服了同产业共同配送固有的缺点，亦即它既能保证物流效率化，又能有效防止企业信息资源的外流，使企业在效率和战略发展上同时兼顾，并能充分发挥产业间的互补优势。它存在的问题是难以把握不同产业企业间物流成本的分担，因而在某种意义上增加了企业间的谈判成本，这不仅是因为商品种类不同，所涉及到的物流费用存在差异，而且还因每次商品配送结构的变化增加了费用计算的复杂性，尤其在多频度配送中更是如此，所以，异产业共同配送中，确立一个明确、合理的按销售额比例支付费用的计算体系十分重要。

(二) 纵向共同配送

从现代物流的观点来看，通过提高流通全过程物流的效率，来实现流通全体成本的削减是十分必要的，因此，在这一思想的指导下，企业与批发商之间就物流业务、管理尽可能达成共识，将管理中不合理的地方加以纠正，对双方不足的地方相互补充是提高经营效率的重要条件。

共同配送目前已在一些发达国家广泛推广。共同配送一个总的指导思想是，可以将共同的货物或商品集中在一起，一方面提高单车装载率，提高物流效率；另一方面，也有利于削减在途运行车辆，缓解汽车运输对社会所产生的外部不经济。共同物流的优势表现为：

第一，对于货主而言，共同配送能在提高物流效率（减少运费，减少物流人力成本）的同时，利于少量、多频度、小单位配送业务的推广。例如，一家企业很难对应零售业等客户多频度、小单位配送的要求，实行共同配送，这种物流活动就能成为现实，并且由于能够实行货物统一验收管理，无形中也提高了物流服务的质量。

第二，从汽车运输业者的角度来看，汽车运输业者中，中小企业较多，在资金、人才、组织方面较弱，而且在运输量较少、运载率较低、车辆大量使用的情况下，对于一家企业来讲，无论在物流合理化方面还是效率方面都会受到影响。而且在利益的驱动下，容易触发企业间过度竞争，产生效率低下的恶性循环，即低效率——→获取更多利益与市场冲动——→恶性竞争——→更低的效率。实行共同配送提高了企业资金利用率、促进输送单位大型化和信息网络化的发展，也使车辆融通以及装载效率提高成为可能，而且通过共同配送扩大了多频度、小单位配送这样的顾客服务的范围，提高企业的客户服务水平。

第三，共同配送排除了交错运输，减少了在途车辆，实现了交通缓和以及防治环境污染等社会性要求。

总之，共同配送在发挥企业人、财、物、时间等物流经营资源最大效率的同时，促进了企业销售物流服务效果以及社会效益的提高。

第四节 企业销售运输决策

运输是销售物流的一个重要组成部分，在产品销售过程中创造时间和空间效用，运输提供了销售生产成果的手段，企业通过运输改变产成品的空间位置，运到所需要的地方进行销售。高效的运输能使商品得到及时供应，这在日益激烈的市场竞争中越来越重要。同时与运输是一项生产成本一样，运输也是一种销售成本，运输费用是销售费用的重要部分，会影响商品的价格高低。所以运输通常是企业销售物流管理决策中的一个主要因素。

一、选择运输方式

运输方式的选择对于销售物流系统的运作效率和成本控制起着十分关键的作用。管理者首先要根据销售系统的要求从铁路、公路、航空、水路、管道运输等方式或联合运输中作出选择，其中包括对不同方式的运价和服务水平的评价。

由于运输成本在总物流成本中占有重要比例，而且，不同运输方式的运价相差很大，因此，运价是选择运输方式的一个非常重要的因素。但是，运输成本最低的运输方式通常会导致物流系统中其他部分成本的上升，因此难以保证整个物流系统的成本最低。所以，尽管运价是影响决策的一个因素，但它绝不是惟一的因素，企业必须考虑运输服务的质量以及这种服务带来的对整个销售物流系统运作成本的影响。不同运输方式下的运输时间将对物流系统各结点所要求的存货水平造成不同的影响，即较长的运输时间需要较高的存货水平。运输方式的可靠性和安全交货的程度也会影响各结点的存货水平、物料搬运设备和劳动力的使用、货损赔偿以及通讯的时间与成本。

由此可见，运输方式的选择要根据物流系统的总体要求、结合不同运输方式的成本与服务特点，选择适合的运输方式。

运输方式的运作特征包括服务可靠性、运送速度、服务频率、服务可得性和处理货物能力。这些因素和所付运费都是选择运输方式的重要因素。

（一）服务可靠性

运输服务的可靠性通常用与正常服务水平的偏差来衡量。在选择运输方式和承运人时，很多公司更重视服务的一致性。同时装备的可用性和一些不可控因素（如恶劣天气和自然灾害）常常是影响承运人可靠性的因素，航空运输最易受这些因素影响，而管道运输受的影响最小。

（二）运送速度

运送速度是指运输货物从始发地到目的地的总时间。由于存在货币的时间价值和货物实物形态的易变性，所以速度是托运人关注的重要因素，同时也是客户服务水平的重要体现。

（三）服务频率

服务频率是指在一个给定时期内两地之间往返的次数。承运人提供的服务频率依赖于托运人在两地间的服务需求量。

（四）服务可得性

服务可得性是指特定服务的地理区域，反映了各种运输方式的可接近性和可达性。联运有助于延伸不同方式的可得性。

（五）服务能力

服务能力是指处理异型、重质、易碎、液态、易燃、易爆、易腐或易受污染的货物的能力，它反映了各运输方式提供特种运输服务的能力。

不同运输方式的技术和经济运作特征对比，如表 9－1 所示。

表 9－1　　不同运输方式的技术和经济运作特征对比

	铁路	公路	航空	水路	管道
成本	中	中	高	低	很低
速度	快	快	很快	慢	很慢
频率	高	很高	高	有限	连续
可靠性	很好	好	好	有限	很好
可用性	广泛	有限	有限	很有限	专业化
距离	长	中，短	很长	很长	长
规模	大	小	小	大	大
能力	强	强	弱	最强	最弱

二、选择承运人

在选定了运输方式之后，就要选择具体的承运人。尽管某一运输方式下的大多数承运人的运价和服务是相似的，但其服务水平会存在很大差异。同一运输方式下承运人的成本结构相同，从而同一运输行为的运价也十分相似，所以运输价格并不是选择具体承运人的最重要标准，而承运人的服务质量将成为同一运输方式下选择具体承运人的决定因素。因此，当从一种运输方式中选择承运人时，承运人服务水平的高低是企业进行选择的最重要因素。服务水平是指运输时间、可靠性、运输能力、可接近性和安全性。

（一）运输时间与可靠性

运输时间是指从托运人准备托运货物到承运人将货物完好地移交给收货人之间的时间间隔。其中包括接货与送货、中转搬运和起讫点间运输所需要的时间。

可靠性是指承运人的运送时间的稳定性。

运送时间与可靠性影响着企业的库存和缺货损失。运送时间越短、可靠性越高，所需的库存水平越低。运送时间和可靠性通常是企业评价承运人服务水平的重要标准。如果没有可靠性作保证，再短的运送时间也是毫无意义的。在预知提前期的条件下，企业可以优化库存水平及相应的库存成本。但是如果运送时间很不稳定，就需要增加大量额外库存，以防止由此而产生的缺货损失。

从市场的角度来看，可靠的运送时间是区别企业产品、提高竞争优势的重要因素。如果企业能够向客户提供可靠性更高的运送时间，则客户就会减少库存成本和缺货损失，同时企业也会增加销售额。销售额对稳定的服务这一因素十分敏感，因此必须特别关注承运人的运送时间和可靠性，使企业的产品区别于其他产品，从而提高产品的竞争优势。

因此，在一种运输方式下的承运人选择中，可靠性是最为重要的决定因素。

（二）运输能力与可接近性

运输能力与可接近性决定了一个特定的承运人是否能够提供理想的运输服务。

运输能力是指承运人提供运输特殊货物所需要的运输工具与设备的能力。

可接近性是指承运人为企业运输网络提供服务的能力，即承运人接近企业物流结点的能力。承运人的可接近性受到路网的地理限制（公路或水路）以及调节机构管辖经营范围的制约。不能提供企业所需要的运输能力与可接近性服务的承运人将在决策中被淘汰。

（三）安全性

安全性是指货物在到达目的地的状态与开始托运的状态相同，尽管承运人会对货物的丢失或损坏承担责任（自然灾害、战争、托运人的行为过失、货物自身特性、政府行为等因素除外），但当货物丢失或被损坏时，仍会增加企业销售系统成本。由于货物不能直接销售，不安全运输不仅会导致失去利润的机会成本，而且还会对企业信誉造成不利影响，进而影响企业的销售额。为了避免这些损失，企业会提高存货水平，从而增加库存成本。因而承运人保证货物安全抵达的能力也成为选择承运人的重要因素。

三、企业销售物流中的运输策略

（一）影响企业产品销售运输策略的因素

1. 外部环境

企业的销售运输策略受到企业外部运输环境的影响，企业所处的地理环境、运输条件、国家的运输政策等都直接影响企业的运输策略。例如，在运输业受到垄断和管制的环境下，基本不需要太多的运输策略，不需要与承运人进行价格的谈判，重要的是适应运输业的各种政策规定；而在运输业放松管制的环境下，由于各运输方式之间、各承运人之间相互竞争，运价更多地受到市场的调节，因此，与承运人之间签订合同、协议就显得尤为重要。

2. 库存水平

企业的销售运输策略还受到库存水平的影响。随着生产方式的转变，许多企业由大批量生产转为小批量、多品种生产，有的企业甚至采用及时生产方式。这种生产方式导致库存水平大大降低，但对运输质量的要求大大提高了。对于企业整体而言，低存货和高服务的企业策略与低运输成本策略发生了矛盾。为了防止低库存水平下的缺货，必须改变运输策略，采用频繁的小批量、快速运输，才能满足企业需要，但这将导致运输成本的提高。

（二）提高企业销售物流中的运输效率和效益的方法

1. 实行集约化管理

对运输进行集约化管理是指在制定运输策略、计划安排、成本预算以及协调企业销售物流等方面，预先进行集中管理，而不是反应式运输管理。预先管理的意义在于预先分析运输中存在的问题，寻找解决问题的方法，以利于企业整体效率提高。

例如，企业在某一市场的销售量下降可能是由于比其竞争对手的交货期长，引起服务水平下降造成的。如果运输方式从铁路转为公路运输，则必将增加运输成本，从而降低利润甚至亏损，这是企业所不能接受的。如果实行集约化运输管理，运输管理者可以在企业的成本预算和利润目标的政策指导下，采取与承运人谈判、按规定的服务水平与承运人签订合同、调整装货程序等方法来改进服务、提高销售额，而又使成本维持在可接受水平。

总之，集约化运输管理策略说明了运输管理在达到企业目标中的重要性。

2. 减少承运人数量

企业减少使用承运人的数量，使企业产成品的销售运输业务相对集中于一些运输公司，使其业务量和营业收入增加，这样，企业便可在使承运人提供企业要求的运价与服务方面占据主动。

但是，把业务交给有限数量的承运人的风险是增加企业对这些承运人的依赖性。因为一旦有某个承运人出现问题，其他承运人没有能力承担额外运输任务时，企业就不得不使用那些不熟悉自己的运输程序及客户服务要求的承运人，这样就会影响企业物流成本和客户服务水平。同时，还很难从承运人处得到合理的运价，从而导致运输成本的增加。

3. 使用自有车辆运输

使用自有车辆运输是一种广为使用的运输服务方式。管理者可以直接控制自有车辆运输的服务水平从而得到更优质的服务。尤其是自有车辆运输可以提供十分灵活的运输服务以满足零散客户的运输需求。

对于没有自备汽车的企业来说，可以通过与汽车承运人签订合同来获得专业化的服务。

4. 订立运输合同

企业作为托运人可以订立合同来消除承运人提供的服务和运价的不确定性。在合同条款中，托运人规定承运人应提供的价格和运输服务水平以及违约时的处罚。这样，在合同有效期内，运输价格和服务水平就可以固定了。对于那些需要专业化服务的托运人来说，订立合同可以使他们享受到一般承运人无法提供的独特或灵活的运输服务。

实施及时管理JIT的企业一般都通过订立合同来保证得到安全、快捷的运输服务。由于JIT系统强调低存货水平和对运输的高度依赖性，所以运输延误将导致产品和存货成本的增加以及系统运行的中断，以至妨碍JIT目标的实现。而与承运人签订运输合同能保证其提供符合要求的运输服务。

第十章 企业回收物流

随着社会化大生产的高度发展，无论是生产领域，还是消费领域，每天、每时、每刻都在产生大量的废旧物资，如何更好地回收、利用废旧物资，是摆在企业面前必须解决的重要问题。本章主要介绍企业回收物流的概念、特点及废旧物资的使用价值。企业可再生资源的回收和利用、企业废弃物资的物流、企业废旧包装的回收和利用。

第一节 企业回收物流概述

一、废旧物资和回收物流的概念

工业生产企业的废旧物资主要指报废的成品、半成品、加工产生的边角余料，冶炼过程中出现的钢渣、炉底，更新报废的机械设备、工具和各种包装废弃物等。

按照唯物辩证法的观点，废与不废是相对的。在自然界中，任何一种物资资料都有它的特定属性和用途。“废弃物”一词具有相对的内涵。“废弃物”只是在一定时期、一定的范围内，资料的形态或用途发生了变化，而它本身可以被利用的属性并没有完全消失，只要被人们发现和利用后，它就可以变成有用的资源。所谓回收物流是指废旧物资通过一定的手段回收、加工，重新投入使用所要经过的一系列的流动过程。

二、企业废旧物资的产生

企业废旧物资的产生大体上有以下几个方面：

1. 企业的生产工艺性废料。生产工艺废料是指企业在生产产品的工艺过程中产生的废料。如化工类型生产企业中化学反应的剩余物、排放物和副产品等；金属轧钢生产企业中产生的切头、切尾、汤道、钢渣、炉底等；采矿企业中产生的剥离废料、尾矿排泄物等；造纸企业中产生的废液等；金属加工企业中产生的废屑、边角余料等。

2. 企业生产过程中产生的废品。企业在生产过程中产生的废品并不是企业生产工艺的必然产物，但无论是成品、半成品或各种中间产品都有可能产生一定数量的废品。

3. 企业生产中损坏和报废的机械设备。企业机械设备的损坏多数是由于生产过程中各种不同的事故造成的。企业机械设备的报废是由于设备经过使用产生的正常磨损到终极限度而退出生产过程的设备。改革开放前，我国设备折旧年限和更新周期平均在25年以上；现在一般为7~10年左右，设备的更新周期，随着科学技术的迅速进步而逐渐缩短。设备更新周期愈短，报废的旧设备就越多。

4. 企业生产维修过程中更换下来的各种废旧零件和材料。

5. 原材料和设备的各种包装废弃物。

6. 由精神磨损产生的旧材料、旧设备等。

精神磨损也称为无形磨损，它是由于劳动生产率的提高，科学技术的进步造成某些设备继续使用会产生不经济的现象。随着科学技术的飞速发展，新技术转化为新产品的时间不断缩短，如40年前平均周期为8年；20年前为5年；10年前为3年。有些产品甚至一年内要更新几次。在经济发达国家中，一年内更新的产品要占全部产品的40%以上。应当指出，由于精神磨损而淘汰的设备，但使用价值一般并没有失去。因此，受精神磨损的设备归入废旧物资应有一定的限度。

三、企业返品

企业返品是指由于产品出厂经储存、运输过程中损坏及消费需要变化等多种原因而退回企业的产品。

在市场竞争日益加剧的形势下，企业返品的数量和频率越来越高，返品可高达1/3，成为困扰企业的重要问题。从很大程度上，企业返品并没有丧失使用价值，可以采取综合开发的方式解决。如，为返品开避新的市场；对返品进行简单的流通加工、更新包装等，挖掘返品新的使用价值再销售；将返品用于捐赠到学校、慈善机构等，发挥应有的作用。

企业返品既可以纳入本企业生产经济计划统筹管理，也可以几个相关企业联合起来建立一个返品处理基地，或者责成社会第三方物流外包解决。

四、废旧物资的使用价值分析

废旧物资的使用价值与科学技术的发展是紧密相连的，某种废旧物资，在一定时期的科学技术基础上，可能会失去使用价值或成为“废弃物”。但随着科学技术的进步，人们认识到废旧物的潜在使用价值，使其重新使用，这时，废旧物资就变成一种有用的新资源了。

（一）废旧物资残存着原物资的使用价值

有些产品在消费使用中，部分或大部分使用价值丧失，但仍有少部分使用价值残存。

（二）物资在某一应用方面消费后，使用价值丧失，但另一方面的使用价值仍然尚存

这种情况主要表现为废旧物资与原物资，没有发生本质的变化，仍可按原来的使用价值发挥作用，如金属材料、麻布等物资的边角余料，原使用方向可能在规格、尺寸、形状等已不能满足要求，但在另一个使用方向上它还具有其他的使用价值。

（三）废旧物资经简单加工恢复其使用价值

对于一些回收的废旧物资经过简单加工，既不改变使用方向，也不减少使用价值，就可重新投入使用。如回收的包装箱、酒瓶、酸罐等经简单整理、清洁就可以重新发挥其原来的效能。

（四）废旧物资经深加工恢复到原来的形态，发挥更大的使用价值

废旧物资的深加工是采用物理的、化学的方法，使废旧物资恢复到最初的原始形态。如从电子器件触点中提炼铂、金；从洗相废液中提炼白银等。

第二节 企业可再生资源的回收和利用

一、企业再生资源的概念

企业再生资源是可以再生利用一类资源的总称。它是企业生产加工制造过程中，丧失使用价值的排放物。各企业都存在一定数量的再生资源。企业再生资源种类繁多，地点分散，因此这就对再生资源的回收和利用提出了特殊要求。

二、企业再生资源的种类

生产企业中几乎各行各业都有排放物。由于不同行业排放种类不同、排放方式不同，所形成的再生资源物流特点也不相同，归纳起来主要有以下几种：

（一）钢铁冶炼工业企业

这类企业的主体再生资源是废金属和废渣。

废金属主要是通过企业内部物流，更新进入生产工艺过程中。废渣主要是进行厂内处理（如水淬），进入全社会废弃物物流，或由其他行业实

行再生加工利用。

（二）煤炭工业企业

这类企业的主体再生资源是煤矸石。

煤矸石的物流特点是装运量大，占地面积大，物流成本高，回收利用的关键是降低成本。

（三）电力工业企业

这类企业的主体再生资源是粉煤灰。

粉煤灰形态特殊，污染严重，一般不能利用社会回收物流来完成。粉煤灰的排放量大都是连续排放，电力企业内部也难以消化。这类资源常采用专用物流管道排放或输送到利用粉煤灰的其他企业，形成稳定的、专用的物流线。

（四）林产、木材加工业企业

这类企业的主体再生资源是木屑和木材下角料。

林产业的主体再生资源是林木采伐、加工中产生的枝条、树皮、刨花和碎木等；木材加工业的主体再生资源主要是木屑（包括锯木、刨花、碎木等），这类资源主要是企业内部复用或企业内部设立再利用生产线，一般不进入社会物流领域。

（五）机械加工业企业

这类企业的主体再生资源是金属废屑、边角头残余和机械加工废品等。

这些资源的物流特点是装运难度大，体积不规则且容量低。因此，这些资源往往经过压块的流通加工后再运输，利用社会公共物流设施送至需要单位。也有的企业内部设熔炼设备，再生成原始状态后重新使用。

（六）粮食加工业企业

这类企业的主体再生资源是谷、壳和糠等。

这些资源的利用主要是企业再生加工成饲料和其他产品，也可以利用社会物流运输出厂，供其他企业使用。

（七）化工工业企业

这类企业的主体再生资源有化工原料、材料、化肥、日用、化工、火工产品及这些企业生产的排放物（电石废渣、废油脂、废碱、废酸等）。这些资源主要是企业内部综合利用或提供给相关企业。

（八）畜物屠宰业企业

这类企业的主体再生资源有废毛、角壳、骨等。这些资源主要是参与社会物流综合加工利用。

三、企业再生资源物流的特点

（一）再生资源物流种类繁多

再生资源种类繁多是由于它的产生渠道多、方式复杂，这就决定了再生资源物流方式的多样性。

企业再生资源种类繁多是由以下三个因素决定的。

1. 几乎所有的生产企业都可能产生再生资源，企业类型不同产生的再生资源也不同。

2. 几乎每个生产企业的每一个工序，每个阶段的生产过程都会产生再生资源。

3. 社会各行业，几乎所有人类的物质成果，最终都可能转化为再生资源。

（二）企业再生资源的物流数量大

企业再生资源数量较大，这不仅是总量大，而且许多种类再生资源单独处理数量较大。这就决定了再生资源物流要消耗很大的物化劳动及活劳动，需要有一个庞大的物流系统来支撑。

（三）企业再生资源物流的粗放运作

企业再生资源中除少数特别有价值外，绝大多数是低价值。一般经过一次生产或消费之后，主要使用价值已耗尽，因而在纯度、精度、质量、外观等方面都很低，这就决定了采取粗放的物流方式处理企业再生资源。这样，可以使再生资源在重新使用形成新的价值中，物流成本不至于太高。

（四）企业再生资源物流的路程较短

企业再生资源物流的路程一般都较短，这是由于企业在处理再生资源时，承受的物流费用较高。企业一般都尽可能在企业内部解决或相关企业消化。企业再生资源的主要使用价值已丧失，新的使用价值需要承受的物流费用和研究费用等，决定了就近利用的性质，因而企业再生资源的物流路程不会太长。

四、企业几种主要再生资源的回收利用

（一）废钢铁的回收和利用

废钢铁是企业再生资源的重要组成部分。它是指失去原有使用价值的钢铁材料及其制品。废钢铁是生产建设产生的废料，但是它又是生产建设的重要原材料。随着企业生产和基本建设规模的不断扩大，企业产品的废

钢铁在不断增加，非常有必要很好的回收和利用，使之转化为新的生产要素。

1. 企业回收废钢的经济意义

(1) 回收的废钢铁，通过直接回炉冶炼，旧物换新，加工改制，可以扩大社会的钢铁资源。据统计，企业每回收 1 吨废钢铁可以炼好钢 360 公斤左右。至于企业产生的钢铁材料中的边角余料，可以直接利用生产制造小农具，小五金等产品。氧化铁皮是粉末冶金的重要原料。废合金中含有钨、镍、钒、钛等贵重金属，也是国家的一笔重要财富。例如一吨旧高速钢中就含有钨 180 公斤、铬 40 公斤、钒 10 公斤。

(2) 节省矿产资源和能源。钢铁是工业原材料的重要组成部分，是生产劳动工具的主要原材料，在工业原料中占有十分突出的地位。钢铁产量常被看成国家工业发达程度的主要标志。国家增加钢铁的产量就必须相应增加铁矿石、石灰石等矿产资源，同时，还要投入大量的电力、焦炭、天然气等能源。在增加钢铁的同时，加强废钢的回收是非常重要的。每利用 1 吨废钢铁，可以节省铁矿石 4 吨、焦炭 0.68 吨、石灰石 0.28 吨，再加上其他填充材料可节省原料 4～5 吨。炼 1 吨铜，一般需要 60 吨铜矿石，如在炼铜中加入废铜，只需 1 吨多一点铜矿石，可节约电能 50%左右。据有关资料表明，炼钢使用废钢铁比矿石冶炼要节省能源 75%。节省用水 40%，节省矿石 95%，此外，还可以节省大量的建设资金，运输能力等。

(3) 可以节省企业生产运作资金。企业加大对废钢铁的回收和利用，不仅可为国家扩大资源，节省大量的能源，同时，还可以节省企业的生产运作资金。企业可以直接利用企业的钢铁边角余料，节省原材料购进费用。

2. 企业废钢铁的回收渠道

企业废钢铁的回收渠道主要有三个方面：

(1) 企业生产性回收。钢铁生产企业的废钢铁的回收，炼钢过程中的铸余、钢水罐底、边沿残钢、渣钢等回收率达 4%～8%左右；铸钢，铸铁过程中产生的氧化铁皮、切头、切尾、切边和废次材料等；坏轧材回收占轧材回收量的 15%～20%左右。

(2) 机械加工生产企业和基本建设单位的废钢铁的回收。在机械加工过程中产生的料头、料尾、边角余料、钢屑、氧化铁皮等，占回收总量的 20%～25%；基本建设单位在施工建设过程产生的边角余料、切头切边等，占回收总量的2%～3%。

(3) 社会回收。社会回收指非生产性的其他回收，是指社会各种机械设备的更新改造而报废的钢铁及家庭报废的钢铁器具。另外还有车船、钢轨、武器装备、工程机械、钢铁建筑等的报废钢铁。目前我国设备报废的废钢铁占设备总量的比例较小，仅占设备吨数的5%左右，但在废钢铁中占的比例较大，约为28%左右。

3. 企业对废钢铁的加工利用

(1) 企业对废钢铁的回收加工。企业对废钢铁的回收加工主要经过气割、剪切、破碎、打包压块、分选等过程。

气割是指用氧气切割对各种重型设备、大型构件、构筑件的折角，如废旧船舶、车厢拆角、汽车解体等。气割可以根据用途不同，有目的地切出有用的可用件。

剪切是按不同的使用要求，将废旧钢铁剪切成不同尺寸的钢件，供使用单位使用或回炉冶炼。

破碎是对机械加工切削下来的长螺旋状切屑或团状切屑，用破碎机进行破碎或落锤破碎和爆炸破碎等。

打包压块是为满足废旧钢铁回炉冶炼对材料的工艺要求，缩小废钢屑或轻薄料的体积，增加炉料金属密度，提高回炉冶炼效率，将废钢铁屑和轻薄料打成紧密块件，使之便于运输，又符合冶炼要求。

分选是将各类繁杂的废钢铁，根据用途、材料和化学性质等，进行分类、挑选、剔除杂质，用于直接使用或冶炼回炉。

(2) 企业对废钢铁的再利用。企业回收的废钢铁用于社会再利用。废钢铁的用途很广，它是炼钢、铸造、制造农具及小五金产品的重要原料。

废钢铁用于炼钢主要是用于回炉。利用废钢铁炼钢，可以缩短炼钢时间，增加熔炼容积，降低原材料消耗，而且所炼的成品钢材成本低，质量好。

废钢铁也是铸造的重要原料，铸造需要的废钢铁的数量由铸造任务和废钢比确定。一般铸件配用20%；回炉铁配用30%，铸钢件配用90%左右。

废钢铁是制造中小农具和小五金产品的重要原料。利用废旧钢铁的中板边角余料生产锹、锄、镐、钢叉等；利用马口铁边角生产瓶盖、玩具；利用镀锌铁皮残料制造圆钉、文具用品等；利用薄铁边生产水桶、炉铲等；利用硅钢片下角料制造镇流器、稳压器、变压器等。

（二）企业废纸、纸板的回收利用

企业废纸资源较分散，回收难度较大。废纸、纸板的回收利用一个明显的特点是，必须建立一个稳定的废纸收集系统。只有足够的废纸、纸板的回收力度，才能批量供给再生加工。

企业废纸，纸板的集货系统起点是依靠简单的人力劳动或半机械化劳动，在集货结点处进行集货加工、分捡、再复用，如图 10－1 所示。

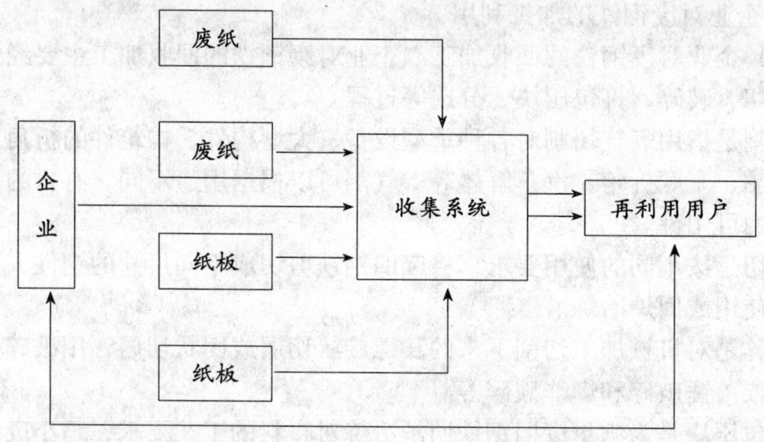

图 10－1　企业废纸、纸板回收物流系统

（三）废玻璃瓶、废玻璃的回收利用

1. 废玻璃瓶的回送复用

废玻璃瓶作为可再生利用资源物流方式的特点是：需要一个回收复用的运输系统，依靠这个运输系统，可以将使用过的旧玻璃瓶再回运给生产企业。在实践中，回送、复用运输两者构成一个往返的物流系统，如图 10－2 所示。

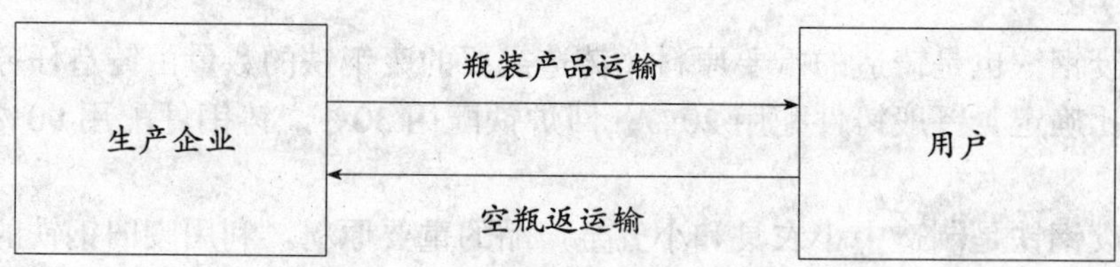

图 10－2　企业玻璃瓶的回送复用系统

这种双向回收复用系统的主要优点在于：回收复用运输并不用专门安排运力，而是一个配送回程的“捎脚”运输，因此并不增加多少费用投入，便解决了空瓶回运问题。值得注意的是这种回收复用系统，只适用于短途汽车运输方式。如果返程实载以火车或大型汽车等进行远程物流，若返程只载空瓶，则运力浪费很大，运费有可能超过使用新瓶的价格。

2. 企业废玻璃的原厂复用

玻璃生产企业的碎玻璃原厂复用，是将各生产工序产生的碎玻璃都回运到配料端。由于这种废玻璃的成分与本企业生产的玻璃成分相同，无需再进行成分的化验和组成计算，只需按一定配料比例与混合料一起投入炉内重新熔制，这是一种经济可行的再生资源物流方式，如图 10－3 所示：

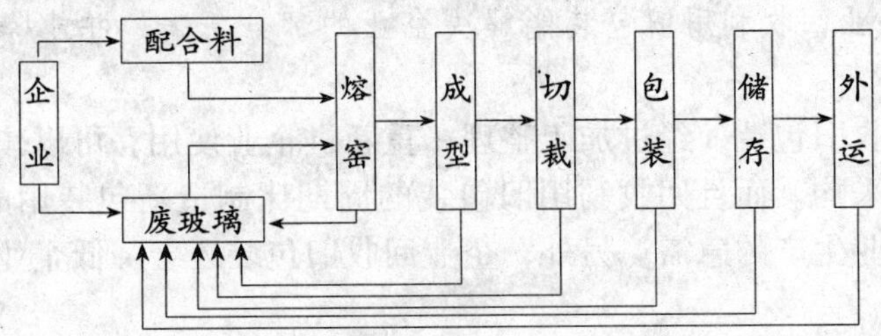

图 10－3 废玻璃的原厂复用物流方式

这种物流系统可采取两种方式解决：一种是料斗与传送带配合输送，各工序将废玻璃投入料斗中，通过料斗漏置于传送带上，再传送至投料处的废玻璃存放场；另一种是采用作业车辆完成物流过程，各工序废碎玻璃投入带斗车辆中，定期用车辆运至投料处的废碎玻璃存放场，用于熔窑再熔化。

第三节 企业废旧包装的回收和利用

一、企业废旧包装回收利用的概念

企业废旧包装的回收是利用使用过的产品包装容器和辅助材料，通过各种渠道和各种方式收集起来，然后由企业重新使用。企业废旧包装的利用是将回收上来的旧包装，经过修复、改制，交给企业再次使用的过程。产品包装的回收和利用不同于一般废旧物资的回收和利用。一般废旧物资的回收利用是将废旧物资改作其他用途或通过回炉加工成新的材料。而包装的回收和利用则是对原物再次使用，重新用来包裹产品并且还有可能连续回收、复用多次。不能利用的废包装可看成一般废旧物资不再列入废旧包装中。

二、企业废旧包装回收利用的意义

我国生产企业每年产生的旧包装数量惊人，回收利用潜力巨大。每年用于包装的纸板平均在 40 万吨以上；包装用牛皮纸的用量也很大，仅水泥袋一年就需 12 亿只左右；木材公司每年供应包装用木材约计 55 万立方米，仅自行车一年就需木材 10 多万立方米；每年包装用布 2 亿多米，麻袋 4 亿多条；每年生产瓶酒约 100 万吨、需玻璃瓶 20 亿只。这表明企业回收利用废旧包装的市场潜力还是相当巨大的。

（一）企业回收利用旧包装能解决企业的部分急需，并能降低生产成本

企业回收旧包装，经过加工整理，重新供企业使用，可以减少企业对包装材料的采购。而且回收利用旧包装的周期比制造新包装用的时间短，常能解决企业生产的急需。另外，企业回收旧包装还会降低企业的生产成本。

（二）企业回收利用旧包装有利于物流的进行

产品包装作为保护功能在物流过程中是时刻不能缺少的。由于资源或成本过高使企业包装不足或供应不及时，使某种产品包装不足或过弱时，就会影响到产品的物流活动。企业产品包装的回收利用，能及时解决产品的包装问题，保证产品物流活动的顺利进行。

（三）企业回收利用旧包装，可以节省资源

我国的资源有限，不可再生资源的使用更是紧张。包装材料对资源的消耗数量巨大，企业如能回收利用旧包装，能为国家节省大量的资源。以木制包装为例：我国企业生产产品木制包装用木材约 18 万立方米，作为包装用材，不仅要严格控制，而且更应大力开展回收复用，才能合理利用有限的资源。

目前，平均每人拥有的矿物能源的可采储量比世界平均水平还低。而绝大多数包装材料的生产制造都需要消耗大量的能源。如生产 1 吨纸板需煤 570 公斤，电 350 度；生产 1 吨玻璃瓶约需煤 1 400 公斤，电 1 100 度。而且生产这些材料的原料如烧碱等，也需要消耗大量的燃料和电力。塑料属于节能型的包装材料，生产一个同样容量的饮料容器所消耗的电能是：铝为 3 度；玻璃为 2.4 度；铁为 0.7 度；纸板为 0.18 度；塑料仅为 0.11

度。在英国等西欧国家，1公斤以上的玻璃瓶都已被塑料瓶罐代替。即便是这样，塑料等高分子材料的合成还要消耗大量的石油。因此，企业回收复用旧包装，能为国家节约大量的能源。

三、企业废旧包装的回收和利用

(一) 建立企业废旧包装回收的渠道

企业生产的产品种类不同，所用包装种类繁多。包装随产品分散到全国各地、各行业及最终消费者，回收起来难度相当大。但就商品的流向来看，商品包装与商品的流向是一致的，也就是说：什么地方有商品，什么地方就会有腾空的包装可以回收。建立适当的废旧包装回收渠道，企业回收复用旧包装潜力还是相当大的。

具体来说，企业废旧包装的回收渠道主要有以下几个方面：

1. 商业部门渠道

商业部门主要经销生活资料商品是企业废旧包装回收的主要渠道。如各级百货商店，纺织品公司，五金交电公司，副食品公司及零售商店等，都有较大的废旧包装回收潜力；医药、中药材、医疗器械，也有大量的商品包装可供回收；各种粮油的专用包装，进口商品的各种包装都可以回收利用。

商业部门不仅可以回收本系统经销的废旧包装，还可以回收终点消费者手中的废旧包装。如厂矿企业购进原材料及劳保用品的包装；医疗单位的药品、医疗器材的包装；机关和科研单位的文化用品包装，甚至流散在消费者手中的能回收复用的旧包装，如啤酒瓶等。

2. 生产资料产品销售部门

这些部门主要是经营各级生产资料的机电设备公司、轻化工材料公司，建筑材料公司，交通配件公司等，大都有废旧包装。其中相当一部分是专用包装，如平板玻璃木箱、化工原材料铁桶、电缆盘等。

3. 社会废旧回收公司或回收队伍

利用社会废旧回收公司或回收队伍，可以回收那些专业回收单位或综合回收机构不回收的旧包装。如各种杂乱玻璃瓶、塑料瓶和其他棉、麻、金属制品包装等。

4. 企业废旧包装回收渠道

(1) 由企业设立专门的回收门市部，在固定的地点、时间专门回收各种产品包装。

(2) 企业上门回收，企业定期定点或预约时间到交回包装的单位上门回收包装。

(3) 企业在产品销售部门设回收包装柜台。产品销售部门在出售商品时，要求消费者交回已购买使用过的旧包装，以押金的形式相约束。如用空瓶换瓶装啤酒、酱油、醋等办法来回收旧包装。

(4) 企业与销售使用单位对口交回。由产品销售部门或使用部门直接负责回收产品旧包装，交给生产企业重新使用，中间不经过旧包装回收单位。这对一些大宗的专用包装，如平板玻璃专用箱，电缆盘、周转包装等都可以采用这种渠道。

(二) 企业对产品旧包装的复用

1. 社会回收旧包装复用的途径

社会回收的旧包装经过适当的修复加工，按一定的途径交给使用部门，如供给轻纺、化工等工业产品的包装；供给商业批发部门发运商品用包装；供给储运部门拼装分运商品所需要的包装。

2. 生产企业对回收旧包装的复用

生产企业对回收旧包装的复用主要有以下几个方面：

(1) 原企业复用。原企业复用就是把回收的旧包装交给原生产企业复用，对完整无缺或有破损但经简单整理便可重新复用的包装。

(2) 同类企业通用。同类产品生产企业通用的包装是指某产品的包装在规格实现统一后，其包装可以在同类产品的各个生产企业中通用。在产品包装实现通用化和标准化以后，同类产品在各个生产企业产生的包装规格型号相同，简化了包装规格种类数，便于同类产品企业间的回收复用。

(3) 旧包装异厂代用。旧包装异厂代用是指对一些零散、过时及某些生产企业已不再使用的无销路的产品包装，通过试装、套装将甲企业产品包装改送乙企业产品包装使用或用原来甲产品的包装来装乙产品。

3. 企业对旧包装的修复和加工改制

企业对一些不能直接复用的旧包装，经过一系列的修复和加工改制后可继续使用。这个过程一般分为挑选整理、修复和加工改制三个过程。

(1) 挑选整理。企业对旧包装的挑选整理是对回收旧包装的初步加工。回收的旧包装品种繁多，又都混杂在一起，无法直接复用，只有通过对旧包装的挑选、分类、除杂、分割等一系列加工，才能对旧包装进行进一步的修复和加工改制。

(2) 修复。企业对旧包装的修复是对完整无损或稍有破损的旧包装，经清洁、修补、拼配等加工过程便可使用的过程。

(3) 加工改制。企业对旧包装的加工改制是在原包装不能恢复复用的前提下，将回收的旧包装作为材料，重新制作包装的过程，如以大改小、以小拼大、混合拼制等等。

第四节 企业废弃物物流

一、企业废弃物的概念

企业废弃物是指企业在生产过程中不断产生的基本上或完全失去使用价值，无法再重新利用的最终排放物。

企业废弃物这一概念不是绝对的，只是在现有技术和经济水平条件下，暂时无法利用的。目前，许多发达国家的最终废弃物为原垃圾的50%以下。我国也在加强这方面的研究，如我国许多地区将生活垃圾用于堆肥、制肥，尽可能使之资源化。

二、企业废弃物的种类及物流特点

(一) 固体废弃物

固体废弃物也被称为垃圾，其形态是各种各样的固体物的混合杂体。这种废弃物物流一般采用专用垃圾处理设备处理。

(二) 液体废弃物

液体废弃物也称为废液，其形态是各种成分液体混合物。这种废弃物物流常采用管道方式。

(三) 气体废弃物

气体废弃物也称为废气，主要是工业企业，尤其是化工类型工业企业的排放物。多种情况下是通过管道系统直接向空气排放。

(四) 产业废弃物

产业废弃物也称为产业垃圾。产业废弃物通常是指那些被再生利用之后不能再使用的最终废弃物。产业废弃物来源于不同行业，如第一产业最终废弃物为农田杂屑，大多不再收集，而自行处理，很少有物流问题；第二产业最终废弃物则因行业不同而异，其物流方式也各不相同，多数采取向外界排放或堆积场堆放、填埋等；第三产业废弃物主要是生活垃圾和基本建设产生的垃圾，这类废弃物种类多、数量大，物流难度大，大多采用就近填埋的办法处理。

(五) 生活废弃物

生活废弃物也称生活垃圾。生活废弃物排放点分散，所以需用专用的防止散漏的半密封的物流器具储存和运输。

（六）环境废弃物

企业环境废弃物一般有固定的产出来源，主要来自企业综合环境中。环境废弃物产生的面积大，来源广泛，对环境危害大。其物流特点是收集掩埋，要完成收集并输送到处理掩埋场的物流。另外，环境废弃物的流通加工也是废弃物物流的特点。不过这种流通加工的目的不同于一般产品的流通加工，主要不是为了增加价值，而是为了减少危害。

三、废弃物的几种物流方式

（一）废弃物掩埋

大多数企业对企业产生的最终废弃物，是在政府规定的规划地区，利用原有的废弃坑塘或用人工挖掘出的深坑，将其运来、倒入，表面用好土掩埋。掩埋后的垃圾场，还可以作为农田进行农业种植，也可以用于绿化或做建筑、市政用地。这种物流方式适用于对地下水无毒害的固体垃圾。其优点是不形成堆场、不占地、不露天污染环境、可防止异味对空气污染；缺点是挖坑、填埋要有一定投资，在未填埋期间仍有污染。

（二）垃圾焚烧

是在一定地区用高温焚毁垃圾。这种方式只适用于有机物含量高的垃圾或经过分类处理将有机物集中的垃圾。有机物在垃圾中容易发生生物化学作用，是造成空气、水及环境污染的主要原因，因其本身又有可燃性，因此，采取焚烧的办法是很有效的。

（三）垃圾堆放

在远离城市地区的沟、坑、塘、谷中，选择合适位置直接倒垃圾，也是一种物流方式。这种方式物流距离较远，但垃圾无需再处理，通过自然净化作用使垃圾逐渐沉降风化，是低成本的处置方式。

（四）净化处理加工

对垃圾（废水、废物）进行净化处理，以减少对环境危害的物流方式。尤其是废水的净化处理是这种物流方式有代表性的流通加工方式。在废弃物流领域，这种流通加工是为了实现废弃物无害排放的流通加工，因而特点显著。

四、企业废弃物的物流合理化

企业废弃物的物流合理化必须从能源、资源及生态环境保护三个战略高度进行综合考虑，形成一个将废弃物的所有发生源包括在内的广泛的物流系统，如图 10－4 所示。

这一物流系统实际包括三个方面，一是尽可能减少废弃物的排放量；二是对废弃物排放前的预处理，以减少对环境的污染；三是废弃物的最终排放处理。

（一）生产过程中产生的废弃物的物流合理化

为了做到对企业废弃物的合理处理，实现废弃物物流合理化，企业通常可以采取以下做法：

1. 建立一个对废弃物收集、处理的管理体系，要求企业对产生的废弃物进行系统管理，把废弃物的最终排放量控制到最小的限度之内。

2. 在设计研制产品开发时，要考虑到废弃物的收集及无害化处理的问题。

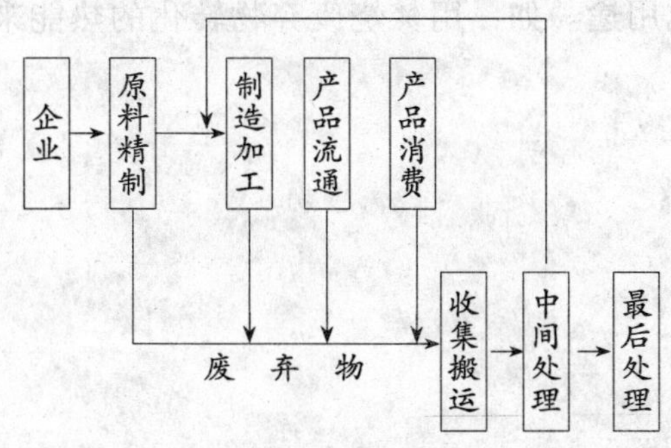

图 10－4　企业废弃物的产生、处理系统

3. 加强每个生产工序变废为宝的利用，并鼓励职工群策群力。

4. 尽可能将企业产生的废弃物在厂内合理化处理。暂时做不到厂内处理的要经过无害化处理后，再考虑向厂外排放。

（二）产品进入流通、消费领域产生的废弃物的物流合理化

为了建立一个良好的企业形象，加强对社会环境的保护意识，企业还应关注产品进入流通、消费领域产生的废弃物的物流合理化。

1. 遵守政府有关规章制度，鼓励商业企业和消费者支持产品废弃物的收集和处理工作，如可以采取以旧换新购物等。

2. 要求消费者对产品包装废弃物纳入到企业废弃物的回收系统，不再作为城市垃圾而废弃，增加环境压力。如购买产品对回收部分收取押金或送货上门时顺便带回废弃物。

3. 教育企业职工增强环保意识，改变价值观念，注意本企业产品在

流通、消费中产生的废弃物的流向，积极参与物流合理化的活动。

（三）企业排放废弃物的物流合理化

为了使企业最终排放废弃物的物流合理化，主要做到以下几点：

1. 建立一个能被居民和职工接受，并符合当地商品流通环境的收集系统。

2. 通过有效的收集和搬运废弃物，努力做到节约运输量。

3. 在焚烧废弃物的处理中，尽可能防止二次污染。

4. 对于最终填埋的废弃物，要尽可能减少它的数量和体积，使之无害化，保护处理场地周围的环境。

5. 在处理最终废弃物的过程中，尽可能采取变换处理，把不能回收的部分转换成其他用途。如：用焚烧废弃物转化的热能来制取蒸气、供暖、供热水等。

第十一章　企业产品包装

包装对生产企业来讲，标志着生产物流的完成和销售物流的开始，因此包装既要根据产品性质、形状、生产工艺和成本来进行，又要考虑能否满足产品流通过程、销售过程的需要以及方便消费等等。本章主要介绍产品包装的概念、包装功能、企业包装用材料的选择、企业包装容器设计和选用、包装操作和包装机械等。

第一节　企业产品包装概述

一、产品包装的概念

我国《包装通用术语》国家标准 GB4122—83 中对包装明确定义为“所谓包装是指在流通过程中保护产品，方便储存，促进销售，按一定技术而采用的容器及辅助物等的总体名称，也包括为了达到上述目的而进行的操作活动。”

由于工业产品的开发研制速度越来越快，产品包装的设计开发也随之展开，新的包装材料，新的包装技术，新的包装形式广泛出现，这就为企业产品包装的开发开拓了广阔的前景。

二、产品包装的特征和功能

企业产品包装具有三大特征，即对产品的保护性、单位集中性和方便性。基于产品包装的这三个特征，使包装具有四个功能，即保护产品，方便物流，促进销售和方便消费。

（一）对产品的保护性

包装的保护性体现了包装的目的，即保护产品不受损伤和损失。包装的保护性主要体现在以下几个方面：

1. 防止产品破损变形。产品包装必须能够承受在装卸、运输、保管等过程中的各种冲击、振动、颠簸、压缩、摩擦等外力的作用，形成对内装产品的保护，具有一定抗振强度。

2. 防止产品发生化学变化。产品在流通、消费过程中易受潮、发霉变质、生锈而发生化学变化，影响产品的正常使用。这就要求包装能在一定程度上起到阻隔水分、潮气、光线及有害气体的作用，避免外界环境对产品产生不良影响。

3. 防止有害生物对产品的影响。鼠、虫及其他有害生物对产品有很大的破坏性。这就要求包装能够具有阻隔霉菌、虫、鼠侵入的能力，形成对内装产品的保护作用。

4. 防止异物混入、污物污染、丢失、散失和盗失等作用。

（二）单位集装性

包装有将产品以某种单位集中的特征。包装成多大的单位，既取决于企业的生产情况，又要兼顾物流、消费的需要，一般来讲包装要求既能够分割又能重新组合，以适应多种装运条件和分货的需要。

（三）方便性

为产品流通、消费提供方便是一种合理包装必备的特征。因此，产品包装的大小、形态、包装材料、包装重量、包装标志等各个要素应为运输、保管、验收、装卸、计量、销售等各项作业创造方便条件，同时，包装拆装作业本身能够简便快速，拆装后的包装材料应当容易处理。

三、企业产品包装的种类

企业产品种类繁多、形态各异，相应的产品包装也多种多样，这是由于要适应各种产品性质差异及适应流通、销售条件的要求，使包装在设计、选料、制造技法等方面出现多样化。

（一）按包装在流通中的作用分类

包装可分为工业包装和商业包装：

1. 商业包装又称之为销售包装。是以促进销售为主要目的包装。这种包装的特点是外形美观，有必要的装潢、包装单位，适合顾客购买和商店设施的要求。

2. 工业包装又称之为运输包装。是以强化运输便于保管、保护产品为目的的包装。

（二）按产品的经营习惯分类

包装可分为内销商品包装、出口商品包装和特殊商品包装：

1. 内销商品包装是商品在国内移动、周转和销售的包装。对于内销商品包装的工业包装和商业包装的划分，只是相对的，不能绝对划分，有时工业包装可视为商业包装，有时商业包装也起着工业包装的作用。

2. 出口商品包装是供出口商品的包装。按国际贸易经营习惯，分为国际运输包装和国际销售包装。国际运输包装主要考虑运输路程和运输方式的不同，采用集合包装形式；国际销售包装除保持其本身的特性外，还要考虑商品销往国的不同要求和特点。

3. 特种商品包装是指工艺美术品、古文物、军需用品等的包装，对于这些物品的保护措施，在防压、抗震、抗冲击等方面比一般商品包装要求更高。

（三）按包装层次不同分类

包装可分为个包装、中包装、外包装：

1. 个包装是指一个商品为一个销售单位的包装形式。个包装直接与商品接触，在生产中与商品装配成一个整体。它以销售为主要目的，一般随同商品销售给顾客，因而又称为销售包装或小包装。个包装起着直接保护、美化、宣传和促进商品销售的作用。

2. 中包装（又称内包装）是指若干个单体商品或包装组成一个小的整体包装。它是介于包装与外包装的中间包装，属于商品的内层包装。中包装在销售过程中，一部分随同商品出售，一部分则在销售中被消耗掉，因而被列为销售包装。在商品流通过程中，中包装起着进一步保护商品、方便使用和销售的作用，方便商品分拨和销售过程中的点数和计量，方便包装组合等。

3. 外包装（又称运输包装或大包装）是指商品的最外层包装。在商品流通过程中，外包装起着保护商品、方便运输、装卸和储存等方面的作用。

（四）按包装容器软硬程度不同分类

包装可分为硬包装、半硬包装和软包装：

1. 硬包装（又称刚性包装）是指充填或取出包装的内装物后，容器形状基本不发生变化，材质坚硬或质地坚牢地包装。这类包装中，有的质地坚牢，能经受外力的冲击，有的质地坚硬，但脆性较大。

2. 半硬包装（又称半刚性包装）是介于硬包装和软包装之间的包装。

3. 软包装（又称挠性包装）是指包装内的充填物或内装物取出后，容器形状会发生变化，且材质较软的包装。

（五）按包装使用范围分类

包装可分为专用包装和通用包装：

1. 专用包装是指专供某种或某类商品使用的一种或一系列的包装。采用专用包装是根据商品某些特殊的性质来决定的。这类包装都有专门的设计制造和科学管理方法。

2. 通用包装是指一种包装能盛装多种商品，被广泛使用的包装容器。通用包装一般不进行专门设计制造，而是根据标准系列尺寸制造的包装，用以包装各种无特殊要求的或标准尺寸的产品。

专用包装与通用包装的区分是相对而言的，没有绝对严格的界限。有的包装既可作专用包装，又可作为通用包装。

（六）按包装使用的次数分类

包装可分为一次用包装、多次用包装和周转用包装：

1. 一次用包装是指只能使用一次，不再回收复用的包装。它是随同商品一起出售或销售过程中被消费掉的销售包装。

2. 多次用包装是指回收后经适当地加工整理，仍可重复使用的包装。多次用包装主要是商品的外包装和一部分中包装。

3. 周转用包装是指工厂和商店用于固定周转多次复用的包装容器。

（七）包装的其他分类方法

1. 按运输方式不同，包装可分为铁路运输包装、卡车货物包装、船舶货物包装、航空货物包装及零担包装和集合包装等。

2. 按包装防护目的不同分类，包装可分为防潮包装、防水包装、遮光包装、防气包装、保香包装、防热包装、真空包装、充气包装和防冻包装等。

3. 按包装保护技术分类，包装可分为防潮包装、防锈包装、防霉包装、防震包装、危险品包装等。

4. 按包装操作方法分类，包装可分为装罐包装、捆扎包装、裹包包装、收缩包装、压缩包装和缠绕包装等。

5. 按包装装潢不同分类，包装可分为礼品包装、透明包装、色彩包装、开窗包装、悬托式包装、携带式包装、组合式包装、开罐式包装和喷雾式包装等。

此外，还可以根据包装内装物的数量，包装组合方式、收货人的不同等进行分类。

第二节　企业产品包装材料和标志

包装材料与包装功能存在着不可分割的联系。无论从包装材质的选择，还是从包装技术的实施，都是为了保证和实现包装的保护性、方便性等。包装材料在产品包装中占有重要的地位，是发展包装技术，提高包装质量、降低包装成本的重要基础。为了对产品进行必要的说明，在包装物上常常注有包装标记和标志，用以提示人们在产品的销售、流通等活动中应注意的事项。

一、产品包装材料应具备的性能

从现代包装具备的使用价值来看，包装材料应具备以下几个方面的性能：保护性、加工操作性能、外观装饰性能、方便使用性能、节省费用性能、易处理性能等。

（一）保护性能

保护性能主要指保护包装内装物，防止其变质，保证质量。企业在选择包装材料时，应注意开发研究包装材料的机械强度、防潮吸水性、耐腐蚀性、耐热耐寒性、透光性、透气性、防紫外线穿透性、耐油性、适应气温变化性、无毒、无异味等。

（二）加工操作性能

加工操作性能主要是指易加工、易包装、易充填、易封合，且适合自动包装机械操作。企业在选择包装材料时，应注意研究包装材料的刚性、挺力、光滑度、易开口性、热合性和防静电性等。

（三）外观装饰性能

外观装饰性能主要指材料的形、色、纹理的美观性，能产生陈列效果，提高商品身价和激发消费者购买欲。企业在选择包装材料时，应注意研究包装材料的透明度、表面光泽、印刷适应性，不因带静电而吸尘等。

（四）方便使用性能

方便使用性能主要指便于开启包装和取出内装物，便于再封闭。企业在选择包装材料时，应注意研究包装材料的开启性能、安全性能、不易破裂等。

（五）节省费用性能

节省费用性能主要指经济合理地使用包装材料。企业在选择包装材料时，应注意研究如何节省包装材料费用、包装机械设备费用、劳动费用、包装效率、自身重量等。

（六）易处理性能

易处理性能主要指包装材料要有利于环保，有利于节省资源。企业在选择包装材料时，应注意研究包装材料的回收、复用再生等。

包装材料的性能，一方面决定于包装材料本身的性能，另一面还取决于各种材料的加工技术。随着科学技术的发展，新材料新技术的不断出现，包装材料满足商品包装的性能会不断地完善。

二、企业产品包装对材料的选用

（一）金属包装材料

金属包装材料是指把金属压制成薄片，用于产品包装的材料。主要指钢材和铝材，其形式为薄板和金属箔，前者为刚性材料，后者为软性材料。包装用金属材料主要有以下几种：

- 包装用金属
  - 黑色金属
    - 板材：薄钢板、镀锌薄、钢板、马口铁等
    - 带材：打包钢带、铁丝、圆钉等
  - 有色金属
    - 板材：铝板、合金铝板等
    - 箔　：铝箔、合金铝箔等

金属材料用于包装的优点有：

1. 金属材料牢固、不易破碎、不透气、防潮、防光，能有效地保护内装物。

2. 金属有良好的延伸性，容易加工成型。它们的加工技术成熟。钢板镀上锌、锡、铬等具有很好的防锈能力。

3. 金属表面有特殊的光泽，使金属包装容器具有良好的装潢效果。

4. 金属材料易于再生使用。

但是，金属材料在包装上的应用受到成本高、能耗大，在流通中易产生变形，生锈等因素的限制。

刚性金属包装材料主要用于加工运输包装，也可用于加工销售包装的金属罐，加工各种瓶罐的盖、底和捆扎材料等。软性金属包装材料主要用来制造金属箔和复合材料，金属和纸的复合材料包装具有非常广阔的前景。

（二）玻璃包装材料

玻璃以其本身特有的优良特性及玻璃加工制造技术的不断进步，是现代包装的主要材料，用于包装的玻璃品种有以下几种：

- 包装用玻璃
  - 普通瓶罐玻璃：主要是钠、钙硅酸盐玻璃等
  - 特种玻璃：中性玻璃、石英玻璃、微晶玻璃、着色玻璃、玻璃钢（钢化玻璃）

玻璃用于包装的优点是：

1. 玻璃的保护性能良好，不透气、不透湿，有紫外线屏蔽性，化学稳定性高，耐风化、不变形、耐热、耐酸、耐磨，无毒无异味，有一定强度，能有效地保存内装物。

2. 玻璃的透明性好，易于造型，具有特殊的传达美化商品的效果。

3. 玻璃易于加工，可制成各种规格样式的品种，对产品商品性的适

应性强。

4. 玻璃的强化、轻量化技术及复合技术的发展，加强了对产品包装的适应性，尤其是在一次性使用的包装材料中有较强的竞争力。

5. 玻璃包装容器易于复用、回收，便于洗刷、消毒、灭菌，能保持良好的清洁状态，一般不会造成公害。

6. 玻璃原材料资源丰富且便宜，价格较稳定。但是，玻璃用作包装材料存在着耐冲击强度低、碰撞时易破碎，自身重量大，运输成本高，能耗大等缺点，限制了玻璃的应用。

玻璃作为运输包装主要用于存放化工产品（如强酸类）。玻璃纤维复合袋用于存装粉状产品。玻璃用于销售包装可制成瓶和罐，用途十分广泛。

（三）木制包装材料

木材做为包装材料历史悠久，几乎所有的木材都可以用于包装材料，特别是外包装材料更显优势。由于木材资源有限，在某些领域正逐步被塑料、复合材料、胶合板等取代，木材作为包装材料的比重在不断下降。

木材是一种天然材料，因树种不同，生长环境不同，树干部位不同而在性质上产生很大差异，因此使用时应进行合理的选择和处理，常用于包装的木材主要有以下几种：

- 包装用木材
  - 天然木材
    - 针叶木材：红松、落叶松、白松、马尾松、冷杉等软质木材
    - 阔叶木材：杨木、桦木、榆木、柞木等硬质木材
  - 人造木材
    - 纤维板：纤维板、木丝板、刨花板等
    - 胶合板：三夹板、五夹板等

木材用于包装的主要优点有：

1. 木材具有优良的强度/重量比，有一定的弹性，能承受冲击、振动、重压等作用。

2. 木材资源广泛，可以就地取材。

3. 木材加工方便，不需要复杂的加工机械设备。

4. 木材可加工成胶合板，可减轻包装重量，提高木材的均匀性、外观好，扩大了木材的应用范围。

但是，木材易于吸收水分，易于变形开裂，易腐败，易受白蚁蛀蚀，还常有异味，不利于成批机械化加工，加之受资源限制，价格高等因素的影响，限制了木材在包装中的应用。

（四）纸和纸板

纸和纸板在包装材料中的应用最为广泛。纸属于软性薄片材料，无法

形成固定形状的容器，常用于作裹包衬垫和口袋。纸板属于刚性材料，能形成固定形状的容器。用于包装的纸和纸板有以下几种：

- 包装用纸
  - 纸
    - 普通包装纸：牛皮纸、纸袋纸包装纸、包裹纸等
    - 特殊包装纸：邮封纸、鸡皮纸、羊皮纸、上蜡纸、透明纸、沥青纸、油纸、耐碱纸、防锈纸等
    - 包装装潢纸：书写纸、胶版纸、铜版纸、压花纸、肋纹纸、表涂层纸等
  - 纸板
    - 纸板：箱板纸、黄板纸、白板纸、卡片纸等
    - 瓦楞纸：瓦楞原纸、瓦楞纸板

纸和纸板用于包装的优点有：

1. 纸和纸板的成型性和折叠性优良，便于加工并能高速连续生产。

2. 纸和纸板容易达到卫生要求。

3. 纸和纸板易于印刷，便于介绍和美化商品。

4. 纸和纸板的价格较低，不论是单位面积价格还是单位容积价格，与其他材料相比都是经济可行的。

5. 纸和纸板本身重量轻，能降低运输费用。

6. 纸和纸板质地细腻、均匀、耐磨擦、耐冲击、容易粘合，不受温度影响，无毒、无味、易于加工，适用于不同包装的需要。

7. 纸和纸板的废弃物容易处理，可回收复用和再生，不造成公害，节约资源。

8. 纸板和瓦楞纸板具有适宜的坚牢度，耐冲击性和耐摩性，能安全有效地保护内装产品。

但是，纸和纸板也有一些弱点：如难于封口，受潮后强度下降以及气密性、防潮性、透明性差等。

在运输包装中，用瓦楞纸板制成的纸箱有取代木箱的趋势；用硬纸板制成的复合罐，可用来代替某些产品的金属罐。在销售包装中纸和纸板应用很广，纸制复合材料制品在销售包装中也相当普遍。

（五）塑料包装材料

塑料用作包装材料，大大改变了商品包装的面貌。塑料在包装中的应用已成为现代商品包装的重要标志之一。塑料在整个包装材料中的比例仅次于纸和纸板，有逐步取代纸、木材、金属和陶瓷玻璃的趋势。

常用的塑料包装材料主要有以下几种：

- 包装用塑料
  - 塑料
    - 热塑性塑料：聚乙烯、聚氯乙烯、聚苯乙烯、聚丙烯和各种塑料薄膜等
    - 热固性塑料：酚醛塑料、脲醛塑料等
  - 复合塑料
    - 塑料与塑料复合
    - 塑料与其他系列复合：与纸复合、与金属复合、与木材复合等

塑料用于包装的主要优点有：

1. 塑料具有优良的物理机械性能，如有一定的强度、弹性、耐折叠、耐磨擦、抗震动、防潮、气体阻漏等性能。

2. 塑料的化学稳定性好。耐酸碱、耐化学试剂、耐油脂、防锈蚀、无毒等。

3. 塑料属于轻质材料。比重约为 1。约为金属比重的 1/5。为玻璃比重的 1/2。

4. 塑料属于节能材料，生产一个同样容量的饮料包装容器所消耗的电能为铝——3.00 度；玻璃——2.40 度；纸——0.18 度；塑料——0.11 度。

5. 塑料加工成型简单，可以多样化。它可制成薄膜、片材、管材、编织布、无纺布、发泡材料等。其成型技术有多种。如：吹塑、挤压、铸塑、真空、热收缩、拉伸等。

6. 塑料具有优良的透明性和表面光泽，印刷和装饰性良好，能很好地传达和美化商品信息。

7. 塑料价格具有一定的竞争力。

但是，塑料作为包装材料也有不少弱点：如：强度不如钢铁；耐热性不及玻璃；在外界因素长期作用下易老化；有些塑料有异味；有些塑料的内部分子有可能渗入内装物；易产生静电；废弃物难处理，易产生公害；其价格受石油价格影响而波动。所有这些都限制了塑料在包装中的应用。

目前，我国塑料包装容器主要有六种：塑料纺织袋；塑料周转箱、钙塑箱；塑料打包带、捆扎绳；塑料中空容器；塑料包装薄膜；泡沫塑料及复合材料等。

(六) 复合包装材料

随着科学技术的不断发展，包装材料也不断创新。复合包装材料是将两种或两种以上具有不同特性的材料，通过各种方法复合在一起，以改进单一材料的性能，发挥更多优点的材料。复合包装材料在包装领域有广泛的应用。目前已开发研制出的复合材料有三四十种，使用较多的是塑料薄膜复合材料，另外还有纸基复合材料、塑料基复合材料、金属基复合材料等。

三、商品包装标记和标志

(一) 商品包装标记

1. 商品包装标记的概念

商品包装标记是根据商品本身的特征用文字和阿拉伯数字等在包装上

标明规定的记号。

2．商品标记的种类

（1）一般描述性标记（也称包装基本标记）。

它是用来说明商品实体基本情况的。例如：商品名称、规格、型号、计量单位、数量、重量（毛重、净重、皮重）、长、宽、高尺寸、出厂日期、地址等。对于使用时效性较强的商品还要写明成份、储存期或保质期。

（2）表示商品收发货地点和单位的标记（也称唛头）。

这是用来表明商品起运、到达地点和收发货单位等的文字记号。

对于进出口商品，这种标记由外经贸部统一编制向国外订货的代号。这种标记主要有三个作用：①加强保密性，有利于物流中商品的安全；②减少签订合同和运输过程中的翻译工作；③作为运输中的导向作用，可以减少错发、错运等事故。

（3）牌号标记。它是用来专门说明商品名称的标记。一般牌号标记不提供有关商品的其他信息，只说明名称，牌号标记应列在包装的显著位置。

（4）等级标记。它是用来说明商品质量等级的记号，常用“一等品”、“二等品”、“优质产品”、“获×××奖产品”等字样。

（二）商品包装标志

1．包装标志的概念

包装标志是用来指明被包装商品的性质和物流活动安全以及理货分运需要的文字和图像的说明。

2．商品包装标志的种类

（1）商品包装识别标志（也称运输包装收发标志）。包括分类标志（名称唛头）、供货号、货号、品名规格、数量、重量、生产日期、生产工厂、有效期限、体积、收货地点和单位、发货单位、运输号、件数等。

（2）商品包装指示标志（也称包装储运图示标志、安全标志或注意标志）主要针对产品的某些特性提出的运输和保管过程中应注意的事项。包括：小心轻放、禁用手钩、向上、怕热、由此吊起、怕湿、重心点、禁止滚翻、堆码极限、温度极限等。此标志图形、颜色、形式、位置、尺寸等在《包装储运图示标志》（GB191—85）中，有明确规定。

（3）商品包装警告性标志（也称危险货物包装标志）。主要指包装上用图形和文字表示化学危险品的标志。这类标志为能引起人们特别警惕，采用特殊的色彩或黑白菱形图形。危险货物包装标志必须指出危险货物的类别及危险等级。主要有爆炸品、易燃气体、易燃压缩气体、有毒气体、易燃液体、易燃固体、自燃物品、遇湿危险、氧化剂、有机过氧化物、腐蚀性物品、有毒品感染性物品、剧毒品、放射性物品等。

此标志的图形、颜色、标志形式、位置尺寸等，在国家标准《危险货物标志》（GB190—85）均有明确的规定。

(4) 国际通用装卸货指示标志和国际海运危险品标志。

联合国政府海事协商组织对国际海运货物，规定了国际通用装卸货指示标志和国际海运危险品标志。我国出口商品包装可以同时使用两套标志。

(三) 对包装标记和标志的要求

1. 对商品包装标记和标志所使用的文字、符号、图形等必须按国家有关部门的规定办理，不能随意改动。

2. 必须简明清晰，易于辨认。

3. 涂刷、拴挂、粘贴标记和标志的部位要适当。

4. 要选用明显的颜色作标记和标志。

5. 拴挂的标志要选择合适的规格尺寸。

第三节　企业产品包装容器的设计和选用

一、企业产品包装容器的设计要求

产品包装容器是为运输、销售使用的盛装产品或包装件的器具的总称。包装容器分运输包装容器和销售包装容器两大类，它们与商品价值、用途、性能、形状、运输储存条件和销售对象等都有着密切的联系。因此，包装容器的设计遵循“科学、安全、经济、适用、美观”的原则，以达到保护产品、便利流通、促进销售、方便消费的目的。

(一) 合理选择包装材料

包装容器对保护商品关系极大，因此要根据商品性能来选择不同材料制作包装容器。除此之外，还要考虑保证包装容器在储运和销售过程中不致损坏。另外还要注意包装的经济效益及表现效果，在不影响包装质量的前提下，应选择用价格便宜的材料；在满足强度要求的前提下，选用重量较轻的材料，并注意节省材料等。出口商品的包装材料，还要符合销往国家的法令与合同规定。

(二) 包装容器造型结构要科学

产品在设计包装容器的造型结构时，要根据内装物的性质、形状和运输、储存条件，注意产品在包装容器中的合理排列，尽量缩小容器的体积，还要根据包装设计的艺术形态和科学结构，根据力学原理设计抗压力强、缓冲与防震性能好的方法结构造型。包装容器的规格尺寸应符合标准化的要求，应考虑集装化运输的需要，应与集装箱、托盘、运输工具和货架等的尺寸成模数关系。同时，还要适应销售国家或地区的自然条件和环境。

(三) 包装容器质量要符合标准

要保证包装容器的规格整齐，厚薄均匀，美观适用，防止变形、变质、漏气等现象。同时容器应有明显的标志，以便于储运，装卸等部门识别，交换和妥善进行搬运作业。

(四) 包装容器应符合产品销售的需要

包装容器应有利于在产品陈列展销中突出商品的特点，利于消费者识别商品；在造型结构上应设计消费者容易接受的信号，利于吸引消费者购买。另外，包装的造型结构应便于消费者携带、开启和使用，同时包装应与内装产品的价值相称，反对过分包装。

二、产品包装造型与容器功能

产品包装是一种具有特种功能的特殊容器，而包装容器是包装造型与包装材料结合的产物，研究包装造型与容器功能间的相关性，可以使包装造型在“实用、艺术、经济”三方面达到高度的统一。

(一) 包装造型与包装容器的保护功能

包装造型对于包装容器的保护功能存在着优化问题，如瓶、罐、盒、袋等就是人类长期优化选择的结果。瓶体多为圆柱形而不是方形，因为圆柱形的强度比方形更强；容器的棱角都是圆角而不是锐角，则是因为圆角比锐角更不易破损。

(二) 包装造型与容器的传达美化功能

包装造型能以其特有的造型形态反映内装物的商品信息。包装造型能与装潢相配合，在商品销售中形成很好的视觉冲击力。

(三) 包装造型与容器的便利功能

包装容器造型方便陈列展销将有利于商品销售，可以节省货位，充分利用货架的空间。包装容器造型方便使用是当前包装造型研究的主攻方向。这方面的工作主要是指包装容器的造型应符合人类工效学的力学设计原理，这样会使消费者感到使用舒适方便从而促进销售。

三、企业产品包装容器的选用

（一）包装袋

包装袋是柔性包装，有较高的韧性，抗拉强度和耐磨性。包装袋广泛适用于运输包装，商业包装、内装、外装。包装一般有三大类：

1. 集装袋。这是一种大容积的运输包装袋，盛装量在1吨以上。集装袋一般多用聚丙烯、聚乙烯等聚酯纤维纺织而成。由于集装袋的装卸效率明显提高，近年来发展很快。

2. 运输包装袋。这类包装袋的盛装数量在0.5～100公斤，大部分是由植物纤维或合成树脂纤维纺织而成的织物袋，或者由几层挠性材料构成的多层材料包装袋，主要用于包装粉状、粒装和个体小的货物。

3. 普通包装袋。这类包装袋盛装重量较少，通常用单层材料或双层材料制成。

（二）包装盒

包装盒是介于刚性和柔性包装之间的一种包装。包装盒材料有一定的挠性，不易变形，有较高的抗压强度，刚性高于包装袋。包装盒一般容量较小，不适合做运输包装，适合做商业包装，内包装。

（三）包装箱

包装箱是一种刚性包装，有较高强度且不易变形。包装箱与包装盒结构相同，只是容积大于包装盒，两者的区分通常以10升分界。包装箱整体强度较高，抗变形能力强，适合做运输包装、外包装，应用范围广。

包装箱主要有以下几种：

1. 瓦楞纸箱。瓦楞纸箱是用瓦楞纸板制成的箱形容器。按瓦楞纸箱的外型结构分为折叠式、固定式和异形瓦楞纸箱三种：按构成瓦楞纸箱体的材料可分为普通瓦楞纸箱和钙塑瓦楞箱两种。

2. 木箱。木箱是流通领域中常用的一种包装箱，其用量仅次于瓦楞箱。木箱主要有木板箱、框架箱三种。木箱整体耐压强度大，有较好的抗震的抗扭力，能承受较大负荷，制作方便。

3. 塑料箱。塑料箱是由刚性塑料材料制成的箱形容器。塑料箱自身重量轻，耐蚀性好，可装载多种商品，整体性强，强度和耐用性能满足反复使用的要求，可制成多种色彩以区分内装物，手握搬运方便。

4. 集装箱。集装箱由钢材或铝材制成的大容积物流装运设备，是大型包装箱，也是大型反复使用的周转型包装。（详细内容将在第十二章企

业产品集装化中介绍)

(四) 包装瓶

包装瓶是种刚性包装，有较高的抗变形能力。包装瓶包装量一般不大，适合美化装潢，主要用于销售包装。

(五) 包装罐（筒）

包装罐（筒）是罐身各处模截面形状大致相同罐颈短，罐颈内径比罐身内径稍小或无罐颈的一种刚性包装容器。包装罐强度高，抗变形能力强。

第四节 企业包装操作及其机械

企业包装操作是对产品进行包装所施加的一定技术方法活动。包装机械指完成全过程或部分包装过程的机械设备。企业包装操作和设备的水平高低，直接影响着产品包装成本和产品包装质量的活动。因此，要实现企业包装高质量、低成本，就必须实现产品包装操作和机械的现代化。

一、企业产品包装操作

企业产品包装操作既包括产品包装技术处理，又包括包装充填、封口、捆扎、裹合，加标和检重等技术活动。

(一) 企业产品包装技法

产品包装技法是指在包装作业时所采用的技术和方法。任何一个产品包装件在制作和操作过程中都存在技术、方法问题，通过对产品包装件合理的技术处理，才能将产品包装形成一个高质量的有机整体。

1. 企业产品包装的一般技法

(1) 对内装物进行合理置放、固定和加固

置放、固定和加固的巧妙，能达到缩小体积、节省材料、减少损失的目的。外形规则的产品，要注意套装；薄弱的部件，要注意加固；包装内重量要均衡；产品与产品之间要隔离和固定等等。

(2) 对松泡产品进行压缩

松泡产品占用容器的容积太大，会导致运输储存费用的增大，所以对于松泡产品需要进行压缩。其有效的方法是真空包装技法，它可大大缩小松泡产品的体积。

(3) 合理选择外包装的形状尺寸

有的运输包装件，还需装入集装箱，这就存在包装件与集装箱之间的

尺寸配合问题。如果配合得好，就能在装箱时不出现空隙，有效地利用箱容，并有效地保护商品。在外包装形状尺寸的选择中，应采用包装模数系列，要避免过高、过扁、过大、过重。

(4) 合理选择内包装（盒）的形状尺寸

内包装（盒）一般属于销售包装。在选择其形状尺寸时，要与外包装（尺寸）相配合，但它作为销售包装，更重要的是考虑有利于销售，包括有利于展示、装潢、购买（数量成套性）和携带等等。

(5) 包装外的捆扎

捆扎的直接目的是将单个物件或数个物件捆紧，以便于运输、储存和装卸。捆扎能防止失盗而保护内装物品，能压缩容积而减少保管费和运费，能加固容器，一般合理捆扎可使容器的强度增加20%～40%。

对于体积不大的普通运输包装，捆扎一般在打包机上进行，而对于托盘这种集合包装，用普通方法捆扎费工费力，所以发展形成了新的捆扎方法：收缩薄膜包装技术和拉伸薄膜包装技术。

①收缩薄膜包装技术。收缩薄膜包装技术是用收缩薄膜裹包集装的物件，然后对裹包好的物件进行适当的加热处理，使薄膜收缩而紧紧贴于物件上，使集装的物件固定为一体。

②拉伸薄膜包装技术。拉伸薄膜包装技术是在20世纪70年代开始采用的一种新的包装技术。它是依靠机械装置，在常温下将弹性薄膜围绕包装件伸拉、裹紧，最后在其末端进行封口而成。

2. 企业产品包装的特殊技法

(1) 缓冲包装技法（或称防震包装技法）

缓冲包装技法又称防震包装技法，是解决包装物品免受外界的冲击力，振动力等作用，从而防止损伤的包装技术和方法，

产品在流通过程中发生破损的主要原因是受运输中的振动、冲击以及在装卸作业过程中的跌落等外力作用。不同物品承受外力的作用程度虽然有所不同，但若超过一定程度便会发生毁损。为使外力不完全作用在产品上，必须采用某些缓冲的办法，使外力对产品的作用限制在损坏限度之内。

企业在设计一个合理的缓冲包装所考虑的因素范围很广，主要包括产品特性；流通环境；缓冲材料的特性和选择；产品价格、重要性程度、企业信誉、材料价格等因素。

①产品特性包括产品形状、尺寸、重量、数量和产品抗冲击、抗震

动、抗压缩、抗曲折的性能。这些性能有时要通过试验来查明产品易受破损部分及破损原因，进而找出产品的允许加速度值（或称脆值）。允许加速度值就是产品不发生物理损伤所承受的加速度最大值，或称产品能够承受最大限度的加速度值。它是以重力加速度的倍数来计量，即 $G=a/g$。内装产品的加速度值一般分为三个等级：一级为脆弱物品，其允许加速度值 40 以下；二级为中度脆弱物品，允许加速度值为 41～90；三级为普通物品，其允许加速度为 91 以上。G 值表示产品对外力的承受能力。G 值愈大，表明在设计缓冲包装时，可以选择刚性较大的材料；反之，则意味着在设计时应考虑抗冲击、震动的缓冲技术。

②流通环境是指包装件在运输、装卸和储存中的机械环境，主要指冲击和振动。包装件在流通过程中可能受到的最大冲击是在装卸搬运过程中。人工装卸可能产生的冲击力远大于机械装卸产生的冲击力，因此装卸工作应尽量实现机械化。

③缓冲材料的特性和选择。对包装件来说，缓冲材料主要指容器和产品之间的固定材料。在包装件中，不同部位的缓冲材料所起的作用也不尽相同，但其基本作用都是吸收外部的冲击能量，然后较长时间内缓慢释放，从而达到缓冲的目的。

缓冲材料的基本特性包括：冲击能量吸收性、回弹性、吸湿性、温湿度稳定性、酸碱度（PH 值）、密度、加工性、经济性等。正确选择缓冲材料时，一定把握住产品和流通环境的需要，合理地提出各种性能要求。

④从产品价格、重要性程度、企业信誉、材料价格等因素来确定安全系数。对一个包装件，若要杜绝一切风险，做到绝对安全可靠，即达到 100%的开箱率，对于多数产品是不现实的，一般只有在产品特别重要、产品价格很高的情况下才需要这样做。因此要在考虑包装费用、流通费用和缓冲保护可靠度的相互关系中，寻求合理缓冲包装，找到一个合理的开箱率，最后确定一个合理的安全系数作为选择缓冲包装结构和选用缓冲包装方法的依据。

⑤选择缓冲包装结构和缓冲包装方法

缓冲包装结构是指对产品、包装容器、缓冲材料进行系统考虑后，所采用的缓冲固定方式。一个典型的缓冲包装结构有五层：产品（包括内衬）、内包装盒（箱）内的缓冲衬垫、包装盒（箱）外包装内的缓冲衬垫、外包装箱。而一般的缓冲包装结构为三层：产品（包括内衬）包装箱内缓冲衬垫和包装箱。

缓冲包装技法一般分为全面缓冲、部分缓冲和悬浮式缓冲等三种方法。

全面缓冲是指产品或内包装的整个表面都用缓冲材料衬垫的包装方法。如压缩包装法、浮动包装法，裹包包装法、模盒包装法、就地发泡包装法。

部分缓冲是指仅在产品或内装的拐角或局部地方使用缓冲材料衬垫。通常对整体性好的产品或有内包装容器的产品特别适用。它既能得到较好的效果，又能降低包装成本。部分缓冲可以有天地盖、左右套、四棱衬垫、八角衬垫和侧衬垫几种。

悬浮式缓冲是指先将产品置于纸盒中，产品与纸盒间各面均用柔软的泡沫塑料衬垫妥当，盒外用帆布包装缝或装入胶合板箱，然后用弹簧张吊在外包装箱内，使其悬浮吊起。这样通过弹簧和泡沫塑料同时起缓冲作用。这种方法适用于极易受损，且要求保证安全的产品，如精密机电设备、仪器、仪表等。

（2）防潮包装技法

防潮包装技法就是采用防潮材料对产品进行包装，以隔绝外部空气相对温度变化对产品的影响，使得包装内的相对湿度符合产品的要求，从而保护产品质量。所以，防潮包装技法要达到的目标是产品质量保存，采取的基本措施是以包装来隔绝外部空气潮气变化的影响。实施防潮包装是用低透湿度或透湿度为零的材料，将被包装物与外界潮湿大气相隔绝。凡是能阻止或延缓外界潮湿空气透入的材料均可用来作防潮阻隔层材料。现代防潮包装中，应用最广泛的材料为：聚乙烯、聚丙烯、聚氯乙烯、聚苯乙烯、聚酯、聚偏二氯乙烯等。

在具体进行防潮包装时，应注意以下几点：

①产品在包装前必须是清洁干燥的，不清洁处应擦净，不干燥时应进行干燥处理。

②防潮阻隔性材料应具有平滑均一性、无针孔、砂眼、气泡及破裂等现象。

③当产品在进行防潮包装的同时尚需有其他防护要求时，则应同时按其他防护标准的相应措施来加以解决。

④产品有尖突部，并可能损伤防潮隔层时，应预先采取包扎等保护措施。

⑤为防止在运输途中因震动和冲击使内装物发生移动、磨擦等而损伤

防潮阻隔层材料，应使用缓冲衬垫材料予以卡紧、支撑和固定，应尽量将其放在防潮阻隔层的外部。所用缓衬垫材料应用不吸湿或湿性小的，不干燥时应进行干燥处理。对内装物不得有腐蚀及其他损害作用。

⑥应尽量缩小内装物的体积和防潮包装的总面积，尽可能使包装表面积对体积的比率达到最小。

⑦应尽量做到连续操作，一次完成包装，若要中间停顿作业时，则应采取有效的临时防潮保护措施。

⑧包装场所应清洁干燥，温度应不高于 35℃，相对温度不大于 75%，温度不应剧烈变化以避免发生凝露现象。

⑨防潮包装的封口，不论是粘合还是热封合，均须良好地密封。塑料薄膜包装的防潮阻隔层的热焊或粘合封口强度通过封口性试验。

主要防潮包装技法有刚性容器密封包装、加干燥剂密封包装，不加干燥剂密封包装，多层密封包装，复合薄膜真空包装，复合薄膜充气包装和热收缩薄膜包装等。

(3) 防锈包装技法

防锈包装技法是运输储存金属制品与零部件时，为了防止其生锈而降低价值或性能所采用的包装技术和方法。其目的是：消除和减少致锈的各种因素，采取适当的防锈处理，在运输和储存中防止防锈材料的功能受到损伤外，还要防止一般性的外部的物理性破坏。

①防锈包装的操作步骤

防锈包装袋技法是按清洗、干燥、防锈处理和包装等步骤逐步进行的。

清洗是尽可能消除后期生锈原因的不可少的第一阶段。根据需要又可细分为脱脂和除锈两个阶段。

干燥是指消除在清洗后残存的水和溶剂的工作。干燥应进行得迅速可靠，否则将使清洗工作变得毫无意义。

防锈处理是指清洗、干燥后，选用适当防锈剂对金属制品进行处理的阶段。这是最根本的最重要的工作。在缺少适当的防锈剂或防锈剂应用得不理想时，应代以密封防锈处理。

最后是包装阶段。这一阶段除要达到保存防锈处理效果，保护制品不受物理性损伤，防止防锈剂对其他物品污染之外，还要达到便利储运和提高商品价值的目的。

②包装防锈的方法技术

金属防锈可在金属表面涂覆防锈材料，或采用气相蚀剂、塑料封存等方法；在采用容器包装时，还可在容器内或周围放入适量吸潮剂的作法，以吸收包装内部残存的或由外部进入的水汽，使相对湿度下降，而达到防锈的目的。此外，还有充氮和干燥空气等封存法。

在进行防锈包装时的注意事项：

首先，作业场的环境应尽量使之对防锈有利，有可能的话，应进行空调控制温湿度，最好能在低湿度，无尘和没有有害气体的洁净空气中进行包装，还应在尽量低的温度下进行作业。

其次，进行防锈包装时，特别应使包装内部所容纳空气的容积最小，这能减少潮气、有害气体和尘埃等的影响。

第三，在对金属及制品进行防锈处理时，尽可能不要沾上指纹，如果一旦沾上了指纹，需要使用指纹清除剂，妥善地进行处理。

第四，要特别注意防止包装对象的凸出部分和锐角部分的损坏，或因移动、翻倒使隔离材料遭到破损，在进行防锈包装袋缓冲材料进行堵塞、支撑和固定等方面，需要比其他包装更周密些。

(4) 产品包装防霉技法

产品防霉包装是为了防止因霉菌侵袭内装物长霉而影响产品质量，所采取的一定防护措施的包装技法。

产品包装发霉处理采用耐低温包装、防潮包装和高封密包装。耐低温包装一般是用耐冷耐潮的包装材料制成。经过耐冷处理过的包装能较长时间在低温下存放，而包装材料在低温下不会变质，从而达到以低温抑制微生物的生理活动，达到内装物不霉腐的目的。防潮包装可以防止包装内水分的增加，也可以达到抑制微生物生长和繁殖的作用，可延长内装物品的储存期。高封密包装是采用陶瓷、金属、玻璃等高封密容器进行真空和其他防腐处理（如加适量防腐剂）。

产品在进行防霉处理时，根据内装产品不同，防霉包装分成三个等级，即分Ⅰ级包装、Ⅱ级包装和Ⅲ级包装。在具体选择时，对于外观和性能均有要求的产品，可以选择Ⅰ级包装；对于霉菌不敏感或要求较低的产品，可选择Ⅱ级或Ⅲ级包装，可以起到抵抗或减缓霉菌生长的作用，满足产品的使用要求。在实际工作中，选择防霉包装等级时应注意两点，一是满足产品的运销、使用；二是尽量减少费用，经济合理。

(二) 产品包装操作

产品包装操作既包括产品包装前的技术处理，又包括机械包装的辅助工作。如充填包扎、包装件的封合、加标与检重等技术活动。

1. 充填

充填是将商品装入包装容器的操作，分为装放、填充与灌装三种形式。

装放是按照一定的排列顺序将商品置于包装容器中的操作，有一次装放（将成件商品直接放入容器中）和多层装放（将小包装的单位商品再放入大的容器中）之分。装放的特点是商品在容器中的有序性。装放按装入容器不同分为装箱、装盒、装袋等。

填充是将干燥的粉状、片状或颗粒状商品装入包装中。其主要特点是商品具有流动性，商品在容器中没有一定顺序，主要是盒、袋、瓶等填充，填充时一般要进行定量。

灌装是将液体或半液体商品灌入容器内。灌装商品具有更强的流动性，因而容器要求有不渗漏的特点，其容器主要是桶、罐、瓶、软管等容器。灌装有定位与定量两种基本方法：定位灌装是将商品灌到瓶口或容器的某一部位（液体平面保持在一定位置上）；定量灌装是通过定量装置准确地灌入一定容量的液体。

2. 封口和捆扎

（1）包装封口。包装的封口是包装操作的一道重要工序，它直接关系着包装作业的质量与包装密封性能。不同容器和密封性能要求不同，有不同的封口方法，主要有粘合封口、胶带封口、插接封口、捆扎封口、绞结封口、装订封口、热熔封口、收缩封口、盖塞封口、焊接封口、阀门封口、模铸封口、卷边封口、压接封口、器材封口、缝合封口、真空封口、杠杆封口、胶泥封口、浸蜡封口等。封口方式根据封口部位不同，又可分为顶端封口、侧面封口和底端封口等。

（2）捆扎

捆扎是将商品或包装件用适当材料扎紧、固定或增强的操作。主要有：直接捆扎、半包装捆扎、夹板捆扎、成件捆扎和密缠捆扎等形式。

3. 裹包

裹包是用一层挠性材料包覆商品或包装件的操作。裹包过程结束后，被包物与包装物呈现的外形通常称包裹。用于裹包的材料主要有纸张、织品、塑料薄膜以及蒲席等。裹包的方法主要有：直接裹包、多件裹包、收缩包装、压缩捆包与卷绕裹包等形式。

直接裹包是指包装物直接裹包在商品上。多件裹包是将两件或两件以上的商品裹包在一起，它可按裹包层次、折叠方法和裹包形状来区分：按裹包层次分为单层裹包和多层裹包；按折叠方法可分为双舌折叠、端面折叠、单舌多面折叠、单舌下反折叠、双舌端面折叠、集束折叠、信封式折叠、香烟盒式折叠等；按包裹成型后的形状，可分为喇叭状裹包、枕形裹包、香囊式裹包、方形裹包与扭绞裹包等。

收缩包装是将热收缩包装材料裹包住商品后，经加热处理使包装材料收缩，紧紧包裹住单件或一组商品的包装形式。拉伸包装是依靠机械装置将弹性薄膜围绕包装拉伸、紧裹，并在末端进行封合的一种形式。

压缩捆包又叫压缩打包，主要用于针纺织品和其他轻泡可压缩而不损害质量的商品。

卷绕裹包是将一个、一束或多个圆柱形或环形商品采用带状绕性材料重叠卷绕包裹的形式。

此外还有泡罩与缠绕等包装方法。

4. 加标和检重

加标就是将标签粘贴或拴挂在商品或包装件上，标签是包装装潢和标志，因此加标也是很重要的工作。检重是检查包装内容物的重量，目前大多采用电子检重机进行检测。

二、产品包装机械

（一）实施包装操作机械化的意义

产品包装操作机械化是提高包装工作效率和包装质量的重要手段，是促进产品生产与流通的积极措施。其意义是：降低劳动强度，提高劳动生产率，改善劳动条件；保证产品质量，提高包装的技术水平；计量准确，外观整齐划一、美观，能完成手工操作不能做到的充气、真空与热成型等；有利于减少或降低成本；提高物流效益和科学技术水平的发展。

（二）产品包装机械的分类

产品包装机械的种类很多，其分类方法也是多种多样的；主要有按包装操作方法分为充填、捆包、裹包、泡罩、缠绕、封合、加标、查重容器清洗和灭菌等机械；按包装使用部分分为工业包装机械和商业包装机械；按包装产品分为食品、药品、日用工业品、化工产品等包装机械；按包装容器分为装箱、装盒、装袋、装瓶、装罐、装桶等机械；按包装层次分为单层包、多层包机械；按包装大小分为小包、中包、外包等包装机械；按特种包装分为收缩、拉伸、热成型、充气、真空、现场发泡等机械；按被包装物形态分为固体（包括块状、粒状和粉状）和液体（包括高粘度、中粘度、低粘度）等包装机械；按传送方式分为单位包装机、间歇运动多工位包装机、单头连续运动多工位包装机、多头连续运动多工位包装机等。

此外，还有干燥机、上蜡机、包装组合机、上塞机、旋盖机等。

（三）产品包装机械的主要特点

产品包装机械的主要特点，概括有如下几个方面：

1. 包装机械一般设计成自动包装机，形成连续自动进行的包装。

2. 包装机械应在标准卫生条件下工作，不能有任何污染产品的现象。

3. 电动机的功率一般都比较小，常见为 1 千瓦 ~ 2 千瓦左右。一般采取无级变换装置，以调节生产能力，实际工作中的包装机械以机械传动为主要形式。

（四）产品包装机械的基本结构

产品包装机械不论何等复杂，但基本结构主要有七个方面：进给机构、计量装置、传动机构、输送装置、动力部件、控制系统和机身与操作系统。

1. 进给机构。包括被包装产品的进给和包装材料或容器，进给被包装物和进给需要整理排列，是振动式装置送料。

2. 计量装置。为了保证包装工作不间断地进行，在物料供送前或供送过程中，必须进行计量，计量装置是用来计量供给的。计量方法主要有容量（积）计量法、称重计量法、计数定量法和重量流量法。

3. 传动机构。它起着动力传递的作用，直接驱动各执行机构运动，完成包装作业，在包装机械中占有重要地位。

4. 输送装置。是包装机械上的主要部件，其任务是将待包装物品和已包装好的产品，从一个工位运送到另一个工位上或从外部结构上把自动线上的各台单机联系，以至最后把包装制品输送入库。

5. 动力部件。动力部件有电动机、液压泵、压缩机以及作原动力的气缸、液缸等，以电动机最为普遍。电动机通过传动机构驱动各部件，往往是采用若干小功率（0.5 千瓦 ~ 3 千瓦）的电动机作单独部件的驱动。

6. 控制系统。按被控制对象的状态不同，分为流动自动化控制和机械自动化控制。流动自动化控制主要是以连续进行变化的液体或粉状物等为对象，对其温度、流量、压力、料位等参数进行长期的连续定量控制；机械化自动控制主要以固体作为控制对象，对它们的位置、尺寸、形状、姿势等因素进行定性的间断性控制。

三、几种常见的产品包装机械

（一）填充包装机械类

填充包装机械是包装机械中最主要的一个大类，主要有：装箱、装盒、装袋机械；液压产品的灌装机械；固体物品填充机械等。

1. 装箱机械

装箱机械以纸箱为主。根据机械工作的程序不同，有的是已装订成型的平叠纸箱，有的则是未装订接口的瓦楞平板，在包装过程中边包覆产品，边粘合接口。

2. 装盒机械

装盒机械是将单件或多件产品，用真空喂给机构或其他机械，取出预制纸盒坯，自动打开装入物品后，使纸坯折盒或上胶粘合的机械。装盒机械一般包括纸盒供给、产品输送、装填、折合、成品输出等，有的还附设打印、印刷、封口与检测机构等。

3. 装袋机械

装袋机械的主要结构分为张袋机构、计量装置、填充装置和封袋装置。张袋机构主要是将包装袋口打开，以接受从漏斗里充填进入的物料。一般采取制袋与充填联合包装机械相结合，如筒状卷筒塑料薄膜袋装用时，可用吸气袋装方法开袋机械张袋的方法、计量装置按被包装物特点，有实重计量和容积计量两种。填充装置结构简单，一般有料槽、料斗。填充装置必须接近插入包装袋口或张袋装置。

此外，还有封袋机构，按不同包装材料的不同性能特点，如纸袋，纺织纤维等，分别采取缝封、订封与粘封等形式；而塑料薄膜袋则主要采取热封和粘封的方法进行封袋。

4. 灌装机械

灌装机械是指灌装液体与半液体产品或液体与固体混合制品的机械，灌装所用容器主要有桶、罐、瓶、听、软管等。按照灌装产品的工艺可分为常压灌装机、真空灌装机、加压灌装机等。灌装机械通常与封口机、贴标志等连结使用。灌装机的计量方法有定位法、定量法和定时法三种，它们均有相应的控制装置。如在进料上方安置与储槽相连的计量装置，借助装置内沿液体方向安装的孔板来测量。

5. 填充机械

填充机械主要指填袋干燥粉状、颗粒状、块状商品于盒、瓶、罐、听中的机械。因被装产品不同，机械的结构也不相同。对于刚性或半刚性容器（瓶或罐），是由各种举动、推板和链板的传送带自动送入填充装置。填充机包括直接填充机和制袋填充机两种：直接填充机是利用预先成型的纸袋或塑料袋进行填充，也可以直接填充于其他容器；制袋填充机是既要完成袋容器的成型，又要完成将产品填充入容器内两道工序的包装机械。

（二）裹包和捆扎机械类

裹包和捆扎机械以及加标机械不同于充填机械，它们是直接使用材料来包装产品，而充填机则是用容器来包装的。

1. 裹包机械

裹包机械又称为挠性材料裹包机械，主要材料为纸、蜡纸、牛皮纸或用纸、铝箔、塑料薄膜组成的复合材料。主要用于包装单件商品，也有用于包装多件商品，有些纸盒包装外面再加包装纸的，也可使用裹包机械包装。常见的裹包机有：扭结式包装机、端抑式包装机、枕式包装机、信封式包装机和拉伸式包装机等。

2. 捆扎机械

捆扎机是供纸箱、木箱或包封物品，利用纸、塑料、纺织纤维和金属的绳、带进行捆扎的机械。捆扎机的种类繁多、类型各异，大小也不相同。根据被捆产品的特点和捆扎要求不同分为带状捆扎机、线状或绳状捆扎机材料的结扎机等。除人工操作的钢皮打包机、塑料带打包机外，还有各种类型的半自动、全自动的捆扎机械。

3. 封条和加标机械

封条机是一种封箱贴条机械，多采用机械气动和电气控制来完成封贴工序，既可用于装箱机流水线的生产使用，又可作人工装箱后的封箱，贴封条的单机使用。

加标机械主要在容器加标。加标机械由于标签有未上胶和上胶两种，操作方法也有所不同。

4. 封口机械

封口机械是用于各种包装容器的封口。按封口的工艺分为玻璃加盖机械、布袋口缝纫机械、封箱机械、各种塑料袋和纸袋的各种封口机械。

（三）产品包装技术机械类

由于收缩、拉伸和热成型等包括机械与塑料包装材料和包装容器的工艺特性密切相关，因而统称包装技术机械。

1. 收缩包装机械

收缩包装机是经过拉伸的热收缩薄膜包装产品，对薄膜进行适当地加热处理，是薄膜收缩而紧裹物品的包装机械。这种包装机械的最大特点是通用性，适合各种形状产品的包装，特别是不规则的产品包装。它可以简化包装过程，并有紧贴透明、富于弹性，内容物不松动和整洁卫生等良好的包装效果，同时还使包装体积小，成本低，可进行集包装的优点。收缩包装机的收缩膜由上下两个卷筒张紧，产品由机械部件推向薄膜，薄膜包裹产品后，由封口部件将薄膜的三面封合，随后由输送带输送，通过加热装置，紧裹产品，冷却形成收缩包装。

2. 热成型包装机械

热成型包装机械（又称为吸塑包装机械），根据成型工艺的不同，可分为泡罩式包装机、贴体包装机、热压成型充填机和真空包装机械等。热成型包装机可以连续地或间歇地将聚氯乙烯等塑料薄膜（薄片）靠真空和压缩成型为泡罩或盘状，当包装产品自动装进泡罩或盘内，并热合于纸板或铝箔上后，再冲裁成一定形状的片状，形成一种特殊的包装形态。热成型包装，具有透明美观、包装内的产品清晰可见，并有防潮、隔气和防渗透等方面的优点，因此，热成型包装机械的应用范围十分广泛。

3. 拉伸包装机械

拉伸包装机械是依靠机械装置在常温下将弹性塑料薄膜围绕着待包装产品件拉伸、裹紧，并在末端进行封合的一种包装机械。这种包装机械一般是为集装在托盘上成堆的包装而设计的，所用的塑料为聚乙烯薄膜。

第十二章 企业产品包装的集装化和国际化

产品集装化是一种新型的包装操作，是集装运输的基础。产品集装化的出现，使产品运输方式发生了根本性的改变。本章主要介绍企业产品集装化、产品集合包装及产品集装化的作用、产品集装容器的选用和企业产品国际包装。

第一节 产品包装集装化概述

一、产品集装化和集合包装的概念

产品集装化又称之为组合化或单元化，它是指将一定数量的散装或零星成件物组合在一起，在装卸、保管、运输等物流环节中作为一个整件，进行技术上和业务上处理的包装方式。

集合包装是指将若干个相同或不同的包装单位汇集起来，最后组成一个更大的包装单位或装入一个更大的包装容器内的包装形式。

二、产品集装化的作用

产品集装化反映了一个国家或地区的生产，科学技术与管理水平。它以生产发展和较高的科技水平为基础，不仅要求运输、装卸的高度机械化，并要有一套完整的科学管理方法，在现代商品物流系统中，日益显示出它的优越性，发挥越来越大的作用，主要表现为以下几点：

1. 有利于降低产品运输、装卸的劳动强度，减少重复操作，提高运输和装卸的效率。

2. 缩短装卸时间，加速车船周转，提高物流效率。产品集装化有利于实现海运、铁路和公路的联合运输，形成从发货人仓库直达收货人仓库的“门对门”运输，便于实施装卸机械化和自动化，从而加速了车船周转和产品运输速度，提高物流效率。

3. 保证产品的储运安全。集装后的产品被密封在箱内，集合包装起到一个强度很大的外包装作用。在储运过程中，无论经过多少环节，都是整箱运输，自发货人处装箱铅封直至收货人处实行一票到底，从而避免货物倒装，防止货损、货差和丢失，提高产品储运的完整率，有效地保证了产品的储运安全。

4. 节省包装费用，降低物流成本。产品集装化所使用的容器（集装箱、托盘等）大多数可以反复周转使用，可以相应降低集合包装内产品外包装的用料标准，甚至有的产品可以简化包装或不包装，节省包装费用；产品集装化后可简化理货手续，提高运输工具的运载率，降低运输费用和成本；产品集合包装就像一座会移动的小仓库，受环境气候的影响较小，便于露天存放，节省仓容，减少储存费用。物流成本的降低可以增加产品在市场上的竞争能力。

5. 促进产品包装标准化、规格化、系列化的实现。产品集装化要求集合包装具备一定的规格尺寸，要求每件商品外包装尺寸必须适合集装箱或托盘等的装放要求，不能出现集合包装的空位。集装化的产品要求单件杂货按标准系列尺寸组成同一规格的货组，才能保证运输、装卸的合理化。

三、产品集合包装和集装运输

（一）产品集合包装与集装运输的关系

产品集合包装是实现集装运输的条件，是运输业高度发展的必然结果。集装运输是以集合包装为基础，集零为整的一种先进运输方式。集合包装的最大特点，就是把产品的包装方式和运输方式融为一体。离开了集装运输就谈不上集合包装，而没有集合包装就无法实现集装运输，两者是相互依存，互相促进的关系，为了提高装载能力，保证产品储运安全，提高装卸运输效率，必须协调好集合包装与集装运输的关系。集合包装要求装卸搬运的高度机械化，而集装运输则要求产品包装的集装化。

1. 工具要素

产品集装化的工具主要是各种集装工具和辅助性工具。集装工具有：集装箱、托盘、集装袋、散装罐等。集装辅助工具有：装卸辅助工具（如吊具、索具、叉车附件属具等）。搬运辅助工具、包装辅助工具等。

这些工具以不同形式进行集装，适用不同的货物，再加上各种集装工具有不同的类型和尺寸。所以，产品集装化适用各种物流对象。

2. 装置、设施要素

实现产品集装化的装置、设施主要有以下几个方面：

(1) 集装站、场、码头。这些设施是产品集装的运输地点。如火车集装站、集装处理场、集装码头等，集装货物在这些地方的活动主要是存放和装卸。

（2）集装装卸设施。主要有集装箱吊车、托盘叉车、集装箱挂车、散装管道装卸设备、散装输送传送设备等。

（3）集装运输设备。主要有集装箱船、集装箱列车、散装罐车等。

（4）集装储存设施。主要有集装箱堆场、托盘货架、立体仓库等。

3. 管理要素

产品集装化的管理与一般工厂管理、商业管理有很大的区别，必须依靠有机的协调、有效的管理才能完成。由于集装的范畴很广，从地域来讲，集装货物的移动可能遍及全国或国际间，因此管理有很强的特殊性。

产品集装化管理主要有以下几点：

（1）托盘、集装箱的周转管理。托盘、集装箱、集装罐等集装工具一旦发运，有的会在千里之外，如何回收、复用、返空是管理中的一个重大问题，因此，在管理上应采取集装箱网络管理、托盘联营方式管理等，有效地解决管理问题。

（2）集装联运经营管理。集合包装的整个物流过程涉及到若干种运输方式、部门和站场。因此，必须进行一种有效的协作才能使集合包装联运顺利实现。

（3）集装化信息。集装化信息是管理中的重要部分，关系到集装化能否正常进行。

4. 支持要素

支持要素，主要指国家相关的体制、法律和制度等。产品集装化涉及范围广、部门多，必须有强有力的体制、法律制度方面的支持才能完成。

（三）组织集装运输

如何组织集装运输，必须注意以下几个问题：

1. 建立强有力的指挥和调度系统

集装运输由许多部门和环节组成，一环扣一环，涉及到船舶、港口、码头、车站、火车、汽车等运输工具和设施，协作性很强。这就要求集合包装材料、容器造型、结构和附件的尺寸规格，必须适合集装运输的需要。同时，从包装、运输、装卸到各种设施，要进行总体规划和总体配套，实行专业化管理。

2. 合理组织运输

集装运输要按商品经济流向，确定合理的运输工具和运输路线，防止迂回倒流，注意组织好回程货源，充分发挥集装运输工具的优势，办好联运，简化理货手续。

3. 搞好集合包装与装卸机械设备的配套

集装运输要求装卸、搬运机械化，应设置先进的、自动化程度较高的各类叉车、吊车、铲车等，水运要建设好集装箱专用船和专用码头；对集合包装操作设备，如集装箱的装箱设备、集装袋的充填和灌装设备、箱用托盘等，要科学配套，提高自动化程度。

4. 加强专业化管理

集装运输是一种专业化很强的运输，本身包括标准化系列化的箱型、专业运输工具、专用的车站与码头和堆场，以及仓库和各种专用装卸设备。因此，要实行专业化管理，才能达到“快速高效”的目的。

5. 实现集合包装标准化

集合包装的标准化是发展集装运输的关键。集合包装外部尺寸应该满足包装基础模数尺寸的要求，因为国际标准集装箱是根据包装基础模数设计的，只有这样才能真正发挥集装运输的作用。

第二节　企业产品集装容器及选用

集装容器主要有集装箱、托盘、集装袋等。

一、集装箱

（一）集装箱的概念

集装箱是指具有固定规格和足够强度，能装入若干件整装货或散装货的专用周转的大型容器。集装箱也称“货箱”或“货柜”。

（二）集装箱的特点

根据国际标准化组织（ISO）对集装箱所下的定义和技术要求及我国1980年颁布的国家标准（GB1992—80）《集装箱名词术语》中对集装箱的定义，集装箱应具有如下特点和技术要求：

1. 材质坚固而耐久，具有足够强度，能长期反复使用。

2. 适用于各种运输形式，便于货物运送，用一种或多种运输方式运输时，途中转运，不动箱内货物，可以直接换装。

3. 备有便于装卸和搬运的专门装置，可以进行快速的装卸和搬运，并可以从一种运输工具直接方便地换装到另一种运输工具上。

4. 要求形状整齐划一，便于货场装卸和堆码，能充分利用车、船、货场等的容积，设计时还应考虑便于货物的装满或卸空。

5. 具有1立方米和1立方米以上的内容积。

（三）集装箱的种类

1. 按集装箱的用途，可分为通用集装箱和专用集装箱两种。

（1）通用集装箱。它适用于装载对运输条件无特殊要求的各种不同规格的干杂货，进行成箱、成件集装运输。这类集装箱的箱体，一般有密封防水装置，又称密封式集装箱。

（2）专用集装箱。它是根据某些商品对运输条件的特殊要求而专门设计的集装箱。一般箱内设有通风、空调或货架等设备，可用于装载鲜活、易腐、怕热、怕冻或体积较大的商品等。

2. 按集装箱的结构分为保温集装箱、通风集装箱、冷藏集装箱、罐式集装箱、散装货集装箱、牲畜集装箱、柱式集装箱、挂式集装箱、多层集装箱等。

3. 按集装箱制作材料分为钢质集装箱、铝合金集装箱、玻璃钢质集装箱、薄壳式集装箱等。

4. 按集装箱运用的运输方式分为联运集装箱、海运集装箱、铁道集装箱、空运集装箱等。

5. 按集装箱箱体造型差异可分为折叠式集装箱、拆解式集装箱、台架式集装箱、抽屉集装箱、隔板集装箱等。

（四）集装箱标准

集装箱标准对集装箱的发展有非常重要作用，在整个物流过程中，集装箱标准是十分重要的一环。集装箱的标准不仅与集装箱本身有关，也与各种运输设备，各种装卸机具，甚至与车站、码头、仓库的设施都有关。

集装箱做为物流的重要工具，其运行范围很大，因此集装箱标准化向国际标准靠拢是十分重要的，我国制定的集装箱国家标准（GB1413—85）就参照了国际标准化组织制定的国际标准集装箱规格。

二、托盘

（一）托盘的概念

托盘又称集装托盘、集装盘。托盘是目前被普遍采用的一种搬运产品的工具，是一种特殊的包装形式，具有和集装箱类似的作用。托盘是指为了便于装卸、运输、保管产品由盛载单位数量物品的负荷面和叉车插口构成的装卸用垫板。托盘供铲车、叉车进行装卸、运送和堆放作业。

（二）托盘的特点

1. 托盘的主要优点有：

（1）自重量小。托盘用于装卸、运输所消耗的劳动强度较小，无效运输及装卸负荷相对也比集装箱小。

(2) 返空容易。托盘返空时占用运力很少。由于托盘造价不高，又很容易互相联系代用，可以互以对方托盘抵补，减少返空量，有返空也较容易操作。

(3) 装盘容易。托盘装盘作业容易，装盘后采用捆扎紧包等技术处理，使用简便快捷。

(4) 装载量适宜，组合量较大。

(5) 节省包装材料，降低包装成本。

2. 托盘除具有上述优点外，还有以下不足：

(1) 保护产品性能不如集装箱。

(2) 露天存放困难，需要有仓库等配套设施。

(三) 托盘的种类

集装托盘按其结构形式，主要有以下几种：

1. 平板托盘（又称平托盘)，平托盘是托盘中使用量最大的一种，也称为通用型托盘。

平托盘又可进一步按条件分类：

(1) 按承托货物台面分为单面使用形、双面使用型和翼型。

(2) 按叉车叉入方式分为单向叉入型、双向叉入型、四向叉入型三种。

(3) 按托盘制造材料分为木制托盘、钢制托盘、铝合金托盘、胶合板托盘、塑料托盘、纸板托盘、复合材料托盘等。

2. 立柱托盘。立柱式托盘没侧板，在托盘上部的四个角有固定式或可卸式的立柱，有的在柱与柱之间有连接的横梁，使柱子成门框型。这种托盘最适宜装运袋装货物，防止托盘上置货物在运输、装卸等过程中发生滑落，另外，还可以利用柱子加固四角，支撑承重，提高托盘上置货物的推码高度，既可节省容积，又不用担心压坏托盘上的货物。

3. 箱式托盘。它是指在托盘上面带有箱式容器的托盘。它的结构有板式、栅式、网式、盖顶式、固定式、折叠式等20多种式样。

4. 塑料垫块托盘和三合箱式托盘。塑料垫块托盘是用可塑性聚苯乙烯压成垫块后，在垫块上端粘以双面胶条，再与瓦楞纸箱固定而制成的。有塑料垫块保护箱子可以防止地潮对箱子渗透的影响。

三合箱式手盘（又称六角箱式托盘）它是用塑料制成六角，用瓦楞纸制箱和用角钢包边的纸板制成。这种托盘适合陆海空各种运输。

5. 滑片托盘（又称滑片集或集装滑片，简称滑板）。滑片托盘是一种新型托盘。它是一种不用铲车和传统托盘，即可组合包装的新体系，没有插口，由一张片料简单地折曲而成，仅在操作方向有突出的折翼，以便进行推、拉操作。

滑片托盘按折翼的个数不同，分为单折翼型滑片、双折翼型滑片、三折翼型滑片和四折翼型滑片。

6. 轮式托盘。轮式托盘是在柱式、箱式托盘下部装有小型轮子。这种托盘利用轮子小做短距离运动，在生产企业物流系统中，可以兼做作业车辆。

7. 特种专用托盘。这类托盘是根据产品特殊要求专门设计制造的托盘。现在各国采用的这类托盘不可计数。例如，航空托盘、平板玻璃托盘、油桶专用托盘、托盘货架式托盘，长尺寸托盘、轮胎托盘等。

三、集装袋和其他集装容器

除了集装箱、托盘这两种集装容器外，还有若干种在某些货物、某些领域能发挥特殊作用的集装方式，如：集装袋、集装网络、罐体集装、货捆、框架等。

（一）集装袋

集装袋是一种柔软和可折曲的，用于周转的大型软包装容器。它是由可折叠的涂胶布、树脂加工布、交织布、塑料或化纤及其他挠性材料制成。集装袋使用范围很广，几乎所有的粉袋和颗粒状产品都可以使用集装袋完成流通过程。

（二）集装架（或框架集装）

集装架是一种根据产品外形特征选择或特制各种形式的框架，以适用于产品的集装方法。有的框架对产品适应性较广，如“门”字型框架几乎对所有长方形材料都可使用，而有些框架则专用性很强，只适用于某种特殊形状的产品使用。集装架具有轻便、牢固、易于搬运，提高装卸速度，减少包装和运输费用，降低产品损耗的优点。

（三）货捆

货捆是采用各种材料的绳索，将货物进行多种形式的捆扎，使若干单件货物汇集成一个单元。货捆可以更好地利用运输工具，提高运载能力，更好地利用仓容面积，提高库容利用率。

（四）无托盘集装

无托盘集装是利用收缩薄膜将堆集的货物，集装成一个牢固的整体，形成一种特殊的集合包装。具体作法是：先用通用型托盘机将货物组装，然后送入自动捆扎机，从垂直方向把收缩薄膜包裹在组装货物上，并将薄膜搭缝封焊，再从平行方向包裹后，经热收缩烘箱进行收缩、冷却、卷边等工序完成。无托盘集装的结构简单，可节约大量包装物料，包装牢固，节省仓容，自动化程度高，便于运输，还具有防潮作用，另外使用后包装废弃物的处理较方便。

第三节　企业产品包装国际化

在现代市场营销过程中，商品包装对产品的促销作用日益重要，特别是无人销售的自选商场的出现，商品包装将直接影响商品的销售量。

北美某个市场研究部门的一项调查表明商品推销不能仅仅靠广告，80%的顾客是在市场内亲眼看到商品才决定是否购买，而不是单看广告。英国某市场调查公司的调查表明，一般到超市购买商品的妇女，由于精美包装的吸引而购买的物品通常超过出门时原来打算购买数量的45%。这种瞬间购买商品的动机会大大地提高商品的销售量。这些购买动机的产生首先由包装引起，因为包装是藉形状设计、色彩、文字和商标来烘托的，给人深刻的印象。消费者对商品包装的印象可以转移到对商品的印象，因而，可以说包装是左右购买动机的重要因素。

我国加入WTO后，企业面对的是一个庞大的国际市场，市场竞争更加激烈。在国际市场的竞争中，国际包装市场的竞争更明显，商品包装能为生产者节约开支，创造价值，能为消费者提供享受、方便和经济性。最终能给生产者带来利润，满足消费者需求。

一、当前国际包装的特点

由于受政治经济状况、消费者行为、能源消耗及自然条件等方面的影响，当前国际包装呈现以下几个特点：

（一）国际包装界更加关注产品包装的作用

社会发展和人们消费水平普遍提高，使消费者不仅重视商品的本身质量，同时对绚丽多彩的商品包装也表现出更大的兴趣。从一般商品到高档商品，几乎都要依靠良好的包装才能吸引消费者购买，因此，把包装和促进销售紧密地联系在一起，已成为国际包装界的努力方向。

具体表现有：

1. 重视包装质量，许多国家都有完整的运输包装和销售包装的测试设备和检测手段。

2. 重视包装市场调查研究，根据消费者喜好设计新型包装。

3. 积极开发包装新材料、新技术，使商品包装更趋于科学性、适应性和美观性。

(二) 能源问题影响国际包装的发展

在工业发达国家中，包装方面的能源消耗占总消耗量的2%～39%。所以，能源问题影响着国际包装的发展。早在20世纪70年代石油危机引起的能源危机曾制约了包装的发展。即使当前石油价格有所下降，但为了进一步降低成本，迫使各国包装业为节省能源而采取有效措施，如节约原材料，改变包装方式，使包装更趋向于小巧、轻便和标准化，以及旧包装的回收使用等。

世界上许多大的包装公司，如美国的雷诺德公司（Reyndeds Metals）、英国的金属箱公司（Metal Box）、德国的施马巴—贝克公司（Schmal Bach—Lubeca）以及瑞典的PLM公司等，都对回收操作及应用工程项目进行了深入的研究。

由于可回收、重新使用的包装数量不断增加，导致各国用于包装回收和整理的设备迅速增加。

(三) 消费行为多变引起包装的不断更新

国际包装面对的是不同国家的消费者，他们具有不同的消费习惯和消费心理，会促使消费行为经常变化，商品要能为消费者所接受，商品的包装也必须随之变化。例如，美国消费者协会曾对快餐食品作过调查，一度发现快餐食品的常规量包装，在成年顾客中消费情况不佳，改进包装后，种类规格更多的快餐食品包装很受消费者欢迎。

消费者行为经常随着心理变化而变化，从而导致商品包装的变化。例如，当欧洲流行“重返自然”（Go Back to Nature）心理时，商品原料用自然原料，包装色彩构图趋向自然化很受欢迎；当国际市场盛行“自己动手做”（DIY）口号时，成套包装便得以兴起。

(四) 实现国际包装标准化成为一个趋势

为适应国际贸易的高速发展，国际包装“有一个国际标准”的呼声越来越高。因为在国际贸易中，商品包装实行标准化对减少费用、便于储运、保护商品、提高产品形象和加速国际间商品流通都有重要意义。国际包装标准化包含包装技术标准、包装试验标准化、包装强度和规格尺寸标准化，以及国际通用标志等内容，如“条形码”的推广实施就是国际包装标准化管理的一个有效措施。

（五）包装对环境的影响引起全球的关注

在国际包装发展的同时，一个因包装废弃物引起的环境污染问题也越来越引起人们的关注。由于包装废弃物增多，不易处理的包装材料使环境污染等现象，使世界各国已经意识到包装废弃物引发的环境问题极其严重。因此，各国都在呼吁，为了保护人类的生存环境，必须解决包装的问题。近年来，许多国家为了避免包装污染而制定了一系列的包装管理措施和法规。

二、国际包装的发展趋势

根据当前国际包装的特点，以及对国际包装市场的调查和信息分析表明，未来的国际包装市场呈现以下发展趋势：

（一）销售包装更多考虑“人”的因素

国际销售包装向着便于陈列、展销、携带、使用的方向发展，同时，会更多地考虑“人”的因素，其特点是“小巧、轻便”的小型包装日益增加，“怀旧包装”也悄然兴起，并在发达国家开始盛行。

（二）运输包装趋向集装化、大型化

在国际市场上，为实现快速、高效运输的目的，产品运输包装趋向集装化、大型化。无论是海运、空运、陆运，都对集装箱和货物集装的要求增大，国际集装箱的使用量巨增。而且，运输包装多功能化趋向不断发展，保护商品不再是唯一的功能。如在运输包装表面配以装潢印刷宣传内装商品。运输包装的集装化、大型化既节约了运输费用，又提高了运输效率。

（三）新材料大量出现、新技术不断运用

由于科学技术的高速发展，使高功能性包装材料增多，许多新型包装材料大量出现，包装材料供应日趋充足，但仍有些包装材料因资源紧张而价格上涨，因此，搞好包装物的回收利用，成为一项重要的工作。

由于计算机的应用越来越广泛，运用计算机控制包装技术及包装经济活动，是世界各国包装行业的共同努力方向。同时，充气包装、软包装的冷封口技术、负离子清洗技术（又称干洁清洗技术）等先进技术将得到推广。

（四）“绿色包装”将席卷全球

在当前国际包装领域中，以无污染包装作为市场战略的“绿色包装”正在兴起。绿色为清洁自然的象征。所谓“绿色包装”和包装装潢的颜色无关，是指商品包装既要保证其自身的性能完好，更要考虑环保因素，即包装废弃物对生态环境没有任何损害，故称为“环友包装”（Environment Friendly Package）。

三、国际包装和消费心理

美国的工业美术设计大师兰多先生认为，好的设计师是一个精美的心理学家。包装装潢是一个多种元素的组合体，而消费心理是其中最主要的一个元素。包装装潢要达到促销的目的，就是要引起消费者注意，迎合消费者的心理。

出口商品包装面对的消费者处于不同国家的不同民族文化环境中，消费者的思想意识受到该国政治、经济、文化、环境等因素的影响，形成不同的消费习惯和爱好。因此，国际包装必须适应各国的消费习惯，做到“入国问禁”、“入乡随俗”。我国不少出口商品虽然质量好、价格低，但因为包装不适合出口国消费者的消费心理和消费习惯，使销售效果不佳。出现“一等产品，二等包装，三等价格”的情况。所以，我们一定要重视对这个问题的研究，使我国的出口商品包装适合国际市场的需要。

（一）民族文化与消费习惯

消费习惯体现出一定社会条件下社会和个人、客观和主观、现实和历史的统一。消费习惯指的是消费心理和消费行为的统一。人们对某一消费品引起注意、产生兴趣而购买，通过消费感到满意，逐步形成对消费品的爱好，经常购买使用，从而形成消费习惯。所以，消费习惯就是基于习惯心理的经常性消费行为。

民族是指共同语言、共同地域、共同经济生活以及表现于共同文化上的共同心理素质的稳定共同体。由于各国民族所处的自然条件、地理环境以及政治经济因素不同，长期以来逐步形成各民族不同的民族文化、语言文化，因而各民族的心理素质也是不同的，因此而产生的各民族的生活习惯也不同。所以，出口商品包装设计一定因销售地区、国家不同而异。

例如：我国人民习惯于把猫头鹰看做不祥之物，对蛇也非常厌恶。而欧洲一些国家常用猫头鹰、蛇、狮子等动物作为包装图案和标志，认为猫头鹰是智慧的象征。

我国人民喜爱荷花，把荷花比喻作“出污泥而不染”的纯洁之物，而日本人则不喜欢荷花。

（二）色彩与消费习惯

世界各国人民有着不同的色彩爱好，并且还有种种禁忌。例如，在欧洲，日尔曼民族很爱好蓝色、红色、白色；拉丁民族爱好橙、黄、红、黑、灰色；挪威人喜欢鲜明的色彩，特别是红、蓝、绿三色。在中东，伊拉克的客运行业用红色，国旗的橄榄绿色在商业上避免使用；叙利亚人爱好青蓝色，其次是绿色和红色，忌用象征死亡的黄色；突尼斯的伊斯兰教徒喜爱绿、白、红色。在美洲，美国人对色彩一般无特殊好恶，但十分注意商品包装特定色彩，使人能从色彩上辨认商品；墨西哥人广泛使用代表国家色彩的红、白、绿三色；巴西人认为紫色表示悲哀，黄色表示绝望，紫黄两色相配合会引起恶报，他们也不喜欢暗茶色。在亚洲，马来西亚把黄色视为王室用色彩，一般不用于商品包装；日本人喜爱淡雅的色调、茶色、紫色、蓝色较为流行，特别是紫色被日本妇女尊崇为高贵而神密的色调。

（三）数字与消费习惯

数字在许多国家和地区大有讲究，世界上许多地方的居民还对数字存在一定的迷信色彩。某些数字在许多国家是“交好运”，而对另一些国家则可能代表不吉利。

例如，在新加坡人们忌讳“七”这个数字，而欧洲人却认为“七”带有喜庆色彩。在一些非洲国家，人们以数字中的奇数或偶数表示好运或坏运。“二、四、六、八、十”这些偶数表示积极或吉利，而非洲的博茨瓦纳人却认为奇数是积极的，埃及人也认为“三、五、七、九”是好的。因此，企业在组织商品向这些国家出口时要注意触犯禁忌。很多外国人最忌讳“13”这个数字。因此，我们的出口商品最好不要将13件包在一起，或者以“13”做货号。亚洲的某些国家居民认为“四”不吉利。近年来，数字“3388”连用在香港很受欢迎，香港人认为“八”是个吉利数字，“3388”的广东话谐音是“生生发发”可以讨得生意兴隆的吉利。例如北京出口到香港的一种铅笔，由于这种铅笔的货号是“3388”四个字，在香港一上市就出现了抢购的现象。

（四）宗教信仰与消费的心理

当前世界上60%的人口信奉宗教，宗教信仰极大地影响着世界各国人民的消费心理和生活方式。我国的企业家不一定信仰宗教，但是一定要了解宗教对人类生活的重大影响。无论是进行包装设计还是使用的商标都不能触犯宗教禁忌。例如信奉伊斯兰教的地区忌用猪作为商标或装饰图案，我国某进出口公司向巴基斯坦推销熊猫牌炼乳，当地人很不欢迎，经过调查才了解到并不是炼乳质量不好，问题在熊猫和猪较相似。我国人民喜爱熊猫这种珍贵动物，有不少商品是以熊猫作为商标，但不能销往信仰伊斯兰教的地区。

企业可以利用宗教信仰设计产品和包装，来推销商品。例如比利时的一个地毯商将扁平的指南针嵌入祈祷毯，这种特殊的指南针不是指南或指北，而是指向圣城麦加。这样，不管伊斯兰教教走到哪里，只要把地毯往地一铺，麦加的方向立刻就能准确找到，这批地毯在中东和非洲很受欢迎。

（五）社会阶层与消费心理

社会成员的经济收入与受教育程度会影响其审美意向，也会影响消费者对商品包装的要求。

美国社会学家把本国消费者分成上、中、下三个阶层，根据调查表明：三个阶层的审美爱好各不相同，美国上层人士的家具、服装都很简洁，他们认为表面的装饰会掩盖内在结构的粗陋和材料的低廉；美国下层的一般贫民很喜欢装饰，一些经济地位和社会地位不稳固的人们，希望商品有较大体积，以此来向别人显示殷实感，他们家中多数都有那种铺着厚厚垫子的大沙发，他们喜爱装饰性强的商品包装；美国中上阶层人士具有一种专业眼光，他们要求产品经过周密的设计，他们尊重专家，喜欢著名设计师设计的产品和包装。

消费者所处的社会环境、阶层和受教育程度、文化修养都与消费心理有关。我国产品的设计、广告的宣传、商品的包装装潢一定要研究出口消费对象，切忌东施效颦，生搬硬套。根据消费者的多层次需要设计相应的包装装潢，尤其是彼此类同的商品，更需要多层次的细分化设计，使消费者购买商品时选择同自己相适应、同自己心理相沟通的商品。我国大多数消费者的消费观念是讲究实惠，对那些装潢太好的商品，消费者会认为包装费太多不合算。但这种想法在西方的一些发达国家是行不通的。例如我国出口的 18 件莲花茶具曾用光身瓦楞纸盒包装在英国出售，结果，英国人很讲究商品包装，看到这种纸盒即产生陈旧寒酸的感觉，结果销路不佳。后来，伦敦的一家百货商店为这套茶具量体定做加制了一个精致的包装后立即面目一新，给人高雅而华贵的印象，从而引起了对中国瓷器的种种美好联想，虽然包装后的瓷器销售价从每套 1.7 英镑提高到 8.99 英镑，销路却比原来增加了许多。

各国的文化背景对消费者的影响很大，往往一个国家的文化背景是不容易改变的。尽管随着经济的发展和贸易的影响，各国之间的相互渗透较多，但很难从根本上改变一个国家的文化背景，企业在组织出口商品时，只能适应它。因此，了解并研究出口国消费者的特点及文化特点，是生产出口商品企业包装设计人员的重要任务。

四、企业国际包装的设计策略

随着经济的发展与对外交流的不断深入，企业越来越多地涉及到产品包装设计国际化的问题。为了提高产品包装在市场上的吸引力，除了在图形、色彩、文字、商标等方面加强艺术性外，国内外的企业家也非常重视包装的总体设计策略。目前，国际上经常采用的包装设计策略有："同一化"策略、包装分割策略，附赠品包装策略和变换包装策略。

（一）"同一化"策略

"同一化"策略是指对同一类产品或同一企业生产的各种产品，使用相同的包装装潢造型、相同的图案或其他特征。这种策略加强消费者印象，有利于树立名牌，增加消费者的信任感。"同一化"策略的包装主要有系列化包装和配套包装。

1. 系列化包装（或称类似包装）

系列化包装一般指一个企业内生产的同类产品，采用格调统一的销售包装。例如，我国出口的灯泡，包装纸盒外型相同，配以不同的色彩代表不同的功率，形成系列化。系列化包装整体效果较好，货架效果明显，易辨认和记忆，给消费者视觉上的影响力较大。它可以使消费者对商品的牌号、形象产生较深刻的印象。此外，系列化包装还能缩短包装设计和审查的周期，方便制版印刷，便于发展和增加系列内商品的新品种，能减少对新品种的广告宣传费用，降低包装装潢设计成本。

系列化包装一般有三种类型：一类是包装外观高度统一，只通过品名文字区分不同的商品品种；另一类是同中有别，在构图色调、字体等一致的共同特征下，以不同品种的实物图像来突出不同的个性；再一类是在基本方面都一致的情况下，通过变换各种包装的色调来形成不同具体品种的个性。

在国际市场上，系列化包装的应用范围相当广泛，如食品、日用轻工业品、化装品包装等。

2. 配套包装（又称多种包装）

配套包装是将一类有关连的产品放在同一容器内的包装。例如，家庭常备的小型急救箱，内装有药水、棉花、胶布、纱布等。配套包装既方便消费者购买，又方便消费者使用。

配套包装还可以将新产品和老产品放置在一起，使消费者接受新观念、新构思，既有利于新产品的推广，又能使一些销路不畅的产品增加销售量。例如，我国上海出口的文教用品中，长城牌铅笔是紧俏商品，而橡皮，儿童绘图板、笔插等较为滞销。后来，铅笔厂将铅笔、橡皮、笔插、小刷子、绘图板等9件商品集中装入漂亮的吸塑包装内，很受国外消费者的欢迎。改变包装后的第一笔交易额达到25万美元，其中长城牌铅笔只占7万美元，带动的其他产品为18万美元。

近年来，西方国家的消费者流行一种新的风尚，提倡“自己动手做”(Do—It Yourself 简称 DIY)。因此适应 DIY 的配套包装产品销售量猛增。为了方便商品销售，DIY 配套包装力求符合吊挂陈列要求，除大件商品外，基本上都采用泡罩或贴体式可挂包装形式，这种包装产品形象透过塑料罩清晰可见，底板上的照片，示意图或文字说明可以介绍产品的使用方法。底板上有挂孔，可挂于货架柱上，陈列展示效果极佳。

（二）包装分割策略

包装分割策略是对于市场上有较大占有率的产品，采用不同的容器类型和商标，形成多姿多彩的包装。包装分割策略适用于少品种、大批量生产的产品。采用分割包装是为了突出商品的个性特征，以刺激消费者的购买欲，避免因长期使用某一产品而带来的陈旧感。

采用分割策略包装主要有两种：一种是根据商品细分化的各个特征包装进行分割，另一种是根据商标分割。

1. 个性特征包装分割策略

目前，在国际市场销售领域内，商品已进入细分化的时代，各类商品可以根据不同标志进行细分，如年龄、性别、价格、颜色、商品性能、消费习惯等。

2. 商标包装分割策略

商标包装分割策略是对已经在市场上占有一定销售量的商品进行商标分割，采用多种商标策略。这种策略在国外较多使用。例如美国可口可乐公司在可口可乐销售量达到惊人数字时，推出另一种清凉饮料芬达商标饮料。值得注意的是该策略仅适用于大型生产厂家或销售商，中小企业应慎用，因此，如果原商标产品尚无名气，又换一个新面孔推出新商标产品包装，会造成自相残杀，结果得不偿失。

（三）附加赠品包装策略（或称万花筒式包装策略）

附赠品包装策略是通过赠品引起消费者的兴趣，产生重复购买欲望的包装策略。附赠品包装可以在包装内附赠品，例如，日本糖果公司生产的牛奶糖，在包装内附赠装小玩具的小巧玲珑的小盒，使赠品就像商品的一部分，很受顾客的欢迎；附赠品包装也可以附在原包装外，在顾客购买商品时赠给，也能取得较好的效果。例如，我国上海第一百货商店在出售“花都”进口香皂时，一块一块销售一天卖出 3 箱，后来改用六块香皂一袋附赠一只香皂盒，结果一天卖出 100 多箱；附赠包装还可以在销售商品上印赠券。

采用附赠品包装的关键，是对赠品的选择，如果赠品选择不当或包装方式不合适，反而降低销售量。

（四）变换包装策略

变换包装策略是对某产品的包装加以不断变换，改进一种商品如果长期采用一种包装，会使消费者感到陈旧而使销量减少。例如日本森永牛奶糖十几年来一直采用印有天使的黄色包装，虽然糖的质量很好，但销量却有所下降，因此，该公司在生产新品种高级超软牛奶糖时，变换包装，既提高了身价，又使销量大增。

目前科学技术的飞速发展，新材料的大量出现为变换包装提供了很大的空间，使包装形态多种多样，例如，双重用途包装、方便包装、透明包装和仿古包装等。

1. 双重用途包装策略

双重用途包装策略（也叫再使用包装策略或复用包装策略），是指当原包装使用完毕之后，包装容器可移作他用。如用塑料杯装蜂蜜，蜂蜜用完后杯子还可以再用；酒瓶可以当作花瓶；某些儿童食品包装或童装包装本身就是有趣的玩具等等。这种包装一方面可以发挥广告宣传作用，引起顾客的好感；另一方面可以减少包装废弃物。

2. 方便包装策略

方便包装策略是从满足和方便消费者消费而设计的包装。可分为开启方便和调理方便两种。开启方便包装如易拉罐、带有可撕裂线带的玻璃瓶等；调理方便包装给消费者使用带来了方便。例如日本富九娘公司开发了一种能自动加热的罐头，5 分钟可温热，是利用生石灰和水产生热反应的作用制成的，便于消费者在旅行时吃上热餐。

3. 透明包装策略

透明包装策略是采用透明材料包装产品，使消费者能够看见内装商品。透明包装策略涉及的包装除了全透明外，还可采用半透明包装，即纸盒开窗包装。例如：我国上海工艺品进出口公司出口的绢花，过去的包装是天地盖瓦楞纸盒，不能显示绢花的品种和色彩，很不适合国外超级市场销售，后改为使用小花蓝绢花礼品包装盒，用白纸板制成摇盖式纸盒，其三面（左、右、上）胶印彩色照片图案，前后二面开梅花形小窗，贴上透明的 PRC 胶片，直接显示出小花蓝绢花的造型和色彩。目前半透明包装应用很广，许多商品都开始采用这种半透明的包装，它既能看得见，又比全透明包装成本低廉，经济实惠。

4．仿古包装策略

仿古包装策略是包装设计构思中常用的方法之一，仿古包装策略是将一些古老的、有一定代表意义，到今天还有一定现实社会价值的事物，在包装品上再现出来。仿古包装能引起“历史悠久”等联想迎合某些消费心理。尤其是当今社会上出现复古、怀旧、思乡、强化民族化或某一远古事物具有新时代意义等各种思潮的时候，仿古包装是一种好办法。

仿古包装装潢除绘画仿古外，还有形象仿古、结构仿古、功能仿古、色彩仿古、型体仿古、材料仿古、质地仿古等等。例如“中国古汉酒”的包装采用形象仿古，酒盛在形状古朴的瓷瓶中，盒内还有写在绸子上的黄颜色说明书。仿古技术运用得当，会使商品增添收藏价值。因些，仿古包装用在出口商品上是当代包装的一个趋势。

第十三章　企业装卸搬运活动

企业中物料的装卸搬运（Materials Handing）是制造企业生产过程中的辅助生产过程，它是工序之间、车间之间、工厂之间、仓库内部、仓库与车间之间物流不可缺少的环节。据国外统计：在中等批量的生产车间里，零件在机床上的时间仅占生产时间的5%，而95%的时间消耗在原材料、工具、零件的搬运、等待上；物料搬运的费用占全部生产费用的30%~40%。为此，设计一个合理、高效、柔性的物料搬运系统，并合理组织装卸搬运活动，对缩短物料搬运所占时间、压缩库存资金占用是十分必要的。

本章在介绍装卸搬运基本概念、基本设备和器具之后，重点介绍企业装卸搬运系统的分析设计方法（System Handing Analysis，SHA）和装卸搬运作业组织。

第一节　企业装卸搬运作业概述

一、装卸搬运的概念

援引国家标准我们知道，装卸（Loading And Unloading）是指物品在指定地点以人力或机械装入运输设备或从运输设备卸下的活动；搬运（Handing/Carrying）是指在同一场所内将物品进行水平移动为主的物流作业。那么，装卸搬运就是指在同一地域范围内进行的，以改变物料的存放（支承）状态和空间位置为主要目的的活动，一般来说，在强调物料存放状态的改变时，使用“装卸”一词，在强调物料空间位置的改变时，使用“搬运”这个词。

生产企业的装卸搬运活动通常是指生产物料或产品在工厂车间或仓库内部移动以及在仓库与生产设施之间和仓库与运输车辆之间的转移。装卸搬运活动是否合理不仅影响运输和仓库系统的运作效率，而且影响企业整个系统的运作效率。

二、装卸搬运的作用

在生产企业的物流系统中，各个环节的先后或同一环节的不同活动之间，都必须进行装卸搬运作业。如原材料在运输和储存中的装车、卸车、堆码、上架和下架，各工艺流程之间的在制品的传递，产成品的包装、运输、入库、出库，以及回收物和废弃物的处理等都要有装卸搬运作业配合才能进行。装卸搬运是生产企业物料的不同运动（包括相对静止）阶段之间相互转换的桥梁，装卸搬运活动把物料运动的各个阶段联接成连续的"流"，使企业中物流的概念名实相符。一旦忽略了装卸搬运，生产和流通领域轻则发生混乱，重则造成生产活动停顿。

三、装卸搬运的特点

（一）具有"伴生"（伴随产生）和"起讫"性的特点

装卸搬运的目的总是与物流的其他环节密不可分的（在加工业中甚至被视为其他环节的组成部分），不是为了装卸而装卸，因此与其他环节相比，它具有"伴生"性的特点。又如运输、储存、包装等环节，一般都以装卸搬运为起始点和终结点，因此它又有"起讫"性的特点。

（二）具有提供"保障"和"服务"性的特点

装卸搬运保障了生产中其他环节活动的顺利进行，具有保障性质，装卸搬运过程不消耗原材料，不排放废弃物，不大量占用流动资金，不产生有形产品，因此具有提供劳务的性质。

（三）具有"闸门"和"咽喉"的作用

装卸搬运制约着生产与流通领域其他环节的业务活动，这个环节处理不好，整个物流系统将处于瘫痪状态。

四、企业装卸搬运作业形式

企业装卸搬运作业的组合形式有很多，了解装卸搬运作业的分类，对在什么样的场所，进行什么样的操作，使用什么样的方法进行作业是很重要的。

（一）按作业场所分类

企业装卸搬运按作业场所不同基本上可分为以下三类：

1. 车间搬运。指在车间内部工序间进行的各种装卸搬运活动。如原材料、在制品、半成品、零部件、产成品等的取放、分拣、包装、堆码、输送等作业。

2. 站台装卸搬运。指在企业车间或仓库外的站台进行的各种装卸搬运活动。如装车、卸车、集装箱装箱与掏箱、搬运等作业。

3. 仓库装卸搬运。指在仓库、堆场、物流中心等处的装卸搬运活动。如堆码取拆、分拣配货作业、挪动移位作业等。

（二）按操作特点分类

1. 堆码取拆作业。包括在车间内、仓库内、运输工具内的堆码和拆垛作业。

2. 分拣配货作业。指按品种、用途、到站、去向、货主等不同特征进行分拣货物作业。

3. 挪动移位作业。指单纯地改变货物的水平空间位置的作业。

（三）按作业方式分类

1. 吊装吊卸法（垂直装卸法）。主要是使用各种起重机械来改变货物的铅垂方向的位置为主要特征的方法，这种方法历史最悠久、应用面最广。

2. 滚装滚卸法（水平装卸法）。是以改变货物的水平方向的位置为主要特征的方法。如各种轮式、履带式车辆通过站台、渡板开上开下装、卸货物，用叉车、平移机来装卸单件货物、集装箱或托盘等。

（四）按作业对象分类

1. 单件作业法。单件作业法顾名思义是单件、逐件装卸搬运的方法，这是人力作业阶段的主导方法。目前对长大笨重、形状特殊的货物，或集装会增加危险的货物等，仍采取单件作业法。

2. 集装作业法。集装作业法是指先将货物集零为整，再进行装卸搬运的方法。有集装箱作业法、托盘作业法、货捆作业法、滑板作业法、网装作业法以及挂车作业法等。

3. 散装作业法。散装作业法是指对煤炭、矿石、粮食、化肥等块、粒、粉状物资，采用重力法（通过筒仓、溜槽、隧洞等方法），倾翻法（铁路的翻车机）、机械法（抓、舀等），气力输送（用风机在管道内形成气流，应用动能、压差来输送）等方法进行装卸。

（五）按装卸设备作业原理分类

它可分为间歇作业（如起重机等）和连续作业（如连续输送机）方法。

（六）按作业手段和组织水平分类

它可分为人工作业法、机械作业法、综合机械化作业法和自动化作业法。

五、企业装卸搬运的发展过程

从技术发展的角度来看企业物料装卸搬运的发展过程，主要经历了以下阶段：

1. 手工物料搬运；

2. 机械化物料搬运；

3. 自动化物料搬运，如自动化仓库或自动存取系统（AS/RS）、自动导向小车（AGV）、电眼以及条形码、机器人等的使用；

4. 集成化物料搬运系统，即通过计算机使若干自动化搬运设备协调动作组成一个集成系统并能与生产系统相协调，取得更好的效益；

5. 智能型物料搬运系统，该系统能将计划自动分解成人员、物料需求计划并对物料搬运进行规划和实施；

6. 智能、集成、信息为基础的物料搬运系统将是今后发展的趋势。

第二节 装卸搬运方法的选择

装卸搬运方法是搬运路线、装卸搬运设备和装卸搬运单元的总和。

一、企业物料搬运路线特点及选择原则

（一）搬运路线的类型及特点

搬运路线通常分为直达型、渠道型和中心型，如图 13-1 所示。

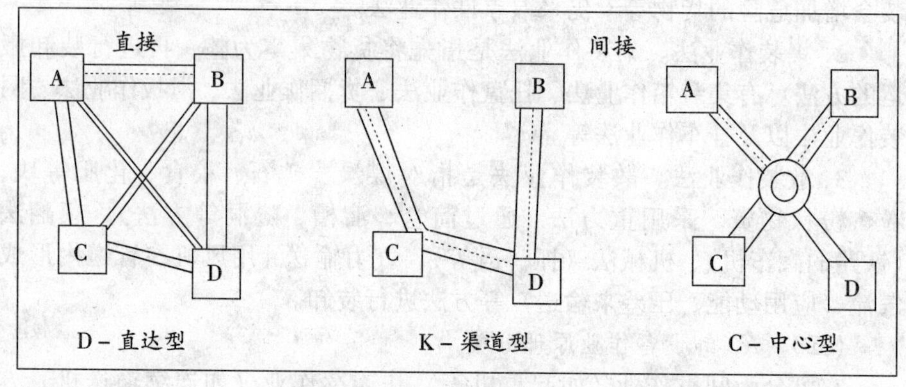

图 13-1 搬运路线分类

1. 直达型

直达型是指物料经由最近路线到达目的地。在直达型路线上，各种物料从起点到终点经过的路线最短。当物流量大、距离短或距离中等时，一般采用这种形式是最经济的，尤其当物料有一定的特殊性而时间又较紧迫时则更为有利。

2. 渠道型

渠道型是指一些物料在预定路线上移动，同来自不同地点的其他物料一起运到同一个终点。当物流量为中等或少量，而距离为中等或较长时。采用这种形式是经济的。尤其当布置是不规则的分散布置时则更为有利。

3. 中心型

中心型是指各种物料从起点移动到一个中心分拣处或分发地区，然后再运往终点。当物流量小而距离中等或较远时，这种形式是非常经济的。尤其当厂区外形基本上是正方形的且管理水平较高时更为有利。

图 13－2 说明：直达型用于距离短而物流量大的情况；渠道型或中心型用于距离长而物流量小的情况。

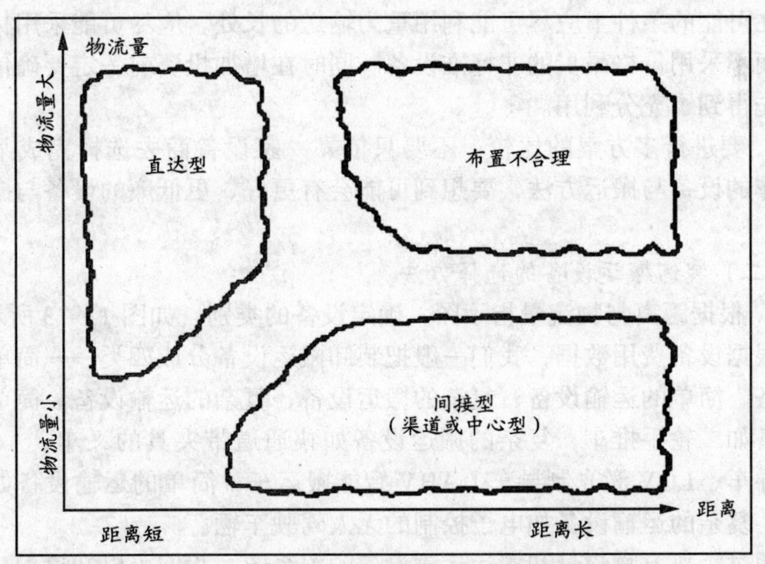

图 13－2　距离与物流量指示图和物料搬运系统

依据物料搬运的规则，若在企业内部形成的物流量大而距离又长，则说明这样的企业布置是不合理的。距离与物流量指示图有助于我们根据不同的搬运活动来确定路线系统的形式。

二、装卸搬运设备的选择原则和方法

（一）装卸搬运设备的选择原则

为完成某项工作而选择恰当的设备或设备系统是件复杂的工作，通常可以从以下方面入手。

1. 明确是否确实需要进行这个搬运步骤。

2. 要有长远发展的眼光。随意地布置一台运输机械或增添一排货架可能会解决目前问题，但也许会导致将来有更大的麻烦，因此制定设备选择计划时要考虑长远发展的需要。

3. 牢记系统化的观念。企业为装卸搬运所选用的设备不仅仅局限于工厂某一角落，它要在整个生产系统的总目标下发挥作用，即使是一辆单独的叉车或一台单独的输送机，也是整个物料搬运系统中的一个组成部分。

4. 遵循简化原则，选用合适的规格型号。为完成某种轻量级工作而购买价格昂贵的重量级设备，或选用使用寿命不长的设备都是极不恰当的，在可能的条件下应尽可能利用重力输送的长处。应尽可能采用标准设备，而不采用价格昂贵的非标准设备。同时在增加投资前一定要确信现有设备先得到了充分利用。

5. 要进行多方案的比较。不要只依靠一家设备商去选择完成某项搬运工作的设备与搬运方法，要想到可能会有更好、更低廉的设备与搬运方法。

（二）装卸搬运设备的选择方法

1. 根据距离与物流量指示图，确定设备的类别，如图 13－3 所示。

根据设备费用数据，我们一般把装卸搬运设备分成四类——简单的搬运设备、简单的运输设备、复杂的搬运设备、复杂的运输设备。简单的搬运设备如二轮手推车，复杂的搬运设备如狭通道带夹具的叉车、AGV 自动制导车、LGV 激光制导车、AHV 智能搬运车；简单的运输设备如机动货车，复杂的运输设备如电子控制的无人驾驶车辆。

通过距离、物流量和搬运运输设备的关系图，我们可以知道：

简单的搬运设备适合于距离短、物流量小的搬运需要；复杂的搬运设备适合于距离短、物流量大的搬运需要。

简单的运输设备适合于距离长、物流量小的运输需要；复杂的运输设备适合于距离长、物流量大的运输需要。

2. 根据设备的技术指标、物料特点以及运行成本、使用方便等因素，选择设备系列型号，甚至品牌。

在设备选型时要注意：

（1）设备的技术性能。能否胜任工作及设备的灵活性要求等。

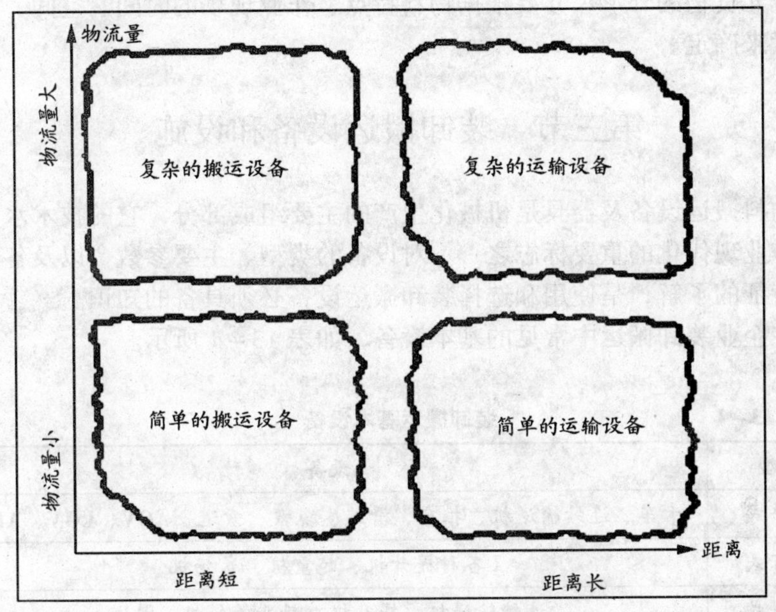

图 13-3 距离、物流量和搬运运输设备

（2）设备的可靠性。在规定的时间内能够工作而不出现故障，或出现一般性故障易立即修复且安全可靠。

（3）工作环境的配合相适应性。工作场合是露天还是室内，是否有振动、是否有化学污染及其他特定环境要求等。

（4）经济因素。包括投资水平、投资回收期及性能价格比等。

（5）可操作性和使用性。操作是否易于掌握，培训的复杂程度等。

（6）能耗因素。设备的能耗应符合燃烧与电力供应情况。

（7）备件及维修因素。设备条件和维修应方便、可行。

三、搬运单元

搬运单元是指物料搬运时的基本装载方式。物料的基本装载方式通常是由物料自身的理化性质所决定的，如散装物料，其搬运单元一般可采用箱装、罐装、袋装等形式；单件物品可进行单件搬运，也可以利用托盘、集装箱、集装袋、集装货捆等方式形成单元货物后进行搬运。单元装载方式（Unit Load System）是指把许多单件物品集中起来作为一个运送单位(集装单位)，放置在集装设备上，进行一系列运送、保管、装卸的装载方式。这种方式可以提高装卸效率、减少装卸损失，已被广泛用于物流活动中。单元货物的外形尺寸要根据物料特点、作业现场的时间、空间、费用等因素来确定。

第三节　装卸搬运设备和设施

物料搬运设备及器具是机械化生产的主要组成部分，它的技术水平是搬运作业现代化的重要标志之一。对设备的类型、主要参数、以及各类型机械特征的了解，是使用和选择装卸搬运设备必须具备的知识。

在企业装卸搬运中常见的基本设备，如表 13－1 所示。

表 13－1　装卸搬运基本设备

类型	设备
水平式	卡车、连续输送机、推车、滑道、缆索、索道、AGV、LGV、AHV
垂直式	各种提升机、起重机、卷扬机
倾斜式	连续输送机、提升机、料斗卷扬机、滑道
垂直及水平	叉车、起重机、升降机、提升机
多面式	旋转起重机

按装卸机械的作用可分为两类：起重搬运设备，包括起重机、叉车等；输送设备，包括卡车、牵引车、连续输送机、推车、AGV、LGV、AHV 等。

一、起重机

起重机是起重机械的统称。按照起重机械所具有的机构、动作繁简的程度以及工作性质和用途，可把起重机械归纳为三大类：

（一）简单起重机械

一般只作升降运动或一个直线方向移动，只需要具备一个运动机构，而且大多数是手动的，如绞车、葫芦等。

（二）通用起重机械

除需要一个使物品升降的起升机构外，还有使物品作水平方向的直线运动或旋转运动机构。该类机械主要用电力驱动，也有用其他动力驱动的。属于这类起重机械的约有：通用桥式起重机、门式起重机、固定旋转式起重机和行动旋转式起重机（如汽车起重机）等。

(三) 特种起重机械

它需要具备两个以上机构的多动作起重机械，专用于某些专业性的工作，构造比较复杂。如冶金专用起重机，建筑专用起重机和港口专用起重机等。

由于各类型起重机结构特点、起重量、起升高度、速度和工作级别等的不同，适用范围也各异。在物料搬运中，配备起重机的选择原则，主要根据以下参数进行起重机的类型、型号选择。

(1) 所需起重物品的重量、形态、外形尺寸等；

(2) 工作场地的条件（长、宽、高，室内或室外等）；

(3) 工作级别（工作频繁程度、负荷情况）的要求；

(4) 每小时的生产率要求。

根据上述要求，首先选择起重机的类型，然后再决定选用这一类型起重机中的某个型号。

二、连续输送机

连续输送机的特点是在工作时连续不断地沿同一方向输送散料或重量不大的单件物品，装卸过程无需停车，因此生产率很高。在流水作业生产线上，连续输送机已成为整个工艺过程中最重要的环节之一。其优点是生产率高、设备简单、操作简便。缺点是一定类型的连续输送机只适合输送一定种类的物品（散料或重量不大的成件物品），不适合搬运很热的物料或形状不规则的单元物料；只能布置在物料的输送线上，而且只能沿着一定沿线定向输送，因而在使用上有一定的局限性。

根据构造的特点，连续输送机可分为两大类：一类是带有挠性牵引件的连续输送机，如带式输送机、链板输送机、刮板输送机、埋刮板输送机、小车输送机、悬挂输送机以及斗式提升机；另一类是没有挠性牵引件的输送机，如螺旋输送机、振动输送机、滚子输送机以及气力输送机等。在选择连续输送机时，应根据物料的物理特性来进行。

(一) 辊道输送机

辊道运输机由一系列排列规则的水平辊子组成。包装件、托盘等成件物料在辊道上输送，辊道可以有动力，也可以无动力。用人工推送时设备可有一定的倾斜度，依靠重力输送（注意防止碰撞）。若输送距离较长则可分成几段。

(二) 皮带输送机

皮带输送机主要用来搬运成件或散装物料，或供总装用的部件，也可进行挑选、分类、检验、包装贴标签等作业。一般倾角大于 16°（要设置挡板）。

（三）链条输送机

链条运输机适用于运送单元物体，特别适用于矩形条板箱或纸板箱。在水平、倾斜或复合平面的装置中均有多种形式和广泛的应用范围。当装置较大时需设小型挡板，以防后滑。

（四）悬挂式输送机（架空链式输送机）

悬挂式运输机能在三维空间中使用，可运送各种类型的物料。其运送范围可以很宽，能适应各种尺寸的物件，并具有不同的输送能力。还可以采用各种附件，如钩盘、斗、桶等，其使用范围几乎不受限制。另外，链条的全部长度均可利用，而大多数其他形式的输送机均有一非生产回程。

三、叉车（又名铲车、装卸车）

叉车是一种能把水平运输和垂直升降有效结合起来的装卸机械，有装卸、起重及运输等方面的综合功能。具有工作效率高、操作使用方便、机动灵活等优点，其标准化和通用性也很高，被广泛应用于车间、仓库、建筑工地、货栈、车站、机场和码头，对成件、成箱货物进行装卸、堆垛以及短途搬运、牵引和吊装工作。

叉车种类很多，结构特点和功能也各不一样。因此在使用时，应根据物料的重量、状态、外形尺寸及叉车的操作空间、动力、驱动方式进行合理选择，同时使用叉车时应考虑选择适当的托盘配合使用。

四、起重电梯

电梯是一种依靠轿厢沿着垂直方向运送人员或货物的间歇性运动的主要起升机械。可从不同角度分类。按运行速度可分为低速电梯、快速电梯、高速电梯和超高速电梯等；按电动机电源可分为交流电梯和直流电梯；按操纵方式可分为有司机操纵电梯和无司机操纵电梯。

起重电梯的选择首先要根据服务对象选择类型，再根据速度要求、起升高度、操作方式等选择电梯型号。

五、小型搬运车

小型搬运车有：手推车、手动托盘搬运车和手动叉车等。

（一）手推车

手推车是一种以人力为主、在路面上水平输送物料的搬运车。其特点是轻巧灵活、易操作、回转半径小。它广泛应用于工厂、车间、仓库、站台、货场等处，是短距离输送轻型物料的一种方便而经济的输送工具。由于输送物料的种类、性质、重量、形状、走行道路条件不同，手推车的构造形式是多样的。

（二）手动托盘搬运车

手动托盘搬运车用来搬运装载于托盘（托架）上的集装单元货物，当货叉插入托盘（托架）后，上下摇动手柄，使液压千斤顶提升货叉，托盘（托架）随之离地。当物品搬运到目的地后，踩动踏板，货叉落下，放下托盘（托架），它操作灵活、轻便，适合于短距离的水平搬运。

（三）手动叉车

手动叉车是一种利用人力提升货叉的装卸、堆垛、搬运的多用车。它操作灵活、轻便，用途广泛。

六、无人搬运车及工业机器人

（一）无人搬运车（即自动引导车 AGV、LGV、AHV）

无人搬运车就是无人驾驶自动搬运车，它可以自动导向、自动认址、自动程序动作。具有灵活性强、自动化程度高、可节省大量劳动力等优点，还适用于有噪声、空气污染、放射性等元素危害人体健康的地方及通道狭窄、光线较暗等不适合驾驶车辆的场所，它日益引起人们的关注并得到广泛应用。

（二）工业机器人

工业机器人是一种能自动定位控制、可重复编程、多功能、多自由度的操作机。能运材料、零件或操持工具，用以完成各种作业。目前已广泛应用于产业部门，用得最多的是汽车工业和电子工业。从作业内容看，以工作堆垛、包装、机床上下料、点焊、弧焊以及喷漆最为普遍。

七、运输机械

（一）卡车

卡车是一种通用型载货汽车的通称，是主要的运输工具，在物料搬运中，配合装卸机械在厂内外进行运输工作。其类型、型号很多。选用时可根据需要在机电产品目录中选用。

（二）拖车

拖车由牵引车牵引行驶，其运载能力强，适于尺寸大、重量大的货物运输，有全挂车和半挂车两种。一般由汽车牵引，也有用蓄电池搬运车或其他车辆牵引的。

八、装卸搬运器具

装卸搬运的工具与装载器具是人工与机械化之间的桥梁，是系统的通用设备。

在物料搬运过程中要大量使用垫板、托盘、标准料箱、料架、料斗、装运箱甚至集装箱。各种器具既要根据不同的物料采用多样形式，又要考虑标准化问题。在生产车间内，车间与厂之间通常采用标准的、集装单元的托盘、料箱、料架。集装单元化是物料搬运自动化的重要标志。它不仅使装运时间大为缩短，还减轻了搬运工人的劳动强度，提高了装运效率和搬运质量，也有利于提高现场管理水平。

在工业企业中，托盘常与叉车配套使用，使物品在生产、储存、运输过程中实现机械化。它能最大限度地应用集装单元的原则，发挥搬运的灵活性、标准化、作业次数最少等优点，实现机械化搬运作业。托盘是实现物流过程机械化、合理化的一种重要工具。

九、装卸搬运设施

装卸搬运设施包括站台、码头、装卸线、调节平台、高路基、渡桥、雨棚、仓库、货场以及动力、维修、照明和计量检验检斤等辅助设施。

十、装卸搬运机械设备数量的配置

装卸搬运设备的配置数量主要根据仓库作业量确定，并使仓库有较高的设备配置系数。配置系数可按下式计算：

$$K = \frac{Q_c}{Q_t}$$

式中

K—仓储设备配置系数，一般取 $K = 0.5 \sim 0.8$

Q_c—仓储机械设备能力，即设备能完成的物流量

Q_t—仓储过程总物流量

通常情况下，当 $K > 0.7$ 时，表明机械化作业程度高；$K = 0.5 \sim 0.7$ 时，表明机械化作业程度中等；$K < 0.5$ 时，表明机械化作业程度低。

在为仓库等配置机械设备时，可以根据仓库等的要求预先规定一个 K 值（即要求达到的机械化作业程度），来计算设备所需完成的物流量，从而进行设备的配置计算。

机械设备数量配置，可用下列公式计算：

$$Z = \sum_{i=1}^{m} Z_i$$

Z ——仓库内机械设备总台数

m——机械设备类型数

Z_i——第 I 类机械设备台数

$$Z_i=\frac{Q_{ci}}{(Q_e\beta\eta\delta\tau)_i}$$

Q_{ci}——第 I 类机械计划完成的物流量

Q_e——设备的额定起（载）重量

β——起重系数，即平均一次吊装或搬运的重量与 Qe 的比值

η——单位工作小时平均吊装或搬运次数，由运行距离、运行速度及所需辅助时间确定

δ——时间利用系数，即设备年平均工作小时与 t 的比值

τ——年日历工作小时，一班制工作取 7 小时乘以工作日数

机械设备能力的评价参数 β、η、δ 值应根据作业场所的性质、物品种类以及机械设备类型进行实测确定。

总物流量 Q_t 可由下式计算：

$$Q_t=\sum_{i=1}^{n}Q_{ti}=\sum_{i=1}^{n}(H\alpha)_i$$

n——作业场所的数目

H_i——第 i 个场所的年吞吐量

α_i——第 i 个场所的倒搬系数，根据物品的重复搬运次数确定，无二次搬运时 $\alpha_i=1$

机械设备计划完成的总物流量，可由总物流量 Q_t 乘以设备配置系数 K 求得

$$Q_c=KQ_t$$

计算某类机械设备数量时，Q_{ci}可由 Q_c 分配决定。

第四节　企业装卸搬运系统分析设计方法

一、装卸搬运系统分析设计的主要内容

装卸搬运系统分析是理查德·缪瑟提出的一种有条理的系统分析方法，适用于一切物料搬运项目。该方法包括：一种解决问题的方法，一系列依次进行的步骤和一整套相关记录、评定等级和图表化的图例符号（工业工程符号）。

（一）装卸搬运系统分析设计的阶段结构

每一搬运设计从开始申请到安装结束，都要经过四个阶段。

1. 阶段Ⅰ——外部衔接。这个阶段要弄清整个所分析区域的全部物料进出搬运活动。

2. 阶段Ⅱ——编制总体搬运方案。本阶段拟定出各主要区域之间搬运物料的方法。对于物料搬运的路线、搬运设备及容器类型做出初步决策。

3. 阶段Ⅲ——编制详细搬运方案。这个阶段要考虑每个主要区域内部各工作地之间的物料搬运，要确定详细的物料搬运方法。诸如拟采用的具体方式、设备及容器等均需做出决定。

4. 阶段Ⅳ——方案实施。这个阶段要进行必要的准备工作，订购设备，完成人员培训，安排进度并安装具体的搬运设施。然后对所规划的搬运方法完成实验工作，验证操作程序，以确保在全部设备安装之后它能正常工作。

这四个阶段依次交叉进行，其中Ⅱ、Ⅲ阶段是工业工程师的主要任务。

（二）装卸搬运系统分析设计的程序模式

企业物料的装卸搬运是以物料、移动和方法三项为基础的。因而，装卸搬运系统分析包括分析所要搬运的物料、分析需要进行的移动和确定经济实用的装卸搬运方法。“SHA 的程序模式”完全基于这三个基本元素，是一个分步骤进行的程序。问题越复杂，这个模式就越有用和越可节约时间。

（三）装卸搬运系统分析设计所需的主要数据

分析物料搬运问题所需要的主要输入数据，也就是原始资料：P —— 产品或物料（部件、零件、商品）、Q —— 数量（销售量或合同订货量）、R —— 路线（操作顺序和加工过程）、S —— 后勤与服务（如库存管理、定货单管理、维修等）、T —— 时间因素（时间要求和操作次数）。

二、对企业所有的物料进行分类

（一）物料分类的主要依据

1. 物料的可运性。影响可运性的主要因素是物料本身的物理化学特性，而外界的因素，如工位器具、托盘、货架和搬运设备等，也是重要影响因素。

2. 物流条件。其中包括生产工艺方面的要求、质量保证体系方面的要求（如精密件的搬运就可能采用一些特殊方法）、生产管理方面的要求（如生产中的间隙性、周期性、配套性、不均匀性），环保要求以及一些特殊要求（如贵重物品的控制）和法律管制品等。

（二）物料分类程序

1. 列表标明所有的物品或分组归并的物品名称；

2. 记录其物理特性及其他特性；

3. 分析每种或每类物料的各项特征，并确定哪些特征是主导的，在起决定作用的特征下面画出标记线；

4. 确定物料类别，把那些具有相似的主导特征或特殊影响特性的物料归并为一类；

5. 对每类物料写出分类说明（如用 a、b、c、d 表示），并填写物料分类一览表。

三、对物料的移动进行分析

（一）收集各种移动分析的资料

设施布置决定了物料搬运的起点和终点之间的距离，而这个移动距离是选择任何搬运方法的主要因素，因此，我们选择的方案必须是建立在物料搬运作业与具体布置相结合的基础之上。

在分析各项移动时，我们需要掌握一定的资料。包括：

1. 物料（产品或物料类别）

（1）物理特征；

（2）其他特征。

2. 路线（起点和终点或搬运路径）

（1）移动距离；

（2）路线的具体情况（如水平程度和弯曲程度、拥挤程度和路面情况、气候与环境、起讫点的具体情况和组织情况等）。

3. 物流或搬运活动

（1）物流量（单位时间内在一条路线上移动的物料数量）其公式为：

$$I = nP$$

I——物流量（即当量物流量，有时也用玛格数表示）；

n——单位时间内流经某区域或路径上产品或物料的单元数；

P——产品或物料的计量单位。

（2）运输工作量，其公式为：

$$(TW) = \text{物流量}(I) \times \text{搬运距离}(D)$$

（二）移动分析方法

1. 流程分析法

这种方法是每次只观察一类产品或物料，并跟随着它沿着整个生产过程收集资料，必要时跟随从原料库到成品库的全过程。编制流程图表或流程图。当产品或物料品种很少或是单一品种时，采用该方法。

2．起讫点分析法（或编制物料进出表）

这种方法有以下两种不同的做法。

（1）通过观察每次移动的起讫点搜集资料，每次分析一条路线绘制搬运路线表。在路线数目不太多时使用。

（2）若路线数目多，则对一个区域进行观察，搜集运进运出这个区域的一切物料的有关资料，编写物料进出表。

（三）编制搬运活动一览表

编制该表是为了把搜集到的资料进行汇总，编制在一张表上，达到明了、全面地了解情况以及运用的目的。在表中要对每条路线、每类物料和每项移动的物流量及运输工作量进行计算，并按 A、E、I、O、U 进行等级评定。

（四）各种移动的图表化

这是将各项移动的分析结果标注在区域布置图上，起到一目了然的作用。是 SHA 程序模式中的一个重要步骤。

物流图表化的方法有以下几种。

1．物流流程简图，可帮助我们了解流程，因图中无工作区域的正确位置及距离，所以不能用来选择搬运方案。

2．在企业平面布置上绘制的物流图，如图 13－4 所示。

3．坐标指示图，如图 13－5 所示。

四、搬运方法分析

所谓物料搬运方法，实际上就是一定类型的搬运设备与一定类型的运输单元相结合，进行一定模式的搬运活动，以形成一定的路线系统。一个工厂的搬运活动可以采用同一种搬运方法，也可以采用不同的方法。一个搬运方案，都是几种搬运方式的组合。

（一）初步的搬运方法

1．确定搬运方法

（1）根据搬运路线系统选择原则确定搬运路线；

（2）根据搬运设备选择原则确定搬运设备类别、规格、型号；

（3）根据物料一览表确定运输单元。

2．记录方法

用统一的物料搬运符号表示。如属简单问题，就可用物料搬运方法工

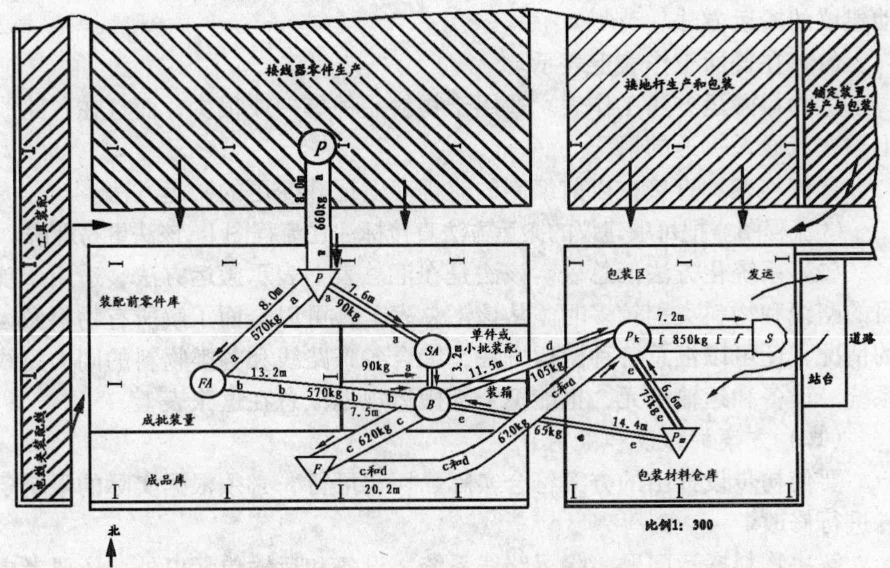

图 13－4　平面物流指示图

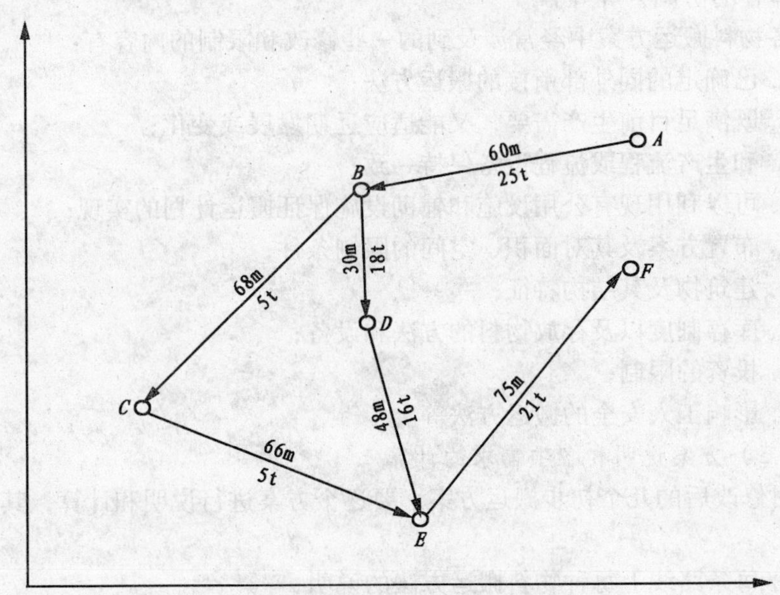

图 13－5　坐标指示图

作表填写建议的搬运方法。表的左边列出各项移动，表的右边填写各项移动建议的搬运方法。

（1）在普通工作表上表示。

①物料搬运方法工作表。适用于物料品种单一或很少，而且在各路线上顺次流通无折返的情况。

②流程表。直接在以前编制的流程表上记载变更的搬运方法。

③流程图。把每项建议的搬运方法直接标注在流程图上,该法更易理解。

（2）系统化方法汇总表。该法是在汇总表上表示搬运方法，适用于项目的路线和物料类别较多时。从该汇总表上，可以全面了解所有物料搬运的情况，还可以汇总各种搬运方法，综合各条路线和各类物料的同类路线系统、设备和运输单元，也能把全部搬运规划汇总在这张表上。

（二）方案的修改和限制

要使初步设计出的方案符合实际、切实可行，必须根据实际的限制条件进行修改。

解决物料搬运问题，除了路线系统、设备和运输单元以外，还要考虑正确和有效地操作设备问题、协调和辅助物料搬运正常进行的问题（如生产和库存的协调）等等。

各物料搬运方案中经常涉及到的一些修改和限制的内容有：

1. 已确定的同外部衔接的搬运方法；

2. 既满足目前生产需要，又能适应远期发展或变化；

3. 和生产流程或流程设备保持一致；

4. 可以利用现有公用设施和辅助设施保证搬运计划的实现；

5. 布置方案及其对面积、空间的限制条件；

6. 建筑物及其结构特征；

7. 库存制度以及存放物料的方法和设备；

8. 投资的限制；

9. 影响工人安全的搬运方法等。

（三）方案说明和各项需求的计算

对修改后的几个初步搬运方案，要逐个方案进行说明和计算，其内容包括：

1. 每条路线上每种物料搬运方法的说明；

2. 搬运方法以外的其他必要的变动说明，如更改布置、作业计划、生产流程、建筑物、公用设施、道路等；

3. 计算搬运设备和人员的需求量；

4. 计算投资数和预期的经营费用。

(四) 对方案进行评价

从几个合理可行的方案中（包括总说明、物流图、汇总表、需求一览表），选出最佳方案——即对方案进行评价，是程序模式的一个决定性的步骤。

评价方案的方法有：成本费用或财务比较、无形因素比较等。

1. 成本费用或财务比较

(1) 投资费用，包括基建投资或项目费用；

(2) 经营费用，包括物料、人员、管理费用。

2. 无形因素比较

无形因素比较法中主要有优缺点比较法和加权因素比较法。

可供参考的无形因素有：

(1) 与生产流程的关系及其服务的能力；

(2) 搬运方法的通用性与适应性；

(3) 灵活性（已确定的搬运方法是否易于变动或重新安排）和柔性（搬运方法是否便于今后拓展）；

(4) 布置和建筑物扩充的灵活性是否受到搬运方法的限制；

(5) 面积和空间的利用；

(6) 安全和建筑物管理；

(7) 是否便于管理和控制；

(8) 可能发生故障的频率及对生产造成的中断、破坏和混乱的程度；

(9) 能否适应生产节拍的要求和对生产流程时间的影响；

(10) 与仓库设施是否协调；

(11) 同外部运输是否适应等。

(五) 搬运方案的详细设计

搬运方案的初步设计阶段确定了搬运路线系统、搬运设备、运输单元和总体方案。搬运方案的详细设计是在此基础上制定从工作地到工作地或从具体取货点到具体卸货点之间的搬运方法，详细搬运方案必须与总体搬运方案协调一致。

实际上，SHA 的方案初步设计阶段和方案详细设计阶段用的是同样模式，只是在实际运用中两个阶段的设计区域范围不同、详细程度不同。详细设计阶段需要大量的资料、更具体的指标和更多的实际条件。

应当注意，第Ⅱ、Ⅲ阶段是重叠的。就是说，在最后选定总体搬运方案（第Ⅱ阶段）之前，必须考虑第Ⅲ阶段中某些细节问题。这类重叠的研究工作在第Ⅱ阶段完成之前就应详加考虑，这样就不会在研究总体搬运方案时，把它看成是一个孤立的且和第Ⅱ阶段毫不相干的模式。

第五节　装卸搬运作业组织

一、工业工程（IE）和装卸搬运作业合理化

工业工程（IE）是以提高作业系统效率、协调人和工作环境的关系为目的，综合利用人员、物品、设备和信息等资源，设计、改善和管理生产物流作业系统的一种综合技术。工业工程学科的源头是泰勒（F.W.Taylor）提出的科学管理概念。工业工程作为提高生产作业效率的有效手段被广泛应用并不断发展。

日本物流界从工业工程的观点出发，总结出改善物流作业效率的“6不改善法”，具体内容如下：

（一）不让等——闲置时间为零

即通过正确安排作业流程和作业量使作业人员和作业机械能连续工作，不发生闲置现象。

（二）不让碰——与物品接触为零

即通过利用机械化、自动化物流设备进行物流装卸、搬运、分拣等作业，使作业人员在从事物流装卸、搬运、分拣等作业时尽量不直接接触物品，以减轻劳动强度。

（三）不让动——缩短移动距离和次数

即通过优化仓库内的物品放置位置和采用自动化搬运工具，减少物品和人员的移动距离和次数。

（四）不让想——操作简便

即按照专业化（Specialization）、简单化（Simplification）和标准化（Standardization）原则进行分解作业活动和作业流程，并应用计算机等现代化手段，使物流作业的操作简便化。

（五）不让找——整理整顿

即通过作业现场管理，使作业现场的工具和物品放置在一目了然的地方。

（六）不让写——无纸化

即通过应用条形码技术、信息技术等，使作业记录自动化。

如今，工业工程技术越来越重视研究作业环境和人的协调问题，设计一个工作人员工作舒适且作业效率高、经济性好的物流作业系统是工业工程研究的中心课题。

二、装卸搬运作业合理化措施

（一）防止和消除无效作业

所谓无效作业是指在装卸作业活动中超出必要的装卸、搬运量的作业。显然，防止和消除无效作业对装卸作业的经济效益有重要作用。为了有效地防止和消除无效作业，可从以下几个方面入手：

1. 尽量减少装卸次数

要使装卸次数降低到最小，尤其要避免没有物流效果的装卸作业。

2. 提高被装卸物料的纯度

物料的纯度，指物料中含有水分、杂质与物料本身使用无关的物质的多少。物料的纯度越高则装卸作业的有效程度越高。反之，则无效作业就会增多。

3. 包装要适宜

包装是物流中不可缺少的辅助作业手段。包装的轻型化、简单化、实用化会不同程度地减少作用于包装上的无效劳动。

4. 缩短搬运作业的距离

物料在装卸、搬运当中，要实现水平和垂直两个方向的位移，选择最短的路线完成这一活动，就可避免超越这一最短路线以上的无效劳动。

（二）提高物料装卸搬运的灵活性

所谓物料装卸、搬运的灵活性是指在装卸作业中的物料进行装卸作业的难易程度。所以，在堆放货物时，事先要考虑到物料装卸作业的方便性。

物料装卸、搬运的灵活性，根据物料所处的状态，即物料装卸、搬运的难易程度，可分为不同的级别。

0 级——物料杂乱地堆在地面上的状态。

1 级——物料装箱或经捆扎后的状态。

2 级——箱子或被捆扎后的物料，下面放有枕木或其他衬垫后，便于叉车或其他机械作业的状态。

3 级——物料被放于台车上或用起重机吊钩钩住，即刻移动的状态。

4 级——被装卸、搬运的物料，已经被起动、直接作业的状态。

从理论上讲，活性指数越高越好，但也必须考虑到实施的可能性。例如，物料在储存阶段中，活性指数为4的输送带和活性指数为3的车辆，在一般的仓库中很少被采用，这是因为大批量的物料不可能存放在输送带和车辆上的缘故。为了说明和分析物料搬运的灵活程度，通常采用平均活性指数的方法。这个方法是对某一物流过程物料所具备的活性情况，累加后计算其平均值，用（δ）表示。δ值的大小是确定改变搬运方式的信号。如：

当 $\delta<0.5$ 时，指所分析的搬运系统半数以上处于活性指数为0的状态，即大部分处于散装情况，其改进方式可采用料箱、推车等存放物料。

当 $0.5<\delta<1.3$ 时，则是大部分物料处于集装状态，其改进方式可采用叉车和动力搬动车。

当 $1.3<\delta<2.3$ 时，装卸、搬运系统大多处于活性指数为2，可采用单元化物料的连续装卸和运输。

当 $\delta>2.7$ 时，则说明大部分物料处于活性指数为3的状态，其改进方法可选用拖车、机车车头拖挂的装卸搬运方式。

装卸搬运的活性分析，除了上述指数分析法外，还可采用活性分析图法。分析图法是将某一物流过程通过图示来表示出装卸、搬运活性程度。分析图法具有明确的直观性能，使人一看就清，薄弱环节容易被发现和改进。运用活性分析图法通常分三步进行。

第一步，绘制装卸搬运图；

第二步，按搬运作业顺序作出物资活性指数变化图，并计算活性指数；

第三步，对装卸搬运作业的缺点进行分析改进，作出改进设计图，计算改进后的活性指数。

（三）实现装卸作业的省力化

装卸搬运使物料发生垂直和水平位移，必须通过做功才能实现，要尽力实现装卸作业的省力化。

在装卸作业中应尽可能地消除重力的不利影响。在有条件的情况下利用重力进行装卸，可减轻劳动强度和能量的消耗。将设有动力的小型运输带（板）斜放在货车、卡车或站台上进行装卸，使物料在倾斜的输送带（板）上移动。这种装卸是靠重力的水平分力完成的。在搬运作业中，不用手搬，而是把物资放在台车上，由器具承担物体的重量，人们只要克服滚动阻力，使物料水平移动，这无疑是十分省力的。

利用重力式移动货架也是一种利用重力进行省力化的装卸方式之一。

重力式货架的每层格均有一定的倾斜度，利用货箱或托盘可自己沿着倾斜的货架层板自己滑到输送机械上。为了使无聊滑动的阻力越小越好，通常货架表面均处理得十分光滑或者在货架层上装有滚轮，也有在承重物资的货箱或托盘下装上滚轮，这样将滑动摩擦变为滚动摩擦，物料移动时所受到的阻力会更小。

（四）装卸作业的机械化

随着生产力的发展，装卸搬运的机械化程度定将不断提高。此外，由于装卸搬运的机械化能把工人从繁重的体力劳动中解放出来，尤其对于危险品的装卸作业，机械化能保证人和货物的安全，也是装卸搬运机械化程度不断得以提高的动力。

（五）推广组合化装卸

在装卸搬运作业过程中，根据不同物料的种类、性质、形状、重量的不同来确定不同的装卸作业方式。处理物料装卸搬运的方法有三种形式：普通包装的物料逐个进行装卸，叫做“分块处理”；将颗粒状物资不加小包装而原样装卸，叫作“散装处理”；将物料以托盘、集装箱、集装袋为单位进行组合后进行装卸，叫做“集装处理”。对于包装的物料，尽可能进行“集装处理”，实现单元化装卸搬运，可以充分利用机械进行操作。组合化装卸具有很多优点：（1）装卸单位大、作业效率高，可大量节约装卸作业时间。（2）能提高物料装卸搬运的灵活性。（3）操作单元大小一致，易于实现标准化。（4）不用手去触及各种物料，可达到保护物料的效果。

三、装卸搬运活动组织

（一）装卸搬运作业劳动组织

物料装卸搬运作业的劳动组织就是按照一定的原则，将有关的人员和设备以一定的方式组合起来，形成一个有机的整体。

装卸搬运作业的劳动组织大致上可分为两种基本形式，即工序制的组织形式和包干制的组织形式。

1. 工序制劳动组织

工序制劳动组织形式，是按作业内容或工序，将有关人员和设备分别组合成装卸、搬运、检斤、堆垛、整理等作业班组，由这些班组共同组成一条作业线，共同完成各种装卸搬运作业。

工序制劳动组织，按作业内容划分班组，每个作业班组的作业专业化，任务单纯，有利于作业人员掌握作业技术，容易提高作业的熟练程度。因此，对提高作业质量，确保作业安全，提高劳动生产率是有益的。同时，每个作业班组由于作业内容比较固定，可配备比较专用的设备，能提高设备的利用率，便于对设备进行管理。由于设备能得到充分利用，还能提高作业效率和机械化水平。每个班组按作业内容配备人员和设备，人员与设备之间比例协调，更适应作业内容的要求。但是，工序型劳动组织由于一条作业线由几个班组共同完成，工序间的衔接容易出现不紧密、不协调的现象。同时，当装卸搬运作业量不均衡或各工序作业进度不一致时，其综合作业能力容易被最薄弱的作业环节所影响。

2. 包干制劳动组织

包干制劳动组织形式，是将分工不同的各种人员和功能不同的设备，共同组合成一个班组，对装卸搬运活动的全过程均由一个班组承包到底，全面负责。

包干制劳动组织形式由于一个班组承担各种装卸作业内容，对整套作业线自始至终，一包到底，因而责任明确，便于对作业班组的实绩进行考核。同时，由于一条作业线由班、组长统一指挥，各作业工序间能够较好地配合与协调，便于提高作业的连续性。当作业量出现不均衡的情况，包干制劳动组织适应性较强，可及时调整。他们可以集中人力作业，同时对工序上的人力、物力、设备调配自然，确保关键工序，有利于提高综合作业能力。但是，由于每个作业班组的人员和设备是固定配属，当作业内容不同时，人员与设备的比例关系不一定合适。同时，在一个作业班组配置几个工种的人员和多种机械设备，不利于实现专业化，对提高人员的技术熟练程度和劳动生产率不利。

上述两种劳动组织形式各有优缺点，究竟采用哪种形式更好，不能笼统地下结论，应根据装卸作业的具体情况而定。一般来说，对于规模比较大的装卸作业部门，由于人员多，设备齐全，任务量大，可采用工序制组织形式，否则，以采取包干制组织形式为宜。

（二）物资装卸搬运设备运用组织

物资装卸搬运设备运用组织是以完成装卸任务为目的，并以提高装卸设备的生产率、装卸质量和降低装卸搬运作业成本为中心的技术组织活动。它包括下列内容：

1. 确定装卸任务量。根据物流计划，经济合同，装卸作业不均衡程度，装卸次数，装、卸车时限等，来确定作业现场年度、季度、月、旬、日平均装卸任务量。装卸任务量有事先确定的因素，也有临时变动的可能。因此，要合理地运用装卸设备，就必须把计划任务量与实际装卸作业量两者之间的差距缩小到最低水平。同时，装卸作业组织工作还要把装卸作业的物资对象的品种、数量、规格、质量指标以及搬运距离尽可能地做出详细的规划。

2. 合理地规划装卸方式和装卸作业过程。装卸作业方法我们已经做了介绍。装卸作业过程是指对整个装卸作业的装卸、搬运、作业的连续性进行合理的安排，以减少运距和装卸次数。

装卸作业现场的平面布置是直接关系到装卸、搬运距离的关键因素。装卸机械要与货场长度、货位面积等互相协调。要有足够的场地集结货场，并满足装卸机械工作面的要求。场内的道路布置要为装卸、搬运创造良好的条件，有利于加速货位的周转。使装卸搬运距离达到最小平面布置是减少装卸搬运距离的最理想的方法。

提高装卸作业的连续性应尽可能做到：作业现场装卸机械合理衔接；不同的装卸作业在相互联结使用时，力求使它们的装卸速率相等或接近；充分发挥装卸调度人员的作用，一旦发生装卸作业障碍或停滞状态，立即采取有力的措施补救。

3. 根据装卸任务和装卸设备的生产率，确定装卸搬运设备需用的台数和技术特征。

4. 根据装卸任务、装卸设备生产率和需用台数，编制装卸作业进度计划。它通常包括：装卸搬运设备的作业时间表、作业顺序、负荷情况等详细内容。

5. 下达给各部门装卸、搬运进度计划，安排劳动力和作业班次。

6. 统计和分析装卸作业成果，评价装卸搬运作业的经济效益。

第十四章 企业物流信息系统

企业物流信息系统在企业物流中起到神经中枢的作用。本章研究企业物流信息系统的特征、开发、规划、设计以及安全问题对企业未来物流的发展有着极其重要的作用。

第一节 企业物流信息系统概念

一、信息系统

随着生产技术的进步，社会活动的复杂化，人们的日常生产管理工作中越来越离不开信息。人们在其工作中将大量的精力用于记录、查找和加工信息，信息处理已成为人类社会的主要活动。随着信息量爆炸性的增长，原来靠手工处理信息的方式已经远远不能满足需要。而计算机的发展使其成为信息处理的有利工具，将计算机技术、通信技术用于现代的管理活动改变了信息的存在环境和信息的处理方式，同时也带来管理模式的变化。也正是由于这些变化使得信息的使用价值得到极大的提高，从而使得信息成为一个国家、一个组织或一个企业的重要资源。因而，现在人们所说的信息系统通常指的是计算机化的信息系统。

信息系统本身也是一个系统，它具有系统的一般特性，其整体性表现在信息系统是一个企业或组织的内部神经系统，具有整体效应；目的性表现在信息系统的最终目标是为管理决策提供信息支持；信息系统是可以进行分解的，把整个组织的信息系统分解成若干个子系统，而各个子系统又可以划分为若干个模块……，表现出了系统的层次性；系统的各个组成部分之间又有着各种各样的联系体现出其相关性；由于信息系统最终是为管理和决策服务的，而管理和决策要依赖于企业或组织内部各方面的变化、依赖于外部环境的变化情况，环境发生了变化必然导致信息系统的变化，因此一个良好的信息系统应具有良好的环境适应性。

（一）信息系统的特点

信息系统除了具有系统的一般特性之外，还具有自身的一些特点：

1. 信息系统与环境密切相关。企业或组织的内部环境、管理方式、计算机的软硬件环境、人员的素质将直接影响信息系统的开发与使用。信息系统的建设必将促进企业或组织内部的体制改革，创造良好的企业环境，为企业的生存和发展创造有利的条件。

2. 信息系统的开发建设必须由管理部门来领导，要有高层领导和最终用户的参与。

3. 信息系统建设的群体性、计划性。建设信息系统需要两类人员：一类人员是管理人员；另一类是负责系统开发的技术人员。信息系统的开发必须具有很强的计划性，即要对开发进程作出详细的计划。

4. 信息系统是一个面向管理的用户—机器系统。信息系统在支持企业或组织的各项管理活动中，计算机与用户不断地进行信息交换，管理人员要负责将数据及时地输入计算机，计算机在对这些数据进行加工处理后将所获得的信息输出来，以满足管理所需，同时在加工处理过程中还需要人的适当干预。因此信息系统又是一个人机交互的用户—机器系统。

5. 数据库系统的特征。使用数据库技术，将数据有效地组织在计算机中，以实现快速的信息处理及信息共享。

6. 分布式数据处理特征。企业或组织的管理活动往往分布在一定的地理范围内，这就要求信息系统应该是分布式的，现今网络技术的发展使得分布得以实现。

（二）信息系统开发步骤

信息系统开发是以系统工程的理论为基础，信息系统的开发分为以下几个阶段：

1. 可行性分析阶段。在进行大规模的信息系统开发之前，要从有益性、可能性和必要性三个方面对未来系统的经济效益、社会效益进行初步分析。

2. 信息系统规划阶段。系统规划是在可行性分析论证之后，从总体的角度来规划系统应由哪些部分组成，在这些组成部分中有哪些数据库，它们之间的信息交换关系是如何实现的，并根据系统功能需求提出计算机系统网络配置方案。

3. 信息系统分析阶段。系统分析阶段的任务是按照总体规划的要求，逐一对系统规划中所确定的各组成部分进行详细的分析。

4. 信息系统设计阶段。系统设计阶段的任务是根据系统分析的结果，结合计算机的具体实现，设计各个组成部分在计算机系统上的结构。

5. 信息系统开发实施阶段。系统开发实施阶段的任务包括系统硬件设备的购置与安装，应用软件的程序设计。

6. 信息系统测试阶段。程序设计工作的完成并不标志系统开发的结束。系统测试是从总体出发，测试系统应用软件的总体效益、系统各个组成部分的功能完成情况、系统的运行效率及系统的可靠性等。

7. 信息系统安装调试阶段。在系统安装、数据加载等工作完成后，可对系统硬件和软件进行联合调试。

8. 信息系统试运行阶段。对信息系统进行一段时间的试运行，可使用户逐步适应系统的使用，避免未曾预料问题的出现造成严重的经济损失，从而降低系统的风险性。

9. 信息系统运行维护阶段。在系统正式运行后，要制定一系列系统管理规章制度。要做好系统的维护工作。

10. 信息系统更新阶段。当系统已不能满足企业或组织业务发展的要求时，准备信息系统进入下一个开发周期。

二、企业物流信息系统的特点

一个企业为了生产产品，必须拥有人、财、物、技术等物质条件，在原材料的购进、加工制造、到产品销售出厂的物质流动中取得利润。信息流伴随着物流产生，反映物流的状态，控制和调节物流的数量、方向、速度，使之按照一定的目的和规则运动。物流是单向的，不可逆的；而信息流可以是双向的，要求有反馈，以便通过反馈信息来控制、调节和管理物流。企业中的物流和信息流可以用图 14－1 来描述。图 14－2 是企业中物流和信息流的细化（实线表示物流，虚线表示信息流）。

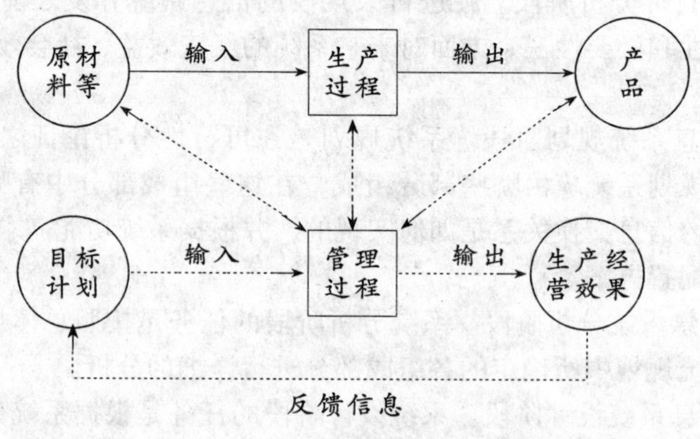

图 14－1

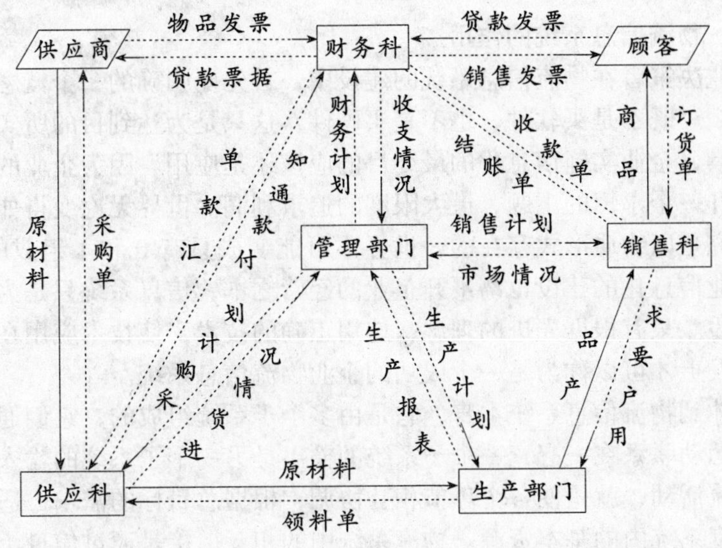

图 14－2

按照以上框图的描述，我们可以总结出以下企业物流和信息流的几个特点：

1. 物流的运动方向是单向的，过程是“简单”的，而信息流是双向的，过程是“复杂的”；

2. 与发生信息流有关的部门多于与物流发生关系的部门；

3. 伴随物流活动，产生相反方向的信息流；

4. 众多的信息流发生于不与物流直接相关的部门；

5. 管理部门是信息流的中心。

另外，我们从宏观的角度考察物流信息，发现与其他领域的信息比较，物流信息整体表现出以下几个方面的特殊性：

1. 物流信息量大、分布广。信息的产生、加工和应用在时间地点上不一致，在方式上也不同；

2. 物流信息动态性强，信息的价值衰减速度快，这对信息管理的及时性要求较高；

3. 物流信息种类多，不仅本系统内部各环节有不同种类的信息，而且由于物流系统与其他系统（如生产系统、供应系统等）密切相关，所以还必须收集这些物流系统外的有关信息。这使物流信息的分类、研究、筛选等工作的难度增加。

三、物流信息系统的作用

企业决策者在物流信息系统的建设中，首先要明确的一个概念，即信息是什么。既不是买软件、也不是买硬件，这只是为达到目的所实施的手段和工具，企业实施信息化的最终目的应该还是应用。因为企业的经营永远离不开一个永恒的主题，最大限度的追求利润。世界无论变得如何数字化，终究是以物质形式存在的，世界不可能变成只有 0 和 1 组成的世界。一个企业信息化的建设也离不开企业的经营之本，信息系统只是为经营服务的手段。只有根据先进的理念，选用正确的技术，使技术应用在有效产品的开发上才可以称为是一个成功的企业物流信息系统。

具体到物流信息系统本身，它是由多个子系统组成的，它们通过物资实体的运动联系在一起，一个子系统的输出是另一个子系统的输入。合理组织物流活动，就是使各个环节相互协调，根据总目标的需求，适时、适量地调度系统内的基本资源。物流系统中的相互衔接是通过信息予以沟通的，而且基本资源的调度也是通过信息的查询来实现的。例如：物流系统和各个物流环节的优化所采取的方法、措施以及选用合适的设备、设计合理的路线、决定最佳库存量等，都要切合系统实际，即依靠能够准确反映物流活动的信息。所以，物流信息系统对提高企业物流系统的效率，以至于提高企业的经济效益起着重要的作用。

物流信息系统至少包括以下三个主要方面的作用：

第一，仓储管理。使用仓储管理系统管理储存业务的收发、分拣、摆放、补货、配送等等，同时仓储管理系统可以进行库存分析与财务系统集成。先进的系统还能帮助企业实现“逆向物流”的管理。

第二，加快供应链的物流响应速度。通过建立物流信息系统，达到全局库存、订单和运输状态的共享和可见性，以降低供应链中的需求订单信息畸变现象。

第三，物流整合。即采用最优化理论，将企业物流上的各个环节综合考虑，制定全局优化的物流策略。

第二节　企业物流信息系统设计

一、物流信息系统规划与设计

建立企业物流信息系统，不是单项数据处理的简单组合，必须要有系统地规划。因为它涉及到传统管理思想的转变，管理基础工作的整顿提高，以及现代化物流管理方法的应用等许多方面，是一项范围广、协调性强、人机紧密结合的系统工程。系统规划实际上是信息系统工程的决策，它关系到企业的利益、工程的成败。

信息系统工程是在一定的时间、技术、资金等条件下开展的，正确的做法应当是从企业的实际出发，确定恰当的目标，采用先进、可靠的技术，解决企业的关键问题。

系统规划是要通过对企业的初步调查和客观分析，概要审查系统的目标与需求，选择一组标准，分析系统建设的可行性，估计系统实现后的效果，排除开发中的主观随意性。系统规划以整个系统为研究对象，确定系统的总目标和主要功能。也就是从总体上把握系统的目标和功能框架，继而分析论证总体方案的可行性，为后继的开发工作打好基础。

系统规划是项目开发的依据；是系统分析的依据；是编制工作计划的依据；是筹集资源及分配资源的依据；是评审系统的依据；是协调各部门工作的依据。

总之，系统规划的目的是论证系统建设的可行性。如果可行，还要提出工程进度计划、资源需求计划等。

系统规划可分为三步进行：

1. 组成开发组对企业物流状况和现有系统进行调查；

2. 进行可行性分析；

3. 编写可行性分析报告。

系统设计是系统开发的重要阶段，一旦有了好的系统设计，就可以按照数据管理系统的分析和设计方法逐步补充，直至系统的最终实现。物流信息系统的设计和实现过程大致情况如下所示，其设计思想遵循“自顶向下，逐层分析”的基本概念。

1. 定义系统目标：确立各级管理系统的统一目标，局部服从总体。

2. 定义系统功能：确定系统管理过程中的主要活动和决策。

3. 定义数据分类：在定义系统功能的基础上，把数据按支持程度分类。

4. 定义信息结构：确定信息系统各个部分及其数据之间的相互关系，导出各个独立性较强的模块，确定各模块的优先关系，即划分子系统。

二、物流信息系统体系结构

体系结构是从系统工程的角度体现系统中各子系统中各要素的相互作用和层次结构，描述了系统中各要素之间的信息传递、实现的相互依赖关系等。物流信息系统体系结构是指在参与者功能与需求分析基础上，定义物流信息系统的总体建设框架。

（一）物流信息系统的总体建设框架的主要内容

1. 与用户服务相关的各种功能；

2. 具备有相应功能的子系统；

3. 子系统间的信息流与数据接口（包括通信协议与数据标准定义）；

4. 子系统间为实现数据交换的通信需求。

（二）体系结构设计中，应遵循的原则

1. 具有开放性、模块化及适应性等特点；

2. 满足各系统间的数据交换，数据交换的方法必须确保数据的完整性及安全性；

3. 数据交换只需通过通用的数据定义、信息格式及通信协议。这样可以确保不同部门开发各自独立的系统具有互操作性；

4. 具有与现有系统及较新通信技术兼容的特点；

5. 尽可能兼容已有的技术及已开发的系统；

6. 在物流信息技术上，让企业在竞争的市场中具有广泛的选择。

在物流信息系统的设计中，我们采用“自顶向下”的原则将系统分解为若干个子系统，运用一组设计原则和策略对这些子系统再逐步进行分解和优化，使其结构清晰、功能明确和易于实现。

（三）信息系统的框架

以图 14－2 企业物流和信息流描述为例，我们可粗线条的设计出企业物流信息系统的框架图，如图 14－3 所示。

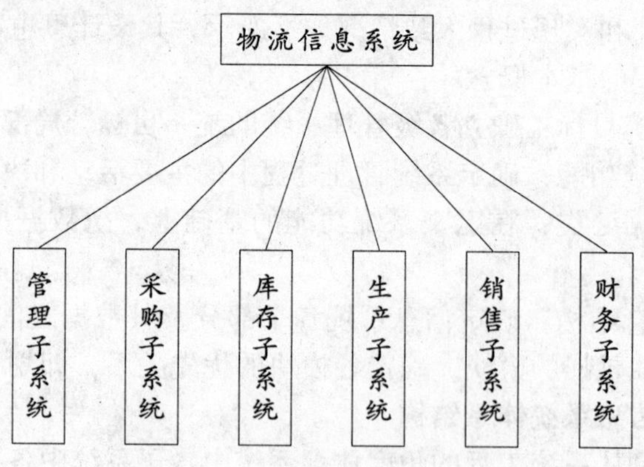

图 14－3

简单来说，各子系统均有其自己特有的功能：

管理子系统：提供与具体业务无关的，系统所需的功能；

采购子系统：提供原材料采购信息的功能；

库存子系统：提供库存管理信息的功能；

生产子系统：提供生产产品信息的功能；

销售子系统：提供产品销售信息的功能；

财务子系统：提供财务管理信息的功能。

以上只是系统功能的框架式划分，而相当重要的各子系统之间的相互关系并没有标识出来。例如，库存子系统就和采购子系统及生产子系统具有密切的关系等等。另外，在物流信息系统发展到一定阶段，可考虑增加决策支持子系统，以使物流信息系统达到一个更高的层次。

对企业来说，当实施物流信息系统时，应根据企业自身的行业特点和自己的物流业务流程，规划设计独特的物流信息系统体系结构。下面是某石油管理局的业务流程图和物流信息系统的结构框图。

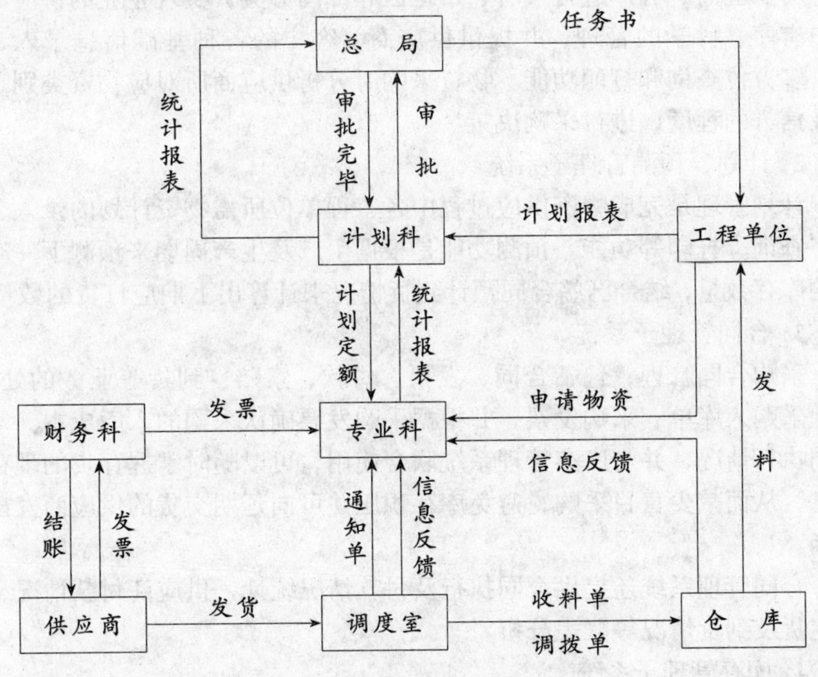

图 14－4

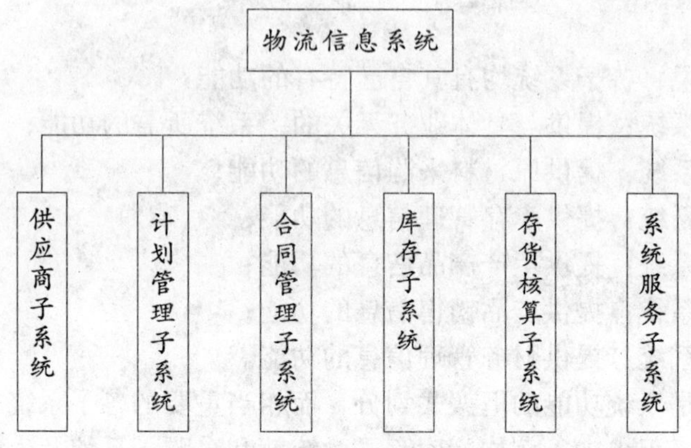

图 14－5

（四）各模块功能分析

1. 供应商、客户及物资管理子系统

对供应商、客户进行按省、市地区和部门分类，实现企业的供应商和客户有序、科学的管理；并提供供应商、客户的各种基础信息录入、修改、多方位查询和打印功能。物资采购时分析供应商所对应物资类别、质量及信誉的程度，进行采购决策。

2. 计划、预测管理子系统

计划管理是完成物资供应过程中各工程单位所需物资计划的录入、修改、查询、打印等功能。预测功能是根据生产及生产周期来预测下一时间段的库存数量，结合已签合同预计到货情况来计算出下期应订货的数量。

3. 合同管理子系统

采购合同管理，包括合同、发票、付款、索赔、到货等业务的处理。处理采购入库单、采购发票，并根据采购发票确认采购的入库成本。掌握合同执行情况，并与库存管理系统联合使用，可以随时掌握存货的现存量信息，从而减少盲目采购，避免库存积压并可向延期交货的供应商发出催货函。

合同管理系统还提供合同执行及付款情况统计、供应商付款情况、合同定货及到货情况等账表分析。

4. 库存管理子系统

采用计算机开单据的方法，对出、入库单据提供了自动生成单据编码和手工录入单据编码两种功能，并对单据号进行惟一性检查。

通过应用程序对库存业务进行一定的牵制和限制。(1) 由业务部门开出的入（出）库单据中的实收（实发）栏，必须由仓库保管员核实并填上实际数据后，方可入账。(2) 对出、入库单据的修改进行权限限制，如单据只有制单人本人才可修改；各单据审核后，不可修改，如若修改必须取消审核。这样可防止数据的篡改。(3) 根据单据自动生成账本台账，记账过的单据不可修改，如若修改必须取消记账。同时提供各类统计分析报表、查询各种账簿、超储和短缺物资分析及出入库统计等功能。

5. 存货核算子系统

该子系统主要是财务部门对实物和金额的核算。提供收料核算功能，对入库物资自动进行加权平均，计算单价；提供发料核算功能，自动统计出库金额；提供库存金额管理；提供核算系统查询及各种打印功能。同时在程序中对该模块进行了权限设置，进入该模块的用户只能对调拨员和保管员录入的单据进行金额录入及修改，而无权进行其他数据的修改和删除。

6. 系统服务子系统

包括权限管理、系统维护、期初数据录入、结转下年、日志管理和基础数据录入等功能。其中权限管理是添加和管理用户并对用户的使用权限进行赋值。系统维护提供数据库备份、恢复和整理功能。日志管理主要是记录用户登录的时间、模块和所使用的功能，可通过查看日志来监督、防止有人意外闯入系统和修改数据。基础数据录入是对部门、仓库、存货分类、存货档案、付款方式、外币设置、区域代码和到货方式等基础信息进行设置；数据一次性录入，各个功能模块都可进行共享；并且系统内基础信息都可使用编码代替，减少汉字输入量，加快查询速度，提高工作效率。

三、物流信息系统的实现

(一) 系统实现的主要任务

系统实现阶段的工作要根据系统设计说明书的要求统筹安排、分步实施。系统实现的主要任务有：

1. 硬件、系统软件购置及安装调试；
2. 程序编码，程序及程序系统的调试；
3. 准备数据、输入数据；
4. 人员培训。

硬件及系统软件的购置应按照系统设计的要求进行。购入后应进行硬件及系统软件的消化理解，按要求设置硬件的工作环境（如电压电流的要求、室内洁净度的要求、温度湿度的要求等），并按照硬件说明书进行安装调试。

在硬件和系统软件安装调试后，系统就可以运行起来了。这时应做好数据准备，一般是使用实际数据输入系统，使系统开始试运行。由于试运行有可能反复，所以输入的数据要做好备份，当重新开始时，可以从备份文件中输入，以节省键盘操作时间。

人员培训是按照开发规划进行的。各类、各层次、不同水平的技术人员应采取不同的培训方式，如送出去脱产学习、在职培训等。通常，操作员多是用户单位的业务人员，他们使用计算机完成各自的业务工作，但对计算机不甚了解，缺乏使用经验，工作又较忙，难于专门学习。对他们的培训最好结合他们的业务实际，让他们边工作边学习。部分操作培训可以在系统试运行期内进行。

上述各项任务中工作量最大的是程序设计与调试。据统计，程序及程序系统的设计与调试所用的工作量占系统开发总工作量的65%。这个阶段开发组中主要人员是程序员，大批程序员参与程序设计工作，其中组织、协调和管理工作也很重要。

（二）程序设计语言主要考虑的因素

程序设计首先是程序设计语言的选择问题，选择程序设计语言主要考虑以下因素：

1. 选择结构化语言。

2. 选择数据管理能力强的语言。

3. 选择有丰富的软件工具的语言。

4. 选择开发人员熟悉的语言。学习一门语言并不困难，但要精通它并能运用自如则不容易。可能时，开发组应选择统一的编程语言。

5. 语言能提供开发出友好的、美观的用户界面程序的功能，如Windows等。

6. 软件可移植能力和通用性。用某种语言开发的软件应当便于移植和流通。

最近广泛流行的Visual BASIC、Visual Fox Pro、Power Builder、Delphi等开发环境则更胜一筹，它们是可视化编程工具、面向对象的开发环境，无疑将被广大程序员所采用。

如果没有进行模块内部的算法设计，程序员还要做算法设计。

程序员在进行程序设计的同时还要编写程序设计说明书，并编写系统操作手册。

物流信息系统的开发最终还是要进行程序设计。程序是有序的计算机指令（或称语句或称命令）的集合。编制程序，使计算过程得以实施正确动作的全部工作就叫程序设计。

程序正文一方面描写的是计算机一步一步的动作，另一方面描述被加工的数据对象如何一步一步地变成解。在这个意义上，程序是对确定的处理对象与处理规则的描述，程序设计就是按计算机能实施的处理规则完成对问题的求解。

（三）程序的定性标准

在现在的技术水平下，程序的定性标准是：正确性、可靠性、简明性、有效性、可维护性、适应性。

1. 正确性。正确性是判断程序质量永恒不变的准则。然而程序中的错误又是难以避免的，甚至使用多年的软件还在不断地发现潜在的错误，这是由于检验程序正确性的基本手段是测试。然而“测试只能发现程序的错误而不能证明程序没有错误”。

正确性的概念是：程序本身具备且仅具备“系统设计说明书”中所列举的全部功能。

2. 可靠性。可靠性指的是：程序在多次反复使用过程中不失败的概率。逻辑上正确的程序不一定可靠。可靠性一般对程序所在的计算机系统而言。如果发生一个临界值使程序遇到异常情况，程序若不能恢复到正常状态，则下次使用时将导致失败。

可靠性没有度量的标准。多方检查、反复测试可以及早发现不可靠之处，然而可靠性只能在程序设计时考虑，不应到系统完成之后再补加上去。

一般说来，提高可靠性的方法是增加冗余。

3. 简明性。程序的抽象性质要求程序简明易读，只有读懂了才能进行维护、修改。所以有的文献叫可识性，易读是可识的前题。我们写程序只写一次，一旦投入运行，读程序何止几十次？所以应尽可能写得简明一些。

简明性和程序设计语言的表达能力有关，也和程序设计者的风格有关。

简明性不等于简单性，问题本来就很复杂，不可能使它十分简单。但程序结构清晰、编排得体、容易看懂还是应该能做得到的，重要的是不要人为地增加复杂性。

4. 可维护性。软件凝聚着人们的智力，开发代价昂贵，开发工作量以数百至数千人年计。相应的软件的生存期长达 10 ~ 15 年，因此可维护性十分重要，它直接影响到维护费用，维护性不好的软件甚至导致过早地结束。

软件可维护性要求程序系统模块化和局部化，某一部分中的更改不影响其他部分，即使有影响，其影响参数应置于显式的控制之下。

5. 适应性。应用环境的不断变化要求软件系统有较好的适应性。由于开发软件耗费巨大，因而推广、移植可节省大量资金。但在不同机型上移植，也要求软件有较好的适应性。

若软件开发时尽可能脱离机器的特征，则适应性就可能大为增强，高级语言软件比汇编语言软件移植性好。所以，现在多使用高级语言开发软件。

要使整个系统适应性好，则要尽可能提高程序的通用性。把不通用的部分尽可能集中在某一局部（模块）。例如使用通用子程序就是提高程序通用性的有效方法之一。

6. 有效性。程序运行就要占用一定的时间和空间资源。高效的程序运行的时间短，占用空间（主要指内存）少。一般说来时空效率总是人们追求的目标。

对于应用程序，有效性不仅取决于背景的硬件，还取决于软件环境(即支持程序运行的各种软件)。

程序质量是综合上述各准则的综合评价，它和程序的用途密切相关。事实上，这些准则有时是相互制约的。例如，可维护性多数情况下会排斥效率；可靠性要增加软硬件的投资，不仅要考虑软件的效益，还要考虑为开发良好软件所付出的代价。应从软件在其生存期中总的消耗和效益来考查软件。

对整个实现阶段的任务应先制订实施计划，加强实施工作的领导，使实现工作有条不紊地进行。可以建立实施领导小组，组织、领导并监督实施工作的进行。系统实施犹如新产品试制，投入大，变化大，影响的因素较多。系统实施阶段可采用计划评审技术实施管理，由实施领导小组负责检查、协调，使实施工作顺利进行。

四、企业物流信息系统的安全体系

(一) 设计安全体系应遵循的原则

为了保证安全体系的实用性，在设计安全体系时，必须遵循以下四项原则：

1. 体系的安全性：设计安全体系的最终目的是为安全工程提供一个可靠的依据和指导，保护信息与网络系统的安全，所以安全性成为首要目标。要保证体系的安全性，必须保证体系的可理解性、完备性和可扩展性。

2. 体系的可行性：设计体系不能纯粹地从理论角度考虑，再完美的方案，如果不考虑实际因素，那么也只能是一些废纸。设计安全体系的目的是指导安全工程的实施，它的价值也体现在所设计的工程上，如果工程的难度太大以至于无法实施，那么体系本身也就没有了实际价值。

3. 系统的高效性：信息与网络系统对安全提出要求的目的是能保证系统的正常运行，如果安全影响了系统的运行，那么就需要进行权衡了。信息网络系统的安全体系包含一些软件和硬件，它们也会占用信息网络系统的一些资源。因此，在设计安全体系时必须考虑系统资源的开销，要求安全防护系统本身不能妨碍信息网络系统的正常运转。

4. 体系的可承担性：安全体系从设计到工程实施以及安全系统的后期维护、安全培训等各个方面的工作都是由对象单位来支持的，单位要为此付出一定的代价和开销。如果单位要付出的代价比从安全体系中获得的利益还要多，那么单位就不会采用这个方案。所以，在设计安全体系时，必须考虑单位的实际承受能力。

(二) 安全体系的组成部分

一个完整的安全体系应该包含以下几个基本的部分，根据具体情况的不同，可以在此基础上进行修剪或扩展。

1. 风险管理：研究信息系统存在的漏洞缺陷、面临的风险与威胁，这可以通过安全风险评估技术来实现；对于可能发现的漏洞、风险，规定相应的补救方法，或者取消一些相应的服务。

2. 行为管理：对网络行为、各种操作进行实时的监控；对各种行为进行分类管理，规定行为的范围和期限。

3. 信息管理：信息是企业的重要资产，由于它的特殊性，因此必须采用特殊的方式和方法进行管理，根据具体的实际情况，对不同类型、不同敏感度的信息，规定合适的管理制度和使用方法，禁止不良信息的传播。

4. 安全边界：信息系统与外部环境的连接处是防御外来攻击的关口，根据企业具体的业务范围，必须规定系统边界上的连接情况，防止非法用户的入侵以及系统敏感信息的外泄，如可以利用防火墙对进出的连接情况进行过滤和控制。

5. 系统安全：操作系统是信息系统运行的基础平台，它的安全也是信息安全的基础。根据具体的安全需求，应该规定所要采用的操作系统类型、安全级别以及使用要求。为了实现这个目的，可以采用不同安全级别的操作系统，或者在现有的操作系统上添加安全外壳。

6. 身份认证与授权：信息系统是为广大用户提供服务的，为了区分各个用户以及不同级别的用户组，需要对他们的身份和操作的合法性进行检查。体系应该规定实现身份认证与权限检查的方式、方法以及对这些用户的管理要求。

7. 应用安全：基于网络信息系统的应用有很多，存在的安全问题也很多。为了保证安全，应该根据安全需求规定所使用的应用的种类和范围，以及每一种应用的使用管理制度。

8. 数据库安全：保护数据库的安全一直是一个核心问题。为了达到这个目的，需要规定所采用的数据库系统的类型、管理、使用制度与方式。

9. 链路安全：链路层是网络协议的下层协议，针对它的攻击一般是破坏链路通信，窃取传输的数据。为了防御这些破坏、攻击，需要规定可以采取的安全措施，如链路加密机。

10. 桌面系统安全：桌面系统包含着用户能够直接接触到的信息、资源，也是访问信息系统的一个入口，对它的管理和使用不当也会造成敏感信息的泄露。所以，需要对各个用户提出使用桌面系统的安全要求，进行必要的安全保护。

11. 病毒防治：随着网络技术和信息技术的发展，各种各样的病毒泛滥成灾，严重威胁着信息财产的安全。为了避免因为病毒而造成的损失，必须制定严格的病毒防护制度，减少、关闭病毒的来源，周期性对系统中的程序进行检查，利用病毒防火墙对系统中的进程进行实时监控。

12. 灾难恢复与备份：不存在绝对安全的安全防护体系，为了减少由于安全事故造成的损失，必须规定必要的恢复措施，能够使系统尽快地恢复正常的运转，并对重要的信息进行周期性的备份。

13. 集中安全管理：为了便于安全体系的统一运转，发挥各个功能组件的功能，必须对体系实施集中的管理。因此，需要制定科学的管理制度，成立相应的管理机构。

一个好的安全防护体系包括以下几个特点：结构的合理性及可扩展性、内容的完备性、组织上的可行性与安全性。对安全体系的质量进行评估也就是检验体系是否达到了这几项要求。世界上没有一个通用的安全体系，某个信息网络系统的安全体系是针对该系统本身而言的，它不能用于另外的某个系统。所以，在设计安全体系时，在一定的理论指导下，要结合具体的实际情况进行研究分析。要考察的实际情况主要是风险分析与评估、安全需求分析的内容，安全体系的设计是完整的信息安全工程学中的一个环节，是以风险分析与评估、安全需求分析为基础的。

第三节　发展中的企业物流信息系统

一、物流信息系统提高了企业物流管理的水平

把物流信息系统应用到企业物流全过程中，促进了企业物流化和综合化研究的发展，同时也收到了明显的经济效益。由此，我们把整个物流系统各环节的业务活动视为一个即相互联系，又相互制约的有机整体来研究，对各种物流设备进行最合理的调配和使用，充分发挥现有物流设备的能力，获取良好的经济效益。

当前，对物流系统现代化的研究，正逐步由以物流硬技术为主导，转向以物流信息系统为基础的新型的集信息、管理、决策支持、新技术为一体的研究。今后，借助于电子计算机及通信技术开发多项物流管理软件，提高物流系统的经济效益已是必然趋势。

通过企业物流信息系统，可以全面观察及控制整个物流系统的运行情况，实行动态管理，加快市场信息的传递速度。对物流过程中诸多要素进行优化组合和合理配置，使物流活动中的物流、资金流和信息流处于最佳状态，从而取得较为明显的经济效益和社会效益。

在竞争加剧的市场背景下，被经济学家称为继劳动力、物质资源之后的“第三利润源泉”——物流管理引起企业界的广泛关注。

长期以来，我国许多企业把经营重点都放在生产和销售环节上，对物流管理比较粗放。为了获取更多的效益，很多企业都十分重视降低生产成本和销售成本，想方设法从这两个环节中找利润，却往往对物流中潜在的

利润视而不见。

现在，国内一些企业已充分认识到加强物流管理是提高企业效益的有效途径，开始建立现代物流管理体系，并已显现效益。海尔集团通过实施物流重组，使物流能力成为海尔的核心竞争能力，空调事业部采用先进的计算机系统管理现代物流中心库，库管人员从原来的389名减少到49名，管理费用大大降低，仅此一项每年就可节约费用1 200万元。

国家主管部门也看到物流管理潜在的巨大效益，有关部门已出台我国物流产业发展的总体规划和外商投资物流产业的有关政策，并选择具备条件的生产和专业物流企业进行试点，推进物流技术的应用与发展。但物流管理水平的提高，更需要广大生产企业和零售商及早树立现代物流观念，建立系统化、规模化的物流管理新体制，减少流通环节成本，从物流环节挖掘利润。

企业的发展面临着很多的市场压力，企业如果想在激烈的市场竞争环境下生存就必须具有自己的核心竞争力。企业的核心竞争力从20世纪70年代的市场份额发展到20世纪80年代产品的高质量和低成本，而从20世纪90年代开始，客户关系成为企业的核心竞争力。企业物流战略即提高物流管理水平也是围绕着企业核心竞争力而发展的。

企业物流战略在减少物流及供应链成本，提高产品及时性和产品质量、提高顾客满意度等方面有了综合的一体化的考虑和实施的方法，因此，通过物流战略无疑会提高企业的核心竞争能力。

二、物流决策支持系统促进了企业发展

管理的核心是“决策”。全球经济一体化的进程以及信息技术的发展，消除了许多流通壁垒。企业比以往任何时候都面临着更为复杂的生存环境，更难以形成并维护其竞争壁垒。竞争的压力对企业制定决策的质量、速度都有更高要求。

物流决策支持系统作为一种新兴的信息技术，能够为企业提供各种决策信息以及许多商业问题的解决方案，从而减轻了管理者从事低层次信息处理和分析的负担，使得他们专注于最需要决策智慧和经验的工作，因此提高了决策的质量和效率。

（一）管理决策面临新的挑战

目前，管理所面临的外部环境正在发生迅速变化。企业及其本身的环境也比以往更加复杂，而且这种复杂性日益增加。这些都对现代企业的管理决策带来了新的挑战：

1. 决策质量的要求更高

随着技术的迅速发展，客户获得产品和服务的渠道更为畅通，客户的选择余地更大。同时大规模生产使得产品出现了供过于求的状态。客户成为最稀缺的资源。这迫使企业必须采取“以客户为中心”的经营策略，努力提高产品和服务的质量。

2. 决策时要考虑的因素更复杂

随着经济全球化的趋势，尤其是中国加入 WTO 之后，无论是否愿意，企业都将面对全球的竞争者和全球范围的消费市场；随着环境的恶化、消费者权益意识的增强等，政府颁布了更详尽的法令和制度来约束企业的经营行为。企业管理者在进行决策时需要考虑更多、更复杂的制约因素。

3. 决策速度要求更快

随着通讯方式的发展、交通的便利以及金融体系的完善，企业难以长久维持自己的竞争优势。企业必须不断地创新，从以规模取胜转变到以速度取胜。这些都要求管理者能够迅速做出正确的决策。

4. 决策失败的代价更高

企业中采购、生产、销售和服务等方面的联系日益紧密，企业的整个运作系统，包括物流系统更加复杂和精密。某一环节的判断失误将产生连锁反应，造成企业重大的损失。

(二) 传统的企业信息管理系统的缺陷

面对管理趋势的变化，管理者需要新的工具和技术来帮助他们制定有效的决策。而传统的企业信息管理系统却不具备这样强大的分析功能。这体现在：

1. 分析工作量大

企业通常的物流系统只能提供面向交易的数据。因此，许多管理者要花费 80%的时间进行数据的分析，真正用于决策的时间只有 20%。而且对于许多大型企业，还必须为之配备庞大的专业分析队伍。

2. 分析结果滞后

由于分析时间过长，经理们经常无法及时拿到所需的报表，因此贻误了许多商业机会。

3. 无法按照商业习惯进行分析

传统的报表只能进行简单的汇总。管理者有时为了分析一个关键的商业因素，不得不在一大堆打印的报表中前后翻阅，极不方便。

4. 无法进行复杂的分析

管理者经常希望能综合多种因素来分析问题。如物价指数的波动对企业各方面的影响，若采取降价措施，本年度末公司的市场分额、销售额和赢利是否有所增长？哪些客户对我们企业最关键，他们有什么特征，如何增加他们对我们企业的忠诚度等。

5. 无法提供关键问题的解决方案

对于大型企业，为了实现最高效率，如何在一个区域内设立自己的配送系统？如何制定有效的预算计划和现金流计划？如何防止客户的流失？传统的信息技术都无法提供这些关键性问题的解决方案。

6. 缺乏量化的衡定指标

随着企业规模的扩大和机构的日益复杂，管理者不能只依赖经验和直觉来评价企业的整体表现，必须借助一些关键的、量化的指标。但通常的信息系统无法做到这一点。

不同的人对决策支持系统有着不同的理解。决策支持系统可以广义地作为一个包罗众多的术语，用来描述任何在组织中支持决策制定的计算机化系统。一个企业可能拥有一个为高层经理使用的经理信息系统，各种进行市场、财务、会计、物流决策支持系统。

（三）计算机化的决策支持系统的优点

由于现代企业管理所面临上述的种种挑战，企业的管理者迫切需要一种计算机化的决策支持系统。虽然每个企业的状况和需求都不相同，但是共同的原因如下：

1. 快速的计算

计算机允许决策制定者以很低的成本快速进行大量的计算（要知道高层管理者的人力成本非常之高）。及时的决策在许多情况下非常关键，如股票交易、市场营销策略等。

2. 克服人在处理和存储上的限制

人的智力受制于人处理和存储信息的能力。而且，人不可能无论何时，都能准确无误地回想起信息。

3. 认知极限

当需要许多不同的知识和信息时，个人解决问题的能力将受限制。多集中几个人会有帮助，但是工作组中会产生协调和沟通的问题。计算机系统能帮助人快速访问和处理大量存储的信息。计算机还有助于减轻工作组中的协调和沟通。

4. 削减费用

聚集一组决策制定者，尤其是专家，将是代价高昂的。计算机化的支持能削减小组的大小，并允许小组在异地相互交流（节省旅行费用），而且将提高支持人员的生产率（如财务或法律分析师），对于决策这些支持是必须的。增加的生产率就意味着更低的成本。

5. 信息支持

通过计算机技术，管理者可以获得正确的、及时的和最新的信息来进行决策。数据可能存储在企业的不同数据库中，还可能在企业之外。数据可能包括声音和图像，必须从很远的位置迅速传输过来。计算机能快速经济地查询、存储和传输需要的信息。

6. 质量支持

计算机能提高决策的质量。例如，可以评价更多的备选方案，快速进行风险分析，以很低的代价迅速收集专家的意见（这些专家可能分散在各地）。许多专业知识甚至可以直接由计算机系统导出。利用计算机，决策制定者可以执行复杂的模拟，检查各种可能的情况，快速经济地评定不同的影响。所有这些都将导致更好的决策。

7. 有助于业务流程重组和员工授权

竞争的压力使得制定决策的工作更困难。竞争不仅仅在于价格，还在于质量、及时性、产品的定制以及对客户的支持。组织必须迅速经常地改变它们的运作模式、重组它们的流程和结构、授权给员工并进行创新。决策支持技术，如专家系统，使得欠缺知识的人也能作出良好的决策。这样就可以进行有意义的授权。决策支持系统还可用于业务流程重组中，研究竞争者的活动、定制产品、优化生产流程等等。

（四）决策支持系统为企业物流发展提供服务

1. 销售支持

每日按地区、部门、销售员和产品生成销售情况的汇总，给高级经理提供支持。报告标识了丢失的业务、挽回的业务和新的业务。根据需要还可以定制额外的周期报表，这些特殊的报表给经理提供了比较和趋势分析，有助于确定问题和机会。决策支持系统应用，能够分析和评价以往产品的销售，以确定产品成功或失败的因素。借助决策支持系统，可以利用全公司的数据来推测一个决策所隐含的利润和收入。

2. 客户分析和市场研究

决策支持系统应用可以利用统计工具来分析每天收集的交易数据，以确定各种类型客户的消费模式，然后采取相应的营销措施，从而实现最大的利润。对于重点客户要提供更好的服务和更优惠的价格策略。对于争取潜在客户要进行的促销，对于易流失的客户要分析原因以挽回。市场研究包括：利用预测模型分析，得出每种产品的增长模式，以便作出终止或者扩张某种产品的适当决定；企业品牌和形象的研究，以便提高企业和品牌的知名度和美誉度；分析客户满意度；市场规模和潜在规模的研究等。

3. 财务分析

按年、月、日或其他自定义周期来进行实际费用和花费的比较；审查过去现金流的趋势，并预测未来的现金需求量；复杂项目的预算计划和成本分摊；整合各分支机构的财务数据，形成正确、一致的财务报表。

4. 运筹和战略计划

基于资源和时间的限制，来确定最优的项目时间表；制定工厂每日的生产计划。

中国企业在20多年的改革开放过程中取得了飞速的发展，企业的规模不断扩大，产品更加丰富，产值和利润持续增长。与此同时，涌现出一大批具有现代企业制度和先进管理意识的企业。随着国内市场竞争的加剧和中国进入WTO，这些企业已经意识到通过IT技术来改善管理，提高竞争力。它们将成为中国企业决策支持系统应用的先行者。对于中国企业决策支持系统应用的实施，我们建议遵循总体规划、分步实施、迅速受益、不断完善的原则。

首先要整合内部管理，总结出能保证企业持续取得成功的管理思想，然后在决策支持系统的总体规划中要贯彻这些思想。

应该建设出满足自身需要的系统，不必盲目地求大求新，分阶段实施。要确保每部分都在管理上可控，降低风险。应该让企业尽快从中受益，看到投入的回报。这样可以增加系统建设的信心。随着企业的业务发展和信息技术的发展，决策支持系统应用需要不断地调整和完善。

第十五章　企业物流外包

人类进入21世纪，随着科技的进步和生产力的发展，顾客的消费水平不断提高，企业之间的竞争日趋激烈。企业要想在竞争中立于不败之地，必须根据自己的特点，培育企业的核心竞争力。根据供应链管理的理论，企业应将主要精力放在核心业务上，将非核心业务外包出去。对于工商企业，物流业务是企业的辅助性业务，可将其外包出去。本章介绍企业业务外包的基本理论，并在此基础上，介绍第三方物流和第三方物流的选择，同时介绍企业物流业务外包和物流服务承包的形式。

第一节　企业物流业务外包

一、企业核心竞争力

随着科学技术的发展，工业型社会正在向信息型社会转变，企业的经营方式由垂直的一体化经营到虚拟经营。企业之间竞争的焦点主要集中在知识、信息和创造力上，技术的创新发展日新月异，信息瞬息万变，企业在赢得竞争优势上比以前面临的困难更大。

企业的资源包括内部资源和外部资源，对于企业来讲，外部资源的获得机会并不是均等的，因为不同企业在自身的能力上是有差异的。而企业外部资源决策的前提是企业内部资源的分析，因为外部资源本身不具有某一组织的特性，只有当外部资源和内部资源相互作用后，整合的资源才具有企业的特性。如何根据企业内部资源的特点，利用好外部资源，是企业核心竞争力的内在反映。

（一）什么是企业核心竞争力

企业核心竞争力是指企业独具的、支撑企业可持续性竞争优势的能力。企业核心竞争力可更详细表达为，是企业长时期形成的，蕴涵于企业内质中的，企业独具的，支撑企业过去、现在和未来竞争优势，并使企业长时间内在竞争环境中能取得主动的能力。

核心竞争力的概念是由布罗哈德和哈默在1990年的《哈佛商业评论》一篇论文中提出的。最初关于这一理论的讨论都是定性的。经过学术界、众多的管理咨询公司和企业界的努力，有关核心竞争力的模型已经走向定量化，变成一种问题解决方法。分析企业核心竞争力，要运用以价值为焦点的思维，考虑什么是公司的目标，以及如何将之最大化。最大化企业的价值是一个动态的而不是静态概念。例如许多人认为企业的目标是最大化利润，问题是最大化哪一年的利润呢？能否以下一年的利润为代价最大化今年的利润呢？显然这样做是不对的。因此企业的目标应该最大化利润的净现值，这就是一个动态的概念。

企业的一般竞争力，如营销竞争力、产品竞争力等，只是企业某一方面的竞争力，而企业核心竞争力却是处在核心地位的、影响全局的竞争力，是一般竞争力的统领。例如，本田汽车公司的引擎设计和制造能力，联邦航空公司的追踪及控制全世界包裹运送的能力。从企业核心竞争力不同表现形式角度可将企业核心竞争力分为三类：核心产品、核心技术和核心能力。他们之间关系密切，产品来自技术，技术来自能力。

（二）企业核心竞争力的特性

企业核心竞争力与其他类型竞争力之所以不同，是因为它具备有如下三个主要特性：

1. 价值性。核心竞争力富有战略价值，它能为顾客带来长期性的关键性利益，为企业创造长期性的竞争主动权，为企业创造超过同业平均利润水平的超值利润。

2. 独特性。企业核心竞争力为企业独自拥有。它是在企业发展过程中长期培育和积淀而成的，蕴育于企业文化，深深融合于企业内质之中，为该企业员工所共同拥有，难以被其他企业所模仿和替代。

3. 延展性。企业核心竞争力可有力支持企业向更有生命力的新事业领域延伸。企业核心竞争力是一种基础性的能力，是一个坚实的“平台”，是企业其他各种能力的统领。企业核心竞争力的延展性保证了企业多元化发展战略的成功。

（三）企业核心竞争力的本质

在竞争的环境中，为什么有的企业能常盛不衰，有的只能成功一时，有的企业却连一点成功的机会都没有？人们无法简单地从企业所处的行业、企业所有制结构、企业的组织形式、企业的规模或企业管理层和员工的努力程度等方面解开这一问题的谜底。

企业之间竞争的实质，就是企业为其生存和发展进行的对环境中企业所需资源的争夺战，企业竞争力是企业争夺环境中资源的能力。传统企业竞争力理论未能对企业长期性的盛衰原因做出令人满意的回答。核心竞争力理论从对企业的短期性资源优化配置能力的研究，延伸到对企业的长期性资源优化配置能力的研究。为确保企业可持续性生存和发展，就必须要有比其竞争对手更强的长期性优化配置资源能力，也就是必须要有很强的核心竞争力。所以我们将企业核心竞争力的本质简单地概括成是企业的资源。

（四）培养核心竞争力，扩大企业竞争优势

企业要想长久发展，关键是企业要找到自己的核心竞争力，并且利用它向外发展，这里值得注意的是企业的核心竞争力并不是一成不变的或是永远存在的，即企业核心竞争力的培养是一个动态的过程，企业要想永远维护自己的核心竞争力，就必须在知识上不断创新，不断提高企业的创造力。

二、供应链管理、虚拟经营与企业物流业务外包

（一）供应链、供应链管理、虚拟企业

供应链是围绕核心企业，通过对信息流、物流、商流、资金流的控制，从采购原材料开始，制成中间产品以及最终产品，最后由销售网络把产品送到消费者手中的将供应商、制造商、分销商、零售商、直到用户连成一个整体的功能网络结构模式。它是一个范围更广的企业结构，包含所有加盟的节点企业，从原材料的供应开始，经过链中不同企业的加工制造、包装、销售等过程，最后将产品送到用户手中。

计算机网络的发展推动了制造业的全球化、网络化工程。传统的那种大而全、小而全的企业自我封闭的管理体制无法适应社会的发展需要，突破了原来的企业界限，从全局和整体的角度考虑产品的竞争力。供应链管理是一种集成的管理思想和方法，它执行供应链中从供应商到最终用户的物料计划和控制等职能。

知识经济的兴起和信息技术的日新月异，消除了人类之间知识、信息传递的障碍，也带来了人类经营意识、管理观念的巨大改变。在知识经济和知识管理的大背景下，构建虚拟企业，实施虚拟经营，正逐步成为许多企业实现迅速发展的有效途径。一般来说，虚拟企业是指把不同地区的现有资源迅速组合成为一种没有围墙、超越空间约束的企业模式，它依靠电子网络手段联系实现统一指挥的经营实体，并能以最快的速度推出高质量、低成本的新产品。虚拟企业在我国还是一个比较陌生的概念，但在国外已受到广泛的关注和重视，如世界著名的英特尔公司、波音公司等都成功地实施了虚拟经营，并因此能够在瞬息万变的世界市场上保持其领先地位。

在虚拟企业中，核心功能与部门是分离的。所谓核心功能，包括该企业拥有的专利、品牌、商标和专有技术等属于公司最主要有形或无形资产。虚拟企业突破了传统企业的有形的界限，虽然表面上有着生产、营销、设计、财务等功能，但企业内部却没有执行这些功能的组织。

(二) 企业业务外包

企业业务外包即在供应链管理环境下，企业的主要精力放在其关键业务上，即充分发挥企业的核心竞争力，同时与全球范围内的合适企业建立合作伙伴关系，形成虚拟企业，将企业中的非核心业务交给合作伙伴来完成。

业务外包所推崇的理念是，如果我们在企业价值链的某一环节上不是世界上最好的，如果这又不是我们的核心竞争优势，如果这种活动不至于把我们同客户分开，那么我们应当把它外包给世界上最好的专业公司去做。也就是说，首先要确定企业的核心竞争优势，并把企业内部的智能和资源集中在那些具有核心竞争优势的活动上；然后将剩余的其他企业活动外包给最好的专业公司。Nike 是最大的运动鞋制造商，却没有生产过一双鞋；Gallo 是最大的葡萄酒生产公司，却没有结过一粒葡萄；Boeing 是顶尖的飞机制造公司，却只生产座舱和翼尖。这就是公司为保持其在国际市场上的核心竞争优势而采取业务外包手段的结果。

三、企业物流业务外包

自从 20 世纪 80 年代以来，外包已成为商业领域中的一大趋势。企业越来越重视集中自己的主要资源与主业，而把辅助性功能外包给其他企业。因为物流一般被工商企业视为支持与辅助功能，所以它是一个外部化业务的候选功能。

多年来，欧美发达国家的物流已不再作为工商企业直接管理的活动，而常常从外部物流专业公司中采购物流服务。有些公司还保留着物流作业功能，但越来越多地开始由外部合同服务来补充。这些服务采购的方式对公司物流系统的质量和效率具有很大的影响。

在供应链管理环境下，企业如何做好资源配置是至关重要的，如果企业能以更低的成本获得比自制更高价值的资源，那么企业就选择业务外包。

(一) 企业实施物流业务外包的原因

1. 集中精力发展核心业务

在企业资源有限的情况下，为取得竞争中的优势地位，企业只掌握核心功能，即把企业知识和技术依赖性强的高增值部分掌握在自己手里，而把其他低增值部门虚拟化。通过借助外部力量进行组合，其目的就是在竞争中最大效率的利用企业资源。如像耐克、可口可乐等企业主要就是这样经营的，它们没有自己的工厂，通过把一些劳动密集性的部门虚拟化，并把它们转移到许多劳动成本低的国家进行生产，企业只保留核心的品牌。

2. 分担风险

企业可以通过外向资源配置分散由政府、经济、市场、财务等因素产生的风险。因为企业本身的资源是有限的，通过资源外向配置，与外部合作伙伴分担风险，企业可以变得更有柔性，更能适应外部变化的环境。

3. 加速企业重组

企业重组需要花费很长的时间，而且获得效益也需要很长的时间，通过业务外包可以加速企业重组的进程。

4. 辅助业务运行效率不高、难以管理或失控

当企业内出现一些运行效率不高、难以管理或失控的辅助业务时，需要进行业务外包。值得注意的是这种方法并不能彻底解决企业的问题，相反这些业务职能可能在企业外部更加难以控制。在这种时候，企业必须花时间找出问题的症结所在。

5. 使用企业不拥有的资源

如果企业没有有效完成业务所需的资源，而且不能盈利时，企业也会将业务外包。这是企业业务临时外包的原因之一，但是企业必须同时进行成本/利润分析，确认在长期情况下这种外包是否有利，由此决定是否应该采取外包策略。

6. 实现规模效益

外部资源配置服务提供者都拥有比本企业更有效、更便宜的完成业务的技术和知识，因而他们可以实现规模效益，并且愿意通过这种方式获利。企业可以通过外向资源配置避免在设备、技术、研究开发上的大额投资。

(二) 企业物流业务外包容易出现的问题

成功的物流业务外包可以提高企业的劳动生产率，可以使企业集中精力做好自己的核心业务。

但是业务外包一般可以减少企业对业务的监控，但同时可使企业责任外移。这样，企业在选择合作伙伴时，要对其进行全面的评价，确保建立稳定长期的合作关系。选择好合作伙伴后，必须不断监控其行为。

我国的很多企业，物流服务效率低，创造的经济效益也很低。如企业的运输车队，空载率大，服务质量差。但是企业为了考虑本企业职工的就业，也没有将物流业务外包出去。

随着更多业务的外包，职工会担心失去工作。如果他们知道自己的工作被外包只是时间的问题，就可能使职工对未来失去信心，使职工的职业道德和业绩下降。

第二节　第三方物流与第三方物流的选择

一、第三方物流

（一）第三方物流的概念

现代物流的形式按照提供物流服务的主体不同分为自营物流和第三方物流。

自营物流是指工商企业为了自己的方便而使用自己的设施和工具来完成的物流。它包括自营运输、自营保管和自营包装等。这样的物流适用于以下三种情况：一是企业生产的商品品种多、标准化程度低，实行样品销售困难，从而只能商务合一的情况；二是兼作销售、收款和配送的情况；第三种情况是企业的运输量适中，运输量波动量较小的情况，否则，必然导致运输效率低下，物流的综合成本上升，增加了城市的交通拥挤，浪费了能源。

对于第三方物流的概念，国内外有多种理解方式。比较普遍的理解是企业全部或部分物流的外部提供者。第三方是相对于第一方供应方和第二方需求方。它是通过第一方或第二方，或者与这两方的合作来提供专业化的物流服务。中华人民共和国国家标准（GB/T18354－2001）物流术语中给出了第三方物流的概念。“第三方物流是指由供方与需方以外的物流企业提供物流服务的业务模式。”第三方就是指提供物流交易双方的部分或全部物流功能的外部服务提供者。在某种意义上可以说，它是物流专业化的一种形式。

第三方物流是随着物流业发展而发展的物流专业化的重要形式。物流业发展到一定阶段必然会出现第三方物流的发展，而且第三方物流的占有率与物流产业的水平之间有着非常规律的相关关系。西方国家的物流业实证分析证明，独立的第三方物流要占社会的50%，物流产业才能形成。所以，第三方物流的发展程度反映和体现着一个国家物流业发展的整体水平。

（二）第三方物流的功能

第三方物流的功能与物流的功能相同，从欧洲制造企业对第三方物流采用情况调查可知，最常采用的第三方物流服务和采用比例有以下几点：

业务种类	百分比
联　运	60
仓库管理	52
车队管理	52
产品回收	44
搬运选择	43
再包装/贴标签	39
物流信息系统	30
订单履行	24
产品装配/安装	23
估价谈判	19
库存补充	15
订单处理	13
客户备用零件	12
其　他	9

对美国51家领先的第三方物流服务者的调查，最常见的第三方物流服务内容如下：

业务种类	百分比
开发物流系统	97.3
电子数据交换能力	91.9
管理表现汇报	89.2
货物集运	86.5
选择承运人、货物代理、海关代理	86.5
信息管理	81.1
仓　储	81.1
咨　询	78.4

从以上的数据可以看出，无论是第三方物流服务的需求方还是供应方，服务的主要内容比较集中于传统意义上的运输服务和仓储服务。物流公司对单项服务的内容都有一定的经验，如何将这种单项服务的内容有机地组合起来，提供物流服务的整体方案，这是第三方物流发展的关键。

作为国际物流领域上新兴的产业，第三方物流业指向货主提供物流代理服务的各种行业。过去很少能由一个企业代理货主的全部环节的物流服务，往往局限于仓库存货代理、运输代理、托运代办、通关代理等局部业务，而完善的第三方物流则是全部物流活动系统的全程代理。

（三）第三方物流的特点

1. 信息网络化

信息流服务于物流，信息技术是第三方物流发展的基础，在物流服务过程中，信息技术发展实现了信息实时共享，促进了物流管理的科学化，提高了物流服务的效率。

2. 关系合同化

首先，第三方物流是通过合同的形式来规范物流经营者和物流消费者之间的关系的。物流经营者根据合同的要求，提供多功能直至全方位一体化的物流服务，并以合同来管理所有提供的物流服务活动及其过程。其次，第三方发展物流联盟也是通过合同形式来明确各物流联盟参与者之间的关系。

3. 功能专业化

第三方物流公司所提供的服务是专业化的服务，对于专门从事物流服务的企业，它的物流设计、物流操作过程、物流管理都应该是专业化的，物流设备和设施都应该是标准化的。

4. 服务个性化

不同的物流消费者要求提供不同的物流服务，第三方物流企业根据消费者的要求，提供针对性强的个性化服务和增值服务。

（四）企业将物流业务外包给第三方物流的原因

要把资源集中在企业的核心竞争能力上，以便获取最大的投资回报。那些不属于核心能力的功能应被弱化或者外包。而物流通常不被大多数的制造企业和分销企业视为他们的核心能力，第三方物流公司就能很好的解决这一问题。第三方物流公司拥有一般企业所不具有的第三方灵活性，尤其对于那些业务量呈现季节性变化的公司来讲，外包物流对公司赢利的影响就更为明显。例如，对于一家季节性很强的大零售商来说，若要年复一年地在旺季聘用更多的物流和运输管理人员，到淡季再开除他们是很困难和低效的。若和第三方物流结成伙伴关系，这家零售商就不必担心业务的季节性变化。

第三方物流企业所具有的优势：

1. 具有专业水平和相应物流网络

通过专业化的发展，第三方物流公司已经开发了信息网络并且积累了针对不同物流市场的专业知识，包括运输、仓储和其他增值服务。许多关键信息，如卡车运量、国际通关文件、空运报价和其他信息等，通常是由第三方物流公司收集和处理。对于第三方物流公司来说，获得这些信息更为经济，因为他们的投资可以分摊到很多的客户头上。对于非物流专业公司来讲，获得这些专长的费用就会非常昂贵。

2. 拥有规模经济效益

由于拥有较强大的购买力和货物配载能力，一家第三方物流公司可以从运输公司或者其他物流服务商那里得到比他的客户更为低廉的运输报价，可以从运输商那里大批量购买运输能力，然后集中配载很多客户的货物，大幅度地降低单位运输成本。

3. 有助于减少资本投入

通过物流外包，制造企业可以降低因拥有运输设备、仓库和其他物流过程中所必需的投资，从而改善公司的赢利状况，把更多的资金投在公司的核心业务上。许多第三方物流公司在国内外都有良好的运输和分销网络。希望拓展国际市场或其他地区市场以寻求发展的公司，可以借助这些网络进入新的市场。

4. 资源优化配置

第三方物流企业还能使企业实现资源优化配置，将有限的人力、财力集中于核心业务，进行重点研究，发展基本技术，努力开发出新产品参与世界竞争；节省费用，减少资本积压，减少库存，提升企业形象；第三方物流提供者与顾客，不是竞争对手，而是战略伙伴，他们为顾客着想，通过全球性的信息网络使顾客的供应链管理完全透明化，顾客随时可通过Internet了解供应链的情况；第三方物流提供者是物流专家，他们利用完备的设施和训练有素的员工对整个供应链实现完全的控制，减少物流的复杂性；他们通过遍布全球的运送网络和服务提供者（分承包方）大大缩短了交货期，帮助顾客改进服务，树立自己的品牌形象。第三方物流提供者通过“量体裁衣”式的设计，制订出以顾客为导向、低成本高效率的物流方案，为企业在竞争中取胜创造有利条件。

5. 第三方物流公司信息技术优势

许多第三方物流公司与独立的软件供应商结盟或者开发了内部的信息系统，这使得他们能够最大限度地利用运输和分销网络，有效地进行货物追踪，进行电子交易，生成提高供应链管理效率所必需的报表和进行其他相关的增值服务。因为许多第三方物流已在信息技术方面进行了大量的投入，可以做到帮助他们的客户搞清楚哪种技术最有用处，如何实施，如何跟得上日新月异的物流管理技术发展。与合适的第三方物流公司合作可以使得企业以最低的投入充分享用更好的信息技术。

（五）妨碍企业物流业务外包的原因

1. 企业担心对货物控制的潜在风险。

2. 有些企业认为自营物流可以避免第三方赚取利润。

3. 自己操作物流能保证自己的物流利益不与其他的企业共享而受损。

4. 企业内部不同部门的目标不一致，产生对外包的抵制和阻力。如物流部门因威胁到自己的部门功能而反对外包，销售部门因担心服务水平的下降而反对外包等。

二、第三方物流与电子商务

（一）电子商务

电子商务是信息化、网络化的产物，随着互联网技术的发展，电子商务的应用也越来越广泛，电子商务与传统商务的本质区别，就是它以数字化网络为基础进行商品、货币和服务交易，目的在于减少信息社会的商业中间环节，缩短周期，降低成本，提高经营效率，提高服务质量，使企业有效地参与竞争。

（二）电子商务与第三方物流的关系

1. 电子商务的发展离不开现代物流，而第三方物流是现代物流发展的必然结果

电子商务的任何一笔交易过程和传统商务过程一样，都包含着几种基本的“流”，即信息流、商流、资金流和物流。物流作为四流中最为特殊的一种，是指物质实体（商品或服务）的流动过程，具体指运输、储存、装卸、保管、物流信息管理等各种活动。物流虽然只是电子商务中的一个环节，但它的作用是很重要的，主要体现在：是商品最终价值的实现过程；在整个电子商务交易活动中，物流是以商流的后续者和服务者的姿态出现的，没有物流、商流活动将是一纸空文；合理的、现代化的物流通过

减低费用，可以减低成本，优化库存结构，减少资金占用，缩短生产周期，保证生产的顺利进行。

2. 电子商务的发展推动了第三方物流的发展

电子商务的出现，使供应链的环节减少了，大量的商店将消失，代替它们的是按区域合理分布的配送中心和物流中心。

电子商务的出现，推动了产业的重组，产业重组的结果，实际上使社会上的产业主要由两类行业组成，一类是实业，包括制造业和物流业；一类是信息产业。在实业中，物流业的功能会逐渐强化。这是因为，在电子商务环境下，消费者在网上的虚拟商店购物，现实的商店和银行的功能将逐渐被弱化，而物流公司的任务会越来越重。用户通过网上的虚拟商店购物，并在网上支付，信息流和资金流的运作过程很快就能完成，剩下的工作就只有实物的物流处理了，物流中心成了所有企业和供应商对用户的唯一供应者，可见，物流中心的作用越来越突出。

3. 电子商务对物流的新要求

电子商务对物流的要求与传统经营方式下对物流的要求有显著的不同，主要表现在以下几个方面：

(1) 供应链管理

在传统的经营模式下，供应商、企业、批发商、零售商及最终用户之间是相互独立的，企业内部各职能部门之间也是各自按照本部门的利益开展生产经营活动。供应链管理的目的是通过优化提高所有相关过程的速度和确定性，使所有相关过程的净增价值最大化，以求提高组织的运作效率和效益。实行供应链管理可以使供应链中的各成员企业之间的业务关系得到强化，变过去企业与外部组织之间的相互独立关系为紧密合作关系，形成新的命运共同体。供应链管理可以显著提高物流的效率，降低物流成本，大大提高企业的劳动生产率。

(2) 零库存生产

电子商务的运作一般要求企业通过网络接收订单，随后按照订单要求组织生产，即以需定产。与传统的“先生产、后推销”的做法完全不同。在传统的经营方式下，无论生产企业、销售企业都必须保证一定的库存，同时还必须承担商品销不出去的风险。电子商务要求企业的物流运作必须符合零库存生产的需要。

零库存生产源自英文“Just In Time”，即“即时制生产”，意指供应者将原材料、零部件以用户所需要的数量、在所需要的时间送到特定的生产线。零库存生产是在电子商务条件下对生产阶段物流的新的要求。它的目的是要使生产过程中的原材料、零部件、半成品以及制成品能高效率地在生产的各个环节中流动，缩短物质实体在生产过程中的停留时间，并杜绝产生物品库存积压、短缺和浪费现象。

零库存生产要求企业的每一个生产环节都必须从下一环节的需求时间、数量、结构出发来组织好均衡生产、供应和流通，并且无论是生产者、供应商还是物流企业或零售商都应对各自的下游客户作精确的需求预测。电子商务既为零库存生产创造了条件，也要求企业通过零库存生产来产生效益。

(3) 信息化和高技术化

物流的信息化是电子商务物流的基本要求，没有物流的信息化，要做到物流的高效运作是不可能的。企业信息化是开展电子商务的基础，物流信息化是企业信息化的重要组成部分。物流信息化表现为物流信息的商品化、物流信息收集的数据化和代码化、物流信息处理的电子化和计算机化、物流信息传递的标准化和实时化、物流信息储存的数字化等。物流信息化能更好地协调生产与销售、运输、储存等各环节的联系，对优化供货程序、缩短物流时间及降低库存都具有十分重要的意义。物流信息化必须由物流的高技术化作保证。物流的高技术化是指在物流系统应用现代技术，实现物流处理的自动化与智能化。目前，物流领域应用的高技术主要有以下几方面：条码技术、电子数据交换、全球定位系统等。

(4) 物流服务的多功能化与社会化

电子商务的物流要求物流企业提供全方位的服务，既包括仓储、运输服务，还包括配货、分发和各种客户需要的配套服务，使物流成为连接生产企业与最终用户的重要环节。电子商务的物流要求把物流的各个环节作为一个完整的系统进行统筹协调、合理规划，使物流服务的功能多样化，更好地满足客户的要求。

随着电子商务的发展，物流服务的社会化趋势也越来越明显。在传统的经营方式下，无论是实力雄厚的大企业，还是三五十人的小企业，一般都由企业自身承担物流职能，导致物流的高成本、低效率的结果。而在电子商务条件下，特别是对小企业来说，在网上订购、网上支付实现后，最关键的问题就是物流配送，如果完全依靠自己的能力来承担肯定是力不从心的，特别是面对跨地区、甚至跨国界的用户时，将显得束手无策。因此，物流的社会化将是适应电子商务发展的一个十分重要的趋势。

三、我国第三方物流发展容易出现的问题

我国第三方物流的发展尚处初期，大多数企业目前还只是提供运输、仓储服务。国际流行的物流网络设计、预测、订货管理、存货管理等物流服务，只有少数企业可以提供。第三方物流在整个物流市场中的比重，日本为80%，美国为57%，我国仅为18%，目前第三方物流面临许多障碍。

首先是第三方物流供应商的物流专业技术、管理水平、服务水平与企业的需求有一定的差距。

其次是管理体制，实行条块分割的管理模式。例如，在运输管理体制上，部门之间、地区之间的权力和责任存在交叉和重复，难以有效合作和协调，并极易产生地方保护，不利于形成社会化的物流系统和跨区域、跨行业的物流网络。另一方面，将全社会物流过程分割开来实行分段管理的模式，会导致大量的重复建设和过度竞争，造成物流资源的浪费。

四、第三方物流的评价与选择

对第三方物流的评价与选择，要经过以下几个步骤：

(一) 分析企业的物流系统

首先看企业是否有自营物流的能力，如果没有，就将物流外包，如果有自营物流的能力，就要考虑企业物流系统的战略地位、物流总成本和服务水平。

1. 企业物流系统的战略地位

企业的自营物流能力是指企业自己经营物流的能力，即企业具备的物流设施和技术。

企业物流系统的战略地位一般可从以下几方面进行判断：

它们是否高度影响企业业务流程？

它们是否需要相对先进的技术，采用此种技术能否使公司在行业中领先？

它们在短期内是否不能为其他企业所模仿？

如能得到肯定的回答，那么就可以断定物流子系统在战略上处于重要地位。由于物流系统是多功能的集合，各功能的重要性和相对能力水平在系统中是不平衡的，因此，还要对各功能进行分析。

某项功能是否具有战略意义，关键就是看它的替代性。如其替代性很弱，很少有物流公司或物流公司很难完成，几乎只有本企业才具备这项能力，企业就应保护好、发展好该项功能，使其保持旺盛的竞争力。

2. 企业物流系统的总成本

物流总成本可用数学公式表示如下：

$$D = T + S + L + Fw + Vw + P + C$$

式中，D为物流系统总成本，T为该系统的总运输成本，S为库存维持费用，包括库存管理费用、包装费用以及返工费，L为批量成本，包括物料加工费和采购费，Fw为该系统的总固定仓储费用，Vw为该系统的总变动仓储费用，P为订单处理和信息费用，指订单处理和物流活动中广泛交流等问题所发生的费用，C为顾客服务费用，包括缺货损失费用、降价损失费用和丧失潜在顾客的机会成本，这些成本之间存在着二律背反的现象。例如，在考虑减少仓库数量时，虽然是为了降低保管费用，但是在减少仓库数量的同时，就会带来运输距离变长、运输次数增加等后果，从而导致运输费用增大；如果运输费用的增加部分超过了保管费用的减少部分，总的物流成本反而增大了，这样减少仓库数量的措施就没有了意义。在选择和设计物流系统时，要对系统的总成本加以检验，最后选择成本最小的物流系统。

3. 物流服务水平

物流服务水平是物流能力的综合体现，它指消费者对物流服务的满意度。工商企业重视物流不仅仅是为了节约成本，而是越来越认识到物流对提高顾客服务水平的重要性。这种物流服务的衡量包括三个部分，即事前要素、事中要素和事后要素。

顾客服务的事前要素是指公司的有关政策和计划，如：服务政策、组织结构和系统的灵活性；顾客服务的事中要素是指在提供物流服务的过程中，是否满足用户的需求，如：定货周期、库存水平、运送的可靠性等；顾客服务的事后要素是指产品在使用中的维护情况，如：维修服务、对顾客的产品退换等。包含的具体内容如下：

(1) 顾客服务的事前要素

服务政策：是否在内部和外部交流，是否被理解，是否具体化或量化？

可联系性：是否易于联系，是否有固定的联系方式？

组织结构：是否有顾客服务的管理机构，其对服务过程的控制水平如何？

系统的灵活性：是否可以调整服务运送系统以满足特殊顾客的需要？

(2) 顾客服务的事中要素

订货周期：从订货到运送需要多长时间，可靠性如何？

库存情况：每种物品可直接由库存提取的比例有多大？

定单完成率：在指定期间内完成定单的比例有多大？

运送的可靠性：运送途中货物的破损率，货物是否在指定的时间和地点送给顾客？

(3) 顾客服务的事后要素

备用零件的库存水平：备用零件的库存水平有多大，是否能够满足顾客在指定维修期内的数量？

维修服务：顾客需要维修时，等待时间有多长，维修率可以达到多少？

产品跟踪和质量保证：是否知道单个产品的售出地点，产品质量如何？

顾客抱怨和投诉：是否能够迅速处理顾客的抱怨和投诉，处理情况如何？

(二) 对第三方物流企业进行评价

当企业不具备自营物流的能力时，就要将物流业务外包出去。企业可以将物流业务外包给一家第三方物流企业，也可以外包给多家第三方物流企业。要想选择好第三方物流企业，就必须对第三方物流企业进行合理的评价。

1. 第三方物流供应商的核心竞争力

在挑选第三方物流供应商时，应首先考虑第三方物流供应商的核心竞争力是什么，例如，美国联邦快递和联合包裹服务公司最擅长的服务是包裹的限时速递，中国储运总公司的核心竞争力在于其有大型的仓库。

2. 第三方物流供应商是自拥资产还是非自拥资产

使用一家自拥资产还是非自拥资产的第三方物流供应商都各有优缺点。自拥资产的公司具备较大的规模，丰富的人力资源，雄厚的客户基础，先进的系统，但是他们的工作倾向于自己决定，存在官僚作风，需要较长的决策周期。非自拥资产的公司在运作上更加灵活，对于企业所提出的服务内容可以自由组合，调配第三方物流供应商。但是因为其资源有限，物流服务价格会偏高。

3. 第三方物流供应商服务的地理范围

第三方物流供应商按照其所服务的地理范围可分为：全球性、国际性、地区性和地方性。选择第三方物流供应商时要与本企业的业务范围相一致。

4. 第三方物流服务的成本

在计算第三方物流服务的成本时，首先要弄清自营物流的成本，然后两者对应起来进行比较，对于物流服务的成本计算，与分析企业的物流系统的成本计算相同。

5. 第三方物流的服务水平

在评价第三方物流的服务水平时，评价方法与分析企业的物流系统中的评价方法相同。

对于第三方物流评价的主要指标是物流服务水平和物流成本。这在前面均有阐述。值得提出的是，中国仓储协会于 2001 年 2～4 月，组织了第三次全国范围内的物流供求状况调查，调查范围覆盖全国的生产、商业和储运及物流企业，通过邮寄问卷的形式，调查企业 2 000 家，回收 230 份，有效问卷 219 份，调查表明：在采用第三方物流的需求企业中，有 67%的生产企业和 54%的商业企业对第三方的物流服务感到满意，有 23%的生产企业和 7%的商业企业对第三方的物流服务不满意。不满意的原因中，首先是因为作业速度慢和物流信息不及时准确，其次是作业差错率高、运作成本高，从中可看出生产企业和商业企业对第三方物流服务首先关心的是运作质量和包含物流信息在内的运作能力问题，其次才是成本。

（三）第三方物流的实施

企业选定了第三方物流供应商后，通过合同的形式达成协议，企业与第三方物流供应商要想成功地合作，应该注意以下几个问题：

1. 处理好双方的关系

企业与第三方物流供应商之间的关系应该是合作伙伴关系。企业与第三方物流供应商合作失败的主要原因是：

（1）企业与第三方物流供应商合作后，刚开始时，要投入足够的时间，无论对于哪一方来说，在最初的六个月至一年的时间内有效地开展合作是最困难的，也是最关键的。企业必须明确，成功的关键需要什么，并能够向第三方物流供应商提供所需的信息和需求。第三方物流供应商必须彻底、认真地考虑和讨论这些需求，并制定出具体的解决方案。双方都必须投入足够的时间和精力确保合作成功。

（2）企业与第三方物流供应商之间的关系应该是合作伙伴关系，双方应该牢记，这是一个互惠互利、风险共担的合作联盟。企业应该考虑如何将第三方物流供应商融入自己的物流战略规划。

2. 有效地沟通

有效地沟通对于任何一个外包项目走向成功都是非常必要的。首先，对于企业来说，各个部门的管理者之间、管理者与员工之间必须相互沟通，明确为什么进行物流业务外包，从外包中期望得到什么。这样，所有的相关部门才能与第三方物流供应商密切配合，员工也不会产生抵触的心理。其次，企业与第三方物流供应商也要进行有效地沟通，确保合作的顺利进行。

3. 其他

(1) 第三方物流供应商必须为企业所提供的数据保密。

(2) 对绩效衡量的方式必须一致。

(3) 讨论附属合同的特定标准。

(4) 在达成合同前要考虑争议仲裁问题。

(5) 协商合同中的免责条款。

(6) 确保通过物流供应商的定期报告来实现绩效目标。

第三节　企业物流外包和物流服务承包的形式

一、从物流服务的供需双方看物流外包

对于物流业务外包问题，无论从企业自身的角度还是从物流服务承包商的角度看，都有一定的原因。物流服务的外部化趋势是与物流服务供需双方面临的压力有关的。虽然各国情况有所不同，但基本的方面是一致的。

(一) 物流服务的需求方

1. 物流外包可以节约成本和提高服务水平和灵活性

国外文献中，管理学者强调物流外包在成本上的潜在节省，而采购与营销专家则认为成本与服务的重要性相等。许多物流专家则认为对高水平服务的需求是物流外包的主要动力。近年来，成本节约、服务改进和灵活性被认为与物流外包决策同等重要。

2. 物流外包可以避免物流设施的投资

这一因素在 20 世纪 80 年代成为物流外包的主要因素所在。尤其是英国对公司税收系统的调整，使拥有资产的愿望变成关注资产对利润的贡献上，这导致企业把资本集中在企业的核心业务上。有近 60% 的企业认为

物流不是它们的主业，使用外部物流合同承包商不仅减少物流设施的新投资，而且减少了在仓库与车队上占用的资金，它们可以用在更有效率的地方。

3. 信息技术的发展，方便了企业对合同物流作业的监控

对已建立并自己进行物流作业的企业，一般情况下，不愿轻易放弃对物流功能的控制，担心物流承包商运作的质量。近年来，这种担心越来越少，这是由于对合同物流作业已建立了信心，信息技术的发展，方便了企业对合同物流作业的监控。

4. 快速反应和零库存的压力

1997年，英国主要的零售商已控制了94%的配送（从配送中心到商店），将近47%的配送是外包出去的。在零售供应链的“快速反应”压力下，导致了运送的频率增加和订单规模减少。信息技术的发展已使对合同物流作业的监控与自己管理物流非常相近。这也迫使供应商必须加大利用外部物流供应商的力度，以分享服务的形式减少成本。在某些行业，如汽车和电子行业，对第三方集运服务的需求也类似，这些行业原材料“零库存”供应已广泛使用。

在国际物流方面也有类似的物流服务外部化趋势。荷兰国际配送协会的调查表明，三分之二的美国、日本、韩国等的欧洲配送中心是由第三方物流公司管理的。

（二）物流服务的供给方

近年来，第三方物流服务已有了很大的改进。特别是欧美国家提供服务的标准和作业效率也已大大提高，为客户需求定制的各类新型服务得到了发展。物流服务公司的营销也更强有力与熟练。欧美许多运输与仓储公司已演变成了广泛物流服务的供应商。大多数国家，公路运输行业成为越来越具竞争性的行业，资金回报下滑，利润率降低，通过改造成综合物流公司，形成进入门槛较高的细分市场，以保证与客户的长期合同。同时大型物流公司提供运输、车辆维护、存储、托盘化、分装、包装/重新包装、集运、贴标签、定单分拣、质量控制/产品试验、存货控制、客户化、分拣包装、售后服务、货物跟踪、咨询服务等增值物流服务。

二、企业物流外包和物流服务承包的形式

（一）企业物流外包的形式

1. 物流业务完全外包

物流业务完全外包是最彻底的外包形式。如果企业不具有自营物流的

能力，即会采取这种物流业务外包的形式。如果企业具有自营物流的能力，企业进行物流系统的评价，评价的结果倾向于外包，即关闭自己的物流系统，将所有的物流业务外包给第三方物流供应商。对于物流业务完全外包的优点及缺点在第二节中已经详细阐述，这里不再进行说明。

2. 物流业务部分外包

企业将物流业务分成两大部分，一类是可以自营的业务，一类是非自营业务，企业将非自营业务或者低效的自营业务外包给第三方物流供应商。例如，美国的阳光微软系统公司自己开展物流业务时，顾客们等待交货的时间有几个星期，最终关闭了在全世界的 18 个配送中心，将业务交给联邦快递公司，使配送的效率大大提高。

3. 物流系统接管

物流系统接管是企业将物流系统全部卖给或承包给第三方物流供应商，也叫物流社会化。第三方物流供应商接管企业的物流系统并雇用原企业的员工。

4. 战略联盟

企业与第三方物流供应商或其他企业合资，企业保留物流设施的部分产权，并在物流作业中保持参与。同时，物流合同商提供了部分资本和专业服务，企业也为合资者提供特色服务，达到资源共享的目的。

5. 物流系统剥离

物流系统剥离是指企业将物流部门分离出去，使其成为一个独立的子公司，允许其承担其他企业的物流业务。

6. 物流业务管理外包

物流业务管理外包是指企业拥有物流设施的产权，将管理职能外包出去。

（二）物流服务承包者的类型

由于物流服务种类的多样性和企业物流外包的多样性，物流服务提供者的类型是多种多样的。对于物流服务承包者的类型有多种划分方法，如，按照所提供的物流服务种类划分和按照所属的物流市场的类型划分。

1. 按照提供物流服务的种类分类

(1) 以资产为基础的物流服务提供者

以资产为基础的物流服务提供者自己拥有资产，如运输车队、仓库和各种物流设备。通过自己的资产提供专业的物流服务。如 UPS 公司。

(2) 以管理为基础的物流服务提供者

以管理为基础的物流服务提供者通过系统数据库和咨询服务为企业提供物流管理或者提供一定的人力资源。这种物流服务提供者不具备运输和仓储设施，只是提供以管理为基础的物流服务。

（3）综合物流服务提供者

综合物流服务提供者自己拥有资产，并能提供相应的物流管理服务，同时，它可以利用其他物流服务提供者的资产，提供一些相关的服务。

2. 按照所属的物流市场进行分类

（1）操作性的物流公司

操作性的物流公司以某一项的物流作业为主，一般擅长于某一项或几项的物流操作。在自己擅长的业务上，具有成本优势，往往是通过较低的成本在竞争中取胜。

（2）行业倾向性的物流公司

行业倾向性公司又称为行业性公司，他们通常为满足某一特定行业的需求而设计自己的作业能力和作业范围。

（3）多元化的物流公司

多元化的物流公司所提供的一些相关性的物流服务，这种物流服务是综合性的。

（4）顾客化的物流公司

顾客化的物流公司面向的对象是专业需求用户，物流服务公司之间竞争的焦点不是费用而是物流服务。

第十六章　电子商务与企业物流

物流为生产源源不断的输送原材料，为企业产品打入市场架桥铺路。没有通畅而敏捷的物流系统，企业就无法在市场竞争中站稳脚跟。企业物流一方面是传统商务领域中的重要环节，一方面是整个电子商务实施的重要组成部分。在新经济不断变化的商务环境下，如何实现企业物流运作的信息化革新，成为企业与电子商务接轨时必须解决的问题。本章从电子商务和企业物流的概况入手阐述两者的相关联系，通过介绍电子商务应用技术及供应链管理策略对企业物流的支持，分析电子商务对企业物流发展的影响和推动情况，最后从我国企业的实际情况出发，提出企业物流信息化的战略和战术上的具体解决方案。

第一节　电子商务概述

一、电子商务的概念

电子商务虽然正在以难以置信的速度渗透到人们的日常生活，但是至今也没有一个统一的定义。各国政府、学者、企业界人士都根据自己所处的地位和对电子商务的参与程度，给出了许多不同的表述，下面就是几个比较有代表性和权威性的定义：

国际商会于 1997 年 11 月，在巴黎举行了世界电子商务会议（The World Business Agenda for Electronic Commerce)。会上专家和代表对电子商务的概念进行了最有权威的阐述：电子商务（Electronic Commerce)，是指实现整个贸易过程中各阶段的贸易活动的电子化。从涵盖范围方面可以定义为：交易各方以电子交易方式而不是通过当面交换或直接面谈方式进行的任何形式的商业交易；从技术方面可以定义为：电子商务是一种多技术的集合体，包括交换数据（如电子数据交换、电子邮件)、获得数据（共享数据库、电子公告牌）以及自动捕获数据（条形码）等。电子商务涵盖的业务包括：信息交换、售前售后服务（提供产品和服务的细节、产品使用技术指南、回答顾客意见)、销售、电子支付（使用电子资金转账、信用卡、电子支票、电子现金)、运输（包括商品的发送管理和运输跟踪，以及可以电子化传送的产品的实际发送)、组建虚拟企业（组建一个物理上不存在的企业，集中一批独立的中小公司的权限，提供比任何单独公司多得多的产品和服务)、公司和贸易伙伴可以共同拥有和运营共享的商业方法等。

美国学者瑞维·卡拉克塔和安德鲁·B·惠斯顿在《电子商务的前沿》一书中提出:“广义的讲，电子商务是一种现代商业方法。这种方法通过改善产品和服务质量、提高服务传递速度，满足政府组织、厂商和消费者降低成本的需求。这一概念也用于通过计算机网络寻找信息以支持决策。一般的讲，今天的电子商务通过计算机网络将买方和卖方的信息、产品和服务联系起来，而未来的电子商务则通过构成信息高速公路的无数计算机网络中的一条线将买方和卖方联系起来。”

IBM 公司认为，电子商务是指采用数字化电子方式进行商务数据交换和开展商务业务的活动，是在 Internet 的广阔联系与传统信息技术系统的丰富资源相互结合的背景下应运而生的一种相互关联的动态商务活动。

总之，无论站在哪个角度，一般都认为电子商务是利用现有的计算机硬件设备、软件和网络基础设施，通过一定的协议连接起来的电子网络环境进行各种各样商务活动的方式。因此，对于电子商务概念的科学理解应包括以下几个基本方面:

1. 电子商务是整个贸易活动的自动化和电子化。

2. 电子商务是利用各种电子工具和电子技术从事各种商务活动的过程。其中电子工具是指计算机硬件和网络基础设施（包括 Internet、Intranet 各种局域网等)；电子技术是指处理、传递、交换和获得数据的多技术集合。

3. 电子商务渗透到贸易活动的各个阶段，因而内容广泛，包括信息交换、售前售后服务、销售、电子支付、运输、组建虚拟企业、共享资源等等。

4. 电子商务的参与者包括生产企业、中间商、消费者、银行或金融机构以及政府等各种社会服务机构。

5. 电子商务的目的就是要实现企业乃至全社会的高效率、低成本的贸易活动。

二、电子商务的发展和前景

电子商务始于网络计算。网络计算是电子商务的基础。没有网络计算，就没有电子商务。其发展形式多种多样，从最初的电话、电报到电子邮件以及其后的 EDI，都可以说是电子商务的某种发展形式。

传统的商业是以手工处理信息为主，并且通过纸上的文字交换信息，但是随着处理和交换信息量的剧增，该过程变得越来越复杂，这不仅增加了重复劳动量和额外开支，而且也增加了出错机会，在这种情况下需要一种更加便利和先进的方式来快速交流和处理商业往来业务。计算机技术的发展及其广泛应用和先进通信技术的不断完善使全球社会迈入了信息自动化处理的新时代。

到了 20 世纪 90 年代，随着基于 WWW 的 Internet 技术的飞速发展，Internet 网络开始真正应用于商业交易，这时电子商务日益蓬勃起来，并成为 20 世纪 90 年代初期美国、加拿大等发达国家的一种崭新的企业经营方式。特别是近两年来其发展速度令世人震惊。

电子商务的战略作用逐渐被全球各国所认识，可以预言：电子商务将是 21 世纪早期全球经济增长最快的领域之一。毋庸置疑，今后电子商务将成为世界新经济发展的主流。

三、现代物流是实现电子商务的保证

电子商务这种新经济形态，是由网络经济和现代物流共同创造出来的，是两者一体化的产物。以一个公式来表述电子商务的内涵，我们可以提出：

电子商务 = 网上信息传递 + 网上交易 + 网上结算 + 配送

其简要流程为：

1. 企业将商品信息通过网络展示给客户，客户通过浏览器访问网站，选择希望购买的商品，填写订单；

2. 厂方通过订单确认客户，告知收费方法，同时通知自己的应用系统组织货源程序；

3. 客户通过电子结算于金融部门（或其他方式）通知买卖双方资金转移的结果；

4. 厂方组织货物并送到客户手中，如图 16 – 1 所示。

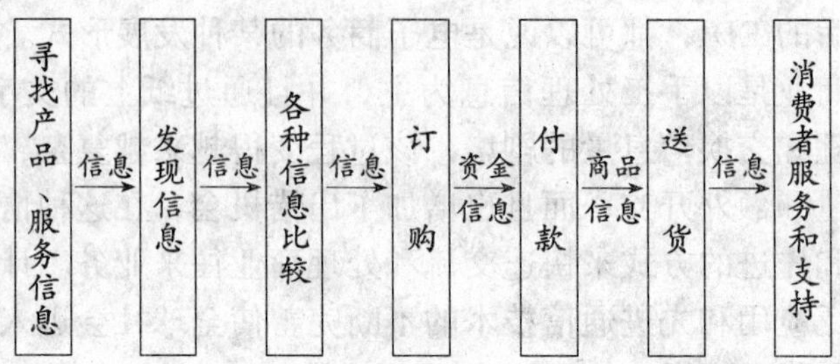

图 16-1

分析以上流程，我们可以看到，电子商务是集信息流、商流、资金流、物流的整合。而物流是实现电子商务的重要环节和基本保证。其表现在：

（一）物流保障生产

无论是传统的贸易方式，还是在电子商务下，生产都是商品流通之本，而生产的顺利进行需要各类物流活动的支持。生产的全过程，从原材料的采购到生产的工艺流程，再到分销配售，最后物品回收和废弃物处理实质上就是系列化的物流活动。合理、现代化的物流通过各种先进手段降低成本费用、优化库存结构、减少资金积压缩短生产周期，保障了现代化生产的高效运转。反过来说，缺少了现代化物流，生产将难以顺利进行，而电子商务无论如何便捷，仍将是无米之炊。

（二）物流服务于商流

在传统交易过程中，商流都必须伴随相应的物流活动，即按照购方需求将商品实体由供方以适当的方式向购方转移。而在电子商务下，消费者通过网上点击购物，完成商品所有权的交割，即商流过程。但电子商务的活动并未结束，只有商品和服务真正转移到消费者手中，商务活动才告以终结。在整个电子商务的交易过程中，物流实际上是以商流的后续者和服务者的姿态出现的，没有现代化的物流作保证，电子商务给供方和购方带来的便捷则等于零。

电子商务的瓶颈问题，是现在广泛谈论的一个问题，网络安全问题、网上结算问题虽然被很多人称之为“瓶颈”。但是实际上中国一千多家上市公司，每天几百亿人民币的网上交易和结算，已经成功运作多年，就已经证明，在现代科学技术、管理下这些问题都构不成真正瓶颈。应该说，惟一的不可回避的是物流瓶颈。对生产企业来说，在网上实现商流活动之后，配送的成本过高、速度过慢，没有一个有效的社会物流配送系统对实物的转移提供低成本、适时、适量的转移服务，是涉足电子商务的企业面临的主要问题。

从以上的论述可见，现代物流是电子商务的重要组成部分，我们在原有信息流、商流、资金流的电子化基础上，更应该重视物流的电子化，实现电子商务和物流的对接，大力发展现代物流，以进一步推广电子商务。

第二节　电子商务与企业物流革新

一、企业物流流程结构

社会经济领域中的物流活动无处不在，生产企业作为社会生产的组成细胞，从企业角度上，围绕其经营的物流活动即企业物流便成为现代物流的主体，这是具体的、微观的物流活动的典型领域。

企业系统活动的基本结构是投入→转换→产出，对生产企业来讲，是原材料、燃料、人力、资本的投入经过制造或加工使之转换为产品或服务。物流活动便是伴随企业的投入→转换→产出而发生的。如果把企业物流圈定为一个综合的、独立的物流系统，这个大系统可以划分为若干物流子系统。相对于投入的是供应物流，相对于转换的是企业内生产物流，相对于产出的是销售物流、废弃及回收物物流，如图 16－2 所示。

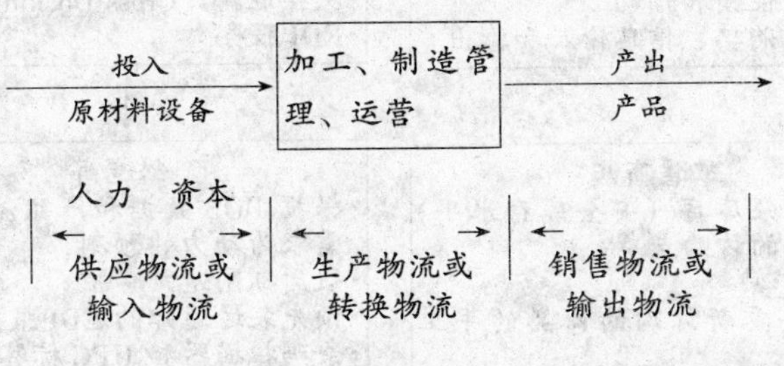

图 16－2

企业物流系统的各个子系统虽各有特性，但和所有的系统结构一样，低层次的系统在大系统中都有一个共同的总体目标，所以，这些子系统之间存在着内在有机的联系。而按照“效率背反”原则，企业物流的这些子系统必须服务于企业的总体目标，而形成一条顺畅的企业物流链。

长期以来，企业对物流在经营战略上的重要性没有十分明确的认识，对如何组织物流并不关心，物流机能在企业管理中处于被动或闲置的地位。传统的物流管理存在很大的缺陷。

进入 20 世纪 90 年代以后，人们对生活的追求从原来的温饱型、数量型转向小康型，重视生活质量。伴随着这种生活意识的变化，在经济社会向国际化、信息化以及人口结构高龄化急剧转变的趋向中，其结果是消费开始向个性化和多元化方向发展，表现在消费行为上，人们不再侧重购买为满足需求规模而大量生产的商品，而是在重视商品质量和体现自己生活方式的基础上，购买具有差别化的商品。这种消费行为上的变化对企业的生产和经营产生了深远的影响，生产企业从原来以生产库存主导的“推式”转向以消费者需求为动力的“拉式”生产战略，如图 16－3 所示。

图 16－3

企业生产向多品种、少批量生产转变，要求企业物流既讲效率，又能促进生产、销售战略的灵活调整和转化。一系列环境变化使企业的经营格局发生改变，从而使脱离现代物流管理的生产、销售活动，无法真正在市场上取得竞争优势。同时企业物流本身在急剧的环境变化中广泛吸收电子商务的应用技术作基础，先进的供应链管理策略为手段，向信息化的物流供应链管理时代迈进。企业物流管理在新经济时代的主要任务是引入供应链的整体概念，与电子商务对接，实现物流和信息流的整合，使企业物流链内部，与上下游企业和顾客之间，与社会供应链之间顺畅连接并取得优化，成为继生产、销售之后，企业发展的第三大支柱。

二、电子商务应用技术对企业物流的支持

随着世界经济的飞速发展，全球数字化、网络化、信息化已成为时代的主要特征，我们已置身于一个信息技术瞬息万变和消费者需求日益多元化的商务时代。为了推动电子商务的开展，国内外专家学者对其相关技术应用进行了许许多多的研究工作。在研究如何实现信息流的电子化（如网络建设）、如何解决资金流的电子化（如电子支付等）的同时，特别加强了对其薄弱环节——电子商务中的物流电子化、现代化的应用研究。当计算机网络技术的应用普及后，物流技术中综合了许多现代技术，如 Bar Code（条码技术）、EDI（电子数据交换）、射频技术（Radio Frequency）等等，企业物流得以从分散走向整合，离不开信息和通讯技术的有效推动。实现以电子化处理和信息的同步共享取代以往的手工操作，为现代企业物流走向信息化打造了坚实的技术基础。

（一）条码技术（Bar Code）

条码技术是在计算机的应用实践中产生和发展起来的一种自动识别技术。它是为实现对信息的自动扫描而设计的。它是实现快速、准确而可靠地采集数据的有效手段。条码技术的应用解决了数据录入和数据采集的“瓶颈”问题，为供应链管理提供了有力的技术支持。供应链管理中条码技术的应用模型，如图 16－4 所示。

物流条码是条码中的重要部分，它的出现不仅在国际范围内提供了一套可靠的代码标识体，而且为贸易环节提供了通用语言微电子商务奠定了基础，物流条码标准化，在推动各行业信息化、现代化建设和供应链管理的过程中将起到不可估量的作用。物流条码的标准体系，如表 16－1 所示。

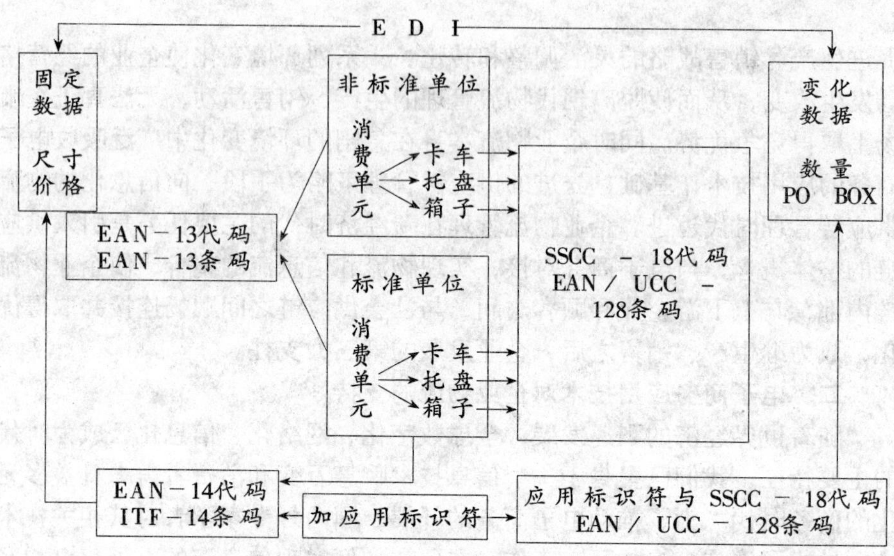

图 16-4

表 16-1

码制标准	国家标准
通用商品条码（EAN-13）	GB/T12904-91
交插二五条码	GB/T16829-97
贸易单元 128 条码（EAN/UCC-128）	GB/T15429-94

条码技术为我们提供了一种对物流中的物品进行标识和描述的方法，借助自动识别技术、POS 系统、EDI 等现代技术手段，企业可以随时了解有关产品在供应链上的位置并及时做出反应。当今在欧美等发达国家兴起 ECR QR 自动连续补货等供应链管理策略，都离不开条码技术的应用。条码是实现 POS 系统、EDI、电子商务、供应链管理的技术基础，是物流管理现代化，提高企业管理水平和竞争能力的重要技术手段。

（二）EDI 技术（Electronic Data Interchange）

在商业贸易活动中，每个贸易伙伴每天都要与供应商、生产商、批发商、零售商以及其他商业组织进行通信、交换数据，每天都产生大量的纸张文献，包括订购单、发票、产品目录和销售报告等。纸张文献是商业贸易中至关重要的信息流，信息流一旦中断，供应链将运转不通，从而导致重大的经济损失。

EDI 即电子数据交换，是指按照同一规定的一套近乎标准格式，将标准的经济信息，通过通信网络传输，在贸易伙伴的电子计算机系统之间进行数据交换和自动处理。由于使用 EDI 能有效地减少直到最终消除贸易过程中的纸张单证，因而 EDI 也被俗称为“无纸贸易”。以往世界每年花在制作文件上的费用超过 3 000 亿美元，所以“无纸化贸易”被誉为一场“结构性的商业革命”。

在电子商务时代，不管是供应商还是生产商都将建立自己的 MRP、ERP、MIS 等系统，为了能将现有的系统通过 Internet 与其他商家的系统交互数据，因此供应商和制造商都出现了 EDI 数据转换服务器（EDI 集成服务器），主要实现数据转换功能，包括 EDI 报文和其他文件格式的转换（如 XML 等），如图 16－5 所示。

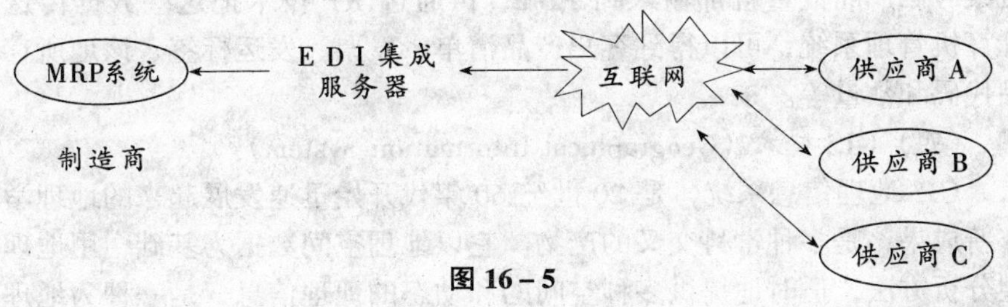

图 16－5

在图 16－5 中，EDI 集成服务器处在供应商和生产商的所有数据交换的中间位置。假设 EDI 集成服务器负责隐藏网络、协议以及来自供应商和制造商系统的安全性问题，还负责隐藏系统接口上的差异。供应商系统访问生产商的 MRP 系统以获取商品库存，两系统之间的通信都是完全自动进行的，供应商用消息的形式将 EDI 报文向对方 EDI 集成服务器发出请求，并通过 HTTP 协议的标准的 POST 方法将请求发送出去。对方 EDI 集成服务器将这些请求翻译成对 MRP 系统的调用，然后再把来自 MRP 系统的应答信息翻译成 EDI 报文，并发送回供应商。接收到应答消息后，EDI 集成服务器再将消息转换成适合 MRP 系统处理的数据表示传递给 MRP 系统，从而完成了一个请求/应答的循环。

（三）射频技术（Radio Frequency，RF）

射频技术 RF 的基本原理是电磁理论，射频系统的优点是不局限于视线。射频识别卡可具有读写能力，可携带大量数据、难以伪造和有智能等。

RF 适用的领域：物料跟踪、运载工具和货架识别等要求非接触数据采集和交换的场合，由于 RF 标签具有可读写能力，对于需要频繁改变数据内容的场合尤为适用。

近年来，便携式数据终端（PDT）的应用多了起来，PDT 可把那些采集到的有用数据存储起来或传送至一个管理信息系统。把它与适当的扫描器相连可有效地用于许多识别应用中。便携式数据终端一般包括一个扫描器、一个体积小但功能强并带有存储器的计算机、一个显示器和供人工输入的键盘。在只读存储器中装有常驻内存的操作系统，用于控制数据的采集和传送。

PDT 一般都是可编程的，允许编入一些应用软件。PDT 存储器中的数据可随时通过射频通信技术传送到主计算机。操作时先扫描位置标签，货架号码产品数量就都输入到 PDT，再通过 RF 技术把这些数据传送到计算机管理系统，可以得到客户产品清单、发票、发运标签、该地所存产品代码和数量等。

（四）GIS 技术（Geographical Information System）

GIS 地理信息系统，是 20 世纪 60 年代开始迅速发展起来的地理学研究新成果，是多种学科交叉的产物。它以地理空间数据为基础，用地理模型分析方法，适时地提供多种空间的和动态的地理信息，是一种为地理研究地理决策服务的计算机技术系统。其基本功能是将表格型数据（无论它来自数据库、电子表格文件或直接在程序中输入）转换为地理图形显示，然后对显示结果浏览、操作和分析。

现在国外公司已经开发出利用为物流分析提供专门分析的工具软件，集成了车辆路线模型、最短路径模型、分配集合模型和设施定位模型等。

（五）事务处理系统（TPS）

事务处理系统的处理对象是作为企业经营的基础——订货单和票据。具体的处理工作是：将原始的单据录入到计算机系统对订货单据、购货的订单和结算单据、收据、工资支付单据、付出账款、收入账款等基本业务活动进行记录并随时更新。这个系统可以全面反映日常的活动，为更高层次的信息系统提供基础数据。

事务处理系统的主要特点在于其能够迅速有效地处理大量数据；能够进行严格的数据编辑处理，确保正确性、时效性；可以进行数据的存储和积累；提高数据处理的速度进而加速业务的进程。

事务处理系统的应用软件是成熟化、商品化的应用软件，对于通常的企业而言，主要是采购处理、销售处理和企业内部的会计处理、人事处理、物资管理等。以 POS 事务处理软件为例，这个处理系统包括：采购数量、库存控制、采购订单处理、接货、应付账款等处理能力。POS 事务处理系统的业务关系，如图 16－6 所示。

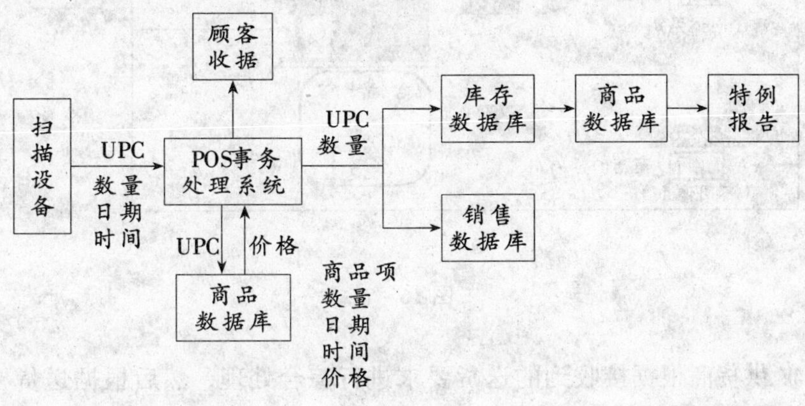

图 16－6

（六）电子订货系统（Electronic Ordering System。）

EOS 即电子订货系统，是指将批发商、零售商场所发生的订货数据输入计算机，即通过计算机通讯网络联接的方式将资料传送至总公司、批发商、商品供货商或制造商处。因此，EOS 能处理从新商品资料的说明直到会计结算等所有商品交易过程中的作业，可以说 EOS 涵盖了整个商流。在寸土寸金的情况下，零售业已没有许多空间用于存放货物，在要求供货商及时补足售出商品的数量且不能有缺货的前提下，更须采用 EOS 系统。EDI/EOS 因内含了许多先进的管理手段，因而在国际上使用非常广泛，并且越来越受到商业界的青睐。

EOS 与具体物流作业紧密结合，物流作业流程，如图 16－7 所示。

将供货商发运作业过程中的业务往来划分成以下四个步骤：

1. 供货商根据采购合同要求将发货单通过商业增值网络中心发给仓储中心。

2. 仓储中心对接收到商业增值网络中心传来的发货单进行综合处理，或要求供货商送货至仓储中心或发送至各批发、零售商场。

3. 仓储中心将送货要求发送给供货商。

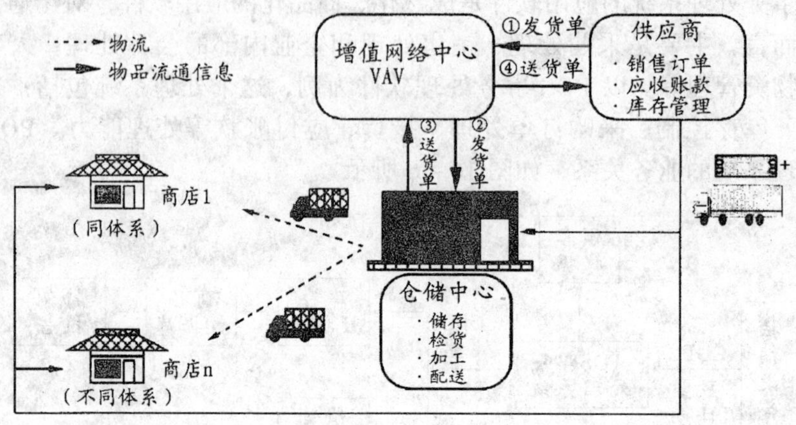

图 16－7

4. 供货商根据接收到的送货要求进行综合处理，然后根据送货要求将货物送至指定地点。

上述四个步骤完成了一个基本的物流作业流程，通过这个流程，将物流与信息流牢牢地结合在了一起。

三、供应链管理策略对企业物流的支持

传统的供应链管理以生产为中心，力图提高生产效率，降低单件成本，来获得利润。在销售方面则采用促销方式试图将自己的产品推销给顾客，并通过库存来保证产品能不断地流向顾客。而电子商务下的企业供应链管理的理念是以顾客为中心通过顾客的实际需求和对顾客未来需求的预测来拉动产品和服务。基于这种思想，产生了多种现代化的企业供应链管理策略：如资源计划系统（RPS）、企业资源计划（ERP）、快速反应策略（QR）、有效客户响应策略（ECR）以及第三方物流（3PL）等策略。对整个供应链的有效管理，主要体现在以下两个方面：

（一）体现对整个供应链资源进行管理的思想

在电子商务时代仅靠企业自身的资源不可能有效地参与市场的竞争，还必须把经营过程中的有关各方如供应商、制造工厂、分销网络、客户等纳入一个紧密的供应链中，才能有效地安排企业的产、供、销活动，满足企业利用全社会一切资源快速高效进行生产经营的需求，以期进一步提高效率和在市场上获得竞争的优势。换句话说，现代企业竞争不是单一企业与单一企业的竞争，而是一个企业的供应链与另一个企业供应链之间的竞争。实现了对整个企业供应链的管理，适应企业在电子商务时代市场竞争的需要。

（二）体现精益生产、同步工程和敏捷制造的思想

供应链的有效管理思想表现在两个方面：一是“精益生产”LP（Lean Production）思想，它是由美国麻省理工学院提出的一种企业经营战略体系，即企业按照大批量生产方式组织生产时，把客户、销售代理商、供应商、协作单位纳入生产体系，企业同其销售代理、客户和供应商的关系，已不再是简单的业务往来关系，而是利益共享的合作伙伴关系，这种合作伙伴关系组成了企业的一个供应链，这是“精益生产”的核心思想。二是“敏捷制造”AM（Agile Manufacturing）思想。当市场发生变化，企业遇有特定的市场和产品需求时，企业的基本合作伙伴不一定能满足新产品开发生产的要求，这时，企业就会组织一个由特定的供应商和销售渠道组成的短期或一次性供应链，形成“虚拟工厂”，把供应和协作单位看成是企业的一个组成部分，运用“同步工程”SE（Slmjtaneous Engineering）组织生产，用最短的时间将新产品打入市场，时刻保持产品的高质量、多样化和灵活性，这就是“敏捷制造”的核心思想。

第三节　电子商务下企业物流信息化解决方案

新经济时代，如何实现电子商务和企业物流的对接，建立信息化的物流管理系统，成为所有企业取得竞争优势的共同需求。为保证供应链企业之间运作的同步化、并行化、实现快速响应市场的能力，企业物流系统管理将面临一系列的转变，主要解决以下几个方面的问题：

1. 物流信息的准确输送，信息反馈与共享问题。
2. 物流系统的敏捷性和灵活性问题。
3. 低成本准时的物资采购供应策略。
4. 实现快速准时交货的措施问题。
5. 了解客户需求，提高用户满意度问题。

一、企业物流信息化战略解决方案

适用于：规模大的企业、外资企业、购销市场比较分散且客户多的企业等。

企业物流管理的战略内容可分为四个层次，如图 16－8 所示。

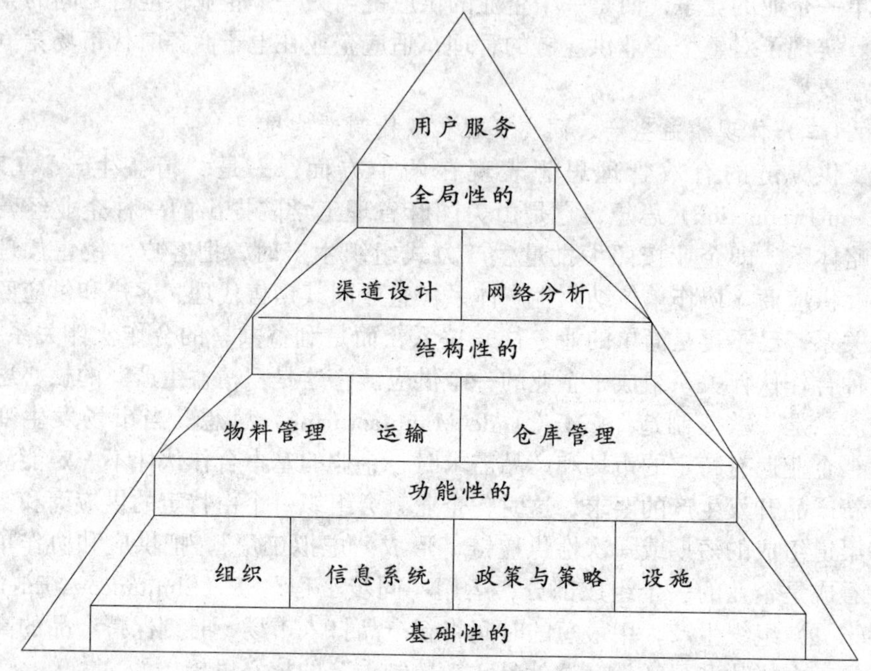

图 16－8

（一）全局性战略

企业物流管理的最终目标是满足用户需求，因此用户服务应该成为物流管理的全局性战略目标，通过良好的用户服务，提高企业信誉，获得第一手市场信息和用户需求信息。增加企业对用户的亲和力并留住客户，使企业获得更大利润。

（二）结构性战略

第二层次的战略是结构性战略，包括渠道设计和网络分析。渠道设计涉及厂房，特别是配送中心设施的布设。网络分析的内容主要包括库存状况，运输方式和交货状况的分析，物流信息和信息系统的传递状态，用户服务调查，合作伙伴业绩的评估和考核。

（三）功能性战略

包括物料管理、仓库管理，运输管理等三个方面，内容主要有采购与供应、库存控制的方法和策略，仓库作业管理，运输工具的使用和管理等。必须不断改进管理方法，使物流管理向零库存目标迈进，降低库存成本和运输费用，优化运输路线，保证准时交货，实现物流过程的适时，适量，高效运作。

（四）基础性战略

其主要作用是为了保证物流系统的正常运行所提供的基础性的保障。内容有，组织管理系统及相关政策，信息管理系统和基础设施管理。要建全物流系统的组织管理结构和人员配备，就要重视对企业有关人员的培训，提高他们的业务素质，协调采购和销售部门的合作伙伴关系。信息系统是物流系统中传递物流信息的桥梁。基于 EDI/INTERNET 数据交换与分销作业，库存管理信息系统，配送分销系统和用户信息系统等等，对提高物流系统的运行效率起着关键作用，因此必须从战略的高度去规划与管理才能保证物流系统高效运行。

根据以上企业物流战略各层次的思路，结合电子商务的应用技术和供应链管理水平，我们提出实现企业物流信息化的“三步走”战略解决方案，如图 16－9 所示。

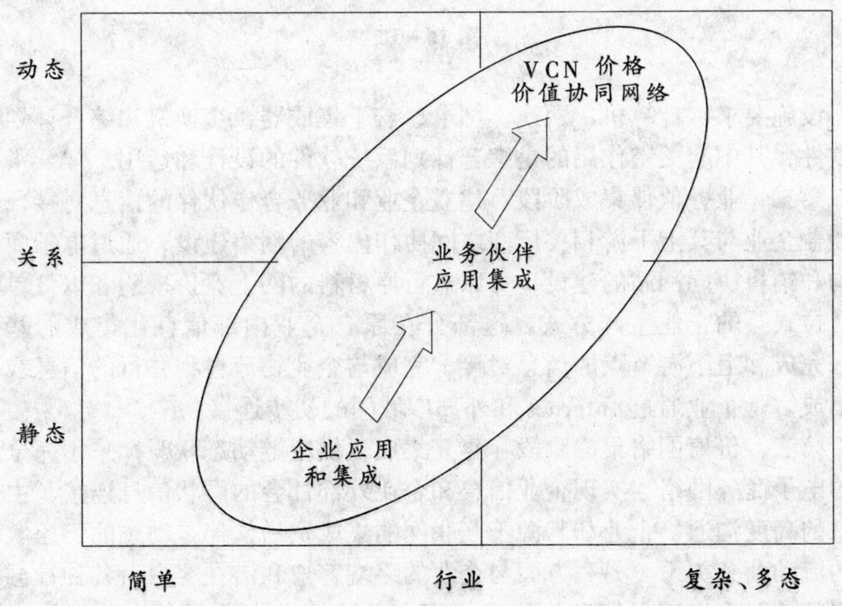

图 16－9

第一，企业内部集成阶段：建立企业内部局域网（INTRANET），实现企业办公自动化，建立企业综合计划系统，简化工作流程让企业内部的运作更有效，让内部员工共享重要的程序和信息，实现部门之间信息的同步沟通共享。如果把企业看做是供应链中的一个节点，这一层次建设的目标就是实现企业这个节点的内部信息集成，如图 16－10 所示。

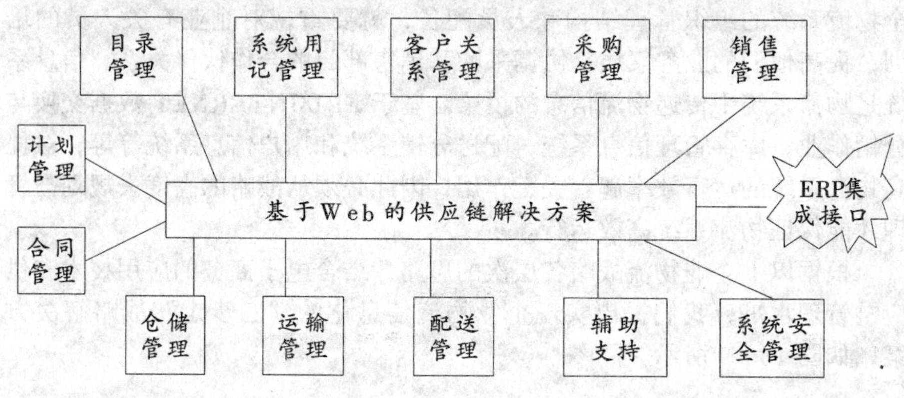

图 16－10

设施要求：计算机，网线，网卡，若干集成器，交换机和综合计划管理软件，其中起关键作用的是综合计划系统软件的设计和运用。

第二，业务伙伴集成阶段：建立企业和业务合作伙伴的信息对接，这是涵盖企业与其上下游相关厂商之间协作内容的网络建设，通过电子商务采购和销售协同网站的建设，可以进行原材料的网上竞价采购和以订单驱动“拉式”的企业生产方式，这部分在原有企业内部信息化集成的基础上，完成和上下游节点的信息对接，完成与企业物流过程并行的信息线链的集成。是企业通过 Internet 和外部广域网的初步连接。

第三，价值网络集成阶段：建立集成化供应链动态联盟，采用完全开放的电子商务网络，实现企业信息和企业外部社会的网状信息连接，由于信息的高度沟通，企业和其源于互联网的集成贸易伙伴是动态的，松散耦合的流动商务关系。另一方面与企业的终端客户和潜在客户，各种社会机构之间的联系也实现信息化。完成了企业物流信息化从“点”开始，到“线”，最后到“面”的模型建设，如图 16－11 所示。

最后，还要注意网络安全问题。系统必须只允许适当的人访问适当的信息，同时，必须解决 Web 服务器为服务器和浏览器之间的通信提供保密（Socket）层加密（SSL），这可以保证有效的获取信息并防止信息被截取。

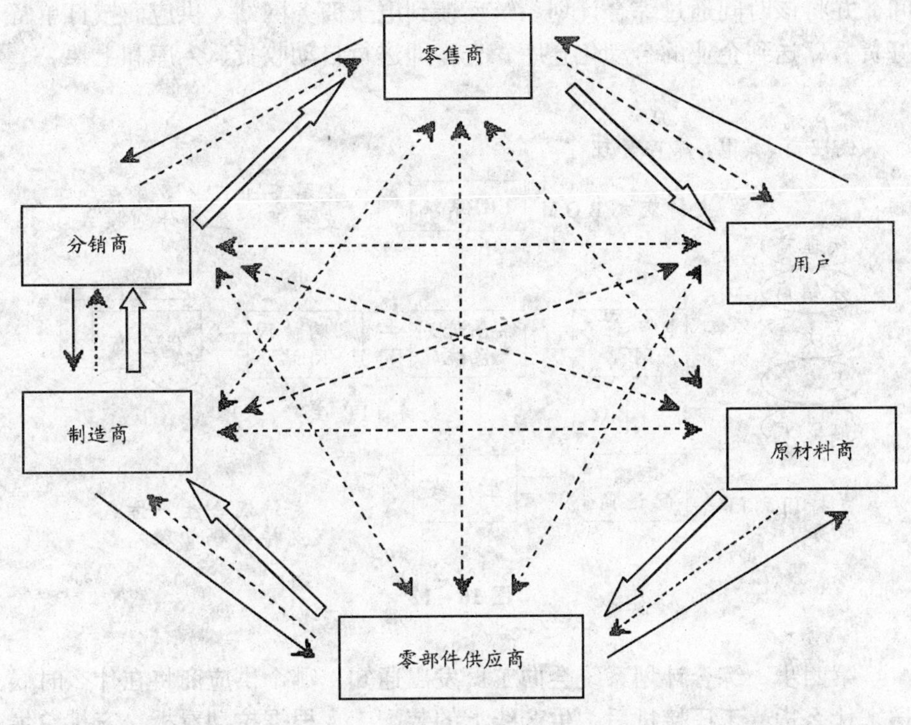

图 16-11

过去，生产企业先要做计划，再按计划生产，这是典型的推动型生产模式。现在利用自动化仓储设备，柔性化生产线等，通过一步步战略集成构建企业物流与信息流实时互动与无缝链接，按订单生产的拉动型模式得以实现。其具体流程，如图 16-12 所示。

第一步，企业客户，包括代理商、分销商、专卖店、大客户及散户，通过电子商务网站下订单。

第二步，与此同时，企业内部的综合计划系统会对所订产品需要的零部件作分析，计算出完成此订单需要的零件种类和数量，到 ERP 系统去查数据，看使用库存能否生产出客户需要的产品，如果能，综合计划系统就向制造系统下单生产，并把交货日期反馈给客户；如果找不到生产所需要的全部原材料，综合计划系统就会生成采购订单，通过采购协同网站向供应商要货。

第三步，采购协同网站根据供应商反馈回来的送货时间，算出交货时间，并将该时间通过综合计划系统反馈到电子商务网站。供应商按订单备好货后，送到企业的自动化仓库，仓库即进行自动收货、入库和上架。

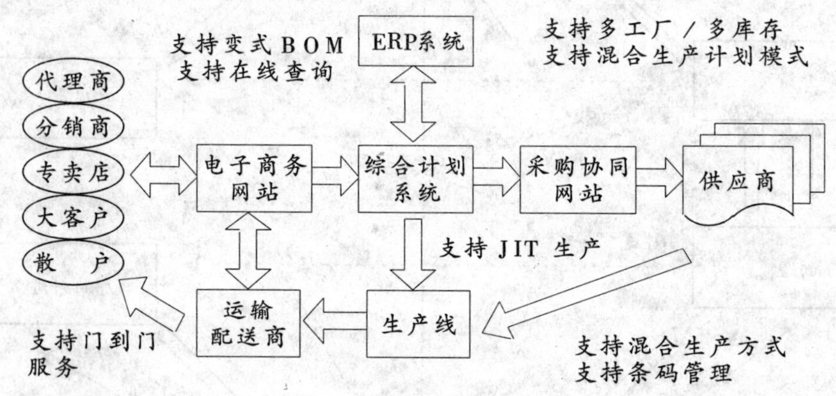

图 16－12

第四步，综合计划系统会向工厂发出通知，哪个供应商将在什么时候送来什么货，工厂接货后，生产线上的装配工人根据拉动看板，安排单生产出产品，交由运输供应商完成配送任务。

第五步，运输供应商的网站与企业的电子商务网站联通，给哪个客户发了什么货、装在哪辆车上、何时出发，何时送达等信息，客户都可以在电子商务网站上查到。客户接到货后，这笔订单业务才算完成。

从上述的流程中可以了解到，在原材料采购——生产制造——产品配送的整个物流过程中，信息流始终带动物流运作。物流系统构建在电子商务信息系统之上，物流的每个环节都在信息系统的掌控之下。信息流和物流紧密结合是现代企业物流系统的最大特点，也是物流系统高效运作的前提条件。

二、配送中心的再建设和信息化管理

配送中心的建设，是企业物流战略渠道设计中的关键环节。长久以来，企业为了对经营业务的需要建立和拥有自己的配送中心是一个普遍的现象，这种传统配送中心的作用主要是发挥商品的保管、周转和分拣作用，使物流活动能统一在企业整体管理系统之中。但20世纪80年代中期以后，各个企业都开始广泛的对传统的配送中心进行再建改造，使其适应现代生产和流通发展的需要，从总体上看，企业配送中心再建设的根本目的在于通过配送中心运作的高度化、信息化和机械化，充分对应企业顾客的各种要求，并能在满足顾客需求的基础上缩短产品的流动时间，有效降低物流成本。

(一) 在电子商务时代，新型企业物流配送特征

1. 反应速度快

在电子商务下，新型物流配送服务提供者对上、下游的物流配送需求的反应速度越来越快，前置时间越来越短，配送时间越来越短，商品的周转次数越来越多。

2. 服务系列化

新型物流配送除了强调配送服务功能的恰当定位与完善化、系列化外，还在外延上扩展至市场调查和预测、采购和订单处理、向下延伸至物流配送方案的选择与规划、库存控制策略建议、贷款回收与结算等增值服务，在内涵上提高了以上服务对决策的支持作用。

3. 手段现代化

新型的物流配送使用先进的技术设备与管理。为采购、生产、销售提供服务。流通的规模越大，范围越广，配送中心的技术设备和管理要求越现代化。

4. 组织网络化

新型物流配送要有完善健全的物流配送网络体系。以保证整个网络上点和点之间的配送活动保持系统性、一致性，有最优的库存总水平及库存分布，运输与配送快捷、机动，既能铺开又能收拢，才能满足现代生产与流通的需要。

(二) 电子商务下，配送中心再建设应该具备的条件

1. 在配送中心选址决策上，应该从全局物流优化的角度，特别是供应链管理全局来考虑。对上游供应链来说，是供应商的选择与确定，考虑运输费用、技术合作优势、供货的可靠性和协作管理成本等。对下游供应链来说，是分销商和代理商的确定，还要考虑地区文化、消费观念等非物质因素。因此全局性的物流网络设计要把两个市场的约束都考虑进去，而非仅优化某个别的节点。

2. 新型配送中心作为一种全新的流通模式和运作结构，其管理水平要求达到科学和现代化。只有通过合理的科学管理制度、现代化的管理方法和手段，才能确保配送中心基本功能和作用的发挥，从而保证相关企业和用户整体利益的实现。

3. 必须配备现代化装备和应用管理系统，尤其是要重视计算机网络的运用。新型物流配送中心面对着成千上万的供应商和消费者以及瞬息万变的市场，计算机网络可以广泛收集信息，及时进行分析比较，迅速作出正确的决策。具体来说，新型的物流配送中心需要以下设备装置：

（1）硬件设备：仓储设备料架、电动堆垛机、拣货台车、装卸省力设备、流通加工设备等。配送设备如厢式大小货车。通信设备，网络连线设备、计算机系统设备、电子拣货设备、仓库库房及辅助设施等。

（2）软件系统：仓储流程规划、储存安全管理、存货管理。配送路径规划、配送安全管理。资讯系统进货管理系统、货位管理系统、补货管理系统、出货检取系统、车辆排程系统、流通加工系统、签单核单系统、资讯系统规划等。

三、企业物流信息化战术解决方案

互联网为中小企业提供了发展的机会，更大的灵活性，更方便的访问。作为一个企业，如何更好地建设物流信息平台，开展电子商务，在产品配送中如何实现节省便捷？我们认为在信息化平台建设上可以利用 Internet，直接建立一个对外开放的网站系统，和上下游厂商和顾客直接进行同步信息沟通。以下是企业建网几个最基本的步骤：

1. 企业进入互联网，基础设施首先需要一台计算机、一根电话线和一个调制解调器，再通过一个互联网服务供应商，就可以轻松地步入互联网世界。

2. 在互联网上获取一个免费的电子信箱账号，让企业和世界上任何一个角落的人都能方便、迅速地建立关系，并访问企业网址、获取有关企业的产品信息等。在互联网上，许多网络服务商都提供免费的电子邮件信箱服务，例如 Yahoo、Hotmail 等等。

3. 在网上注册一个属于自己的域名是非常的重要。将企业对全世界开放，并非一句空话。如今有了互联网，人们的想法轻而易举地就可以实现了，在本企业的网站上尽可能多地提供有关企业产品的文字介绍材料，产品图片说明内容等，尽可能地详细。这样用户就可以根据自己的需求和喜爱方便地选择产品。有了域名就可以启动你的网站。实际上，网站建好以后，最重要的事是如何吸引更多的人和用户来参观和访问企业网站。

4. 建立一套跟踪和报告体系以帮助更好地了解站点访问的状况，例如每一天、每周、以及每月站点访问的人数，谁经常访问你的站点等内容，这些数据对市场预测都将十分重要。努力发现新的客户，从开始获取至少200个新目标客户的名单，给每一个用户发送有关企业信息的电子邮件，切记邮件当中不要有第三方客户的广告宣传。

5. 搜索引擎的作用不可忽视，将企业网站加入到多达400个以上的搜索引擎。因为，在互联网上85%的用户是通过搜索引擎访问网站的，这样可以确保企业用户能够准确访问到企业站址。通过网站及时跟踪并与客户保持联系，将为企业带来意想不到的好处。

6. 将企业网站设计成一流的，给每一个访问过该网站的人都留下深刻的印象。因此，提高网站的性能，杜绝一些常见的问题包括连接死机，浏览器不兼容、下载速度太慢等等都是十分重要的。

7. 网上交易开始。以上每一步骤完成以后，就可以开始网上交易了。网站的陈列窗中尽可能多地展示你的产品，通过在线的方式接受信用卡等网上支付手段。同时，将电话号码留在网上，为人们方便地解答问题，可以试设定网站上的交易有一个30天的试用期，以便留住更多的用户。

在产品物流配送上企业应尽量采用第三方物流提供的服务，第三方物流具备信息、专业、规模、服务等优势，根据企业发展的实际条件，将这一部分的业务外包，可以降低物流成本，使企业更加集中于核心业务，实现更有效的供应链管理。

第十七章 企业物流的现代化

企业物流现代化的含义，一方面表现为企业物流必须进行技术革命，以当前先进的物流科学技术取代落后的物流技术；另一方面则是对物流活动进行现代化管理，从而使现代化的物流技术发挥它的巨大作用。中国改革20多年来，无论是在流通规模、流通形式还是物流设施、物流技术都发生了巨大的变化。中国企业物流要想追赶和接近世界物流发达国家的水平，企业物流的现代化是一个必然的过程。

第一节 企业物流现代化的意义

一、企业物流现代化是现代化生产力发展的客观要求

随着社会的发展和科学技术的进步，生产的规模不断扩大，社会化程度越来越高，企业的联系更加紧密。企业物流量不断增加，这一切就对企业物流现代化提出了客观的要求：要求企业的物流量不断提高，服务水平不断增强。要满足各种顾客的要求；要求企业生产要有强有力的物流系统给予支持，否则企业就不能适应现代化生产力的发展，以至影响到企业今后的生存。鲍尔索克斯在《物流管理》一书中指出："未来物流的复杂性将会要求创新，新的千年要求新的方式来满足物流要求。"这就是说，历史造就生产力的发展，也就造就了物流的复杂性。企业只有适应、创新、发展才能有所作为。在发达国家应用现代物流科学理论和技术到企业中已经是很普遍的事，而在我国企业普及程度还很不理想，甚至不知"物流"为何物，认为物流对于中国是未来的事，物流仅仅是物流领域中的问题等。由此看来我国企业物流现代化是一个艰巨而又必需的事业。应当指出，企业的规模大小不一样，生产性质也千差万别，物流技术、设备基础也不尽相同，企业物流现代化途径也不一定完全一致，但企业物流走向现代化的方向是毋庸置疑的。

二、物流现代化是企业参与商品流通社会化、合理化、国际化的要求

为适应社会化大生产和市场经济的客观要求，为建设大市场、发展大贸易、搞活大流通，商品流通必须实现现代化、合理化和国际化。流通社

会和现代化关系密切，没有社会化，一家一户自办流通，许多现代化的设施和技术、现代化的手段和方法就很难运用。不实现流通的现代化，企业的物流管理水平低，流通技术落后、设备陈旧等，使企业无法与发展的社会流通环境相对接，企业便与商品流通的社会化脱节。流通合理化离不开企业流通的现代化，企业不利用现代化理论、思想、组织、手段和方法，流通何以谈得上合理化。物流合理化是物流管理追求的总目标，它是对物流设备装置和物流活动进行调整、改进，实现物流整体化的过程。物流合理化要使物流设备设置和物流活动趋于合理。具体可表现为以尽可能低的成本来获得尽可能高的服务水平。物流成本的服务水平既有联系又有矛盾，存在着“二律背反”的关系。但两者间，使物流达到一定水平是企业物流的第一使命。与此同时，以尽量少的成本达到这种服务水平，是企业物流的第二使命。因此，在有限考虑服务水平的同时，应力求物流服务手段的现代化。通过现代化手段来提高劳动生产率，降低物流单耗，来取得物流成本的下降。流通的国际化同样要以现代化为前提。中国经济、贸易在改革 20 多年来取得了世人瞩目的发展，中国已经加入 WTO，成为世贸组织的成员，除了具备国际双边贸易的诸条件外，物流也必须与国际接轨。否则的话，物流很可能成为我国对外贸易的障碍。例如，据有关部门统计，世界平均集装箱运输量约占货物运输总量的 65%，而我国尚不足 40%，仅从集装箱这一现代化运输方式来观察，我们是否可以得出这样一个结论：即中国企业物流的现代化应不断与世界物流相匹配，中国物流的现代化是流通国际化的要求，而流通要符合国际化的要求。就必须以企业物流现代化为基础、为前提。

三、企业物流现代化是企业自身发展的要求

进入 20 世纪 90 年代以来，由于科学技术不断发展，全球化信息网络和全球市场形成及技术变革的加速，围绕产品的竞争也日趋激烈。技术进步和要求多样化使得产品寿命周期不断缩短，企业面临着缩短交货期、提高产品质量、降低成本、改进服务的压力。所有这些都要求企业能不断地开发出满足用户需求的、定制的“个性化产品”去占领市场以赢得竞争。企业面临的挑战是非常严峻的，从技术角度来看，技术进步越来越快，新产品、新技术的不断涌现使企业受到空前的压力。高技术的使用范围越来越广，全球高速信息网使所有信息都极易获得，面对一个机遇参加竞争的企业越来越多，从而加剧了国际竞争的激烈性。虽然高技术应用的初始投资很高，但它会带来许多竞争上的优势，高技术的应用不仅仅在于节省人

力、降低成本，更重要的是提高了产品和服务的质量，降低了废品和材料消耗，缩短了对用户需求的时间。由于可以在很短的时间内就能把新产品或服务介绍给市场，企业便赢得了时间上的优势。

技术上的进步，促进了生产方式的变化，从工业革命以来的大批量生产方式向多品种、小批量生产方式转变；从而物流管理技术也随之发生了巨大的变化。在大批量生产方式条件下，从生产角度看，由于物料加工的重复度高，产品设计和工艺设计相对标准和稳定，物料消耗容易掌握，物流管理较容易掌握；从采购和销售角度，由于供应商和顾客的相对固定，外部物流相对而言也容易控制。在多品种少批量生产方式下，生产的特点主要表现在品种多且数量少，工艺过程多采用成组技术，产品设计采用柔性制造系统。配合多品种少批量生产方式的物流支持系统也发生了巨大的变化，最典型的是看板管理和准时制（Just In Time）物料供应方式与推进式（Push）和拉动式（Pull）物流管理模式。针对当前多品种小批量生产占主导地位的形势，采用老的规模经济（大批量生产）的制造规模，显然是不可取的。为了确保企业拥有较强的响应市场急剧变化的能力，就当前技术上的可行性而言，基于柔性自动化（FA，Flexibility Automation）、可编程自动化（PA，Programmable Automation）的制造模式成为20世纪90年代开始的先进制造技术的主要发展趋势，并产生了计算机集成制造系统（CIMS，Computer - Integrated Manufacturing System）、敏捷制造（AM，Agile Manuturing）、高效快速重组生产系统（LAF，Lean - Agile - Flexible）等系统模式。

综上所述，企业物流不走向现代化道路，无论从技术上，还是从管理上都无法适应社会经济和生产力的要求。企业物流必须与企业发展相适应。只有企业物流的现代化才能支持企业在新经济条件下取得战略性发展目标。

第二节　从物流一体化到供应链一体化

物流一体化与供应链一体化是20世纪末最有影响的工商管理趋势之一。在美国物流学者唐纳德 J. 鲍尔索克斯所著《物流管理：供应链过程的一体化》一书中有两张图，一张图是物流一体化，另一张是供应链一体化，如图 17 - 1、图 17 - 2 所示。

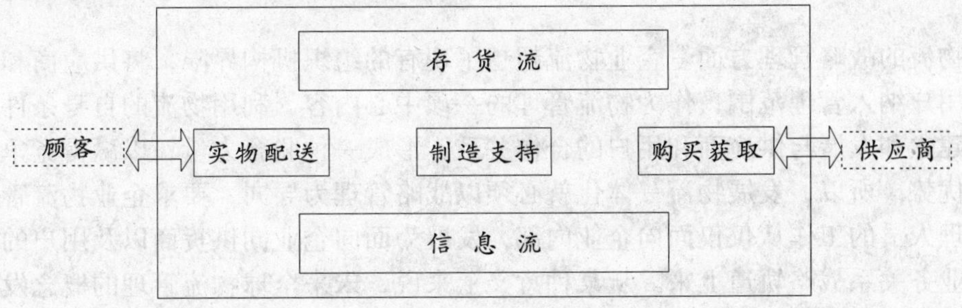

图 17－1　物流一体化

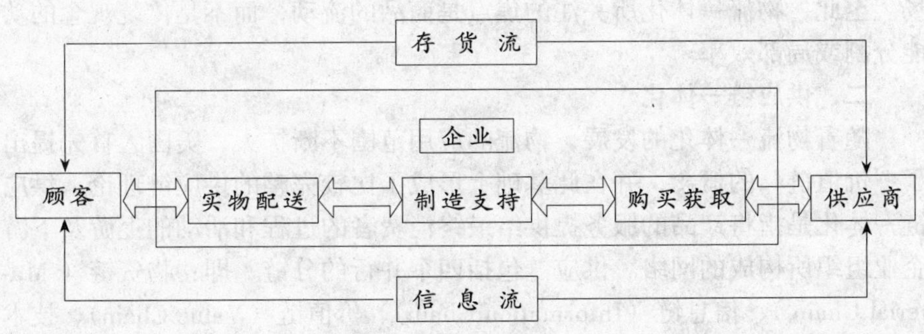

图 17－2　供应链一体化

通过两张图的比较，使我们可以理解从物流一体化到供应链一体化的转化过程。

一、物流一体化

物流一体化是指将原材料、半成品和成品的生产、供应、销售结合成有机整体，实现生产与流通的纽带和促进关系。应用系统科学的方法充分考虑整个物流过程和影响此过程的各种环境因素，对商品的实物活动过程进行整体规划和运行，是物流管理系统化的具体体现。20 世纪 80 年代至 20 世纪 90 年代，物流一体化只是针对企业内部的各个职能部门的运作与协调，物流一体化被看做使企业与顾客和供应商相联系的能力，它对使用实物配送、制造支持和购买获取等业务活动资源计划和分配、控制过程进行系统管理。在物流一体化系统中，企业物流与市场营销、制造生产、计划管理等各个职能部门相互配合，共同保证企业总目标的实现。

20 世纪 90 年代后，物流管理的重点由物资的储存、运输管理转移到物流的战略管理方面。企业物流超越了现有的组织机构界限，将供应商和用户纳入管理范围，作为物流管理的一项中心内容，利用物流的自身条件建立和发展与供应商和用户的合作关系，形成一种联合力量，以赢得竞争优势。所以，发展物流一体化就必须以战略管理为导向，要求企业物流管理人员的工作从仅仅面向企业内部，发展为面向企业同供货商以及用户的业务关系战略轨道上来。从某种意义上来说，未来全球物流管理的概念发展到一个崭新的阶段，其关键是致力于从原材料到用户的整个过程中商品流动的管理。物流管理需要把所有的连接供需市场的活动作为相互的系统来对待，具体研究的重点是如何从狭窄的功能定位转向价值增值服务市场。至此，物流一体化所关注的焦点是商品的流动，而不是传统观念的功能分割或局部效率。

二、供应链一体化

随着物流一体化的发展，物流的应用范围不断扩大，美国人首先提出了“价值链”的概念，并在此基础上形成了比较完整的供应链理论。供应链一体化是指将产品的服务提供给最终消费者的过程和活动的上游及下游企业组织所构成的网络。供应链包括四个并行的分链，即：物资链（Material Chain）、信息链（Information Chain）、价值链（Value Chain）、技术链（Technology Chain），因此，供应链管理包括了物流管理、信息管理、价值（资金）管理和技术管理，充分体现了综合、有机的物流集成化管理模式。

供应链一体化是在全球制造（Global Manufacturing）出现以后，在企业经营集团化和国际化的趋势下提出并形成的，它是物流理论的延伸。从系统化的观点出发，物流管理是从“市场——企业——生产作业——供应商”的整个过程中物资流与资金流、信息流的协调，以满足用户的需求和充分实现用户的商品购买价值。传统或狭义的物流管理主要涉及到实物资源的组织企业内部最优化的流送，但从供应链的角度上看，只有组织企业内部的合作是不够的。要获得供应链理论所要求的这种企业内外的广泛合作，需要一种与传统组织观念不一样的创新的组织定位，从而形成一套科学的、相对独立的科学体系——物流、商流、信息流的统一体系。在产品的生产和流通过程中所涉及的原材料供应商、生产企业、批发商、零售商和最终用户间，通过业务伙伴之间的密切合作，实现以最小的成本为用户提供最优质的服务并实现最大的商品购买价值。

三、从物流一体化到供应链一体化

社会再生产本身就是一个生产、流通和消费相互依存、相互渗透的过程。在这个过程中，商品生产者与销售者之间在价值的产生与实现上是相互依存的，而在利益上又是相互矛盾的，利益分配上的某种表现为商品的价格竞争方面。许多公司想把成本降低或把利润增加建立在损害供应链提供的其他成员的利益上，这些公司没有认识到将自己的成本简单地转移到上游或下游并不能使其增加竞争力。如果社会再生产的各个环节均把成本推给下游，只会提高最终消费者的商品购买价格。在当今世界的全球经济一体化和买方市场的大环境下，最终的竞争并不表现为企业与企业之间的竞争，商品的价格过高只会削弱整个供应链的竞争力。一般说来，企业每一个职能部门都是通过相对独立地发挥作用的。例如，生产部门通过大量生产来使成本降到最低，而成品的库存积压和流动资金的占用则放在了次要位置来考虑。但是，当库存的积压问题和资金短缺问题已经影响到企业的正常经营时，企业就会认识到必须对各个部门在一定程度和一定范围内进行整合，建立起一种高效的整体协调机制。在这种整体高效的协调机制下，各个相关部门和企业会采用“生产、物流一体化”，“供应、物流一体化”，“商流、信息一体化”等经营模式，以开展多功能的物流服务、获得更高的利润和市场份额。供应链管理涉及与供应链相连的所有企业、部门和人员，即从核心企业的上游供应商直到供应链下游各级分销商、零售商及最终用户的全过程。传统的供应关系只是制造商和上游供应商、制造商和下游分销商的关系，这是供应商的一小段。我们所说的供应链管理是一种纵横的、一体化经营的集成管理模式。又以供应链的优化为核心、强调的是核心企业与相关企业的协调关系，通过信息共享、技术扩散、资源优化配置和有效的价值链激励机制等方法来实现供应链一体化。

从物流一体化到供应链一体化的实施和发展，将对现代商品流通领域的发展起到重要的引导作用。在此理论指导下，首先要建立供应链联盟，即一批优势企业与生产企业结成共享市场的联盟。同时优势流通企业要与中小型企业结成开拓市场的联盟，利用相对稳定和完整的营销体系，帮助生产企业开拓市场。这样，由竞争对手组成的战略同盟将会制造出一个由大、中型生产企业和流通企业构成的多方位、纵横交错、相互渗透的协作有机体系。

第三节　企业物流的国际化

在过去的20多年里，贸易自由化、全球资本市场的成长，信息和通讯技术的进步，创造出一个正在增长的全球市场，即原来分割型的国家或区域市场逐渐演变成一个统一的全球市场。与市场全球化相对应，企业间的竞争也在全球范围内展开，企业在世界市场的竞争地位决定它在国内市场的竞争地位已成一种普遍现象。这样随着市场的全球化和竞争的全球化，全球跨国企业也相应诞生。与此同时，也正是我国改革开放的20年。在我国经济持续增长的基础上，许多企业也走出了国门，参与国际化竞争，如海尔集团、康佳集团等，通过开拓国际市场，企业的实力得到空前的提高。

一、企业物流国际化特征

企业物流国际化要求企业具有克服时间阻隔和世界阻隔的功能。虽然国内物流也具有克服时间和空间阻隔的功能，但是物流国际化要克服的空间阻隔比国内物流要大得多；相对国内经营来说，物流在全球经营中承担的责任要大得多。

（一）企业物流国际化的功能特征

企业物流活动的构成除了包含与国内物流一样的运输、保管、包装、装卸、流通加工和信息等功能外，还有全球物流特有的报关和相关文书单据制度等克服国际阻隔的活动。海关是一个国家主权的象征，它主要从事征收关税和取缔违法物品和行为的活动。报关手续又称通关手续，是指出口商或进口商向海关申报出口或进口、接受海关的监督与检查、履行海关规定的手续。货物经过申报、验收，经海关同意，货物方可通关放行。另外，全球物流活动中涉及大量的贸易合同和文书，这也是其特征之一，这些贸易合同和文书涉及运输、报关、保险、结算等方面的业务。运输单据是证明货物已经装船或发运或者由承运人接收、监管的单据。按运输方式不同，运输单据分为海运提单、铁路运单、航空货运单、邮包收据和全球复合运输单据。在FOB和CIF条件下，运输单据是卖方凭以证明以履行交货责任和买方凭以支付货款的主要依据。报关文书有出口许可证，出口货物报关单、商品检验证书等，货主在备齐报关文书后或自己直接委托专门服务业者向海关申报。在全球物流中，由于物流过程中可能会遇到各种不测的风险，因此，必须办理货物的运输保险，以便在货物遭遇损失时能获得一定经济补偿。我国海洋运输保险险种有平安保险、水渍险和一切险三种。全球物流活动中结算支付方式较国内物流活动支付方式复杂，一般使用的支付方式有汇付、托收、信用证，银行保函等。

（二）全球物流交货周期长

企业物流国际化上述特征之一是企业从规模经济的角度出发，把生产活动按专业分工集中于少数几个地点，这种生产集中化和专业化与市场的全球化和分散化之间存在矛盾，这种矛盾直接反映在物流交货周期上。在海运条件下全球物流运输距离远，需要花费大量时间，同时相关的装卸搬运、报关通关等其他业务活动也会延长物流时间。物流交货时间长往往会造成两个后果：其一是增加加工过程中的库存投资，占用大量资金，其二是在迅速满足顾客需要方面存在困难。有时企业为了能迅速满足顾客需要、往往预先在销售地准备大量的安全库存作为缓冲。这样虽然能及时满足各地顾客的要求，但需要储存的商品量大，要占用大量资金，因而存在因顾客需要变化使得库存增加等风险。有时企业为了节约成本，以牺牲及时满足顾客服务为代价，采用长时间的发货周期来作为缓冲。上述两种情况表明应从整体分析成本与服务之间的平衡关系。在国际运输中航空运输方式是缩短运输时间的最有效的方式，但航空运输的缺点是单位运输成本高。因此，在考虑采用航空运输时，应从商品的特性、库存成本高低、对市场的反应、顾客服务水平要求及空运成本等方面权衡分析。

（三）全球输送方式的特性

不同企业或同一企业在物流中所采用的运输方式是不同的。在全球物流中输送方式的多样性也是其特征之一。应该说在多种输送方式中以集装化和散装化方式的最多。常见的集装方式有：第一，企业按最终客户不同对货物进行分类集装，以整箱货物运送方式从企业直接输送给最终顾客；第二，以供应地的物流中心对来自不同企业的货物按最终顾客进行分类，以整箱输送方式从物流中心直接送达给最终顾客；第三，企业把不同顾客的货物（每个顾客的货物都不足一个集装箱）进行集装，以拼箱货输送方式，从企业运达到消费地物流中心，在消费地物流中心对集装箱货物进行开箱分装，再将货物分送到不同的最终顾客；第四，在供应地物流中心把不同顾客的来自不同企业的货物（每个顾客的货物都不足一个集装箱）进行集装，以拼箱货送方式，从供应地物流中心运送到消费地物流中心，在消费地物流中心对集装箱货物进行开箱分类。把货物送给不同的最终顾客。

对于大量的散装和液体类货物的国际航运，大多采用专用的散装运输船和油轮完成。其作业过程是，有企业组织货物达到输出国某港口的专业码头，装船运输，达到输入国的某港口专业码头，最后分运到最终顾客。

（四）国际性复合运输

在国际运输中除选择单一运输方式外，还可以将国际航运、铁路运输、航空运输和公路运输等手段组合而成的国际性复合运输方式。不同的运输方式的组合不仅关系到交货周期，同时也与物流总成本密切相关。在国际运输中，门到门的运输方式备受货主欢迎，并逐渐成为全球运输方式的主流。复合运输方式要按照复合运输的不同要求，以两种或两种以上的运输方式相结合，并由复合运输经营企业来完成从输出国境接受货物，运输输入国境内指定交付货物地点。复合运输最好的组织手段是集装箱运输，这是因为集装箱自身的结构特点为不同运输方式的转换提供了方便、敏捷、经济的条件。

二、企业物流国际化的组织

当企业将它们的供应链向国际化延伸时，这些企业会面临一个如何设计管理它们的全球物流组织的问题。企业物流国际化要求企业的物流组织结构又具有综合计划协调功能的物流管理总部、事业部或由生产工厂所属的物流部门和海外分厂物流部门所组成。

（一）物流管理总部

物流管理总部是制定和实施企业物流政策、物流战略计划和物流教育计划，指导、协商、协调各个事业部的物流活动的职能部门。它的主要工作包括：第一，搜集、整理、分析有关国际运输状况，物流设施，价格费用等方面的信息情况，从而设计出效率高、经济效益好的物流输送方式。第二，指导物流业务人员熟悉国际贸易手续、各国报关手续和规划等业务活动。第三，与世界各国主要物流组织保持联系，参与全球物流网络的建设，负责与全球供应链各参与方的联系和协调。

（二）事业部所属物流部门

事业部所属物流部门负责管理、协调不同产品种类、市场加工过程的各种物流活动。

（三）工厂所属的物流部门

工厂所属的物流部门负责全球采购的原材料厂内物流，产品从工厂向世界各国销售的流通物流。

（四）海外分厂的物流部门

海外分厂的物流部门负责所在国所有有关物流活动，包括有关产品、原材料进出口的物流。具体工作包括制定和执行各自国内物流计划，经常与物流管理总部和其他海外分厂的物流部门保持联系；制成和管理国际贸易等方面的文件单据；具体安排货物的运输；与当地政府、公共部门、承运企业、代理公司等建立良好的业务和人际关系。

三、企业国际物流的外部委托

当前，全球经营活动的一个最大变化是外部委托方式的兴起。外部委托方式是企业把经营资源集中用于价值链中最有竞争优势的业务，对于其他的活动则采取外部或外部委托的方式，以便提高企业竞争能力和收益率的经营方式。企业外部委托已从原材料、零部件的采购发展到市场调查、物流等服务作业。向企业提供委托服务的单位被称之为第三方。企业利用第三方提供外部委托服务，实际上也与第三方结成了合作伙伴关系。

在物流领域，外部委托的业务范围从原来的运输业务、仓储业务已扩大到材料采购 、订货处理、库存管理、信息系统以及物流系统设计的所有的物流领域。对于企业来说，通过物流的外部委托可以把原来作为固定费用的经营资源转化为变动费用，可以降低成本获得优质服务，还可以减少对物流管理的费用。对于提供委托的物流企业来说，它可以长期扩大物流业务，以提高物流设备和人力资源的利用效率，反过来又可以把物流规模扩大所带来的规模效益让利于顾客。制定外部委托物流战略要与第三方物流企业、企业集团总部和海外物流部门共同参与和协作。一般的原则是战略决策由企业总部集中制定、控制和管理，供应商的日常业务和物流伙伴的日常联系最好分散在所在国的当地进行。

第四节 企业物流技术现代化

物流技术是与现实物流活动全过程紧密相关的，物流技术水平的高低直接关系到物流活动各项功能的完善和有效的实现。企业物流的现代化离不开现代物流技术。

一、现代包装技术

包装机械是包装技术的核心。机械包装计量准确、包装紧密，包装易实现规格化、标准化、系列化。包装机械包括：充填包装机械、灌装包装机械、封口机械、贴标机械、捆扎机械、热成型机械、收缩包装机械以及包装机器人等。

包装技法是包装技术体现与包装功能的配合。如缓冲包装技术，防水包装技术、防潮包装技术、防锈包装技术、防虫包装技术、真空包装技术等。

包装（货物）识别技术，具有代表性的是条形码技术。条形码一般可粘贴在包装物上。它所含有的信息包括价格、生产厂家、出厂日期、保存期、存放位置等。现在开始使用的二维形条码，其信息量比一维条形码更加丰富。在条形码的基础上一种新的立体式的扫描仪又被开发出来，它可以扫描到任何角度，这给物流系统创造了更广泛的应用领域。

二、现代集装技术

集装化（单元化、组合化）是指以不同的方法和器具，把一定数量散装或零星成件货物组合在一起，这样在装卸、保管、运输等物流环节中可以作为一个整体进行技术上和业务上的包装处理方式。集装化采用先进的科学技术和科学的管理方法相结合，既有物流设备、器具的机械化、自动化技术，又有合理组织设备、器具充分发挥作用的管理技术。结合包装的具体形式有集装箱、托盘、集装袋、货捆等。其中集装箱多用于远距离输送，托盘则更适应在企业内部流通。集装箱是最典型的集合包装形式，它具有以下特征：具有材料坚固、能长期反复使用；适用于各种运输形式，便于货物运送，用一种或多种运输方式运输时，途中运转，不动容器内货物，可直接换装；备有便于装卸和搬运的专门装置，可以进行快捷的装卸和搬运，并可以从一种工具直接方便地转换到另一种运输工具上；形态、规格划一，便于货物的装满和卸空；内容积大，不少于1立方米。采用集装化技术，使物资的储运单元与机械等装卸、搬运手段的标准相一致，与集装箱运输工具集装船舶、集装箱列车、汽车等相配合，实现了名副其实的："门到门"输送。集装化还有利于提高仓库利用率。提高搬运灵活性。减少物资破损和环境污染等，其综合效果是加快物资周转、提高物流效率，降低物流费用，使物流走向标准化和机械化。

三、现代装卸搬运技术

装卸搬运在物流中无处不在，现代搬运技术是传统搬运机械作业方法与高科技装卸搬运方式的结合。传统的搬运机械，如门式起重机、桥式起重机、汽车起重机、轮胎起重机、叉车、带式输送机、辊子输送机、链斗式提升机、悬挂式输送机、埋刮板输送机、螺旋式输送机、气力输送机、翻车机、堆垛机等近千种。这些传统的装卸搬运机械即使在经济发达的国家也是主流，所不同的是它们的作业速度向更快、工作范围向更广、装卸规模向更大、专业化向更强的方向发展。为了使装卸机械适应各种工作环境和作业要求，将现代化科学技术运用到装卸搬运技术上，出现了一系列新型设备，如运用激光技术的激光导引运输车，引用自动化控制技术的巷道堆垛机、堆码机器人等。激光引导运输车可根据计算机的指令，灵活行走，到任何一发货的巷道，无固定设施和专用空间，能和人与其他车辆共用通道，移载点可自由设项，可自由移动，并可和装卸机械手组合进行操作。企业物流的自动化过去是以底层制造和生产线自动化为代表。当今信息技术已经深入进而统帅了自动化技术，形成了生产过程自动化、物流活动自动化和单机自动化的集成。将自动分拣、自动送货、自动装卸与自动化仓库等作业相结合，形成的联合自动化作业系统目前在我国只有少数配送中心和企业集中使用，它代表了我国当前现代化的装卸搬运技术的前沿。

四、现代运输技术

当前运输技术的发展，出现了两大趋势：一是随着世界新技术革命的发展，运输广泛采用新技术，实现运输工具和运输设施的现代化。运输工具的发展方向是多样化、高速化、大型化、专业化和符合节能、环保要求。二是，随着运输方式的多样化，运输过程的统一化，各种运输方式朝着分工协作、协调配合的方向发展。在世界范围内，把这两重趋势结合起来，成为运输发展的新方向。

五、现代储存技术

现代储存技术是以自动化仓库为代表的储存先进技术。自动化仓库是由电子计算机进行管理和控制，不需人工搬运作业，而实现收发作业的仓库。自动化仓库集电子、机械、建筑、自动化、信息、管理等技术为一身，体现了科学技术与物流的紧密结合。虽然我国自动化仓库始建于20世纪70年代，但真正得到发展应为20世纪90年代后，这是中国经济在改革开放方针指引下高速持续发展的结果。应当指出，在我国目前近400座自动化仓库中，80%以上是在生产企业当中，海尔集团则是使用自动化仓库的典型。企业物流被海尔人认为是“企业流程再造过程中最关键的因素。”使用自动化仓库是海尔物流的一个突破口，看似仅仅是仓库设备的换代，实质上是海尔物流观念的一次革命。1999年，一个占地面积7000多平方米，有9000多个货位的自动化仓库在海尔投入使用，不仅节省了十几万平方米的外租仓库，更重要的是，通过建立自动化仓库，一系列与物流配套的基础工作随之上马。信息系统管理、计算机管理标准化包装、机械化搬运、使用条码统一编码等，没有这些技术与自动化仓库相配套，自动化仓库就不可能有效的发挥作用。正是通过这一突破口，实现了对企业内部的整个物流基础工作进行了一次彻底的改革，海尔开始走上了规范化的现代物流之路。尝到了使用自动化仓库甜头后，海尔集团又于 2001 年 3 月正式投入使用了全自动国际物流中心（全自动化仓库），其占地面积 1.92 万平方米、库量达 1.8 万多个货位。应用自动化技术、机器人技术、通信传感技术等，并配有激光引导车、穿梭车等。该物流中心可满足海尔开发区冰箱、空调、小家电、电热器、冷柜等所有产品原材料和半成品的库存需求。在功能上，该中心与集团 ERP 系统相连接，可最大限度地适应电子商务化要求。直接与物流、商流、资金流、信息流进行数据传输，以最少的人机接口实现了最大的物流自动化。

第五节 物流管理现代化

“物流软技术”是指为组成高效率的物流系统而使用的应用技术，是为实现物流活动所需要进行的计划、管理和组织。物流软技术能够在不改变物流装备的情况下，充分发挥现有设备的能力，使之最合理的调配和使用。实现与物流科学技术现代化相适应的管理现代化，运用各种现代化管理方法和手段，以取得物流系统的最佳效益。

一、物流管理现代化目标

物流科学技术和物流现代化管理是物流现代化的相互促进的两个方面。如果只重视物流科学技术的引进和发展，而忽略了提高物流现代化管理水平，那么再先进的科学技术也不会得到充分的发挥，反而会造成经济损失。

（一）物流管理现代化标志

物流管理现代化的标志是一个物流管理综合性和先进性的反映。它包括物流管理组织设置与物流生产力发展的适应程度，物流成本水平，物流技术管理的科学性以及物流信息的准确程度和应用水平等。物流管理现代化最重要的标志是准确、及时、高效率地完成关系物流和物流活动的信息的收集和处理。

物流生产过程具有环节繁杂、收发量大、层次结构多、技术性强等特点。各种形式的物流信息，不仅仅数量异常庞大，而且具有随物流活动的开始而产生、瞬间消失的特点。重视及时获取大量信息情报、并且及时、准确、高效率地处理，尽快地把决策信息转入到各物流有关机构、部门、生产环节中去。物流信息对整个物流系统起着重要的指导、调节和推动作用。从这个角度上看，信息管理本身就是物流现代化的重要标志。

（二）物流管理现代化的目的

物流管理现代化的目的是在物流的全过程中采用和引进新技术时，根据中国物流生产的实际情况，进行可行性研究，采取优化方案，从而不断进行调整和平衡，以达到最佳的经济效益。

与世界物流发达国家相比，中国物流水平虽然近十几年发展速度惊人，但仍相对落后。许多高科技的物流技术在国外显示出来的优点，在国内不一定能全部体现出来。对于一个企业、单位、部门等，在引进国外物流技术时，不能只着眼于技术水平的先进与否，还应从投资、生产效率、日常费用水平以及投产后的经济效益进行全面考察，这就是可行性研究。中国是一个发展中国家，在保持一定的发展速度时，要特别注意经济效益的提高。

（三）物流管理现代化的主要内容

物流现代化管理的主要对象，是对物流机械设备、材料、仪器、能源等管理，以及对从事物流的生产人员、生产效益动态和千变万化的物流信息的掌握和处理等管理。

物流管理本身是一个系统性很强，各环节密切联系、相互协调，而且秩序井然地连接的活动。物流管理既是流通领域中的独立运转系统的管理，又是与国民经济各有关部门相互衔接，相互制约的大系统管理。物流现代化管理的内容，实质上涉及到国民经济其他部门的协作和利益，如农业、林业、交通运输业、商业、物资、建筑、包装业等。从物流业角度出发，物流现代化管理的内容主要在物流业务的科学管理上。如物流量的预测、物流计划的编制、物资运输方案的选择，物流经济指标的确定等。

二、中国物流现代化管理的手段

（一）法律手段

中国是一个法制的国家。把物流管理中纵横交织的权利、义务、责任用法律条文固定下来，以法律手段来解决物流实践中发生的各种矛盾，才能保护合理的物流管理，抑制不合理的物流业务活动，从而提高物流效率。在物流现代化管理的实践中，要涉及到国家的宪法、合同法、国家计划法、税法、资源法等。在组织物流时要遵守外贸、铁道、交通等部门法规。在实际工作中还要严格执行民法、刑法、劳动法等方面的法律。法律手段、法律规定是任何现代化经济管理所必需的。法律手段是物流现代化管理方法的重要组成部分。

（二）经济手段

在物流的各个领域中运用经济杠杆，制定各种经济指标，使物流管理纳入整个国民经济管理的体系中。

从宏观经济管理上，国家运用价格、税收、信贷等手段，管理和控制物流过程。在社会主义市场经济中，价值规律起着主要的作用。国家运用价格和税收调节物流过程，调节物流企业的利润水平；调整国家、企业、个人的分配关系；协调产、需、供、销的关系等。

从微观经济管理上，强调物流企业内部管理的经济手段。将物流质量和数量与职工的权利、责任、工资、奖金等有机地结合起来，以调动物流部门职工的积极性、创造性。企业在制定规章制度时，注意把职工的利益和企业的利益密切联系起来，将有力的推动企业物流的进步。

（三）教育手段

物流现代化技术和现代化管理的实现，物流人才的培养是关键。物流人才培养，实际上就是加强物流科学的教育问题。要在物流领域内挖掘出更大的效益和财富，必须有一批精通物流科学的专门人才。物流教育采取专门人才培养与在职人员培训提高相结合的原则。正规院校培养大批高、中级的物流管理人才；职工培训使成千上万在职人员提高了物流管理水平。

三、物流现代化管理技术

（一）系统管理技术

物流系统是一个具有多层次、多要素、多功能的大系统。系统管理技术的重点是系统分析。所谓物流系统分析是指从物流的整体出发，根据物流的目标要求，运用科学的分析工具和计算方法，对物流的目标、功能、环境、费用和效益等，进行充分的调研，并搜集、比较、分析、处理有关数据和资料，建立若干拟定方案，比较和评价物流的结果。

物流宏观管理，运用系统管理技术制定了许多有关物流的方针、政策、法规等。在包装、运输、仓储、再生资源等方面，也做出了许多符合国情的重大决策。

（二）质量管理技术

物流质量通常可以把它理解为物流过程和物流服务对用户的满足程

度。物流管理运用全面质量管理的手段，强调“三全”管理。一是物流全过程的管理，即对物资包装、装卸、运转、保管、搬运、配送、流通加工等进行全过程的管理。二是全面性管理，即包括产品质量、工作质量、服务质量以及涉及到物流各环节的质量。三是全员性管理，即指物流全体工作人员都参加物流管理。在中国物流界，普遍制定的各级岗位责任制和各种工作质量体系则是质量管理技术的具体体现。

（三）标准化管理技术

标准化工作的任务是制定标准，组织实施标准和对标准实施进行监督。物流标准化应以整个系统为出发点，并以整个物流系统中每一项具体的、重复性的事物或概念为对象，通过制定标准，组织实施标准和对标准的实施进行监督，达到整个系统的协调统一，以获得物流理想的秩序和最佳的经济效益。物流标准化是实现物流管理现代化的重要手段。物流标准化对运输、包装、装卸搬运、仓储、配送等各个子系统都制定各种标准，这些标准是物流质量的保证体系。物流标准化还可消除贸易壁垒，促进国际贸易发展，提高国际物流水平。

国际物流标准化是伴随着近代工业、科学技术和国际贸易交换的发展而发展起来的。1875 年 17 个国家缔结了《米制公约》，这是国际标准化活动的第一项重大成果。世界性两大标准化组织，国际电工委员会（IEC）、国际标准化组织（ISO）先后于 1906 年和 1947 年分别成立，对开展世界范围内的国际标准化活动，促进国际贸易和科学技术的合作起到了桥梁作用。到目前为止，ISO 和 IEC 已经建立与物流有关的技术委员会（TC）有 16 个。另外，还有国际航空运输协会（IATA）、国际海事组织（IMO）、国际铁路联盟（UIC）等国际机构发布的部分标准，经 ISO 确认并在《国际标准题内关键词索引》（KWIC）中加以公布，亦是国际标准。

我国已参加 ISO、IEC 有关物流方面的各技术委员会 16 个。我国在采用国际标准方面，已参照 ISO 和 IEC 的一些标准制定了通用集装箱内部尺寸、包装储运指示标志，运输包装件各部位标示方法、船用电器等几百个国家和专业的标准。如 GB2934—82《联运平托盘外部尺寸系列》等均采用 ISO/DP8611，属当代国际水平。国家质量技术监督局于 2001 年颁布了物流术语的国家标准，此标准是在广泛调查研究，吸收并借鉴国内外有关资料的基础上，收入并确定了物流领域当前已基本成熟的 145 条术语及其定义，旨在规范我国当前物流业发展中的基本概念，以适应物流迅速发展和与国际接轨的需要。

（四）决策管理技术

物流管理中的每一个方案、计划，每一个层次、环节的调整，以及每一个指标的变动决定都可以称之为决策。决策是物流管理的核心，是执行各项物流管理的基础。物流决策管理技术已从定性分析进入定性和定量分析相结合的阶段。例如，在运输路线决策中，为了防止对流、迂回、重复、过远等不合理运输方式的出现，我国普遍采用了图表分析法，图上作业法、表上作业法、网络法，借助电子计算机手段，数学模型的方法等，来决定物流的合理流向。

（五）信息管理技术

信息管理是任何部门进行科学管理必不可少的重要内容。物流信息本身是物流现代化管理的基础和依据。

我国的物流信息管理系统分为三个层次：

1. 中央物流管理信息系统

中央物流管理信息系统是由国家和部委建立的物流管理神经中枢，其主要作用有：第一，负责搜集、加工与国民经济有关物流的信息，建立信息库，预测物流的未来。第二，向国民经济信息中心提供物流信息资料，以便国家进行宏观调控。同时，传递国民经济信息中心的情报，以便物流部门制定科学的决策。第三，为下级物流信息机构和行业预测，咨询中心提供物流资料，并指导物流信息工作。

2. 中心城市物流管理信息系统

以中心城市为依托的若干物流管理信息系统是中央与基层物流管理系统的桥梁。它的主要任务是，第一，搜集和加工中心城市有关物流过去、现在和未来的各种信息，并建立信息资料库进行存储。第二，接受中央物流管理信息系统提供的信息，并定期和不定期地向中央提供信息，形成信息的纵向传递。第三，与其他中心城市的物流管理信息系统进行各种形式的信息交换，组成横向的信息传递。第四，通过各种不同形式，定期和不定期地向基层物流信息系统提供信息。

3. 基层企业物流管理信息系统

基层企业物流管理信息系统，一方面搜集和加工企业内部有关物流的各种信息，为本企业物流活动服务；另一方面向有关方面，如中心城市物流管理信息系统提供信息，并接收这些方面传来的物流信息。

Internet 网带来了一场新的革命，它突破了时间、空间、乃至计算机的束缚，实现了各个对象间直接的信息交流。它的核心不是计算机，也不是软件，甚至不是网络，其核心是在网络中川流不息的信息。随着信息搜集、整理、分析、发布、交流和使用方式发生的变化，大大地改变了人们的工作方式和生活方式，创造出了一种全新的面貌，也必将对物流信息管理技术水平的提高带来巨大的飞跃。

参考文献

1. 李京文、徐寿波主编．物流学及其应用．经济科学出版社
2. 宋华、胡左浩著．现代物流与供应链管理．经济管理出版社
3. 王玲、罗泽涛编著．现代企业后勤学．经济科学出版社
4. 何明珂等．现代物流与配送中心．中国商业出版社
5. 王之泰．现代物流管理．中国工人出版社
6. 王莉．物流学导论．中国铁道出版社
7. 王之泰．现代物流学．中国物资出版社
8. 崔介何．物流学概论．中国计划出版社
9. 诸鸿．现代商品包装．中国人民大学出版社
10. 陈佳．信息系统开发方法教程．清华大学出版社
11. 王治宁．信息系统分析与设计．航空工业出版社
12. 齐二石．物流工程．天津大学出版社
13. 吴清一．物流学．中国建材工业出版社
14. 荣秋、马士华．生产与运作管理．高等教育出版社
15. MBA 核心课程编译组．生产与作业管理．中国国际广播出版社
16. 刘丽文．生产与运作管理．清华大学出版社
17. 陈良猷．管理工程．北京航空航天大学出版社
18. 康善村．采购技术．广东经济出版社
19. 宋国防．生产与运作管理——制造与服务．机械工业出版社
20. (美) 本杰明．后勤工程与管理．中国展望出版社
21. (美) 唐纳德 J. 鲍尔索克斯、戴维 J. 克劳斯著．物流管理——供应链过程的一体化．机械工业出版社
22. JayHeizer．生产与运作管理教程．华夏出版社
23. 《物流技术》杂志
24. 《中国物资流通》杂志
25. 《管理信息系统》杂志
26. 《世界经理人文摘》杂志
27. 《中外管理》杂志

28.《经济日报》
29.《投资导报》
30.《国际经贸消息》等
31.http: //www. zwgl. com. cn
32.http: //www. Ecantata. com 等